V&R

Wege der Totalitarismusforschung

Herausgegeben von Günther Heydemann

Vandenhoeck & Ruprecht

Aleksander Hertz

Skizzen über den Totalitarismus

Herausgegeben und eingeleitet von
Torsten Lorenz und Katarzyna Stokłosa

Vandenhoeck & Ruprecht

Mit freundlicher Unterstützung

FUNDACJA WSPÓŁPRACY
POLSKO-NIEMIECKIEJ
STIFTUNG
FÜR DEUTSCH-POLNISCHE
ZUSAMMENARBEIT

Bibliografische Information Der Deutschen Nationalbibliothek

Die Deutsche Nationalbibliothek verzeichnet diese Publikation in der
Deutschen Nationalbibliografie; detaillierte bibliografische Daten sind
im Internet über <http://dnb.d-nb.de> abrufbar.

ISBN 978-3-525-31024-3
ISBN 978-3-647-31024-4 (E-Book)

Umschlagabbildung:
Aleksander Hertz
Abdruck mit freundlicher Genehmigung von Frau Hanna Buczyńska-Garewicz, Warschau

Satz: Hannah-Arendt-Institut, Dresden
Druck und Bindung: Hubert & Co., Göttingen

Gedruckt auf alterungsbeständigem Papier.

Inhalt

Einleitung

Aleksander Hertz (1895–1983) gehört zu den vergessenen Größen der polnischen Soziologie. Es dürfte keine Übertreibung sein, ihn als den bedeutendsten Vertreter der Faschismus- und Totalitarismusforschung in Polen nach dem Ersten Weltkrieg zu bezeichnen. Hertz war ein überaus produktiver Vertreter der seinerzeit noch jungen Soziologie; seine hier in deutscher Übertragung vorgelegten Arbeiten über die totalitären Regime im Europa der 1930er Jahre bilden ein systematisches Ganzes.

Die Zeitläufte bewirkten, dass Hertz eine wissenschaftliche Karriere versagt blieb und seine Arbeiten bald in Vergessenheit gerieten: Zwar entstammte Hertz einer Familie mit patriotischer Tradition, doch verhinderte seine jüdische Herkunft, dass er in der akademischen Welt reüssierte. Der deutsche Überfall auf Polen zwang Hertz dann in die Emigration in die USA, wo er die zweite Hälfte seines gleichwohl erfüllten Lebens verbrachte. Im kommunistischen Polen wurden seine Arbeiten aufgrund ihres politischen Inhalts und der Schwierigkeit, politische Soziologie zu betreiben, nicht wiederaufgelegt und zirkulierten nur unter der Hand in studentischen Kreisen. Erst Ende der 1980er Jahre konnte ein Buch von Hertz über die jüdisch-polnischen Beziehungen erscheinen; nach dem Sturz des Kommunismus folgten dann weitere Editionen seiner Schriften.

Auch wenn das Werk von Aleksander Hertz heutzutage in Polen uneingeschränkt zugänglich ist und Hertz in einem Standardwerk über die polnische Soziologie unter den Großen seines Faches erwähnt wird,[1] ist das Interesse an seinen Arbeiten doch gering. Zum einen mag dies darin begründet sein, dass Hertz die letzten vier Lebensjahrzehnte außerhalb Polens verbrachte und damit aus dem Blickfeld der einheimischen Soziologie geriet, zum anderen darin, dass sich die politische Soziologie in Polen auch nach dem Ende des Kommunismus nur geringer Popularität erfreute und seine Arbeiten unter polnischen Historikern kaum bekannt sind.

Außerhalb Polens und der Kreise, die sich mit der jüdischen Kultur und Geschichte in Polen beschäftigen, sind die Arbeiten von Aleksander Hertz noch weniger bekannt – Hertz verfasste seine Hauptwerke in polnischer Sprache, und keines wurde zu Lebzeiten seines Verfassers ins Englische oder Deutsche übersetzt. Wenn sich die Herausgeber dieser deutschen Edition von Hertz' Arbeiten über die faschistischen bzw. totalitären Regime der Zwischen-

---

1 Jerzy Szacki (Hg.), Sto lat socjologii polskiej. Od Supińskiego do Szczepańskiego. Wybór tekstów (Hundert Jahre polnische Soziologie. Von Supiński bis Szczepański. Eine Auswahl von Texten), Warschau 1995.

kriegszeit zu deren Übersetzung und Veröffentlichung entschlossen haben, so ist dies in erster Linie darin begründet, dass sie diese tiefschürfenden zeitgenössischen Analysen angesichts der anhaltenden Diskussion über die Natur totalitärer Regime für einen breiteren Leserkreis außerhalb ihres Ursprungslandes zugänglich machen wollen. Über manche der Urteile von Aleksander Hertz ist die Wissenschaft hinweggegangen – kein Wunder, wenn man berücksichtigt, dass sie vor einem Dreivierteljahrhundert gefällt wurden und die Wissenschaft seitdem neue Perspektiven und Erklärungsansätze entwickelt hat.[2] Gleichwohl waren die Arbeiten von Aleksander Hertz auch im internationalen Vergleich der zeitgenössischen Soziologie auf höchstem Niveau und beeindrucken auch heute noch durch ihre analytische Tiefe und Stringenz.

1. Zwischen Polen und den USA – ein biographischer Abriss

Aleksander Hertz kam am 3. Dezember 1895 in Warschau als Sohn von Leon Hertz und seiner Frau Dorota, geborene Rogozińska, zur Welt.[3] Beide Eltern entstammten assimilierten jüdischen Familien mit polnisch-patriotischer Tradition. So hatte der Vater, Leon Hertz (1846–1933), als junger Mann am polnischen Januaraufstand des Jahres 1863/64 gegen die russische Herrschaft teilgenommen, wofür er einige Jahre in die Verbannung nach Kazan' gehen musste; polnischer Patriotismus und jüdischer Glaube standen für den Vater von Aleksander Hertz also offenbar in keinem Widerspruch.[4]

---

2   Einen aktuellen Forschungsüberblick bieten Benno Ennker/Heidi Hein-Kircher (Hg.), Der Führer im Europa des 20. Jahrhunderts. Forschungen zu Kult und Herrschaft der Führer-Regime in Mittel-, Ost- und Südosteuropa. Analysen, Konzepte und Vergleiche, Marburg 2010 (vgl. insbesondere die Beiträge der beiden Herausgeber). Außerdem zur aktuellen Forschung Maurizio Bach/Stefan Breuer, Faschismus als Bewegung und Regime. Italien und Deutschland im Vergleich, Wiesbaden 2010; Arnd Bauerkämper, Der Faschismus in Europa 1918–1945, Stuttgart 2006; Constantin Iordachi (Hg.), Comparative Fascist Studies. New Perspectives, London 2010 (Schlüsseltexte der aktuellen Faschismusforschung); Michael Geyer/Sheila Fitzpatrick (Hg.), Beyond Totalitarianism. Stalinism and Nazism Compared, Cambridge 2009; Sven Reichardt, Neue Wege der vergleichenden Faschismusforschung. In: Mittelweg 36, 16 (2007), S. 9–25 (in diesem Heft auch grundlegende Beiträge von Michael Mann, Robert O. Paxton und Emilio Gentile in deutscher Sprache); ders., Was mit dem Faschismus passiert ist. Ein Literaturbericht zur internationalen Faschismusforschung, Teil 1. In: Neue Politische Literatur, 49 (2004), S. 385–406.
3   Zur Biographie von Aleksander Hertz siehe Szacki (Hg.), Sto lat socjologii polskiej, S. 653, sowie Aleksander Hertz, Wyznania starego człowieka (Bekenntnisse eines alten Mannes), Warschau 1991.
4   Irena Koberdowa, Hertz, Leon. In: Polski Słownik Biograficzny, Band 9, Wrocław 1960/61, S. 475 f.

Angesichts der patriotischen Vergangenheit des Vaters überrascht es kaum, dass die politische Sozialisation von Aleksander Hertz früh begann: Noch als Schüler des Mikołaj Rej-Gymnasiums in Warschau knüpfte er Kontakte zu sozialistischen Kreisen und der Unabhängigkeitsbewegung und war zusammen mit dem späteren Stadtpräsidenten von Warschau, Stefan Starzyński, in der Führung einer Geheimorganisation der gymnasialen Jugend aktiv.[5] Während des Ersten Weltkriegs war Hertz Anhänger von Józef Piłsudski und seiner um die Unabhängigkeit Polens kämpfenden Legionen. Als Student der Warschauer Universität trat er zu Beginn des Krieges der Polnischen Sozialistischen Partei (Polska Partia Socjalistyczna, PPS) und der Polnischen Militärorganisation (Polska Organizacja Wojskowa, POW) bei und entfaltete eine rege Propaganda-tätigkeit unter den Warschauer Arbeitern. Hertz wurde im November 1915 ver-haftet und verbrachte allem Anschein nach etwa ein Jahr in Haft.

In der Gefängnis- bzw. Lagerhaft und der Unsicherheit der Kriegszeit dürfte der Grund dafür liegen, weshalb Hertz sein großenteils in den Kriegsjahren absolviertes Hochschulstudium als „ziemlich chaotisch" bezeichnete.[6] Hertz legte dabei ein umfassendes geisteswissenschaftliches Interesse an den Tag, seine besondere Wissbegierde aber richtete sich auf Philosophie und Geschich-te. Hertz faszinierten insbesondere die Vorlesungen Edward Abramowskis (1868–1918), der zu den Vätern der modernen Soziologie und Sozialpsycholo-gie in Polen gehörte; bei ihm, so schrieb Hertz, habe er sein Wissen über den Einfluss des Unterbewusstseins auf die menschliche Persönlichkeit erworben.[7] Abramowskis Ausstrahlung dürfte auch maßgeblich dafür verantwortlich sein, dass sich der Interessenschwerpunkt von Aleksander Hertz zu Beginn der 1920er Jahre in Richtung der Soziologie verschob.

Mit der Unabhängigkeit Polens nach dem Ersten Weltkrieg lockerte sich Hertz' Verbundenheit mit der PPS. Er kritisierte Programm und Aktions-formen der umgestalteten Partei und deren Streit mit ihrem früheren Füh-rungsmitglied und jetzigen Staatsgründer Józef Piłsudski; zugleich kehrte Hertz mit neuem Elan zu seinem Hochschulstudium zurück.[8] Gleichwohl ging er 1922 als Korrespondent des „Robotnik" (Der Arbeiter) - des Parteiorgans der PPS - für ein halbes Jahr nach Wien. Hier hörte Hertz Vorlesungen bei dem Sozialphilosophen und Theoretiker des Sozialismus Max Adler sowie dem Philosophen Heinrich Gomperz.[9] In Wien begann er auch mit den Arbeiten

---

5　Szacki (Hg.), Sto lat socjologii polskiej, S. 653. Es handelte sich um den Związek Młodzieży Postępowo-Niepodległościowej (Bund der Jugend für Fortschritt und Unabhängigkeit).

6　Hertz, Wyznania, S. 99.

7　Ebd., S. 103 f.

8　Ebd., S. 78.

9　Ebd., S. 105.

an seiner Dissertation über die Grundbegriffe in der Geschichtsphilosophie Hegels, die er 1923 bei dem Philosophen Tadeusz Kotarbiński in Warschau verteidigte.[10]

Hertz interessierte sich somit für die deutsche Philosophie, und seine Schriften waren nicht nur von Hegel, sondern auch von Ludwig Feuerbach und Max Stirner beeinflusst. Hiervon berichtete Hertz in seinen Briefen aus den USA, die er an seinen Neffen Jan Garewicz und dessen Frau Hanna Buczyńska-Garewicz schrieb.[11] So urteilte er im Januar 1976 rückblickend: „Diese ganze Epoche – die Wende zur zweiten Hälfte des 19. Jahrhunderts – scheint mir besonders faszinierend zu sein. Damals formierten sich die wichtigsten ideologischen Konzepte unserer Epoche."[12] Unter dem Einfluss seiner Frau Alicja gab sich Hertz jedoch zugleich Mühe, seine philosophischen Schriften weniger kompliziert als Hegel zu formulieren. Hertz' Sprache ist überaus klar und verständlich.[13]

Hertz war davon überzeugt, dass er angesichts des Antisemitismus in seiner Heimat trotz seiner außerordentlichen Begabung als Pole jüdischer Herkunft keine Chance auf eine wissenschaftliche Karriere habe.[14] Aus diesem Grund, aber sicher auch wegen seiner publizistischen Begabung – insbesondere der Fähigkeit, Sachverhalte verständlich darzustellen – strebte er keine akademische Laufbahn an. Vielmehr ernährte er sich von seiner publizistischen Tätigkeit. So schrieb Hertz seit 1925 unter anderem für die populärwissenschaftliche Zeitschrift „Wiedza i Życie" (Wissen und Leben) und später für die Zeitschrift „Droga" (Der Weg) – das Hauptorgan der Anhänger Józef Piłsudskis. Außerdem arbeitete er für den „Powszechny Uniwersytet Korespon-

---

10 Ebd., S. 105–107.
11 Vgl. Aleksander Hertz, Późne listy z Ameryki. Listy do Hanny Buczyńskiej-Garewicz i Jana Garewicza z lat 1976–1982. Do druku podała i wstępem opatrzyła Hanna Buczyńska-Garewicz (Späte Briefe aus Amerika. Briefe an Hanna Buczyńska-Garewicz und Jan Garewicz aus den Jahren 1976–1982. Zum Druck vorbereitet und mit einem Vorwort versehen von Hanna Buczyńska-Garewicz), Warschau 2004, S. 11. In einem Interview, das Katarzyna Stokłosa am 20. März 2013 in Warschau führte, bestätigte Frau Buczyńska-Garewicz alle Angaben zu den persönlichen Beziehungen zwischen ihrer Familie und der von Aleksander Hertz.
12 Ebd., Brief von Aleksander Hertz vom Januar 1976 (ohne genaue Datumsangabe).
13 Vgl. ebd., S. 9.
14 Hertz, Wyznania, S. 123; die Literatur zum Antisemitismus in Polen in der Zwischenkriegszeit ist inzwischen sehr umfangreich. Einen Überblick gibt Klaus-Peter Friedrich, Juden und jüdisch-polnische Beziehungen in der Zweiten Polnischen Republik (1918–1939). Neuere Literatur. In: Zeitschrift für Ostmitteleuropa-Forschung, 46 (1997), S. 535–560; als Einführung nach wie vor sehr gut Dietrich Beyrau, Antisemitismus und Judentum in Polen 1918–1939. In: Geschichte und Gesellschaft, 8 (1982), S. 205–232.

dencyjny" (Allgemeine Korrespondenzuniversität), eine Einrichtung, die Fern-
kurse in allgemeiner und beruflicher Bildung anbot.[15]

Der deutsche Überfall auf Polen 1939 beendete abrupt die erste Lebensperiode von Aleksander Hertz und katapultierte ihn unsanft in die zweite, die
er in den Vereinigten Staaten verbrachte. Wir können aufgrund der hier abgedruckten Arbeiten annehmen, dass sich Hertz keinerlei Illusionen über den
wahren Charakter der nationalsozialistischen Herrschaft hingab und er aus diesem Grunde aus Polen zunächst nach Frankreich und dann über Spanien in
die USA floh. Hier arbeitete Hertz zunächst für das Office of War Information,
und später schlug er sich mehr schlecht als recht mit einem Antiquariat durch,
das er gemeinsam mit dem Schriftsteller und Publizisten Aleksander Janta-
Połczyński (1908–1974) betrieb.[16] Wie Valentine Janta, die Witwe des Kompag-
nons, schrieb, lebte Hertz in New York sehr zurückgezogen und besaß nur
wenige Bekanntschaften.[17] Nach eigenem Bekunden strebte er auch in den
USA, anders als sein Fachkollege Florian Znaniecki, keine wissenschaftliche
Karriere an.[18]

In seinen Memoiren wird die Dankbarkeit Hertz' erkennbar, die er für die
Aufnahme in den USA empfand, auch wenn ihm das Einleben augenscheinlich nicht leicht gefallen ist. Schließlich hatte er sich an einen neuen Alltag,
ein neues berufliches Umfeld und – hier spricht der Soziologe Hertz – an eine
neue soziale Position zu gewöhnen; er hatte „alles von neuem zu beginnen.
Alles! Beginnend bei der Sprache"[19] Hertz beschreibt die ersten Jahre in den
USA als ausgesprochen schwer, versucht sie sich und seinen Lesern aber –
soziologisch – mit der Schwierigkeit des Akkulturationsprozesses zu erklären.
In seinen Briefen an Jan Garewicz und Hanna Buczyńska-Garewicz berichtet
Hertz viel über seine Einstellung zu den USA. Die Briefe, die während der

---

15 Hertz, Wyznania, S. 360 f. Vgl. auch das Verzeichnis der Publikationen von Aleksander
    Hertz am Ende dieses Beitrags.
16 Ebd., S. 120. Vgl. zu dieser Zeit auch die Korrespondenz von Aleksander Hertz in
    Biblioteka Narodowa, Warszawa, Dział Rękopisów (Nationalbibliothek, Warschau,
    Handschriftenabteilung), Sign. TAJ 48; TAJ 53; TAJ 131, Band 1; TAJ 187, Band 2;
    TAJ 207, Band 1, sowie die Korrespondenz von Aleksander Hertz in: Archiwum
    Emigracji (Archiv der Emigration), Toruń, Sign. AE/AW/XCVII/3.
17 Vgl. Brief von Valentine Janta an Katarzyna Stokłosa vom 15.3.2009.
18 Vgl. Brief von Aleksander Hertz an „Benedykt" vom 17.4.1947, Muzeum Literatury,
    Warschau. Wahrscheinlich handelt es sich bei dem Adressaten um den Schriftsteller
    und Journalisten Benedykt Hertz (1872–1952), über dessen mögliches Verwandt-
    schaftsverhältnis zu Aleksander Hertz uns keine gesicherten Informationen vorliegen.
    Hertz schreibt jedoch selbst, dass er mit den meisten der im Polski Słownik Biogra-
    ficzny behandelten Träger seines Namens in einem Verwandtschaftsverhältnis stand,
    und somit wahrscheinlich auch zu Benedykt Hertz. Vgl. Hertz, Wyznania, S. 149.
19 Ebd., S. 117.

Präsidentschaften von Jimmy Carter und Ronald Reagan geschrieben wurden, enthalten zahlreiche Kommentare über das politische Leben in den USA. Hertz beurteilte vor allem Reagan sehr kritisch, was für die Einwohner der Ostküste typisch war. Carter schätzte er dagegen sehr. In einem Brief vom Mai 1977 schreibt Hertz: „Carter gefällt mir immer mehr. Wir [Aleksander und Alicja Hertz; d. Verf.] sind beide sehr froh, dass wir unsere Stimme für ihn abgegeben haben. [...] Carter zeichnet sich durch großes Geschick aus und hat zweifellos große Führungsqualitäten. Erst heute wird es immer deutlicher, dass die Politik Kissingers misslungen war.“[20]

Trotz mancher Kritikpunkte fühlte sich Hertz in Nordamerika wohl. Häufig betonte er „only in America“ und meinte das sehr positiv. Hertz lebte gerne in Elmhurst, einem multikulturellen Stadtteil von New York. Er schätzte den Kontrast zum Polen der Vorkriegszeit, wo es keine Toleranz gegenüber verschiedenen Nationalitäten und Kulturen gegeben habe.[21] Stellenweise neigte Hertz zur Idealisierung der USA. In einem Brief vom März 1976 schreibt er beispielsweise, es gebe in den USA, im Gegensatz zu Polen, nur sehr schwache klassisch-kulturelle sowie gesellschaftliche und wirtschaftliche Unterschiede.[22] Hertz hielt sich für einen Kenner der USA, weil er dort so viele Jahre verbracht hatte.[23]

Hertz blieb in seiner zweiten Lebensperiode schriftstellerisch weiterhin ausgesprochen produktiv, wenngleich er erst nach gut anderthalb Jahrzehnten in den USA wieder für ein breiteres Publikum zu schreiben begann. Er nahm unter anderem eine Zusammenarbeit mit der Pariser Zeitschrift „Kultura“ (Kultur) auf, die nach dem Zweiten Weltkrieg ein intellektuelles Zentrum der polnischen Emigration war, und veröffentlichte regelmäßig Essays sowie Monographien in einer Reihe der „Kultura“.[24] Außerdem schrieb er für die Londoner „Wiadomości“ (Nachrichten). Hertz' Arbeiten dieser Jahre waren meist populärwissenschaftlich-essayistisch und widmeten sich vor allem der politischen Soziologie. So verfasste er unter anderem eine Arbeit über das Parteiensystem der Vereinigten Staaten.[25]

Hertz selbst betrachtete seine 1961 in Paris erschienene Arbeit „Die Juden in der polnischen Kultur“ als seine wichtigste, zugleich aber auch persönlichste

---

20 Hertz, Późne listy z Ameryki, Anm. 11, Brief von Aleksander Hertz vom 13.5.1977, S. 50.
21 Vgl. ebd., Einleitung von Hanna Buczyńska-Garewicz, S. 10.
22 Vgl. ebd., Brief von Aleksander Hertz vom 13.3.1976, S. 20.
23 Vgl. ebd., Brief von Aleksander Hertz vom 9.3.1978, S. 71.
24 Vgl. die Bibliographie am Ende dieses Textes.
25 Vgl. Aleksander Hertz, Amerykańskie stronnictwa polityczne. Mechanizm demokracji (Die amerikanischen politischen Parteien. Der Mechanismus der Demokratie), Paris 1957.

Arbeit.[26] In diesem Buch, das zu den ersten polnischsprachigen Nachkriegs-
publikationen über die polnisch-jüdischen Beziehungen gehört und erst in den
1980er Jahren in Volkspolen erscheinen konnte, verfolgte Hertz die gemeinsame Geschichte der Polen und Juden von Anbeginn – mit einem Schwerpunkt auf den sozialen Rollen der Juden seit dem 18. Jahrhundert. Hertz
bestimmte die Juden als eine „Kaste" – ähnlich wie nordamerikanische Soziologen und der von Hertz bewunderte Gunnar Myrdal die schwarze Bevölkerung
der USA beschrieben hatten. Hertz bezog sich damit weniger auf die Isolation
der Juden von anderen Gruppen der Bevölkerung, sondern auf ihren gewissermaßen „vererbten" inferioren sozialen Status, dem nur schwer zu entrinnen
gewesen sei und der die Identität der Juden in Polen vor der Shoah entscheidend geprägt habe.[27]

Hertz' Briefen kann man entnehmen, wie sehr er es bedauerte, dass sein
Buch in Polen nur wenig Resonanz fand. In einem Brief vom April 1976 an
Jan Garewicz und Hanna Buczyńska-Garewicz betonte Hertz, diese Arbeit sei
außerhalb Polens bekannt und zahlreiche Autoren hätten sich auf sie berufen.
In Polen sei sie dagegen erst sieben oder acht Jahre nach ihrem Erscheinen in
den „Studia Socjologiczne" besprochen worden.[28] Jedoch war sich Hertz der
Zensur in der VR Polen bewusst und hat auch selbst unangenehme Erfahrun-
gen mit ihr gemacht. So will Hertz im „Schwarzbuch der Zensur der VR Polen"
seinen Namen gefunden haben.[29] Über unangenehme Erfahrungen mit der
Zensur berichtet auch Hertz' Frau Alicja in ihren Briefen an Jan Garewicz und
Hanna Buczyńska-Garewicz. Im August 1983 schrieb sie, Hertz habe einerseits seine Schriften in Polen veröffentlichen wollen, andererseits aber die
Erfahrung gemacht, dass einige wenige Wörter aus seinem Aufsatz über die
Kultur der Schwarzen in den USA auf so raffinierte Weise aus dem Text
genommen worden seien, dass dadurch ein ganz anderer Sinn entstand. Nach
dieser Erfahrung habe er nicht mehr in Polen veröffentlichen wollen, sofern

---

26 Vgl. Hertz, Wyznania, S. 121; ders., Żydzi w kulturze polskiej (Die Juden in der polni-
    schen Kultur), Paris 1961; erste in Polen erschienene Ausgabe: ders., Żydzi w kulturze
    polskiej, Warschau 1988. Vgl. jetzt auch Hanna Buczyńska-Garewicz, Passing a powrót
    do korzeni. Na pięćdziesięciolecie książki Hertza Żydzi w kulturze polskiej (Passing
    und eine Rückkehr zu den Wurzeln. Zum fünfzigsten Jahrestag des Buches von Hertz
    „Die Juden in der polnischen Kultur"). In: Teksty drugie, (2012) 6, S. 382–392.
27 Siehe auch Aleksander Hertz, Jewish Caste Status in Poland. In: Herbert A. Strauss
    (Hg.), Hostages of Modernization, Band 2, Berlin 1993, S. 1153–1164. Zu Hertz' The-
    sen vgl. Michael C. Steinlauf, Whose Poland? Returning to Aleksander Hertz. In: Gal-
    Ed. On the History of the Jews of Poland, 12 (1991), S. 131–142 sowie Jerzy Jedlicki,
    „Żydzi w kulturze polskiej" Aleksandra Hertza. In: Gazeta Wyborcza vom 29.8.2003.
28 Vgl. Hertz, Późne listy z Ameryki, Brief von Aleksander Hertz vom 27.4.1976, S. 22.
29 Vgl. ebd., Brief von Aleksander Hertz vom Oktober 1978 (ohne genaue Datumsanga-
    be), S. 85.

nicht die hundertprozentige Übereinstimmung mit seinem Originaltext garantiert worden sei.[30]

Bemerkenswert ist die Entstehung der englischen Übersetzung von „Die Juden in der polnischen Kultur", die Hertz nicht mehr erleben konnte und die ohne das Engagement seiner Frau wahrscheinlich nicht zustande gekommen wäre. Diese Geschichte ist relativ unbekannt, weil der Name von Alicja Hertz nicht auf dem Cover der englischen Ausgabe des Buches erscheint. Sie ist jedoch in den Briefen zwischen Alicja Hertz und Jan Garewicz und Hanna Buczyńska-Garewicz aus den Jahren 1983–1988 festgehalten. Alicja Hertz entschloss sich, inoffiziell die Redaktion der englischen Ausgabe des Buches zu übernehmen, und kontrollierte sorgfältig jedes Wort. In diesem letzten Werk von Aleksander Hertz erblickte sie den Sinn ihres Lebens.[31] In ihren Briefen an Jan Garewicz und Hanna Buczyńska-Garewicz berichtet Alicja Hertz über Probleme mit der Übersetzung, die Langsamkeit und Ungenauigkeiten des Übersetzers.[32] Im November 1985 berichtete sie glücklich, dass die Übersetzung des Werkes vorangehe.[33] Jedoch erst zwei Jahre später, im Oktober 1987, war das Buch im Druck.[34] Im Oktober 1988 schrieb Alicja: „Es gab eine feierliche, große Präsentation aus Anlass der englischsprachigen Version der *Juden*. Die englische Ausgabe präsentiert sich prachtvoll. Es gibt sie in zwei Versionen: Paperback und Hardcover."[35]

In der zweiten Hälfte der 1970er Jahre schließlich schrieb Hertz seine Memoiren, die 1979 unter dem Titel „Bekenntnisse eines alten Mannes" erschienen. Bei diesem letzten zu Lebzeiten veröffentlichten Buch handelt es sich um die einfühlsame Autobiographie eines jüdisch-polnischen Intellektuellen, den jene politischen Kräfte, deren Aufstieg und Herrschaft er scharfsinnig analysiert hatte, schließlich zwangen, in die Emigration zu gehen. Hertz blickt in diesem sympathischen Dokument ohne Groll, dafür aber mit umso größerer Dankbarkeit auf sein Leben zurück. In den „Späten Briefen aus Amerika" berichtete Hertz, dass er das Buch für seine Frau Lila (Alicja),[36] einige Freunde und sich selbst schreibe. Am Ende des Lebens müsse man nämlich über den Sinn dessen nachdenken, was man hinterlasse. Aus diesem Grund habe er sich entschieden, dieses Buch zu schreiben.[37] In seinem Brief

---

30 Vgl. ebd., Brief von Alicja Hertz vom 19.8.1983, S. 244 f.
31 Vgl. ebd., S. 239 f.
32 Vgl. ebd., Jan Garewicz und Hanna Buczyńska-Garewicz: Briefe von Alicja Hertz vom 17.4.1984, 7.6.1984, 10.9.1984.
33 Vgl. ebd., Brief von Alicja Hertz vom 7.11.1985.
34 Vgl. ebd., Brief von Alicja Hertz vom 5.10.1987.
35 Ebd., Brief von Alicja Hertz vom 23./24.10.1988.
36 Hertz heiratete am 31.10.1924. Vgl. ebd., Brief von Alicja Hertz vom 25.7.1983.
37 Vgl. ebd., Brief von Aleksander Hertz vom 7.6.1976, S. 31.

vom Juni 1976 beschrieb Hertz kurz den Inhalt des Buches: „Darin, was ich zu schreiben versuche, spielten die Fragen nach dem Bösen und dem Guten, nach der Sünde und ihren Folgen eine große Rolle. Dass mich im Leben immer auch Theologie faszinierte, hatte seine sehr positiven Seiten."[38]

In späteren Briefen berichtete Hertz über Schwierigkeiten, die er mit der Veröffentlichung dieses Buches hatte. Verlage in der Emigration hatten seiner Meinung nach Probleme mit dem kontroversen Charakter der Themen, die Hertz behandelte. So übte er Kritik an polnischen „Nationalhelden" wie dem nationaldemokratischen Politiker Roman Dmowski und dem Schriftsteller Henryk Sienkiewicz.[39]

Aleksander Hertz starb nach einem erfüllten Leben am 16. Mai 1983 in New York. Seine Frau Alicja berichtet in ihren Briefen an Jan Garewicz und Hanna Buczyńska-Garewicz über großes Leid und langsames Sterben ihres Mannes. So habe er in den letzten Monaten das Bett nicht mehr verlassen können.[40]

2. Die polnische Soziologie zwischen den Kriegen und die wissenschaftliche Sozialisation von Aleksander Hertz

Die staatliche Unabhängigkeit, die Polen 1918 nach 123 Jahren Fremdherrschaft wiedererlangte, war für die polnische Soziologie als Disziplin, und damit mittelbar auch für die wissenschaftliche Sozialisation von Aleksander Hertz, ein Schlüsselereignis. Die Unabhängigkeit nämlich schuf die Voraussetzungen für eine systematische staatliche Bildungs- und Wissenschaftspolitik, die in einem nationalstaatlichen Rahmen erfolgte und die Möglichkeit eröffnete, „eigene" Forscher zu fördern und mit Planstellen auszustatten. So nahm in Polen neben anderen Wissenschaften auch die Soziologie einen Aufschwung. Diese Konjunktur führte einerseits zu einer Ausdifferenzierung der Soziologie aus einem Bündel benachbarter, bislang eher thematisch denn methodisch voneinander abgegrenzter Teilgebiete der Sozial- und Geisteswissenschaften, unter ihnen Philosophie, Volkswirtschaft, Rechts- und Geschichtswissenschaft, und einer Institutionalisierung. So wurden an den neugegründeten polnischen Universitäten Lehrstühle für Soziologie eingerichtet und erwarb diese Disziplin 1930 den Status eines eigenen Studienfachs. Weiterhin entstanden zahlreiche staatliche und nichtstaatliche Forschungseinrichtungen, die soziologische

---

38 Ebd.
39 Vgl. ebd., Brief von Aleksander Hertz vom Oktober 1978 (ohne genaue Datumsangabe), S. 85, und vom 28. 10. 1978, S. 87.
40 Vgl. ebd., Brief von Alicja Hertz vom Februar 1983 (ohne genaue Datumsangabe).

Fragestellungen behandelten und entwickelte sich ein soziologisches Schrifttum, die beide schon überwiegend entsprechend ihrer Untersuchungsgebiete ausdifferenziert waren. Schließlich begann sich auch ein soziologisches Wissenschaftsmilieu zu formieren, das über eine eigene Fachorganisation verfügte und sich regelmäßig zu soziologischen Kongressen traf. Gestützt auf diese institutionelle Infrastruktur konnte sich die Soziologie als Disziplin entwickeln. Nun wurde es möglich, eine neue Generation von Wissenschaftlern auszubilden, in deren Denken die Eigenständigkeit dieser wissenschaftlichen Disziplin ihren Niederschlag fand – Menschen wie Aleksander Hertz, die sich als Soziologen begriffen und nach den damaligen methodischen Standards dieser Wissenschaft arbeiteten.[41]

Neben der Institutionalisierung brachten die zwei Jahrzehnte zwischen den Weltkriegen einen Wandel der theoretischen Grundlagen in der polnischen Soziologie. Unter dem Einfluss Florian Znanieckis (1882–1958) gab die Disziplin den positivistischen Szientismus auf und schlug den Entwicklungspfad in Richtung einer Geisteswissenschaft ein: Sie warf den Glaubensgrundsatz des Szientismus über Bord, alle Fragen ließen sich mit naturwissenschaftlichen Methoden beantworten, und öffnete sich für humanwissenschaftliche Zugänge. Znaniecki zufolge konnten nämlich in einer Wissenschaft exakte und geisteswissenschaftliche Methoden nicht nebeneinander existieren. Die polnische Soziologie definierte sich damit zugleich immer weniger allgemein als „Wissenschaft von der Gesellschaft" mit dem Ziel weitreichender Verallgemeinerungen, sondern als spezielle Wissenschaft von gesellschaftlichen Fakten, Werten oder Systemen, die sich analytisch beispielsweise von ökonomischen oder demographischen Fakten, Werten oder Systemen unterscheiden ließen.[42] Die polnische Soziologie wurde schließlich zu einer empirischen Wissenschaft, die danach strebte, neues Wissen auf einer möglichst breiten Datengrundlage zu generieren und dabei theoriebildend zu wirken. Gestützt auf die neuen Institutionen, die nachwachsende Generation von Soziologen und die Erschließung neuer Materialien wie Ego-Dokumente und Memoiren-Wettbewerbe nahm die Zahl der soziologischen Forschungen beträchtlich zu; insbesondere die Feldforschungen erlebten in der Zweiten Polnischen Republik eine lebhafte Konjunktur.[43]

---

41   Ausführlich zur Entwicklung der polnischen Soziologie zwischen den Weltkriegen Jerzy Szacki, Wstęp (Einleitung). In: ders. (Hg.), Sto lat socjologii polskiej, S. 11–119, hier 78–84; Stanisław Kosiński/Marcin Panek, Aleksander Hertz twórcą socjologii polityki w Polsce (Aleksander Hertz als Schöpfer der politischen Soziologie in Polen). In: Annales Universitatis Mariae Curie-Skłodowska, Sectio I, 24 (1999), S. 51–68, hier 51 f.
42   Vgl. Szacki, Wstęp, S. 81.
43   Vgl. ebd.

Angesichts des Aufschwungs der polnischen Soziologie zwischen den Weltkriegen – Aleksander Hertz schrieb gar, die Formulierung eines Fachkollegen aufgreifend, die Soziologie sei in jener Zeit in Mode gewesen[44] – und seiner beginnenden Abkehr vom Marxismus war es konsequent, dass sich Aleksander Hertz nach dem Abschluss seiner philosophischen Dissertation als Autodidakt der Soziologie zuwandte.[45] Ein wichtiger Impuls für diese intellektuelle Neuorientierung war laut Hertz auch sein intensives Studium der Arbeiten zeitgenössischer bürgerlicher Soziologen wie Vilfredo Pareto (1848–1923) und Max Weber (1864–1920).[46] Hertz hielt sich für einen großen Kenner der beiden Soziologen und warf anderen Wissenschaftlern vor, diese nicht richtig verstanden zu haben.[47]

Zu Pareto war Hertz, wie er in seinen Erinnerungen schrieb, eher durch Zufall gekommen, gleichwohl wurde dieser zu „einem der Wendepunkte" seines Lebens.[48] Systematisch studierte er Paretos „Traité de la Sociologie générale" und andere seiner Arbeiten, etwa zum Sozialismus und zur Elitentheorie. Besonders die letztere und deren Idee von einer „Zirkulation der Eliten" übten nachhaltigen Einfluss auf Hertz und dessen Arbeiten zum Faschismus aus. Doch war die intellektuelle Bekanntschaft von Hertz und Pareto ein wechselseitiges Glück: Hertz trug nämlich mit einem 1931 veröffentlichten Aufsatz über Pareto beträchtlich zur Verbreitung von dessen Arbeiten unter den polnischen Soziologen bei.[49] In dieser Arbeit nahm Hertz Pareto gegen dessen Inanspruchnahme durch den italienischen Faschismus und andere autoritäre Strömungen in Schutz. So verwies er darauf, dass die „Elite" Paretos und die „Elite" der autoritären Strömungen etwas völlig Verschiedenes seien. Die „Zirkulation der Eliten" sei für Pareto ein zentraler Bestandteil demokratischer Gesellschaften, und Pareto selbst warne vor der Bildung „geschlossener" Eliten, die sich nicht durch den Zufluss neuer Kräfte regenerieren und sich schließlich selbst charismatische Eigenschaften zuschreiben und damit ihren Anspruch auf eine ungeteilte Herrschaft begründen. Hertz betonte demgegenüber

---

44   Vgl. Aleksander Hertz, Socjologia współczesna (Die zeitgenössische Soziologie), Warszawa 1938, nach Kosiński/Panek, Aleksander Hertz, S. 52. Die von Hertz gebrauchte Formulierung fand sich im Titel eines Aufsatzes von Tadeusz Szczurkiewicz, Moda na socjologię (Soziologie ist in Mode). In: Szacki (Hg.), Sto lat socjologii polskiej, S. 602–611 (Original 1937).

45   Hertz betont wiederholt, dass er in der Soziologie ein Autodidakt gewesen sei. Vgl. Hertz, Wyznania, S. 113.

46   Vgl. ebd., S. 108–116.

47   Vgl. Hertz, Późne listy z Ameryki, Brief von Aleksander Hertz vom 27.7.1980, S. 124.

48   Vgl. Hertz, Wyznania, S. 108 f.

49   Vgl. Aleksander Hertz, Socjologia Vilfreda Pareta i teoria elit (Die Soziologie Vilfredo Paretos und die Elitensoziologie). In: ders., Ludzie i idee (Menschen und Ideen), Warschau 1931; zur Aufnahme Paretos in Polen siehe Hertz, Wyznania, S. 110.

den demokratischen Charakter von Paretos Theorien – in gewisser Weise lässt sich dieser Aufsatz auch als Kritik an der damaligen Entwicklung des Regierungssystems in Polen lesen.[50]

Später kam die intensive Lektüre der Arbeiten Max Webers hinzu, dessen „Wirtschaft und Gesellschaft" und die darin ausgebreitete Herrschaftstypologie einen nicht weniger nachhaltigen Eindruck bei Hertz hinterließen als die Arbeiten Paretos.[51] Hertz schrieb im Rückblick, die Lektüre Webers habe seine „Gedanken endgültig von den Resten des historischen Monismus gereinigt" und er habe bei Weber die Komplexität und die wechselseitige Abhängigkeit und Beeinflussung historischer Phänomene gelernt.[52] Tatsächlich lässt sich der Einfluss Webers nicht nur in den zahlreichen unmittelbaren Verweisen auf „Wirtschaft und Gesellschaft" in den Arbeiten von Hertz belegen. Auch der theoretische Zugang von Hertz zeigt deutliche Spuren des Denkens des großen deutschen Soziologen, dessen Arbeiten ihre Verbreitung in Polen ebenfalls in erster Linie den Arbeiten von Aleksander Hertz verdanken: Florian Znaniecki, wohl der einflussreichste polnische Soziologe der Zwischenkriegszeit und bestens mit den soziologischen Theorien seiner Zeit vertraut, schenkte Weber kaum Beachtung.[53] Schließlich lässt sich auch der Einfluss des deutsch-italienischen Soziologen Robert Michels (1876–1936) und dessen am Beispiel der deutschen Sozialdemokratie entwickelte Oligarchiethese in der politischen Soziologie von Aleksander Hertz wiederfinden.[54]

Die Theorien Paretos und Webers wurden für Hertz zum Ausgangspunkt seiner Versuche, die Entwicklungsdynamik der zeitgenössischen nichtdemokratischen Regime zu verstehen. Sie sind ein ständiger Bezugspunkt in Hertz' Soziologie des Faschismus, und ihre Zugänge zum Verständnis der zeitgenössischen Herrschaftstypen prägten die einschlägigen Arbeiten von Hertz maßgeblich.

Hertz erkannte früh Ähnlichkeiten zwischen Faschismus (sowie dessen Extremform im deutschen Nationalsozialismus) und Kommunismus und begriff sie beide schon in den 1930er Jahren als verwandte Herrschaftstypen – seine Bemerkungen zur Entourage Stalins im Aufsatz „Die Gefolgschaft des Führers" belegen dies.[55] Vor einer systematischen Vergleichsanalyse schreckte er jedoch zurück, weil es seiner Meinung nach zu wenig verlässliche Informationen über die Sowjetunion unter Stalin gab. Trotz seines publizistischen

---

50 Vgl. ebd., S. 112.
51 Vgl. ebd., S. 113 ff.
52 Vgl. ebd., S. 114.
53 Vgl. Kosiński/Panek, Aleksander Hertz, S. 53.
54 Vgl. Robert Michels, Zur Soziologie des Parteiwesens in der modernen Demokratie. Untersuchungen über die oligarchischen Tendenzen des Gruppenlebens, Leipzig 1911.
55 Vgl. Hertz, Wyznania, S. 115.

Talents fühlte sich Hertz also immer der Wissenschaftlichkeit verpflichtet: Er strebte danach, von einer breiten Faktengrundlage zu abstrahieren und zu theoretischen Einsichten zu kommen.

Damit ist auch Hertz' Haltung zur Soziologie umrissen: Für ihn war sie eine Wissenschaft, die dank ihrer Objektivität und Unabhängigkeit in der Betrachtung gesellschaftlicher Problemlagen vorzüglich dazu geeignet war, einen wichtigen Beitrag zur Schaffung einer Staatsbürgergesellschaft zu leisten. Denn die Soziologie war laut Hertz eine Disziplin, die zur kritischen Analyse und zur Beurteilung der Wirklichkeit berufen war und die auf rationale Argumente setzte, nicht auf Gewalt.[56] Dem entsprach, wie er bereits in den 1930er Jahren argumentierte, dass Wissenschaft und Politik für ihn getrennte Sphären waren, die jeweils eigenen Regeln unterlagen und in einem Spannungsverhältnis zueinander standen: Das Streben der Soziologie nach objektiver Analyse der gesellschaftlichen Realität und der Wille des Politikers nach deren Gestaltung mussten immer häufiger miteinander in Konflikt geraten; in totalitär regierten Ländern hätte die Soziologie keine Daseinsberechtigung.[57]

Mit seiner Haltung unterschied sich Hertz als Wissenschaftler von der Mehrzahl der polnischen Soziologen seiner Generation. Wie oben erwähnt, hielt er sich gezielt vom institutionalisierten akademischen Leben fern. Er bewies gleichwohl ein hervorragendes Gespür für kommende Themen und stand mit seinen Beiträgen stets im Zentrum aktueller Debatten.[58]

3. Der Beitrag von Aleksander Hertz zur Faschismus- bzw. Totalitarismusforschung

Hertz' Arbeiten über totalitäre Regime haben ihren Ursprung in der Sorge über den Aufstieg von Faschismus und Stalinismus im Europa der 1920er und 1930er Jahre und dem wachsenden Gefühl der Bedrohung, das Hertz als Wissenschaftler jüdischer Herkunft im Polen der 1930er Jahre in besonderem Maße verspürte. In seinen bedeutendsten Arbeiten zur Problematik, „Militaryzacja stronnictwa politycznego" (Die Militarisierung der politischen Partei, 1936), „Posłannictwo wodza" (Die Sendung des Führers, 1936) und „Drużyna wodza" (Die Gefolgschaft des Führers, 1937) analysiert Hertz vor dem

---

56 Vgl. ebd., S. 111.
57 Der Problematik des Verhältnisses zwischen (soziologischer) Wissenschaft und Politik gewidmet ist der Aufsatz „Socjologia i polityka" (Soziologie und Politik). In: Aleksander Hertz, Socjologia nieprzedawniona. Wybór publicystyki (Soziologie ohne Verfallsdatum. Eine Auswahl von Publizistik), Warschau 1992; vgl. hierzu auch Kosiński/ Panek, Aleksander Hertz, S. 54 f.
58 Vgl. Kosiński/Panek, Aleksander Hertz, S. 53.

Hintergrund der zeitgenössischen Entwicklung in Deutschland und Italien Institutionen und Eliten totalitärer Regime und entwickelt zwei Hauptthesen: Zum einen, so Hertz, erlebte die Politik im zwanzigsten Jahrhundert den Aufstieg eines neuen Typus von Partei, der Führerpartei, die sich durch permanente Mobilisierung, starke Hierarchisierung und Militarisierung von den klassischen demokratischen Parteien unterschieden. Zum anderen entfaltete Hertz unter Rezeption der Arbeiten von Max Weber, Vilfredo Pareto und Robert Michels eine Soziologie der Eliten totalitärer Parteien, die sich – so seine These – charismatisch legitimierten und eine „neue Aristokratie" bildeten. Die Arbeiten von Aleksander Hertz sind kenntnisreiche Analysen aus der Feder eines zeitgenössischen Beobachters und kompetenten Wissenschaftlers und bedeutende Beiträge zur Erklärung von Herkunft, sozialer Basis und Legitimation totalitärer Herrschaft.

Im Folgenden sollen kurz die wichtigsten Thesen der einzelnen Aufsätze von Aleksander Hertz wiedergegeben und eine Einordnung in die Forschung unternommen werden.

3.1 Die Militarisierung der politischen Parteien

Der Erste Weltkrieg war ein tiefer Einschnitt in der europäischen Geschichte; er führte zu grundstürzenden Veränderungen in allen Bereichen des gesellschaftlichen Lebens und war auch eine geistige Zäsur.[59] Der Liberalismus und die mit ihm verbundenen Werte – insbesondere der Primat der individuellen Freiheit, der bis dahin uneingeschränkt akzeptiert worden war – gerieten in eine tiefe Krise, die sich nicht erst von den wirtschaftlichen Turbulenzen Ende der 1920er Jahre an bemerkbar machte. An seiner Stelle gewannen andere Werte und Wertordnungen maßgeblichen Einfluss auf die Entwicklung von Politik und Gesellschaft, denen sie eine bestimmte Richtung geben wollten: Die Ordnung der Gesellschaft sollte nicht mehr Resultat des freien Spiels der Kräfte sein, sondern Ergebnis staatlicher Politik. Das „social engineering", dessen Potential mit der Entwicklung der modernen Kommunikationstechnologie wuchs, wurde zur Signatur der Epoche.[60] Die neuen charismatischen Regime in Sowjetrussland, Italien und Hitlerdeutschland nutzten nur zu gerne die neuen Möglichkeiten, um die Massen zu beeinflussen. Die Herrschaftspraxis

---

59 Zum Epochenkontext vgl. Lutz Raphael, Imperiale Gewalt und mobilisierte Nation. Europa 1914–1945, München 2011.

60 Zur Bedeutung des „social engineering" in Europa siehe Thomas Etzemüller, Social Engineering als Verhaltenslehre des kühlen Kopfes. Eine einleitende Skizze. In: ders. (Hg.), Die Ordnung der Moderne. Social Engineering im 20. Jahrhundert, Bielefeld 2009, S. 11–39.

dieser Regime bot der im Entstehen begriffenen Disziplin der politischen Soziologie reichhaltiges Anschauungsmaterial für ihre Analysen.[61]

Eines der zentralen Untersuchungsobjekte von Aleksander Hertz waren die Staatsparteien; ihnen widmete Hertz den ersten Aufsatz seines dreiteiligen Zyklus zu den zeitgenössischen autoritären Regimen, der 1936 unter dem Titel „Die Militarisierung der politischen Partei" erschien. Hertz benutzt in ihm den Begriff „monopartia" – „Monopartei" und meint damit diejenigen Parteien, welche im faschistischen Italien, im nationalsozialistischen Deutschland und der Sowjetunion nach der Machtergreifung bzw. der folgenden Herrschaftssicherung als einzige legale Parteien in der politischen Arena verblieben; im Sprachgebrauch der deutschsprachigen Länder hat sich für sie der Begriff der „Einheitspartei" eingebürgert.[62] In der Existenz solcher Staatsparteien erblickte Hertz ein gänzlich neues Phänomen, welches seines Erachtens in der Lage war, zur Signatur des 20. Jahrhundert zu werden. Als Analyseobjekte dienten ihm die Nationale Faschistische Partei in Italien und die Nationalsozialistische Deutsche Arbeiterpartei (NSDAP) in Deutschland; die Kommunistische Partei der Sowjetunion (KPdSU) unterzog Hertz aufgrund des seines Erachtens bestehenden Mangels an zuverlässigen Informationen keiner tieferen Analyse und legte den Schwerpunkt seiner Untersuchung stattdessen auf die NSDAP, in welcher die „Monopartei" nach Ansicht von Hertz ihre volle Entfaltung fand.[63]

Aktuelle politikwissenschaftliche Definitionen bestimmen Einparteisysteme als die Herrschaft einer politischen Partei in einem Staat bei gleichzeitiger rechtlicher Absicherung dieser Herrschaft und dem Verbot für die Staatsbürger, anderen Parteien beizutreten.[64] Hertz wies darauf hin, dass bis zu seinen Arbeiten zumeist untersucht worden war, welche Prozesse einsetzten, sobald die Partei die Macht eroberte. Im Falle der zukünftigen Staatsparteien mündete dies zumeist in verfassungsrechtliche Regelungen, mit deren Hilfe die Einheitspartei danach strebte, oppositionelle Parteien zu delegalisieren. Hertz bezweifelte allerdings zu Recht die Annahme, die Einheitsparteien nähmen diesen Charakter erst nach deren Machtergreifung an, und fragt konsequent, ob sich solche Charakteristika nicht bereits zu einem viel früheren Zeitpunkt feststellen lassen. Um diese Frage zu beantworten, untersucht Hertz weniger die „äußere" Entwicklung dieser Parteien, sondern deren „innere" – Ideologie und organisatorische Struktur. Hertz zufolge ist der Ursprung des

---

61 Zu diesen und den folgenden Abschnitten vgl. auch Kosiński/Panek, Anm. 41, S. 56–67.
62 Einheitspartei. In: Brockhaus Politik. Ideen, Systeme und Prozesse, Mannheim 2008, S. 104.
63 Ebd., S. 56.
64 Einparteisystem. In: Dieter Nohlen (Hg.), Lexikon der Politikwissenschaft, Band 7: Politische Begriffe, München 1998, S. 140.

Strebens einer Partei nach Alleinherrschaft in ihrer Organisation und bestimmten Entwicklungstendenzen innerhalb der Partei angelegt. Und diese „inneren" Aspekte der Parteistruktur sind laut Hertz von größerer Bedeutung als die „äußeren".[65]

Hertz fragt im Folgenden, welche Faktoren eine Partei zu einer Einheitspartei machen oder zu ihrer Evolution in dieser Richtung beitragen. Welche Faktoren waren dafür verantwortlich, dass sich bestimmte Parteien in einem bestimmten Land zu Einheitsparteien entwickeln und in manchen nicht? Schließlich war der Parteienpluralismus und der ihm zugrunde liegende Gedanke, dass die unterschiedlichen Parteien verschiedene Gruppen der Gesellschaft repräsentieren sollten, in Europa vor dem Weltkrieg ein zentrales Element der politischen Systeme.

Hertz beantwortet seine zuvor gestellte Frage mit dem Hinweis auf den Massencharakter der politischen Parteien. Sie verfügten über eine feste Organisationsstruktur und strebten nach der Schaffung eines faktischen und rechtlichen Zustands, der ihren ideologischen Grundannahmen am nächsten komme. Es sei keineswegs ausgeschlossen, dass solche Parteien in einer pluralistischen Demokratie „normal" funktionieren könnten, doch unterschieden sie sich durch ihre totalitäre Zielsetzung von anderen Parteien.

Diese Weltanschauungs- oder Programmparteien strebten nach der Gewinnung einer möglichst großen Zahl von Mitgliedern und Anhängern und griffen zu diesem Zweck zu Taktiken, die ihnen zielführend erschienen. Auf diese Weise versuchten sie, andere Parteien aus der politischen Arena zu verdrängen und einen Zustand herbeizuführen, in dem sie die einzige politische Organisation darstellten und die ganze Gesellschaft um sich und ihr Programm scharten.

Nach Hertz betrachteten diese Parteien den politischen Wettbewerb in der Demokratie als eine Schlacht, in der sie den Sieg erringen wollten. Diese Taktik stehe, so argumentiert Hertz weiter, im Gegensatz zur bisherigen Praxis in den westlichen Demokratien. In den pluralistischen Systemen zielten die meisten Parteien nie darauf ab, das Mehrparteiensystem und die konkurrierenden Parteien abzuschaffen. Dies, so Hertz, war Folge der für diese „repräsentativen" Parteien typischen Eigenschaften.[66]

In besonderem Maße interessierte sich Hertz für die innere Organisation der Einheitsparteien. Für die Charakterisierung ihrer Entwicklung prägte er den Begriff der „Militarisierung der politischen Partei". Jede Staatspartei verfüge über eine militärische Struktur, welche ihr einen spezifischen Charakter

---

65 Ebd., S. 57.
66 Hertz greift in diesem Zusammenhang auf die von Sigmund Neumann vorgenommene Unterscheidung zwischen „repräsentativen" und „integrativen" Parteien zurück: ders., Die deutschen Parteien. Wesen und Wandel nach dem Kriege, Berlin 1932.

verleihe. Zwei Faktoren seien maßgeblich für die Militarisierung verantwortlich: „Kampfgeist" (*bojowość*) und „Kampfbereitschaft" (*ubojowienie*). Der „Kampfgeist" beschreibe eine Geisteshaltung und eine psychische Prädisposition der Mitglieder, die „Kampfbereitschaft" hingegen die moralische und materielle Bereitschaft zu Kampfhandlungen. Beide seien verantwortlich für die Ausprägung bestimmter Eigenschaften, die sich bei anderen Parteien nicht fänden. Hertz betrachtet beide als idealtypische Begriffe, in der Realität nämlich lasse sich in Abhängigkeit von den Rahmenbedingungen ein unterschiedlicher Grad an Militarisierung feststellen.

Laut Hertz zeichnen sich die Einheitsparteien durch folgende Charakteristika aus:

– Bei allen Staatsparteien liege die Führung in der Hand einer Person, nämlich des „Führers". Er bestimme die Leitlinien jeglichen Handelns und gebe die Ziele vor. Charakteristischerweise sei er gegenüber keinem der Organe verantwortlich.
– Der Führer bestimme eine Gruppe, die lediglich ihm unterstellt sei und welche die Strategie der Partei bis in die Details ausarbeite.
– Neben diesem engen Führungszirkel bestehe eine feste Hierarchie von Organen, an die der Führer Befehlsgewalt delegiere.
– Die Parteimitglieder seien in taktischen Einheiten organisiert, die den Organisationseinheiten regulärer Armeen entsprächen.
– Die innere Struktur wirke in Richtung auf die strenge Einhaltung der Parteidisziplin, die sich auch im persönlichen Leben des Parteimitglieds niederschlage. Dieses werde von der Organisation vollkommen absorbiert, und es werde ihm kein Freiraum gelassen.
– Jede Staatspartei strebe danach, ihre Besonderheit nach außen zu zeigen. Dies äußere sich in Verhalten, Kleidung und Gestus ihrer Mitglieder.
– Bis zu ihrer Machtergreifung sei die Partei eine inklusive Gruppe. Nach der Erreichung des gesteckten Zieles werde die Partei entschieden exklusiv und werde die Exklusivität verbissen verteidigt.
– Die Parteiorganisation errichte paramilitärische Verbände mit Strukturen, die an militärische Einheiten erinnerten.

Politische Parteien mit den oben genannten Charakteristika entstanden laut Hertz erst im 20. Jahrhundert. An diese Feststellung schließt Hertz die Frage an, ob solche Parteien spontan entstehen konnten oder ob sie nicht zuvor einen längeren Entwicklungsprozess durchlaufen mussten. Und wie konnten solche Parteien in einem Umfeld entstehen, welches allem Anschein nach keine hierfür geeigneten Voraussetzungen bot?

Nach Hertz dürften in einem demokratischen System auch totalitäre Parteien nicht vom politischen Wettbewerb ausgeschlossen werden, auch wenn die Demokratie diesen Parteien ein vorzügliches Umfeld für ihr Wachstum biete. So sei es zum Beispiel im Falle der NSDAP gewesen, der die Demokratie einen ausgezeichneten Rahmen für ihre Entwicklung und Machtergreifung geschaffen habe.

Die Wurzeln der totalitären Parteien gehen laut Hertz ins 19. Jahrhundert und die seinerzeit herrschenden sozialen und politischen Realitäten zurück. Die Entwicklung von Gewerkschaften und der sozialistischen Bewegungen habe den Boden für die Entwicklung der Massenparteien bereitet, deren Strukturen militärische Elemente enthalten hätten. Die Entwicklung dieser Massenparteien habe es nach dem Durchlaufen verschiedener Entwicklungsstadien ermöglicht, dass Einheitsparteien entstanden.

Jede Partei verfolge das Ziel, an die Macht zu kommen. Im System der parlamentarischen Demokratie erfolge dies ausschließlich über die Gewinnung einer möglichst großen Zahl von Anhängern bzw. Wählern. Dies wiederum sei alleine dadurch möglich, dass eine Partei der anderen diese Anhänger abnehme. Somit zeichne sich die Demokratie vor allem durch den ständigen Kampf um Anhänger und Wählerstimmen aus. Die Intensität der politischen Auseinandersetzungen sei Schwankungen unterworfen und nehme im Zuge von Wahlkämpfen zu, gehe aber zwischen den Wahlkämpfen wieder zurück. Gleichwohl, so Hertz, kämen Wählerwerbung und Propaganda nie völlig zum Erliegen. Angesichts des stetigen Kampfes um Anhänger müsse die moderne Massenpartei eine angemessene Organisationsstruktur aufbauen.

Um die Binnenorganisation der Massenparteien zu erklären, greift Hertz auf die Arbeiten von Robert Michels zurück, der oligarchische Tendenzen in den Parteien beschrieben hatte; Michels hatte sich in erster Linie mit den Arbeiterparteien beschäftigt und auf das Paradox der Oligarchiebildung sowie die Diskrepanz zwischen theoretischen Annahmen und politischer Praxis in demokratischen Parteien hingewiesen.[67] Zu den Hauptforderungen der Arbeiterparteien im 19. Jahrhundert gehörte laut Hertz das Postulat einer größeren Demokratisierung des politischen Lebens. Die sozialistischen Parteien hätten dieser Forderung entsprochen, indem sie ihre organisatorische Struktur auf demokratischen Prinzipien aufbauten. Doch zeigte sich Michels zufolge in der Realität, dass die demokratischen Prinzipien weder nach innen noch nach außen umgesetzt worden seien. Die politische Auseinandersetzung nämlich habe die Schaffung einer Parteielite notwendig gemacht, um fortdauernd um Anhänger zu werben, Wahlkämpfe vorzubereiten und zu führen sowie die Parteidisziplin aufrechtzuerhalten. Nach Michels war die „Organisation die

---

67   Vgl. Michels, Zur Soziologie des Parteiwesens. Zu Michels und seinen Arbeiten zuletzt Timm Genett, Der Fremde im Kriege. Zur politischen Theorie und Biographie von Robert Michels 1876–1936, Berlin 2008, insbesondere S. 411–530 zu Michels' Parteiensoziologie.

Mutter der Herrschaft der Gewählten über die Wähler, der Bevollmächtigten über die Bevollmächtigenden, der Delegierten über die Delegierenden".[68] Die Demokratie hielt Michels somit für ein System, dem eine Neigung zu autoritären Lösungen wichtiger Probleme inhärent sei.

Eine weitere Frage, der sich Hertz im Kontext des Problems der Ursprünge der Einheitsparteien widmete, bestand darin, ob die Organisation von den Parteien und ihren Eliten lediglich als Werkzeug oder als Selbstzweck behandelt werde. Hertz zufolge tritt die Diskrepanz zwischen Parteiführung und Mitgliedern so lange nicht auf, wie beide Seiten die Partei lediglich als Instrument betrachteten, welches der Durchsetzung ihrer Forderungen diene. Schwierigkeiten träten dann auf, wenn die Partei für eine der Seiten zum Wert an sich werde. Dann nämlich begännen die Interessen beider Gruppen zu divergieren und komme es zu immer häufigeren Konflikten zwischen Parteiführung und Mitgliedern. Dies führe dazu, dass sich auf den unteren Ebenen der Parteistruktur neue Eliten ausbildeten, welche mit der Zeit die alte, an der Spitze der Parteiorganisation stehende Elite ablöse, und so weiter – ganz im Sinne der „Elitenzirkulation" Paretos.[69]

Die Atmosphäre des Kampfes und die ständige Bedrohung durch die konkurrierenden Parteien führten zum Ausbau des bürokratischen Apparats, der eine bessere Kontrolle und damit eine möglichst hohe Kohärenz der Parteimitglieder herbeiführen sollte. Hertz zufolge ist die Integration innerhalb der Partei nicht nur eine Folge des Drucks von Seiten der Parteiadministration. Vielmehr sei sie ein natürlicher Prozess, der gewissermaßen spontan in Situationen heftiger politischer Konflikte auftrete. In diesem Zusammenhang werde die Organisation häufig idealisiert. Dies sei besonders charakteristisch für die Arbeiterparteien, in denen die Binnensolidarität eine außerordentlich wichtige Rolle spiele. Die innere Geschlossenheit werde hier zunehmend als Wert an sich betrachtet, was im Zusammenhang mit dem Traditionalismus vieler Parteimitglieder für die Partei gefährliche Situationen heraufbeschworen habe: Die Dynamik der politischen Auseinandersetzung nämlich habe häufige Kurskorrekturen notwendig gemacht, die oft von den Parteimitgliedern behindert worden seien.

Dies führe zur Ausbildung eines spezifischen Ethos. Weltanschauliche Organisationen legten schließlich besonderen Wert auf die Einhaltung der moralisch-sittlichen Normen, die in ihr ausgebildet wurden. Sie beanspruchten uneingeschränkte Geltung, da sie der Gruppe Identität verliehen und sie von anderen Gruppierungen unterschieden. Alle diese Faktoren trügen dazu bei, dass der Integrationsgrad der Massenparteien ausgesprochen hoch sei.

---

68 Michels, Zur Soziologie des Parteiwesens, S. 384.
69 Vgl. Kosiński/Panek, Aleksander Hertz, S. 60.

An dieser Stelle bringt Hertz die Arbeit des Politologen Sigmund Neumann über „Die deutschen Parteien" ins Spiel.[70] Den Beobachtungen Neumanns zufolge wurden die repräsentativen Parteien zunehmend von integrativen Parteien verdrängt. Die ersteren sah Neumann in der Tradition des westeuropäischen Parlamentarismus; ihre Kernaufgabe bestehe in der Vertretung der Interessen einer sozialen Gruppe oder Klasse im Parlament. Ihre Aktivitäten beschränkten sich auf den Wahlkampf, und sie mobilisierten lediglich in dieser Zeit ihre Mitglieder. Nach dem Ende des Wahlkampfs gingen die Aktivitäten dieser Parteien nach außen stets zurück. Ihre Mitglieder seien außer zu den statutarisch festgelegten Aktivitäten zu nichts verpflichtet. Die Pflichten des Parteimitglieds seien somit sehr eng begrenzt, und jedes Mitglied sei außerhalb der Partei Privatperson.

Anders verhalte sich dies im Falle der integrativen Parteien. Sie seien das absolute Gegenteil der „repräsentativen" Parteien. Ihre Aktivitäten wechselten nicht mit dem politischen Kalender, sondern sie betrieben eine ununterbrochene Agitation, um auf diese Weise eine möglichst hohe Zahl von Mitgliedern zu gewinnen. Sehr häufig seien Terrorakte zum Hauptwerkzeug der politischen Auseinandersetzung geworden. Dieses Handlungsmuster wiederum habe es erforderlich gemacht, die gesamte Gruppe in ständiger Bereitschaft zu halten. Zu diesem Zweck sei es notwendig, die Kontrolle über jedes Mitglied bis in den persönlichen Bereich auszudehnen.

Besonders charakteristisch ist laut Hertz der Charakter der zwischenmenschlichen Beziehungen innerhalb der Gruppe. Sie seien in hohem Maße formalisiert, von der hierarchischen Struktur vorgegeben und nähmen die Form instrumenteller Bezüge an. Dies sei dann unvermeidlich, wenn der Grundsatz von Befehl und Gehorsam rücksichtslos durchgesetzt werde. Jedes Mitglied habe eine bestimmte Funktion auszuüben, welche ihm von seinem Vorgesetzten nach dessen Gutdünken vorgegeben werde. Laut Hertz war der Grad der Formalisierung der wechselseitigen Beziehungen zwischen den Mitgliedern proportional zum Grad der Integration der gesamten Gruppe.

Schließlich verweist Hertz darauf, dass die militarisierten Parteien sich durch die Aufstellung paramilitärischer Verbände massiv von den klassischen demokratischen Parteien unterschieden.

---

70 Vgl. Neumann, Die deutschen Parteien.

3.2 Der charismatische „Führer" und seine Herrschaft

In seiner Arbeit „Die Sendung des Führers" beschäftigt sich Aleksander Hertz
mit den Ursprüngen und konkreten Ausformungen charismatischer Herrschaft
im zeitgenössischen Europa.[71] Anders als die beiden übrigen hier abgedruckten Aufsätze zur Soziologie der Herrschaft handelt es sich bei dieser Arbeit
weniger um eine theoretisch-abstrahierende Arbeit als um die systematische
Analyse eines Schlüsseltextes, der Aussagen über die Ursprünge und Konstruktion einer charismatischen Herrschaft zulässt: Adolf Hitlers „Mein Kampf".[72]

Ausgangspunkt der Überlegungen von Hertz ist die in „Wirtschaft und
Gesellschaft" entwickelte Herrschaftstypologie Max Webers und dessen Unterscheidung von rationaler, traditionaler und charismatischer Herrschaft, die
sich auf eine jeweils unterschiedliche Quelle der Legitimation stützen;[73] Hertz
konzentriert sich auf die letztere, da die faschistischen Regime seiner Zeit diesem charismatischen Typus entsprächen. Das Charisma wiederum bestimmt
Hertz im Anschluss an Weber als die außeralltägliche Qualität einer „übernatürlichen" Person, welche bewirkt, dass diese Person als „Führer" angesehen werde.

Hitlers „Mein Kampf", welches ihm als Hauptquelle dient, beschreibt Hertz
als den gezielten Versuch, die Legende eines charismatischen Führers zu kon-
struieren. Das Buch gehe nämlich – wie Hertz unter Berufung auf kritische
Biographen Hitlers feststellt – erheblich an der historischen Wahrheit vorbei.
Dennoch, so betont Hertz, sei das Buch wiederum authentisch, da es die
Mentalität Hitlers und dessen Einstellung zu sich selbst und zur ihn umgebenden Realität widerspiegele.

Im Anschluss an Rudolf Olden, einen zeitgenössischen Biographen Hitlers,
bezeichnet Hertz diesen als Angehörigen der „Feldwebelklasse" – einer Gruppe, deren Mitglieder zumeist dem niederen Beamtentum entstammten, die
aber ansonsten eher schwer zu bestimmen sei. Typisch sei für diese Menschen
gewesen, dass sie über eine gewisse Stabilität im Leben verfügt und daher gene-
rell zu einer konservativen Haltung geneigt hätten. Hertz führt die Spezifik

---

71 In seinen Briefen an Hanna Buczyńska-Garewicz und Jan Garewicz schreibt Hertz,
    wie wichtig ihm das Thema der charismatischen Herrschaft in Verbindung mit totali-
    tären Regimen war. Vgl. Hertz, Późne listy z Ameryki, Brief von Aleksander Hertz vom
    22. 1. 1979, S. 92.

72 Zu Hitlers Schrift siehe zuletzt vor allem die kritischen Analysen von Othmar Plöckin-
    ger, Geschichte eines Buches: Adolf Hitlers „Mein Kampf" 1922–1945, München
    2006; Barbara Zehnpfennig, Adolf Hitler: Mein Kampf. Weltanschauung und Pro-
    gramm. Studienkommentar, München 2011.

73 Max Weber, Wirtschaft und Gesellschaft. Grundriss der verstehenden Soziologie,
    Frankfurt a. M. 2005, S. 159.

von Hitlers Konzeption seiner Sendung insbesondere auf die soziale Herkunft
Hitlers und dessen ideelle Bindung an das Herkunftsmilieu zurück. Der Tod
des Vaters, die Zeit in Wien und die Misserfolge als Künstler hätten aus Hitler
einen Deklassierten gemacht, der gleichwohl alles Proletarische verachtet habe,
da er ja einer „besseren" Familie entstammte. Erst die Armee habe Hitler im
Ersten Weltkrieg wieder Halt gegeben.

Unter den Säulen, auf denen Hitler in „Mein Kampf" seine Legende errich-
tet habe, erwähnt Hertz die ständigen Gefühle des nicht verstanden Werdens
und der Vereinsamung, die in einem engen Wechselverhältnis zueinander
gestanden hätten. Hitler selbst habe in seiner Rednergabe die wichtigste Kom-
ponente seines Charismas erblickt, in seiner Fähigkeit, suggestiven Einfluss
auf die Masse auszuüben. Hierauf folgt die Betonung der Intuition, des
„Genies" – das sich von dem in Lehranstalten erworbenen Wissen grundlegend unterscheide. Es handelt sich gewissermaßen um die Sublimation seiner
künstlerischen Begabung, von der Hitler überzeugt war. Neben diese beiden
zentralen Elemente tritt der vermeintliche Widerstand „fremder" oder gar
„feindlicher" Gruppen – für Hitler waren dies die Juden. Hinzu kämen die
Pflichterfüllung sowie als Komplementärelement zur rednerischen Beeinflussung der Massen die Fähigkeit, diese zu führen. Schließlich seien der Erfolg
und das Vermögen zu dessen Verstetigung für den Charismatiker typisch. Erst
der Erfolg bestätige die Sendung des charismatischen Führers. Die führende
Rolle des Führers wiederum sei die quasi „natürliche" Folge eines nach den
Gesetzen der Natur verlaufenden Ausleseprozesses, welcher den Führer an die
Spitze trage.

Die charismatische Sendung des Führers münde darin, dass das Volk diese
Sendung akzeptiere, da er Beauftragter einer höheren Macht sei. Das Wahl-
prinzip, eine demokratische Legitimation, sei solchen Vorstellungen fremd.
Die „germanische Demokratie" Hitlers beruhe, so meint Hertz, auf der
Anerkennung des Führers als der Person, die die Gruppe leitet, ja sie verkör-
pert. Formen der demokratischen Kontrolle, etwa Wahlen, fänden in diesem
Weltbild keinen Platz, da der Führer nicht von den Wählern abhängig sei. Das
Wesen der charismatischen Herrschaft bestehe ja gerade in der unhinterfrag-
ten Anerkennung der Herrschaft durch das Volk. Die einzigen „Wahlen", die
eine charismatische Herrschaft zulasse, sei das Plebiszit.

Wo aber Wahlen nicht mehr notwendig seien, träten das erregte Anhören
seiner Äußerungen und die mit Enthusiasmus geäußerte Zustimmung zu
ihnen an die Stelle der Debatte. Eine Diskussion über seine Aussagen nämlich
würde bedeuten, das Außergewöhnliche an der Person des Führers zu negieren, indem sich der Diskutant mit dem Führer auf eine Stufe stelle.

Somit ist nach Hertz die Überzeugung des Führers, Charismaträger zu sein,
für die gesamte Ausgestaltung der Machtbeziehungen in der charismatischen

Herrschaft entscheidend: „Das Charisma des Führers schließt die Beziehungen und die Struktur aus, die wir gewöhnlich demokratische Verfassung oder auch demokratische Kontrolle nennen. Der Führer steht über der Gruppe, und der Ursprung seiner Macht stammt nicht von der Gruppe. Seine Autorität stützt sich auf Voraussetzungen sakraler Natur, ist die Autorität des Heros, die über der Kontrolle der Gruppe und ihrer Institutionen steht."[74]

Hertz weist zugleich darauf hin, dass die Beziehung zwischen Führer und Geführten keineswegs so einseitig sei, wie man glauben könne. Der Führer bedürfe nämlich der Anerkennung durch die Gruppe. Diese werde unter anderem hergestellt durch die Führerlegende, die an breiteste Schichten des Volkes gerichtet sei und entsprechende Stimmungen innerhalb des Volkes bediene. Hertz verfolgt ihre Entwicklung im Detail und zeigt, wie Hitler durch sich selbst und durch mit ihm sympathisierende Publizisten zur Legende aufgebaut wurde. So werde er als „Mann aus dem Volke" stilisiert, um die Verbundenheit und das Verständnis der Massen zu signalisieren. Dabei würden mit unterschiedlichen Elementen unterschiedliche Gruppen angesprochen – vom Kleinbürger bis zum Angehörigen der Intelligenz.

Hertz verweist schließlich darauf, dass die charismatische Herrschaft einen Nährboden benötige, auf dem sie gedeihen kann. Es bedürfe gewisser sozialpsychologischer Voraussetzungen in der Bevölkerung, denn nur eine „charismatisch gestimmte" Bevölkerung würde einen charismatischen Führer akzeptieren. Hertz zeigt, unter anderem unter Berufung auf Robert Michels, wie sich in den politischen Massenparteien des ausgehenden 19. und beginnenden 20. Jahrhunderts solche massenhaften Gefühlslagen ausgebildet hätten und wie diese Parteien zumindest im Ansatz zum Boden geworden seien, auf dem sich der Führerkult habe ausbilden können. Aufgrund der regelmäßigen Wahlkämpfe nämlich hätten die Tendenzen zur Zentralisierung und Militarisierung zugenommen, und viele der exponierten Persönlichkeiten der Nachkriegszeit hätten schon vor dem Ersten Weltkrieg herausragende Stellungen in den Parteien eingenommen. Schließlich verweist Hertz neben den sozialpsychologischen Verheerungen des Ersten Weltkriegs auf die Personalisierung von Problemen und unterstreicht dabei den Einfluss des Bildungswesens, das die Rolle handelnder Individuen in der Geschichte betont habe, sowie die Rolle bürgerlicher Ideale – vor allem des Traums vom individuellen wirtschaftlichen und sozialen Aufstieg aus eigener Kraft – für die Herausbildung jener Stimmungen, die das Aufkommen charismatischer Führer befördert hätten.

---

74 Aleksander Hertz: Die Sendung des Führers, im vorliegenden Band.

3.3 „Die Gefolgschaft des Führers"

Bei der Analyse der Elite der militarisierten Parteien stützt sich Hertz ebenfalls auf die Herrschaftstypologie Max Webers, die anhand des Kriteriums von Charakter und Quellen der Legitimität drei Typen von Herrschaft unterscheidet: 1. Die rationale Herrschaft, die sich durch den Glauben an die Legalität von Anordnungen und das Recht zur Führung derjenigen stützt, die von den Geführten dazu berufen wurden. 2. Die traditionale Herrschaft. Ihr liegt die Überzeugung von der Autorität geltender Traditionen und der Personen zugrunde, die aus ihr ihre Position herleiten. Sie resultiert aus der langen Dauer. 3. Die charismatische Herrschaft. Ihre Legitimität resultiert aus „übernatürlichen" Eigenschaften bestimmter Individuen. Hertz sah in den zeitgenössischen faschistischen Regimen den letzten Typus verkörpert.

Das Charisma, die legitimatorische Grundlage des dritten Herrschaftstypus, wird laut Hertz nicht auf der Grundlage vorgegebener Kriterien vergeben. Sein Träger könne jeder werden, der über übernatürliche Eigenschaften verfüge. Ein solches Individuum schöpfe seine Kraft aus seiner Sendung, baue auf ihm seine Position in der Gruppe auf und fordere absoluten Gehorsam. Der Erfolg eines solchen Führers hänge völlig von den potentiellen Anhängern ab, die ihrerseits zur uneingeschränkten Anerkennung seiner Position verpflichtet seien.

Aufgrund dieser Besonderheiten stehe die charismatische Herrschaft im Gegensatz sowohl zu den bürokratischen Regimen, die sich auf das Recht stützen, als auch zu den patriarchalischen, welche ihre Kraft aus der Tradition schöpften. Der charismatischen Herrschaft seien jegliche abstrakten rechtlichen Begründungen fremd. Sie sei stets revolutionär und trete gegen die vorgefundenen Normen und Rechte auf. So werde zum Beispiel keine Rücksicht auf die Rechtslage genommen, wenn Streit innerhalb der Partei beigelegt werde. Das Verdikt werde immer mit der Weisheit des Führers begründet. Laut Hertz lasse sich dieses Bild nur in der Anfangsphase feststellen, wenn sich die politische Gruppierung formiere und ihre Position ausbaue. Anschließend werde eine Tendenz zu einer immer offeneren Institutionalisierung des Charismas deutlich. Schließlich entstehe ein Zustand, der einen krassen Gegensatz zum ursprünglichen Zustand darstelle.

Die Institutionalisierung der charismatischen Herrschaft wird laut Hertz durch die Tatsache ihrer Dauerhaftigkeit determiniert. Ihr Ursprung liege in den eng definierten Interessen ihrer politischen Elite. Jedes ihrer Mitglieder strebe auf natürliche Weise nach materieller und ideeller Stabilität. Daher griffen sie stets zu Aktivitäten, die bezweckten, den Zustand der Übernatürlichkeit des Führers zu seiner dauerhaften Eigenschaft umzuformen. Hinzu trete, dass seinem Amt nach und nach Charisma verliehen werde. Damit würde der

Akzent von den individuellen Eigenschaften der Person auf deren Position und Amt verschoben. Hertz zufolge ist dies dann von großer Bedeutung, wenn es nach dem Tod des Führers zu politischen Krisen komme. Ohne die Institutionalisierung seiner Rolle wäre dann die Existenz der gesamten Elite ernsthaft bedroht.

Neben der Erweiterung des Führercharismas auf das Amt strebe die Umgebung des Führers nach der Ausdehnung der Institutionalisierung seines Charismas auf sich selbst. Hertz schreibt, in diesem Falle entstehe eine ständige Institution, die über eine dauerhafte, reglementierte Organisation und ein festes System von Leistungen verfüge. Dieser Prozess führe zu einem radikalen Wandel in der Beziehung zur umgebenden Realität. Während wirtschaftliche Dinge für den Herrscher und seine Anhänger zunächst ohne Bedeutung gewesen seien, würden sie nach der Sicherung der Herrschaft immer wichtiger. Ähnlich verhalte es sich im Falle der bürokratischen Strukturen. Die Stabilisierung der Herrschaft führe zu ihrem schrittweisen Ausbau, was zur Umgestaltung der Partei in eine bürokratische Institution führe – also gerade zum Gegenteil dessen, was zu Beginn beabsichtigt gewesen sei.

Hertz weist darauf hin, dass für die Sendung der führenden Personen zwei Faktoren entscheidend seien, nämlich die Überzeugung von ihrer Existenz sowie die Haltung des gesamten Umfelds zu ihr. Ein wesentliches Charakteristikum sei in beiden Fällen der bewusste und gezielte Aufbau einer Legende. Es komme hier gewissermaßen zu einer Rückkoppelung zwischen der Schaffung eines Bildes durch den Führer selbst sowie durch seine Anhänger. Sicherlich hätten seine Ansichten und sein Verhalten Einfluss auf die Letzteren, aber auch der Führer selbst übernehme vieles von der Legende, die im Milieu seiner Anhänger geschaffen wird. Der Führer behandele seine Sendung rein individualistisch. Er verbinde in seinem Bewusstsein das Charisma, mit dem er sich begnadet glaube, nicht mit einer zweiten Person oder einer Gruppe von Personen. Das Charisma sei das alleinige Resultat der Prädestination des Führers. Die Massen hätten keine Bedeutung.

Aus dieser Lage resultiere die Beziehung zu den Untergebenen. Sie würden stets als bloßes Objekt behandelt, als Werkzeug in der Hand ihres Vorgesetzten. Hieraus resultiere der bedingungslose Gehorsam, der nicht schwer herzustellen sei, denn die Zusammensetzung der engsten Umgebung werde vom Führer selbst bestimmt. Er sorge dafür, dass es sich bei den Angehörigen seiner engen Gefolgschaft um Menschen handele, die sich ihrer Mission in besonderem Maße bewusst seien. Der Grad dieses Bewusstseins könne Einfluss nehmen auf das Ausmaß der Partizipation der Gruppe an seinem Charisma. Hiervon zeuge insbesondere die Tatsache, dass der Kern der Elite sehr häufig von Menschen mit sichtbaren charismatischen Attributen gebildet werde. Gleichwohl könne das Charisma der Gefolgschaft niemals das des Führers übersteigen.

Nach Hertz resultierte diese starke Position des Führers ebenso aus dem Umstand, dass die militarisierte Partei eine Partei des Kampfes sei. Dessen Umstände führten dazu, dass die charismatischen Momente die institutionellen überwögen. Dem Charisma seien die Verfahrensregeln und Stabilität bürokratischer Strukturen schließlich fremd. „Normale" Beziehungen zwischen dem Führer und dem Verwaltungsapparat seien nur bis zu dem Augenblick üblich, wo es zu einem Konflikt komme. Jeder Charismatiker werfe in einer solchen Situation die Funktionsregeln einer Institution über den Haufen und fühle sich ihr gegenüber erhaben. Er trete dann wie ein echter Revolutionär auf. Alle bürokratischen Regeln, die seiner Sendung entgegenstünden, würden reformiert.

Hertz bezeichnet den Charismatiker als intuitiv, irrational, antiintellektuell. Seine Sendung richte sich nicht an einen geschlossenen Kreis von Spezialisten, die solchen Dingen gegenüber stets sehr skeptisch seien, sondern an die breite Masse. Daher finde er in der Regel unter ihnen noch wohlwollende Resonanz. Der Mangel an Distanz und die ausschlaggebende Rolle der Emotionen erlaube es großen Gruppen, solche Ansichten zu akzeptieren, da sie nicht verpflichtet seien, logische Regeln zu beachten.

Trotz der starken Stellung des Führers in den militarisierten Parteien war es laut Hertz unvermeidbar, dass sich in den Strukturen der Macht eine Gruppe besonders privilegierter Personen herausbildete. Bei der Analyse der „Gefolgschaft des Führers" wies er auf einige wesentliche Aspekte der Formierung der engsten Umgebung des Führers der militarisierten Parteien hin. Zu ihnen zählte Hertz: die soziale Herkunft der Angehörigen der Elite, ihre Persönlichkeit sowie die wechselseitigen Beziehungen zwischen Gefolgschaft und Führer. Was die soziale Herkunft der Angehörigen der Elite angeht, so weist Hertz auf den hohen Anteil der Menschen in einer instabilen Lage hin. Es handele sich um Individuen, die vor der Parteitätigkeit zu den gesellschaftlichen Randgruppen gezählt und keiner der klar umrissen sozialen Gruppen angehört hätten. Es handele sich um Individuen, die dem Prozess der Deklassierung unterlägen, an den Rändern des gesellschaftlichen Lebens stünden und mit ihrer Lebenssituation unzufrieden seien. Die Ursache dafür sah Hertz im Ersten Weltkrieg.

Die allgemeine Deklassierung musste Hertz zufolge einen Wandel in der materiellen Situation und wachsende Frustration nach sich ziehen. Ein Mensch, der sich in einer solchen Situation befand, habe seinen sozialen Bezugspunkt verloren, der bestimmte Leistungen und Interesse garantiert habe. In diesem Prozess sei das persönliche Empfinden der eigenen Deklassierung entscheidend, denn erst dieses Empfinden wecke im Menschen das Gefühl, mit der eigenen Lage unzufrieden zu sein. Der Erste Weltkrieg habe in vielen Bereichen des gesellschaftlichen Lebens neue Realitäten geschaffen.

Die Menschen seien von ihren Familien getrennt und ihrer normalen Beschäftigung entrissen worden, die Nachkriegszeit aber habe die alten Verhältnisse nicht zurückgebracht. Die Unzufriedenheit über die neuen Verhältnisse sei im Falle der ehemaligen Militärs noch größer gewesen, denn in vielen Fällen hätten sie ihre Lebensgrundlage verloren. Die Regeln des militärischen Lebens hätten ihnen zumindest eine gewisse Sicherheit gegeben. Viele Menschen, so argumentierte Hertz, wandten sich nun Institutionen zu, die ihnen Sicherheit und Stabilität verhießen. Stanisław Kosiński und Marcin Panek, die die politische Soziologie von Aleksander Hertz untersuchten, verweisen zur Erklärung dieser Haltung auf spätere Arbeiten Erich Fromms. Dieser habe ein solches Verhalten als die Tendenz zum Verzicht auf die individuelle Unabhängigkeit und die Verschmelzung mit etwas Außenstehendem bezeichnet, wodurch die Betroffenen gehofft hätten, angesichts ihrer Vereinsamung Kraft zu schöpfen. Es gehe demnach um die Suche nach neuen sekundären Bindungen als Ersatz für die verlorene primäre Bindung. Die sekundären Bindungen, von denen Fromm spreche, hätten viele Menschen zwischen den Weltkriegen in Gruppen gefunden, die Hertz als politische Bohème bezeichnete. Zu ihnen gehörten Menschen, die sich der sozialen und ökonomischen Realität entzogen und sich von der Mehrheit der um sie herum bestehenden sozialen Gruppen distanziert hätten – dabei ihre eigene Gruppe idealisierend. Nach Hertz nahm ihnen ebendiese Distanzierung die Möglichkeit, eine rationalere Haltung gegenüber der sozialen Realität einzunehmen.[75]

Zur Beantwortung der Frage nach der sozialen Herkunft der potentiellen Mitglieder der politischen Elite bediente sich Hertz beim weiter oben erwähnten polnischen Soziologen Florian Znaniecki und dessen biographischen Typen. Demnach waren Znanieckis „Menschen der Vergnügung" laut Hertz häufiger als die „wohlerzogenen Menschen" oder die „Menschen der Arbeit" in Aktivitäten der militarisierten Parteien involviert. Znaniecki zufolge handelt es sich bei den „Menschen der Vergnügung" um solche Individuen, die nach der Entwicklung ihrer Persönlichkeit, nach „Selbstverwirklichung" strebten. Es handele sich um Menschen, die mit ihrem Verhalten und ihrer Lebensweise andere Menschen schockieren wollten. Dies lässt sich laut Hertz vor allem in drei Sphären des sozialen Lebens beobachten, nämlich dem geselligen Leben, der Politik und dem Krieg – analog zu Znaniecki, der drei Typen dieser „Menschen des Vergnügens" unterscheidet: „Menschen des geselligen Vergnügens", „Menschen des politischen Spiels" und die „Kämpfer". Hertz stellt fest, dass die Angehörigen jeder Art von politischer Bohème vorwiegend über die Eigenschaften der „Menschen des politischen Spiels" und der „Kämpfer" verfügen.

---

75 Vgl. Kosiński/Panek, Aleksander Hertz, S. 65 f.

Sie hätten eine entscheidende Rolle bei der Entstehung der politischen Eliten der militarisierten Parteien.

Darüber hinaus verfügten die Menschen des Vergnügens über eine weitere Eigenschaft, denn alle diese Kreise legten besonderen Nachdruck auf die soziale Funktion ihrer Angehörigen. Nach Znaniecki haben die Menschen der Vergnügung keine festen, immer wiederkehrenden Aufgaben, vielmehr veränderten sich diese in Abhängigkeit von den Interessen des jeweiligen Zirkels. Wesentlich sei, dass er irgendetwas unternehme und sich dabei an die anderen anpasse. Ein solcher Mensch werde somit vor allem auf der Grundlage seiner Einstellung zum Vergnügen beurteilt. Das Urteil der Gruppe über ihn hänge von seiner Aktivität ab. Nach Hertz findet dieses Prinzip seinen vollsten Ausdruck in der Zugehörigkeit zu militärischen Strukturen. Die Konzentration auf die soziale Funktion führe zu einem Mangel an Vertrauen gegenüber theoretischen Aktivitäten, besonders hoch hingegen werde die unmittelbare Beteiligung an sozialen Aktivitäten bewertet. Die Organisation, die dem Individuum das Feld seiner Aktivitäten vorgebe, werde im Falle der Menschen in der Vergnügung außergewöhnlich hoch eingestuft. Es komme sogar zu einer Verselbständigung gegenüber der Umwelt, denn nur sie erlaube es, die natürlichen Bedürfnisse ihrer Mitglieder zu befriedigen. Die besondere Behandlung der Organisation könne das Bedürfnis nach der Übertragung der sozialen Verhältnisse, die in ihr herrschten, auf das gesamte soziale Leben wecken.

Schließlich fragt Hertz nach dem Typ der Beziehungen, die zwischen den Angehörigen der Gefolgschaft des Führers und dem Führer herrschten. Sie beruhen seiner Meinung nach auf der Anerkennung des Führers als besonders herausragende Persönlichkeit. Indem sie sich dessen immer stärker vergewisserten, komme es zu einer Verehrung des Führers. Durch die Partizipation an dessen Größe kompensiere jeder Angehörige der engsten Umgebung des Führers seine Misserfolge. Nach Überzeugung dieser Menschen könne lediglich die Person des Führers die Situation verändern, in der sie sich befinden. Dies trage zu einem Gefühl der Verbundenheit mit seiner Person bei. Dieses Gefühl sei so ausgeprägt, dass es erlaube, jegliche Normen zu ignorieren, die von der externen Welt akzeptiert würden. Die Angehörigen der Elite ließen sich lediglich durch die Direktiven des Führers einschränken. Ungeachtet der strengen Hierarchie und der übergeordneten Rolle des Führers sei dieser in gewissem Maße vor seiner nächsten Umgebung abhängig. Indem er einen geschlossenen Kreis seiner engsten Vertrauten schaffe, erzeuge er ein Gefühl des psychischen Komforts und des Verständnisses auf ihrer Seite. Die Zugehörigkeit zu dieser Gruppe bei der Formierung seines Charismas produziere eine tief empfundene Dankbarkeit. Sie garantiere ihm seine Größe und Autorität durch die dauerhafte Isolierung von den breiteren Kreisen der Partei.

Schließlich betont Hertz die Rolle der charismatischen Legitimation sowohl des Führers als auch der Parteielite. Beide seien gezwungen, sie ständig zu bestätigen, denn andernfalls werde es zu einem raschen Zerfall der gesamten Gruppe und einer möglichen erneuten Deklassierung ihrer Mitglieder kommen.

4. Schluss

Während der Niederschrift der Einleitung zu diesem Band veröffentlichte eine große deutsche Tageszeitung die Debatte dreier Wissenschaftler über den Charakter von Hitlers Regime. Die Autoren – Hans-Ulrich Wehler, Ludolf Herbst und M. Rainer Lepsius – stritten darüber, ob es sich bei diesem Regime um eine charismatische Herrschaft gehandelt habe oder nicht.[76] Sie sind damit gewissermaßen zu der Problemstellung zurückgekehrt, die den hier abgedruckten Aufsätzen von Aleksander Hertz zugrunde lag, als dieser Mitte der 1930er Jahre die totalitären Regime seiner Zeit zu verstehen versuchte, und bestätigen indirekt die Aktualität seiner Arbeiten.

Bei Wehlers Artikel handelt es sich um eine kritische Rezension von Herbsts jüngster Buchveröffentlichung, die unter dem Titel „Hitlers Charisma. Die Erfindung eines deutschen Messias" erschien.[77] Wehler liest dieses Buch zu Recht als Kritik an Max Webers Theoriekonzept von der charismatischen Herrschaft und dessen Gebrauch zur Erklärung von Hitlers Aufstieg. Denn wie Herbst in seinem Debattenbeitrag darlegt, habe es sich bei Hitlers „Charisma" um ein bloßes Produkt der NS-Propaganda gehandelt (Hertz ging nota bene in seinem Aufsatz „Die Sendung des Führers", wenngleich gestützt auf Max Weber, in eine ähnliche Richtung). Diese habe versucht, das zu belegen, was Hitlers Vertrauter Rudolf Hess mit den Worten postuliert habe: „Hitler ist Deutschland, und Deutschland ist Hitler" – das (falsche) Bild einer charismatischen und starken Herrschaft, das verhängnisvollerweise noch heute in Medien und Ausstellungen reproduziert werde.[78] Stattdessen, so Herbst, sei

---

76 Vgl. Hans-Ulrich Wehler, Kräfte einer trübseligen Figur. Die Diktatur fand reale Zustimmung. In: Frankfurter Allgemeine Zeitung vom 20.7.2011, S. N4; Ludolf Herbst, Nicht Charisma, sondern Terror. Der Propagandafassade entsprach keine Wirklichkeit, ebd.; M. Rainer Lepsius, Max Weber, Charisma und Hitler. In: Frankfurter Allgemeine Zeitung vom 24.8.2011, S. N3.

77 Vgl. Ludolf Herbst, Hitlers Charisma. Die Erfindung eines deutschen Messias, Frankfurt a. M. 2010.

78 Vgl. Herbst, Nicht Charisma. Herbst bezieht sich explizit auf die Ausstellung „Hitler und die Deutschen", die 2010/11 im Deutschen Historischen Museum in Berlin gezeigt wurde.

Hitler nach den Worten Hans Mommsens ein „schwacher Diktator" gewesen, dessen Herrschaft sich in der Realität weniger auf ein wie auch immer geartetes „Charisma" gestützt habe, sondern auf die Bürokratie und nicht zuletzt den Terror, der mit der Gefahr, im Konzentrationslager zu landen, „Anpassungsdruck" erzeugt habe. Herbst kritisiert Wehler, der in seiner „Deutschen Gesellschaftsgeschichte" eine „personalistische Interpretation" des Nationalsozialismus vorgenommen habe und dessen Herrschaft als „charismatisch" begreife.[79]

Wehler kritisiert, Herbst schlage die Argumente der „Weberianer" in den Wind.[80] An Max Webers Theoriekonzept der „charismatischen Herrschaft" seien zwei Elemente zentral: Zum einen das Ausnahmetalent des Charismaträgers, welches eine sich auf persönliche Loyalitäten stützende Gemeinschaft seiner Anhänger zusammenhalte und den Führer im polykratischen System zum letztinstanzlich entscheidenden Schiedsrichter mache. Zum anderen stütze sich die charismatische Herrschaft auf die „Zuschreibung charismatischer Fähigkeiten durch die Gesellschaft" bzw. zunehmender Teile von ihr. Diese baue ihrerseits auf einer Art Vertrauensvorschuss der Bevölkerung gegenüber dem Führer und ihrer Bereitschaft auf, ihm im Bedarfsfalle „entgegenzuarbeiten".[81] Hauptschwäche des Herbstschen Buches sei, dass er seine Arbeit mit dem Jahre 1929 enden lasse und somit die für den Charakter der nationalsozialistischen Herrschaft entscheidenden Jahre nicht berücksichtige. Herbst lasse auf diese Weise die „Massenstimmung" der folgenden Jahre außer Acht, mit deren Hilfe Hitler an die Macht gekommen sei. Schließlich – und darin liegt ein weiterer zentraler Kritikpunkt Wehlers – erkenne Herbst die rhetorische und politische Begabung Hitlers nicht an. Das Talent des Charismaträgers und die Zuschreibung durch die Massen sind die Schlüsselbegriffe in Wehlers Interpretation des Nationalsozialismus.

---

79 Herbst bezieht sich wohl auf Hans-Ulrich Wehler, Deutsche Gesellschaftsgeschichte, Band 4: 1914–1949, München 2003, dessen einschlägiges Kapitel den Titel trägt „Charismatische Herrschaft und deutsche Gesellschaft im ‚Dritten Reich' 1933–1945", S. 600–937.

80 Wehler nennt die Namen von Ian Kershaw, M. Rainer Lepsius – der in der präsentierten Debatte selbst das Wort ergriff – sowie Maurizio Bach. Vgl. Ian Kershaw, Hitler. Essai sur le charisme en politique, Paris 2001; Maurizio Bach, Die charismatischen Führerdiktaturen. Drittes Reich und italienischer Faschismus im Vergleich ihrer Herrschaftsstrukturen, Baden-Baden 1990, sowie das vorangekündigte Buch dess. (Hg.), Charisma. Theorie, Typen und Erscheinungsformen, Wiesbaden. Die Grundlinien der Forschungsdebatte über den Charakter des Nationalsozialismus umreißt Hans Mommsen, Forschungskontroversen zum Nationalsozialismus. In: Aus Politik und Zeitgeschichte, B 14–15/2007, S. 14–21.

81 Vgl. Ian Kershaw, Hitler. 1886–1936, Stuttgart 1998, S. 663.

Lepsius, Mitherausgeber der kritischen Max Weber-Gesamtausgabe, geht in seinem Beitrag nur indirekt auf die Kontroverse zwischen Wehler und Herbst ein, bezieht aber nicht weniger entschieden – wenngleich differenziert – Position im Sinne des Weber'schen Konzepts. Lepsius beschäftigt sich mit Webers Begrifflichkeit und unterscheidet die „charismatische Herrschaft" von einer „charismatischen Beziehung". Letztere charakterisiert er als eine Wechselbeziehung, müsse doch der Träger des Charismas seinen Anspruch auf dessen Besitz stetig gegenüber der Bevölkerung unter Beweis stellen. Im Falle Hitlers sei dies über den Rückgang der Arbeitslosigkeit und die Überwindung des Versailler Vertrags erreicht worden, unabhängig davon, inwieweit dies auf Entscheidungen Hitlers zurückgegangen sei. Das hieraus entspringende Charisma sei kein Produkt der Propaganda, auch wenn diese wesentlich zur Verbreitung des Glaubens an ein Charisma Hitlers beigetragen haben möge – eine implizite, doch deutliche Kritik an Herbst.

Die charismatische Herrschaft wiederum beruhe, so Lepsius, auf einer „weitgehenden Entinstitutionalisierung der geltenden Ordnung". So seien nach der Machtübernahme die Hitlers Willkürherrschaft im Wege stehenden Institutionen außer Kraft gesetzt worden – von den Kompetenzen des Reichstages über die Verschmelzung der Ämter von Reichspräsident und Reichskanzler bis hin zum Rechtsschutz der Opposition und der Meinungsfreiheit. Hitler habe das Tagesgeschäft an seine Vertrauensleute delegiert, die programmatischen Kompetenzen jedoch bei sich behalten. So sei ein „Mischsystem" entstanden, in dem ein großer Teil der Herrschaft auf bürokratische Weise ausgeübt worden sei, ohne dass sie auf charismatische Elemente Bezug genommen habe. Zugleich sei es aber typisch für dieses Regime gewesen, dass Entscheidungen nicht aus dem Prozess kollektiver Willensbildung hervorgegangen seien, sondern dem militärischen System von Befehl und Gehorsam entsprochen hätten. Auf diese Weise sei die „charismatische Herrschaft" strukturbildend geworden und auf mehr basiert gewesen denn auf Charisma und Terror. Gestützt auf seine Argumentation legt Lepsius nahe, zwischen „Gewaltherrschaft mit und ohne charismatische Legitimation" zu unterscheiden.

Aleksander Hertz würde man vor dem Hintergrund dieser Debatte einen „Weberianer" der ersten Stunde nennen können – er analysierte Faschismus und Nationalsozialismus im Koordinatensystem der Herrschaftstypologie Webers und war damit einer der Pioniere bei der Adaption des Weber'schen *opus magnum*. Sicher war sein Ansatz auf diese Weise aus heutiger Sicht beschränkt. Doch konnte Hertz, als er seine Aufsätze zum Totalitarismus schrieb, vieles von dem nicht wissen, was für die heutigen Historiker und historisch arbeitenden Soziologen selbstverständlich ist; er versuchte, aktuelle Entwicklungen zu erfassen und zu erklären. Zudem dürfte es auch Hertz' Vorstellungskraft überstiegen haben, dass Hitler und seine Helfer das zeitgenössische Europa mit einer Gewaltorgie überziehen würden. Trotz der Begrenztheit seines Blickes als zeitgenössischer Beobachter hat Aleksander Hertz eine Reihe treffender Beobachtungen gemacht, die heute zum Gemeingut der Faschismus- und Totalitarismusforschung gehören. Darüber hinaus ist eine implizit geäußerte These von Aleksander Hertz durchaus aktuell: Für ihn waren die totalitären Regime kein Phänomen, das sich plötzlich einstellte. Vielmehr waren sie seiner Überzeugung nach das Ergebnis eines schleichenden, quasi unter der Oberfläche verlaufenden Prozesses des Übergangs von der Demokratie über die Oligarchie in den modernen Massenparteien hin zur totalitären Herrschaft. Die Demokratie trägt demnach aufgrund der Führungsstrukturen der Parteien den Keim der Diktatur in sich. Man könnte ergänzen, dass das Vermächtnis von Aleksander Hertz in der Mahnung zur Wachsamkeit und zur Bewahrung demokratischer Formen beruht.

Aleksander Hertz schrieb in seinen Memoiren in der für ihn typischen Bescheidenheit, dass seine hier in deutscher Übertragung vorgelegten Arbeiten „nicht ohne Wert gewesen" seien und sie diesen behalten hätten.[82] In der gleichen Überzeugung haben sich die Herausgeber dieser deutschsprachigen Edition gewidmet. Möge sie einen Beitrag dazu leisten, die Arbeiten dieses großen polnisch-jüdischen Soziologen einem breiteren Kreis von Interessierten zugänglich zu machen.

5. Editorische Bemerkungen

Aleksander Hertz' Arbeiten über totalitäre Regime erschienen in den Jahren 1936 bis 1939 meist in der führenden polnischen Fachzeitschrift „Przegląd Socjologiczny" (Soziologische Rundschau); sie wurden 1994 bereits der polnischen Fachöffentlichkeit wieder zugänglich gemacht und gelten hier als Klassiker der Soziologie.[83] Demgegenüber blieben sie in der übrigen Welt praktisch unbekannt, unter anderem weil sie in polnischer Sprache abgefasst waren. So erwähnt zum Beispiel Juan Linz in seiner Arbeit „Totalitäre und autoritäre Regime" die Arbeiten des polnisch-jüdischen Soziologen nicht.[84]

Die deutsche Edition der Hertz'schen Forschungen zum Totalitarismus soll an deren Rezeption durch die polnische Soziologie anknüpfen und dazu beitragen, einem an Ursprüngen, sozialer Basis und Praxis totalitärer Herrschaft

---

82 Vgl. Hertz, Wyznania, S. 115.
83 Vgl. Aleksander Hertz, Szkice o totalitaryzmie (Skizzen über den Totalitarismus), Warschau 1994.
84 Vgl. Juan Linz, Totalitäre und autoritäre Regime. Hg. von Raimund Krämer, 2. Auflage Berlin 2003.

interessierten Fachpublikum die einschlägigen Arbeiten des polnisch-jüdischen Soziologen zugänglich zu machen. Darüber hinaus versteht sie sich als Beitrag zur Popularisierung eines der bedeutendsten polnischen Soziologen in den deutschsprachigen Ländern und einer internationalen Öffentlichkeit.[85] Schließlich sind die Arbeiten von Aleksander Hertz auch heute von unverminderter Aktualität: Hertz zeigte, dass die modernen Demokratien nicht gegen totalitäre Strömungen immun sind, sondern stets der Gefahr ausgesetzt sind, durch diese von innen destabilisiert zu werden. Umso mehr können die Arbeiten des polnisch-jüdischen Wissenschaftlers auch heute als Aufruf zur Wachsamkeit verstanden werden.

Die Arbeiten von Aleksander Hertz zeichnen sich nicht nur durch ihre klare Sprache und gedankliche Prägnanz aus, sondern auch durch die stupende Kenntnis der zeitgenössischen Fachliteratur. So greift Hertz nicht nur auf die Forschungen der genannten Soziologen zurück, sondern stützt seine Argumentation auch auf die Arbeiten anderer deutscher Fachkollegen. Das Beispiel von Aleksander Hertz zeigt somit, dass die Wissenschaft ungeachtet der Spannungen zwischen Deutschland und Polen in der Zwischenkriegszeit ein Bereich war, in dem ein freier Austausch von Gedanken stattfand.

Als Vorlage dieser Edition dient die 1994 erschienene polnische Ausgabe der hier abgedruckten Texte, die von Jan Garewicz herausgegeben wurde. Garewicz traf nach dem Tod von Aleksander Hertz in enger Absprache mit Hertz' Frau Alicja (Lilka) die Auswahl der Texte.[86]

Die an dieser Stelle abgedruckten Übertragungen wurden von Torsten Lorenz erstellt. Die Texte basieren auf der von Garewicz besorgten und geringfügig veränderten Ausgabe. Die Unterschiede zu den Originaltexten beruhen darauf, dass der Herausgeber der polnischen Neuausgabe wo vorhanden neuere, leichter zugängliche Ausgaben der von Hertz benutzten Literatur zitiert. Gegenüber dieser Edition wurden in den Texten lediglich die Literaturangaben vereinheitlicht.

Die Übersetzung wurde durch die großzügige Förderung der Stiftung für Deutsch-Polnische Zusammenarbeit ermöglicht. Die Herstellung des Bandes lag bei dem bewährten Team am Hannah-Arendt-Institut mit Walter Heidenreich und Christine Lehmann. Maria Peukert und Annett Zingler konnten nach teils aufwändigen Recherchen fehlende Zitatnachweise erbringen und bibliographische Lücken schließen. Das Hannah-Arendt-Institut und das

---

85 Eine 1937 von der Publikationsstelle des Geheimen Preußischen Staatsarchivs angefertigte, für amtliche Zwecke bestimmte Übersetzung des Aufsatzes „Posłannictwo wodza" (Die Sendung des Führers) fand keine weitere Verbreitung und ist u. a. im Gebrauch der einschlägigen Terminologie oft ungenau.

86 Vgl. Hertz, Późne listy z Ameryki.

Sigmund-Neumann-Institut finanzierten Forschungsreisen in polnische und US-amerikanische Bibliotheken und Archive. Allen drei Institutionen sprechen die Herausgeber ihren herzlichen Dank aus.

Prag/Sønderborg
im Januar 2014   Torsten Lorenz und Katarzyna Stokłosa

Die Militarisierung der politischen Partei

I.

Seit geraumer Zeit stößt man auf den Begriff „Monopartei". Dieser Begriff, der aus etymologischer wie inhaltlicher Perspektive ernste Zweifel wecken kann, bezeichnet gleichwohl einen bestimmten, markanten Typ von politischer Partei. Sie lässt sich auf einige Parteien anwenden, aber nicht auf alle. Autoren, die sich dieser Bezeichnung bedienen, beziehen sie auf solche Parteien, welche die einzigen rechtlich anerkannten Parteien in einem Land sind, während alle übrigen Parteien nicht über diese Anerkennung verfügen. Dabei setzt man voraus, dass in diesem Staat nur eine solche Partei existiert, ihre Stellung im Staat durch rechtliche Normen und den faktischen Stand der Dinge genau bestimmt ist und dieselben Normen zugleich die Existenz und die Entstehung anderer Parteien nicht anerkennen. Diese Sonderstellung verdankt die „Monopartei" der Tatsache, dass sie die ganze Macht an sich gerissen und eine solche Rechtslage geschaffen hat, die ihr eine Ausnahmestellung garantiert. Als Beispiele für „Monoparteien" werden genannt: die kommunistische Partei in der Sowjetunion, die Nationale Faschistische Partei in Italien und die Nationalsozialistische Deutsche Arbeiterpartei in Deutschland.[1]

In allen drei Fällen wurde der Staatsparteiencharakter im Ergebnis ihrer Machtergreifung und der Entstehung einer neuen Rechtslage zum festen Merkmal der Partei. Die Macht befand sich nun in den Händen einer Partei, alle anderen wurden delegalisiert. Diese Delegalisierung erfolgte nicht sofort. In Italien bestanden in den ersten Jahren nach dem faschistischen Umsturz nicht-faschistische Parteien fort, obgleich ihre Tätigkeit eingeschränkt wurde und auf Repressionen traf. In Deutschland dauerte der Prozess der Delegalisierung der nicht-nationalsozialistischen Parteien nur kurz, aber auch hier erklärte die herrschende Partei ihre monopolistische Ausschließlichkeit nicht sofort. Selbst in der Sowjetunion regierte die kommunistische Partei für eine wenn auch kurze Zeit gemeinsam mit den linken Sozialrevolutionären, und die Zugehörigkeit zu anderen Parteien wurde nicht sofort als strafbare Handlung definiert. Natürlich war in allen drei Fällen die Macht faktisch in den Händen nur einer Partei, aber die Partei tolerierte für eine gewisse Zeit die Existenz anderer Parteien und ließ sogar einige Vertreter an der Macht partizipieren. Dennoch endete diese Zeit mit der Delegalisierung der übrigen Par-

---

1 Vgl. Leon Zieleniewski, Organizacja wewnętrzna monopartyj (Die innere Organisation von Monoparteien). In: Nowe Państwo, 1 (1935) 1–3.

teien und der Einführung bestimmter strafrechtlicher Sanktionen, die für den Fall der Teilnahme in jeglichen politischen Vereinigungen drohten, die rechtlich nicht anerkannt waren – das heißt, mit anderen Worten, solchen Vereinigungen, die gegen die herrschende Partei vorgingen.

Lassen sich diese Parteien bereits vor der Gewinnung der Macht als „Monoparteien" beschreiben? Die Antwort auf diese Frage bereitet gewisse Schwierigkeiten, denn die Autoren, die sich des Begriffes „Monopartei" bedienen, tun dies auf höchst unpräzise Weise. Es ist nicht klar, ob es ihnen um einen Rechtszustand geht, der infolge veränderter sachlich-rechtlicher (Delegalisierung aller politischen Parteien mit Ausnahme einer – der herrschenden) Bedingungen entstand, oder ob sie bestimmte Eigenschaften der Partei vor Augen haben, die in ihrer Ideologie und ihrer Organisationsstruktur enthalten sind. Im ersten Fall ist die oben gestellte Frage gegenstandslos. Alle angeführten Parteien wirkten kürzer oder länger im Rahmen einer Rechtsordnung, die den Pluralismus der Parteien zuließ, ja sich sogar auf ihn stützte. Die Einparteienherrschaft trat erst dann ein, wenn ein neuer faktischer Zustand eintrat und das System der Rechtsbeziehungen einem Wandel unterlag. Anders sieht die Sache jedoch aus, wenn wir die „Monoparteilichkeit" in den ideell-strukturellen Eigenschaften der Partei sowie in den Tendenzen suchen, die in dieser Partei vorherrschen. Der Umstand, dass die Partei zur einzigen ihrer Art wurde, beruhte gleichermaßen auf ihrem Charakter, den propagierten Ansichten und den von ihr angenommenen organisatorischen Formen. Selbstverständlich ist diese Kategorie von Faktoren nicht hinreichend; neben ihr bestand der gesamte externe Bereich, der gesellschaftlich-historische, der genau diesen Ablauf der historischen Ereignisse vorgab. So resultierte der Charakter der bolschewistischen Partei als einer Staatspartei unter anderem aus solchen Fakten wie dem Mord an Mirbach, der Intervention, der antisowjetischen Aktion der rechten Sozialrevolutionäre und der Menschewiki usw. Neben diesen äußeren Fakten aber wirkten bestimmte Kräfte in der Partei selbst, die ihre Evolution in Richtung auf eine „Monopartei" vorgaben. Die äußeren Umstände nahmen auf diese Kräfte auf die eine oder andere Weise Einfluss, sie hemmten oder beschleunigten den Wandlungsprozess, gaben ihm die eine oder andere Färbung. Entscheidend aber ist, dass diese Kräfte oder immanenten Faktoren in der Tatsache ebendieses Charakters der Partei angelegt waren.

Die englischen Konservativen oder Liberalen sind Beispiele für Parteien, die sich im Rahmen einer Ordnung entwickelten, die auf der Existenz von mehr als einer Partei beruhte. Bis heute haben sich in ihr keine Tendenzen zu einer Einparteiherrschaft herausgebildet und, zumindest praktisch gesehen, erwarten die Vertreter keiner dieser Parteien eine Situation, in welcher der Sieg einer Richtung eine Ordnung hervorbrächte, in der die Freiheit des Handelns der anderen Parteien beseitigt wäre. Aber die Angelegenheit verhält sich schon anders, wenn wir uns auf das Terrain der politischen Massenparteien begeben, die über eine einheitliche Organisationsstruktur verfügen, und zwar auch solcher, die auf dem Boden der parlamentarischen Demokratie stehen. Wenn sie den sogenannten weltanschaulichen Typus vertreten (wir wollen nicht entscheiden, in welchem Maße in der Parteientypologie die Definition eines weltanschaulichen Typus gerechtfertigt ist[2]), dann streben sie schlussendlich danach, eine Ordnung der sachlich-rechtlichen Verhältnisse zu schaffen, die ihren ideell-programmatischen Bestrebungen entspricht. Um dieses Ziel zu erreichen, müssen sie so viele Anhänger wie möglich gewinnen und streben letzten Endes einen zukünftigen Zustand an, in dem andere Parteien verschwinden müssen und sie als einziger Repräsentant des politischen Denkens übrig bleiben. Der politische Wettbewerb, der auf dem Boden der parlamentarischen Demokratie ausgetragen wird, setzt im Falle der „weltanschaulichen" Parteien universalistische Tendenzen voraus, Bestrebungen, auf dem Spielfeld alleiniger Sieger zu sein. In diesem Sinne kann beispielsweise jede sozialistische Partei als potentielle Staatspartei angesehen werden, denn ihr letztendliches Ziel oder Postulat für die Zukunft besteht darin, die einzige Partei zu werden.

Als Beispiel für eine „weltanschauliche" Massenpartei, in deren Tätigkeit und Programm implizit das Element des Universalismus vorkam, kann die alte deutsche Sozialdemokratie dienen. Wenn es aber um die Praxis dieser Partei geht, dann spielte das Streben, Staatspartei zu werden, eher eine nebengeordnete Rolle. Vor allem war die Partei im Rahmen eines parlamentarischen Systems aktiv (weniger bedeutend ist, dass es sich dabei um den Parlamentarismus des Hohenzollern'schen Deutschlands handelte) und bediente sich demokratischer Methoden, wobei der Gebrauch ebendieser Methoden sowohl die praktische wie die theoretische Voraussetzung der von dieser Partei angewendeten Taktik war. Noch wichtiger war, dass die Partei annahm, es müsse im Rahmen des gegebenen politischen Systems eine Parteienpluralität als Ausdruck der Klassendifferenzierung der Gesellschaft bestehen. Wenn eine Klassengesellschaft existiert und der andauernde Klassenkampf diese spezifischen Formen annimmt, dann müssen die Parteien in der Konsequenz als Ausdruck der sozial-politischen und wirtschaftlichen Interessen der existierenden gesellschaftlichen Klassen handeln. Die universalistischen Bestrebungen der Partei waren vor allem auf die Arbeiterklasse gerichtet. Bemerkenswert hieran ist: Einerseits fand sich die Partei mit dem Faktum der Existenz von Parteien ab, die die Interessen anderer Klassen widerspiegelten, andererseits verhielt sie sich eindeutig negativ gegenüber einem Parteienpluralismus im Rahmen der

---

2   Vgl. Sigmund Neumann, Die deutschen Parteien, Berlin 1932, S. 107.

Arbeiterklasse. Das Streben nach einer Partei, die das gesamte Proletariat umfasste, war sehr stark und macht sich bis auf den heutigen Tag in der Welt der Arbeiter deutlich bemerkbar. Es ist ein bekannter Sachverhalt, dass die Arbeiter, welche die Existenz nicht-proletarischer Parteien als selbstverständlich voraussetzen, jegliche Spaltung in den Arbeiterparteien negativ bewerten und die Einheit der Partei verlangen. Die Spaltung in Kommunisten und Sozialisten wurde als sehr schmerzhaft empfunden, und das Ideal der Einheitspartei war außerordentlich lebendig. In jedem Falle ging die Ablehnung der parteilichen Differenzierung der Arbeiterklasse nicht mit der Überzeugung von der Notwendigkeit der Anwendung von Zwangsmitteln zur Wiederherstellung der Einheit einher, und die deutsche Sozialdemokratie versuchte selbst in Zeiten ihres größten Einflusses auf die staatliche Gewalt in Deutschland, selbst in der Zeit der brutalsten Auseinandersetzungen mit den Kommunisten, nie die gegnerische Partei zu delegalisieren.

Wir können hier nicht untersuchen, ob zu Beginn des italienischen Faschismus, des Nationalsozialismus und des Bolschewismus bereits ideologische und organisatorische Tendenzen zur Ausbildung von „Monoparteien" existierten, das heißt zum Ausschluss der Möglichkeit einer Koexistenz mit anderen Parteien. Es handelt sich hierbei um ein Problem historischer Natur, das dadurch verkompliziert wird, dass die beiden ersteren Parteien unter ganz bestimmten Bedingungen entstanden, nämlich als Kampfverbände mit sehr wirren Ideologien und einer im Fluss befindlichen Organisationsstruktur. Wir können nur annehmen, dass sich schon in der Zeit vor der Machtübernahme in ihnen eine „monoparteiliche" Haltung niederschlug, die anderen Parteien das objektive Existenzrecht absprach und die Möglichkeit der Koexistenz und Kooperation mit ihnen negierte.

„Monoparteien" sind in ideologischer und organisatorischer Hinsicht ein eigener Typ von politischer Partei. Wir behandeln hier nicht die Frage nach der Funktion, welche sie in bestimmten staatlichen Ordnungen spielen. Die Existenz dieser Parteien wirft eine ganze Reihe von ungemein interessanten Fragen auf, die getrennter Behandlung bedürfen. Ins Spiel kommen hier vor allem Fragen der Organisationsstruktur dieser Parteien, der Funktionen, die sie erfüllen, der Muster, die sie anderen Parteien vorgeben. Ungemein interessant ist die Frage der Entstehung ähnlicher Strukturen, die Frage, wie viel von ihnen schon in den alten Vorkriegsparteien bestanden hatte,[3] in welchem Maß man sie als eine Etappe in der Evolution der politischen Parteien betrachten

---

3   Ausgangspunkt der Arbeiten, welche die genetischen Beziehungen der heutigen mono-
     polistischen Parteien mit den Vorkriegsparteien erforschen, sind die Arbeiten von
     Robert Michels, vor allem: Zur Soziologie des Parteiwesens in der modernen Demo-
     kratie, Leipzig 1925, sowie Sozialismus und Faschismus in Italien, München 1925.

kann. Eine andere Frage wiederum ist die, inwiefern sich Charakteristika der „Monoparteilichkeit" bereits in den „nicht-monoparteilichen" Parteien niederschlagen. Dies erschöpft bestimmt nicht alle möglichen Fragen, die sich beträchtlich ausweiten ließen. Gegenstand unserer Betrachtungen wird eine dieser Fragen sein, und zwar eine der wichtigsten, eine Frage, die ihrerseits zum Ausgangspunkt der übrigen wird.

Wir haben uns bisher des Begriffes „Monopartei" bedient. Wir haben ihn wegen des Mangels an anderen Begriffen gebraucht und ihm keine besondere Bedeutung beigemessen. Uns ging es ausschließlich darum, auf diese Weise bestimmte Parteien hervorzuheben. So besteht unserer Meinung nach ein für diese Parteien ganz wesentliches Merkmal darin, dass ihre Organisationsstruktur eine militärische Form hat. Dies bezieht sich vor allem auf die italienische faschistische und die deutsche nationalsozialistische Partei. Militärische Eigenschaften sind ebenso für die kommunistische Partei typisch, doch haben sie eine andere Form und einen anderen Charakter. Es handelt sich um einen Militarismus der etwas anderen Art. Wir werden uns daher nicht mit ihm beschäftigen. Unsere Aufmerksamkeit richten wir auf die deutsche und die italienische Partei als den unserer Meinung nach typischsten und charakteristischsten Fällen. Das heißt wiederum nicht, dass es sich um die einzigen Fälle handelt. In jedem Falle halten wir sie für die repräsentativsten, die deshalb am bequemsten zu demonstrieren sind.

II.

Wir müssen mit der Erklärung dessen beginnen, was wir unter „Militarisierung" verstehen. Zu diesem Zweck müssen wir zwei weitere Begriffe einführen, und zwar: „Kampfgeist" und „Kampfbereitschaft" der Partei. Unter Kampfgeist verstehen wir den moralischen Zustand der Angehörigen einer Gruppe, ihre psychische Einstellung, welche aggressive oder abwehrende Handlungen bedingt. Unter „Kampfbereitschaft" verstehen wir die moralische und materielle Fähigkeit der Angehörigen einer Gruppe zu Kampfhandlungen. Kampfgeist und Kampfbereitschaft müssen nicht miteinander Hand in Hand gehen. Im Jahre 1905 war der Kampfgeist der Polnischen Sozialistischen Partei (PPS) sehr bedeutend, ihre Kampfbereitschaft aber bedeutend geringer. In der Folgezeit nahm sie zu, wobei diese Zunahme seit Ende 1906 von einer Abnahme des Kampfgeistes begleitet wurde.[4] Offenbar ist die Kampfbereitschaft etwas in hohem Maße objektiv Messbares: Sie lässt sich auf der Grund-

---

4   Vgl. Władysław Pobóg-Malinowski, Józef Piłsudski. 1901–1908, Warschau 1935, Kap. 5–9.

lage der Aktivitäten der Partei bestimmen, im Falle revolutionärer Parteien über ihre militärisch-technische Ausbildung, die Zahl der von ihr verübten Terrorakte usw. Kampfgeist ist hingegen ein subjektiver Zustand, und die Bestimmung seiner Zu- oder Abnahme kann nur sehr allgemein und bildhaft beschrieben werden.

Der Begriff der Militarisierung darf nicht mit den Begriffen Kampfgeist und Kampfbereitschaft gleichgesetzt werden, obgleich wir es hier mit verwandten Kategorien von Fakten zu tun haben. Die Polnische Sozialistische Partei in der Revolutionszeit war eine kampfbereite, aber keine militarisierte Partei. Wir lassen hier die Frage beiseite, ob in jener Zeit bestimmte militärische Elemente erkennbar gewesen sind. Entscheidend ist in jedem Falle, dass die organisatorische Struktur und die Aktionsformen nicht auf Beispiele von typisch militärischen Organisationen wie Armeen zurückgriffen. Die politische Partei ist dann militarisiert, wenn ihre Organisationsstruktur und ihre Aktionsformen auf Mustern basieren, die für gewöhnliche Armeen typisch sind. Es ist nebensächlich, ob hier gezielte Annäherungen ins Spiel kommen, die gezielte Übertragung von Mustern von einem Gebiet auf ein anderes, oder auch ein unbeabsichtigter Prozess im Bewusstsein der handelnden Personen. Entscheidend ist alleine, dass sich die Partei in vielerlei Hinsicht mit einer regulären Armee identifiziert.

Die Militarisierung der Partei setzt implizit ihren Kampfgeist und ihre Kampfbereitschaft voraus. Ein hoher Grad der Militarisierung muss dennoch nicht Hand in Hand mit einem entsprechend hohen Grad an Kampfgeist und Kampfbereitschaft gehen. Hier tritt dasselbe Phänomen auf, das man in normalen Armeen antreffen kann. Die russische Armee war im Jahre 1917 eine Gruppe mit durch und durch militärischer Struktur, gleichwohl wies sie einen geringen Grad an Kampfgeist und Kampfbereitschaft auf. Die nationalsozialistische Partei ist eine deutlich militarisierte Gruppe, und diese Militarisierung macht stetige Fortschritte, und gleichzeitig scheint – soweit man sich auf Informationen flüchtiger Beobachter stützen kann – der Kampfgeist ihrer Mitglieder nachzulassen.[5]

Auf der Grundlage bestimmter Eigenschaften beschreiben wir eine Partei als militarisiert. Bevor wir diese spezifizieren, müssen wir feststellen, dass wir hierbei nicht allzu rigoristisch vorgehen dürfen. Vielfach treten Symptome einer Militarisierung auf, sie besitzen, in Abhängigkeit von den Umständen, eine unterschiedliche dynamische Intensität, und selbst im Rahmen dersel-

---

5   Wenn wir hier mit dem Begriff militarisierte Partei operieren, nehmen wir keine Klassifizierung vor (eine Unterteilung in militarisierte und nicht-militarisierte Parteien). Mit der Frage der Klassifizierung von Parteien beschäftigt sich Neumann, Die deutschen Parteien.

ben Partei machen sie sich nicht überall einheitlich bemerkbar. Ein großer Teil von ihnen findet sich nicht in den statutarischen Bestimmungen wieder und trägt im Grunde den Charakter gewohnheitsrechtlicher Normen. Die von uns angeführten Fälle können wir zu Extremfällen erklären, und wir können davon ausgehen, dass in der Praxis diese oder jene Abweichungen von ihnen auftreten.

1. Die individuelle Leitung in der Person des Führers, der mit der gesamten Befehlsgewalt ausgestattet ist. Der Führer verfügt in der Partei über diktatorische Macht, welche er kraft Sanktion durch die geltenden Statuten ausübt. Der Führer bestimmt die Ziele der Aktion, von ihm gehen jegliche Nominierungen aus, er beruft einen Stab an seine Seite, wählt die Führer der niederen Ränge aus, führt Aktionen durch. Er ist vor niemandem verantwortlich, aber alle niederen Organe sind ihm gegenüber verantwortlich. Die endgültigen Entscheidungen trifft alleine er. Die kollektiven Verwaltungsorgane der Partei besitzen Stabscharakter, das heißt sie sind Beratungsorgane und keine Kontrollorgane für die Handlungen des Führers.[6] Parteikongresse sind Werkzeuge des Führerwillens und in der Praxis - beispielsweise in Deutschland - sind sie nichts anderes als imposante Militärparaden.
Bei einer derartigen diktatorischen Macht handelt es sich nicht um die Macht des Führers einer gewöhnlichen Armee in Friedenszeiten, wenn der Verteidigungsminister, der Generalstabschef oder der Generalinspekteur der Kontrolle dieses oder jenes Organs der Staatsmacht unterstehen. Es handelt sich hier eher um die Macht eines Armeeführers in der Zeit von Kriegshandlungen, und auch die Stellung Mussolinis oder Hitlers weist mehr Analogien mit Stellung und Vollmachten des Oberkommandierenden der deutschen Armee in den Jahren 1914–1918 auf.

2. Dem Führer zur Seite steht ein Stab, der von ihm ernannt und ihm gegenüber verantwortlich ist. Er besteht aus Persönlichkeiten, denen der Führer bestimmte Aufgaben zuteilt. Der Stab arbeitet einen detaillierten Aktionsplan aus, betreibt Propaganda, Aufklärung usw. In der deutschen nationalsozialistischen Partei ist die Organisation des Parteistabes der Organisation des Generalstabs verblüffend ähnlich. Hier finden sich analoge Organisationseinheiten. Die Angehörigen des Stabes werden vom Führer zur Abhaltung von Beratungen einberufen, welche jedoch lediglich konsultativen

---

6   Wir müssen betonen, dass dies ausschließlich für die italienische und deutsche Partei gilt. In der kommunistischen Partei hat sich das Prinzip der Kontrolle des Führers durch Organe wie das Politbüro, den Parteikongress usw. erhalten. Es steht auf einem anderen Blatt, dass diese Kontrolle ziemlich theoretisch sein kann.

Charakter tragen.[7] Es ist ein häufiges Phänomen, dass die Angehörigen des Parteistabes gleichzeitig hohe Positionen in der normalen Armee einnehmen (Göring, von Epp, de Bono, Balbo usw.). So gibt es wie in jedem gewöhnlichen Stab auch im Parteistab eine bestimmte Zahl von Individuen, welche der Allgemeinheit kaum oder gar nicht bekannt sind, die in der Deckung bleiben und eine bedeutende Rolle spielen. Es handelt sich bei ihnen um das Gehirn des Stabsapparats, auf dem die wichtige Aufgabe ruht, die grundlegenden Pläne der taktischen und theoretischen Aufgaben auszuarbeiten. Von Angehörigen des Stabes werden eine lange Zugehörigkeit zur Partei und besondere persönliche Qualifikationen erwartet. Ansonsten ist in der Praxis der Wille des Führers hinreichend, um jemanden in den Stab zu berufen.

3. Neben dem Führer und dem ihm zur Seite stehenden obersten Stab besteht eine ganze Hierarchie von Führungspersonen, welche vom obersten Führer oder höheren Führern bestimmt werden, auf welche der oberste Führer seine Befehls- und Nominierungsgewalt übertragen hat. Die Führer der unteren Ebenen, die Leiter von Gebieten oder bestimmten Abteilungen der Partei, handeln in den Grenzen der Kompetenzen, die ihnen vom obersten Führer qua Befehl oder auf der Grundlage der Übertragung eines Teils der Macht in jedem einzelnen Fall erteilt wurden. Den höheren Führern (Territorialführern) stehen Stäbe zur Seite, deren Organisation, Aufgaben und Charakter dem Muster des Stabs an der Seite des obersten Führers entsprechen. In den Beziehungen zwischen den unteren Führern wird der Grundsatz der Hierarchie und der Verantwortlichkeit der Untergeordneten gegenüber dem Übergeordneten auf das Strengste beachtet. Für die Nichterfüllung der gestellten Aufgaben drohen höchst unterschiedliche Sanktionen bis hin zur Entfernung aus der Partei. Wir lassen hier bestimmte nichtstatutarische Sanktionen beiseite, die zum sittlichen Bereich gehören. Die Führer bilden eine deutlich hervorgehobene Untergruppe innerhalb der Partei, sie sind oder – was keinen Unterschied macht – halten sich für die Elite der Partei und heben sich in immer größerem Maße gesellschaftlich von der grauen Masse der Parteimitglieder ab. Dieser Prozess der Abschließung der Parteielite ist, so hat es den Anschein, in Deutschland bereits weit fortgeschritten. Die deutsche illegale Emigrationspresse beruft sich ständig auf die Beschwerden von Arbeitern über die Wiederauferstehung der früheren „Bonzen", wobei diese neuen Bonzen unvergleichlich exklusiver als ihre

---

7   Natürlich ist der Stab der Partei Ort verschiedenster Intrigen, Spielfeld für verschiedene Cliquen und Mafiagruppen, was die Angehörigen des Stabes vom Willen des Führers unabhängig macht. Allerdings sind derartige Spielereien und Intrigen ebenso typisch für die Stäbe normaler Armeen.

sozialistischen, kommunistischen Vorgänger seien.[8] Unter den Führern bildet sich ein Korpsgeist aus, der uns an die Atmosphäre des Offizierskorps erinnert. Grund für ihre Auszeichnung im Bewusstsein dieser Offiziere sind ihre Parteizugehörigkeit und vor allem ihre damit verbundenen Verdienste im Kampf.

4. Bei der inneren Organisation der Partei steht der Zusammenschluss der Mitglieder in bestimmten taktischen Einheiten an erster Stelle. Während bei den Massenparteien der Vorkriegszeit die territoriale Gemeinsamkeit (Stadtviertel, Wahlkreis, Provinz) Grundlage der Organisation war, ist bei den militarisierten Parteien das Territorium bloß zufällig Grundlage der Entstehung taktischer Untergruppen. Bei der Fabrikzelle handelt es sich nicht um Zirkel, wie sie in der Sozialdemokratie bestanden, sondern um eine sehr geschlossene Gruppe, die zu eng umgrenzten taktischen Zielen gebildet wurde. Die Zelle handelt in einem bestimmten Unternehmen als Instrument der Parteipolitik, und ihr Anführer ist gegenüber seinen Vorgesetzten verantwortlich für die korrekte Ausführung des ihm erteilten Befehls. Auf ähnliche Weise sind die größeren Parteibezirke eher Verwaltungseinheiten, selbstverständlich im parteilich-administrativen Sinne. Nicht zu vergessen ist, dass die Leiter dieser Bezirke nicht selten in einer Person ein Parteiamt mit einer Leitungsfunktion in der staatlichen Verwaltung verbinden. Der Parteibezirk erinnert in vielerlei Hinsicht an den Bezirk eines Korps oder einer Armeedivision oder einen Etappenbezirk. Es handelt sich hierbei zugleich um einen Rekrutierungs- und Propagandabezirk, ein Gebiet für Versorgung und Ausbildung sowie schließlich um ein Gebiet, in dem bestimmte taktische Einheiten entstanden und aktiv sind. Die Ähnlichkeiten werden noch deutlicher, wenn wir die Rolle der Parteimiliz berücksichtigen, einer Kampforganisation paramilitärischen Typs im engeren Sinne, deren taktisch-organisatorische Grundlagen und Aufgaben sich in allen Bereichen der praktischen Parteitätigkeit niederschlagen.

5. Die Parteimitglieder sind zu strenger und absoluter Disziplin verpflichtet. Diese drückt sich vor allem im absoluten Gehorsam gegenüber den Anordnungen der Vorgesetzten aus, deren Befehle ohne Murren ausgeführt werden müssen. Für die Verletzung der Disziplin droht eine Reihe von Strafen

---

8   Ich muss mich hier zwangsläufig auf die Informationen der illegalen und der Emigrationspresse stützen, welche man eines Mangels an Objektivität verdächtigen kann. Trotzdem können wir annehmen, dass sie zumindest bestimmte Tendenzen registriert, deren Bestätigung man im Übrigen auch in der legalen deutschen Presse finden kann. Dasselbe gilt auch für die italienischen Verhältnisse. Aufgrund des Platzmangels zitiere ich hier nicht die uns interessierenden Abschnitte, die von der Existenz der oben genannten Tendenz zeugen.

bis zur Entfernung aus der Partei, was in „totalen" Systemen sehr ernste Konsequenzen für das Leben nach sich zieht.

Die Disziplin ist nicht von institutioneller Natur, sie beschränkt sich nicht ausschließlich auf die Sphäre des Lebens, die aus der Tatsache der Zugehörigkeit zur Partei resultiert. Sie umfasst die Gesamtheit der Lebenssituationen des Parteiangehörigen. Sie drückt sich in vielen Geboten und Verboten aus, welche diese Bereiche des persönlichen Lebens regulieren, die jenseits der Zugehörigkeit zur Partei im engeren Sinne dieses Wortes liegen. Mit anderen Worten, hier ist die Grenze zwischen Parteimitglied X (das Beiträge zahlt, an Versammlungen teilnimmt, die Parteizeitung abonniert hat) und X als Privatperson aufgehoben. Die Verletzung bestimmter Regeln im persönlichen Leben zieht solche Sanktionen nach sich wie Verstöße gegen die Parteidisziplin und somit Sanktionen disziplinarischer Natur.

In Wirklichkeit haben wir es hier mit etwas wesentlich Größerem zu tun als mit dem Umstand, dass bestimmte disziplinarische Normen zur Anwendung kommen. Denn hier wirken bestimmte moralische, sittliche und „weltanschauliche" Normen, welche das Verhalten des Parteimitglieds in allen Bereichen seines Lebens regulieren. Die Partei absorbiert ihren Angehörigen bis aufs Letzte. Die Gruppe hat ein bestimmtes Verhaltensmuster ausgebildet und sanktioniert und achtet darauf, dass dieses Muster von allen ihren Angehörigen praktiziert wird. In anderen Worten: Das Parteimitglied muss einen bestimmten Lebensstil einhalten, und ein Verstoß gegen diesen Lebensstil bringt es in Konflikt mit seiner Partei. Eine nicht-arische Ehe, geselliger Umgang mit Juden, Hören des Moskauer Rundfunks, der Gebrauch von Verhütungsmitteln im Eheleben und eine ganze Masse von verschiedensten Verhaltensweisen im kulturellen, wirtschaftlichen und geselligen Leben, welche als unvereinbar mit dem von der Partei akzeptierten Muster gilt, setzen die Person dem Konflikt mit der Gruppe und disziplinarischen Sanktionen aus.

Wir möchten nicht die „Parteimoral" analysieren. Wir haben es hier mit vielen und ungemein bedeutenden und interessanten Fragen zu tun, von denen wir einige am Rande werden behandeln müssen. An dieser Stelle möchten wir lediglich den disziplinarischen Charakter der geltenden Normen betonen, die Tatsache, dass die Zugehörigkeit zu einer Partei für jedes Mitglied die Notwendigkeit nach sich zieht, sich den Normen in allen Bereichen des Lebens unterzuordnen, dass die gesamte Persönlichkeit des Angehörigen hier durch die Gruppe absorbiert wird, welche keine Unterscheidung zwischen der Gruppen- und der Privatsphäre kennt. Im Alltag muss das Parteimitglied immer darauf vorbereitet sein, dass es diesen oder jenen Befehl erhält, den es unbedingt auszuführen hat. Das Mitglied ist hier stets Diener seiner Partei.

Solches ist typisch für ausgesprochen geschlossene Gruppen, Gruppen mit kämpferischem, aggressivem oder abwehrendem Charakter. Es ist ebenso typisch für Armeen. Die Armee verlangt von ihren Angehörigen Gehorsam, und dies nicht nur in den engen dienstlichen Angelegenheiten, sondern auch in den Dingen persönlicher Natur. Schließlich wird das Dienstliche ziemlich weit ausgedehnt, und der Militär hört außerhalb des Dienstes nicht auf, Militär zu sein. Natürlich werden diese Dinge in unterschiedlichen Ländern unterschiedlich behandelt – mehr oder weniger rigoros. In jedem Falle existiert ein allgemeines Muster, das sich in Extremfällen (zum Beispiel der früheren preußischen Armee) sehr deutlich bemerkbar machen kann. Die Kasernierung der Mannschaften presst ihre gesamte Persönlichkeit in den Rahmen eines bestimmten organisatorischen und erzieherischen Systems. Was das Offizierskorps betrifft, so verlangt es von seinen Angehörigen einen bestimmten Lebensstil, dessen Nichtbeachtung eine Reihe ernster Konsequenzen nach sich zieht. Die Eheschließung eines Offiziers hängt in der polnischen Armee von der Erfüllung vieler Voraussetzungen ab, wobei die entscheidende Stimme beim Korpsführer liegt. Selbst das demokratischste Offizierskorps besitzt ein Standesbewusstsein, aus dem für seine Angehörigen die Notwendigkeit eines bestimmten Verhaltens in allen Lebenssituationen entspringt.

Die militarisierten politischen Parteien verfügen also auch auf dieser Seite über Gruppenmerkmale, welche ihren besten Ausdruck in der Armee finden. Mit aller Vorsicht könnte man sagen, dass sie zusammen mit den Armeen einen spezifischen Typus bilden, was selbstverständlich nicht bedeutet, dass nicht auch andere Gruppen diesem Typus zuzurechnen wären.

6. Die Partei betont ihre Besonderheit als Gruppe außerordentlich. Eine militärische Uniform, Abzeichen, Auszeichnungen, Wappen unterschiedlicher Art sind die äußeren Zeichen, welche der Hervorhebung der Parteimitglieder aus der Masse der Bürger dienen. Zugleich handelt es sich bei diesen Mitteln um Faktoren, welche die Mitglieder organisatorisch und psychisch verbinden und somit zur Hebung des Zusammenhalts innerhalb der Gruppe beitragen. Im Bewusstsein der Gruppenmitglieder (und ebenso vieler Nichtmitglieder) kommt es zu einer Sublimierung dieser Zeichen, verbinden sich mit ihnen viele Vorstellungen und Werturteile. Die Ehre der Parteiuniformen und die Ehre der Parteistandarte spielen hier dieselbe Rolle wie im militärischen Leben. Schon die Tatsache der Hervorhebung der Gruppe steht in enger Verbindung mit der Entstehung vieler Bewertungen von ihr und ihren Angehörigen. Diese Urteile verbinden sich mit den Sublimationen, von denen wir weiter oben gesprochen haben. Die Zugehörigkeit zu einer Gruppe wird ausgesprochen hoch geschätzt, die Gruppe wird

für eine Elite der Nation gehalten, und aus diesem Grunde hat sie in der Überzeugung ihrer Angehörigen das Recht, einen privilegierten Platz einzunehmen. Der Beitritt zur Gruppe überträgt auf den Novizen allen Glanz, bei dem es sich um das Verdienst des Führers und der alten Parteiangehörigen handelt, und macht ihn zum Teilhaber ihrer Errungenschaften als Erbe der gesamten Gruppe. Das Mitglied der Partei fühlt sich erhaben, hält sich für etwas Besseres als die, welche über kein Parteibuch verfügen. Der Parteiaustritt – wenn wir den disziplinarischen oder gerichtlichen Ausschluss aus der Partei beiseitelassen – wird in höchstem Maße negativ bewertet und kommt zumeist einer sozialen Degradierung gleich.

Eine solche Haltung trifft auf die Zustimmung einer beträchtlichen Zahl von Nichtmitgliedern der Gruppe. Der Erhalt des Parteibuchs wird herbeigesehnt, Parteimitglieder sind oft Objekt der Bewunderung. Bestimmte Vergehen, welche im Falle gewöhnlicher Menschen Missfallen auslösen würden, werden hier als tadellos bewertet und treffen bisweilen sogar auf Anerkennung. Es handelt sich vor allem um solche Untaten, welche von Bravour zeugen, von Rücksichtslosigkeit bei der Realisierung von Postulaten, von „Schneid“. Es handelt sich hierbei um Einstellungen, welche stark an die Haltung der Allgemeinheit gegenüber Offizieren erinnern, und sei es nur im Preußen der Hohenzollern.

Das Parteibuch ist auch deshalb Objekt der Begierde, weil ihm bestimmte Prärogativen im sozialen, staatlichen oder materiellen Bereich entspringen. Nach Überzeugung der Parteimitglieder gibt ihnen die Mitgliedschaft in der Partei das unbedingte Recht, verschiedenste moralische und materielle Wohltaten in Anspruch zu nehmen. Diese Überzeugung beruht auf der Tatsache, dass die Gruppe im Besitz der Macht ist und dass es sowohl in ihrem als auch im Interesse der von ihnen propagierten Ideale ist, dass ihre Angehörigen an der Macht partizipieren. Dieses allgemeine Motiv steht in enger Verbindung mit einem subjektiven Motiv, dass die Zugehörigkeit zur Gruppe und die der persönlichen bzw. fremder Aktivität entspringenden, aber auf jeden Angehörigen individuell übergehenden Verdienste eine Vergütung oder ihr Äquivalent in der Form materieller Benefizien und Nutzen von der Macht verdienen. Diese Motivation trifft ebenfalls auf Zustimmung unter den Nichtmitgliedern.

Auch hier haben wir es mit Phänomenen zu tun, die uns an die Verhältnisse in militarisierten Staaten wie zum Beispiel Preußen und im kaiserlichen Frankreich erinnern.

7. Während die Partei vor dem Erreichen ihres Ziels, das heißt vor der Eroberung der Macht, höchst aktive Werbung unter den Nichtmitgliedern betreibt, nimmt sie nach ihrer Machtergreifung deutlich exklusiven Charakter an. Man kann hier von einer Abschließung der Elite im Verständnis

Paretos sprechen.[9] Die Partei bemüht sich, den Zustrom neuer Mitglieder zu regulieren, und nimmt bei der Aufnahme von Kandidaten eine strenge Selektion vor. Während in den bürgerlichen Parteien eine formale ideelle und programmatische Erklärung Voraussetzung für die Aufnahme ist und nur in manchen Fällen bestimmte Einschränkungen vorgenommen werden (zum Beispiel im Falle konfessioneller Parteien gegenüber Andersgläubigen), ist diese Angelegenheit im Falle der Parteien, mit denen wir uns beschäftigen, völlig anders gelagert. Der Partei liegt nicht an einer Erhöhung der Mitgliederzahl über die Maßen, und von Zeit zu Zeit verringert sie die Zahl der Mitglieder, indem sie „Säuberungen" vornimmt und die entstandenen Lücken mit besonders erlesenen Kandidaten wieder auffüllt. Man könnte sagen, dass die Tendenz sowohl in der italienischen als auch der deutschen Partei derzeit dahin geht, eine weitgehend feste Anzahl von Mitgliedern zu halten. Die Auswahl der Kandidaten erfolgt in der Regel rigoros, wobei großer Wert auf ihre physische und kämpferische Kondition gelegt wird. Vor allem aber wird Wert auf das Alter der Kandidaten gelegt. Ältere Menschen werden ausgesprochen ungern aufgenommen. Eine Partei, welche die ganze Persönlichkeit des Mitglieds absorbiert, muss diese Persönlichkeit entsprechend anpassen und bilden. Sie unterzieht das Mitglied einem ganzen System von erzieherischen Maßnahmen, welche die Persönlichkeitsbildung nach dem von der Gruppe akzeptierten Muster bezweckt. Unter diesen Bedingungen ist ein älterer Mensch weniger erwünscht als ein jüngerer.

Wir haben betont, dass es sich bei der Partei um ein erzieherisches Milieu mit einem sehr durchdachten und gezielt zur Anwendung kommenden System von erzieherischen Maßnahmen handelt. Dieses System wirkt nicht nur innerhalb der Partei. Die Vereinheitlichung des gesamten öffentlichen Lebens in den Händen der Parteiführung, ihre Einflussnahme auf alle Werkzeuge der öffentlichen erzieherischen Beeinflussung ermöglichen die Übertragung der erzieherischen Muster der Partei auf die gesamte Gesellschaft. Zugleich bewirkt der Reiz, der von der Partei ausgeht, dass bestimmte außerhalb der Partei stehende Kreise sich freiwillig diesen Mustern unterwerfen. Der Faktor des Zwangs, der durch den Staat ausgeübt wird, findet Unterstützung in der affirmativen Haltung bestimmter gesellschaftlicher Milieus. Diese erzieherische Ausstrahlung erleichtert der Partei die Durchführung der Selektion und erweitert die Rekrutierungsbasis enorm. Zugleich aber kann die Partei bei der Durchführung der Selektion ihre Anforderungen erhöhen und zeigen, dass es sich bei diesen um ein Minimum an Bedingungen handelt, die dem Kandidaten gestellt werden.

9   Vgl. Aleksander Hertz, Ludzie i idee (Menschen und Ideen), Warschau 1931, S. 33.

Die erzieherische Einflussnahme des Staatsapparats bezweckt jedoch lediglich in einem gewissen Maße die Ausbildung neuer Parteimitglieder. Ihre Hauptaufgabe besteht darin, im Lande eine positive Einstellung gegenüber dem System und der herrschenden Partei herzustellen und in den Bürgern eine Prädisposition zu erzeugen, die in Abhängigkeit von den Umständen von der Partei ausgenutzt werden kann. Es geht hier eher darum, der herrschenden Gruppe das „Hinterland" zu konditionieren oder in gewissem Maße Reserven und eine *levée en masse* zu bilden. Die erzieherische Arbeit, welche die Ausbildung echter Parteikader zum Ziel hat, erfolgt innerhalb der Partei oder in speziellen Organisationen, deren Hauptaufgabe darin besteht, der Partei Mitglieder zuzuführen. Eine besondere Bedeutung kommt hier den Jugendorganisationen zu (Balilla, Avangarda, Hitlerjugend). Diese Organisationen sind die Grundlage des ganzen erzieherischen Systems. Ein hervorragendes Parteimitglied ist ein Mensch, der von der Kindheit an alle erzieherischen Stufen durchläuft und auf diese Weise sein gesamtes Leben bis zum Tode unter dem Einfluss der Gruppe steht.

Bei diesen erzieherischen Einflüssen geht es um die Ausbildung kämpferischer Tugenden, Pflichtbewusstsein, Disziplin, Solidaritätsempfinden, Gehorsam gegenüber den Vorgesetzten. Übungen jeglicher Art, Massenmanifestationen, bei denen besonderer Nachdruck auf das Moment der Disziplin, auf Paraden, die Ausführung von Aufträgen an Einzelne und Kollektive gelegt wird, die Entwicklung eines Führerkults, die Ausbildung eines Ehrgefühls, das sich unter anderem auf die Sublimation der Parteiwappen stützt – das sind die wichtigsten, wenn auch nicht alle Elemente der erzieherischen Einflussnahme. Eine gewaltige Rolle hierbei spielt die Ausbildung eines Korpsgeistes in den Köpfen der Schützlinge, der auf einem Gefühl der eigenen Überlegenheit basiert, bei gleichzeitiger Potenzierung antagonistischer Einstellungen gegenüber all jenen, welche die Partei zu ihren Feinden erklärt. Das Parteimitglied muss über ein hochgradig entwickeltes Bewusstsein verfügen, dass der Kampf gegen den Feind zu seinen obersten Aufgaben gehört, dass der Feind niemals Recht hat und die Gruppe, welcher das Mitglied angehört, nicht neben anderen Parteigruppierungen existieren kann.

Es handelt sich hierbei also um den Geist der Kaderbildung, und das nicht einmal in Friedenszeiten. Die Parteien, mit denen wir uns beschäftigen, sind keine *levées en masse* und kein Volk unter Waffen, sondern eher Berufs- oder Elitearmeen. Es sind ausgewählte Abteilungen, die besonders ausgebildet und von früher Kindheit an besonders erzogen sind. Neben der Sicherung eines Hinterlandes bemühen sie sich, eine Reserve im wahrsten Sinne des Wortes zu bilden, in Form verschiedener Vorfeldorganisationen, die nicht zur Partei gehören, aber unter unmittelbarem Einfluss und Leitung derselben stehen. Bei ihnen handelt es sich um die Syndikate, die Organisation *Dopolavoro*, die Kombattantenvereinigungen, den Arbeitsdienst, die Arbeitsfront usw. Diese Vorfeldorganisationen sind darüber hinaus ein unermesslich wichtiger Weg der propagandistischen und erzieherischen Einflussnahme auf die Gesellschaft.

8. Einen besonderen Platz nimmt in der Partei eine Kampfgruppe ein, eine paramilitärische Organisation, die völlig auf militärischen Prinzipien basiert. Es handelt sich gleichsam um eine Kaderelite oder Garde, welche in der Partei eine besonders privilegierte Stellung einnimmt.[10] Alles, was wir bislang über die betrachteten Parteien gesagt haben, gilt in noch größerem Maße für ihre Kampforganisationen.

*

Wir haben viele militärische Momente in den von uns betrachteten Parteien angesprochen. Bei ihnen handelt es sich nicht um die einzigen solchen Momente. Neben ihnen kommen noch andere zur Geltung, die zusammengenommen den strukturellen Charakter der Gruppe wie auch die in ihr herrschende Atmosphäre bestimmen. Daneben möchten wir noch die Aufmerksamkeit auf die Sprache lenken – wie bedienen sich ihrer die Angehörigen der Gruppe –, die in bedeutendem Maße auch der Umgangssprache Muster liefert. Es handelt sich um eine militärische Sprache mit den besonderen Charakteristika des militärischen, ja des militärischen Kanzleistils. Er schlägt sich in den Formulierungen von Parolen, in bestimmten Wendungen in Artikeln, Aufrufen und Büchern nieder. Ausdrücke wie „Vorwärts zum Siege", „die Reihen geschlossen halten", „einträchtig marschieren" oder „mit einem kühnen Vorstoß überwinden wir die Krise" sowie Hunderte ähnlicher Formulierungen sind charakteristische Stereotype militärischer Provenienz, welche in die Sprache einer breiteren Allgemeinheit eingegangen sind. Es handelt sich keineswegs um neue Wendungen, vielmehr waren sie auch den Massenparteien der Vorkriegszeit bekannt. Der Weltkrieg blieb auch nicht ohne Einfluss auf ihre gegenwärtige Ausbreitung. Dennoch werden diese Worte am stärksten von Vertretern der militarisierten Parteien im Munde geführt und verbreiten sich ausgehend von ihnen.[11]

10 Die rechtliche Stellung der paramilitärischen Organisation im Rahmen der staatlichen Gesetzgebung hat für uns keine wesentliche Bedeutung. Die Verstaatlichung der faschistischen Miliz ist eine der Etappen in der Geschichte dieser Organisation, die im Übrigen Einfluss auf Ihre Beziehung zur faschistischen Partei hatte.

11 In dieser Hinsicht außerordentlich lehrreich ist die Lektüre der Schriften und vor allem der Reden Mussolinis. Um nicht weniger wertvolles Material handelt es sich bei Hit-

Bei unseren Überlegungen haben wir uns auf nur zwei Parteien beschränkt. Wir betonen gleichwohl noch einmal, dass wir sie nur als Beispiele gebraucht haben. Die Eigenschaften der Militarisierung sind ebenso charakteristisch für die kommunistische Partei in der Sowjetunion. Es handelt sich dabei um einen Militarismus etwas anderer Art, aber dennoch um einen Militarismus. Man darf auch nicht vergessen, dass sich in den „Nicht-Einheitsparteien", den alten Vorkriegsparteien, ebenfalls militärische Charakteristika feststellen lassen und dass man vielmehr schon heute von einer deutlichen Einwirkung der Muster sprechen kann, die von den militarisierten Parteien auf sie einströmen. So greift der französische *Front populaire*, dessen Hauptbestandteil schließlich die Vorkriegsparteien bilden, wenn man den Presseinformationen Glauben schenken darf, in seinen Organisationsformen und taktisch-technischen Mitteln deutlich auf die Erfahrungen des deutschen Nationalsozialismus zurück.

III.

Die „Monopartei" ist ein Kind der jüngsten Zeit, der Nachkriegszeit. Das heißt jedoch nicht, dass man in früheren Zeiten keine Beispiele für eine Situation finden könnte, in denen eine siegreiche Partei konkurrierende Parteien delegalisierte und ihnen gegenüber Terrormaßnahmen anwandte. Die Geschichte der südamerikanischen Republiken liefert uns viele ähnliche Beispiele. Doch lag in diesen Situationen ein Sieg der militärischen *pronunciamentos* vor, die dem glücklichen General die Möglichkeit gaben, diktatorische Macht zu erlangen. Hierbei handelte es sich eher um Personalrangeleien, obwohl selbstverständlich jeder der Führer sich auf eine Gruppe seiner Anhänger stützte. Diese Gruppe hatte aber nicht den Charakter einer Massenpartei im heutigen Sinne des Wortes, und des Weiteren war die Konsequenz ihres Erfolgs nicht die Entstehung eines komplizierten Systems von Rechtsbeziehungen, die ihr eine Monopolstellung garantierten. Entscheidend war hier das alleinige Faktum des Sieges, während die Struktur des politischen Systems keinem grundlegenden Wandel unterlag, in denen sich der monopolistische Charakter der siegreichen Gruppe niederschlug. Es handelt sich vielleicht um graduelle Unterschiede, keine Unterschiede ersten Grades, aber in jedem Falle geben sie Anlass zu der Annahme, dass der Monopolismus des Faschismus und des Hitlerismus oder Kommunismus wie diese Richtungen ein Kind der jüngsten Zeit ist.

In noch höherem Maße lässt sich dies auch über den militärischen Charakter dieser Gruppen sagen. Auch hier können wir selbstverständlich Dutzende

lers „Mein Kampf", in dem ganze Abschnitte im militärischen Kanzleistil gehalten sind.

von Beispielen für militärische Parteien anführen, auch hier können wir auf militärische Elemente in den verschiedensten „zivilen" Parteien verweisen. Aber die Massenpartei, die sich in ihrer gesamten Organisation so exakt auf militärische Vorbilder stützt, ist etwas Neues und hat keine Vorgänger in der Geschichte. Wenn wir die militärischen Parteien beiseitelassen, die nichts mit Massenparteien gemeinsam haben, dann waren militärische Elemente in den übrigen Parteien, vor allem in der Geschichte des 19. Jahrhunderts, nicht entscheidend für ihren organisatorischen Typus. Selbst Verschwörergruppen von der Art etwa der *Narodnaja Volja* besaßen keinen militärischen Charakter, denn die Muster der militärischen Organisation waren nur in sehr geringem Maße von ihnen übernommen worden. Ich wiederhole an dieser Stelle noch einmal: Die Massenpartei, die in so bedeutendem Maße ihre Organisation auf militärische Vorbilder stützte, ist ein sehr junges Phänomen.

Aber auch hier haben wir es gewissermaßen nur mit einer Frage der Intensität zu tun, denn wir nehmen an, dass in den älteren Parteien militärische Elemente vorlagen und zur Wirkung kamen. Und an dieser Stelle stoßen wir zu einem ungewöhnlich interessanten Problem vor. Es geht darum, in welchem Maße in den Massenparteien des 19. Jahrhunderts implizit oder explizit strukturelle und ideologische Voraussetzungen vorlagen, welche für die weitere Evolution in Richtung einer militarisierten Partei verantwortlich waren. Ein zweites Problem wird des Weiteren sein, in welchem Bündel von Bedingungen die extreme Militarisierung eintrat. Diese beiden Probleme sind Gegenstand unserer Überlegungen.

Die nationalsozialistische und die faschistische Partei sind, historisch gesehen, sehr junge Gruppierungen. Dies ändert jedoch nichts an der Tatsache, dass sie keineswegs aus dem Nichts entstanden sind und dass man für ihre organisatorischen Formen, taktischen Methoden und ideologischen Inhalte in der Praxis der Parteien Voraussetzungen entdecken kann, die wesentlich älter sind als diese. Und vor allem – und das ist das Wichtigste –, war die organisatorische Praxis dieser alten Parteien das Fundament, auf dem im Folgenden die Erfahrungen der neuen Parteien erwuchsen. Wir wagen zu behaupten, dass die Organisationsstruktur der Parteien des 19. Jahrhunderts die Formen implizierte, die sich nach dem Krieg in den Parteien speziellen Typs entwickelten. Die Tatsache der Organisation, die im Übrigen durch das gesamte System der sachlichen Beziehungen bedingt ist, umfasste bestimmte Dispositionen, die in den neuen sachlichen Beziehungen diesen speziellen Typus von Organisation ausbildeten.

Hier ist jedoch gleich eine Vorbemerkung zu machen: Eine Typologie der politischen Parteien muss berücksichtigen, dass jede Partei eine Gruppe ist, die nicht losgelöst von den gesamten historischen, sozio-ökonomischen und kulturellen Bedingungen eines Landes betrachtet werden kann. Die Entstehung der zeitgenössischen politischen Massenparteien ist aufs Engste verbunden mit der gesamten Evolution der sozio-ökonomischen Verhältnisse am Ende des 18. und 19. Jahrhunderts sowie der Entwicklung der parlamentarischen Demokratien. Auch wenn hier bestimmte allgemeine Muster wirksam wurden, welche die Praxis der in dieser Hinsicht repräsentativsten Länder liefert, dann bildeten diese Muster doch lediglich einen allgemeinen Rahmen, den das System der lokalen Beziehungen und ihre Evolution mit Inhalt füllten. Aus diesem Grunde war jede Partei auf ihre Weise etwas Spezifisches, und – was noch wichtiger ist – Parteien mit denselben oder ähnlichen ideologischen Grundlagen konnten in verschiedenen Ländern nicht nur völlig verschiedene organisatorische Formen annehmen, sondern zum Beispiel wenn sie an der Macht waren, völlig andere Funktionen übernehmen. Ein klassisches Beispiel sind hier die Parteien der Vereinigten Staaten. Die öffentliche Funktion, die sie dort ausüben, ist völlig anders als die, welche von den politischen Parteien in den europäischen Demokratien ausgeübt wird. Natürlich haben die amerikanischen Parteien viele gemeinsame Charakteristika mit den europäischen, aber ihre grundsätzliche Rolle ist so spezifisch, dass es methodisch bequemer ist, sie beiseite zu lassen und sie unabhängig von den europäischen Parteien zu behandeln.[12] In hohem Maße lässt sich dasselbe über die englischen Parteienverhältnisse sagen, die wiederum ein eigenes Kapitel sind, auch wenn es zweifellos nicht so spezifisch ist wie das amerikanische.[13]

Und daher stützen wir uns in unseren Überlegungen auf die Beispiele bestimmter Parteien des europäischen Kontinents, die genetisch und methodologisch für unser Problem am bedeutendsten sind. So ist im Übrigen auch Michels vorgegangen, der sich in seiner klassischen Arbeit fast ausschließlich auf Materialien der deutschen Sozialdemokratie stützte.

Jede politische Partei hat, unabhängig davon, über welche unterscheidenden Eigenschaften sie verfügt, die staatliche Macht zum Ziel. Politik ist, im Sinne Max Webers, „Streben nach Macht". Die politische Partei ist eine Gruppe, die zum Zweck der Erlangung der Macht oder zumindest zur Gewinnung von Einfluss auf die Macht oder der Erlangung von Teilhabe an der Macht ent-

---

12   Die Soziologie der amerikanischen Parteien wurde am stärksten von der Arbeit Gumperz' vorangebracht, die in der „Zeitschrift für Sozialforschung" veröffentlicht wurde: Julian Gumperz, Zur Soziologie des amerikanischen Parteiensystems. In: Zeitschrift für Sozialforschung, 1 (1932) 3, S. 278–310. Außerdem existiert eine sehr reiche Literatur über die amerikanischen politischen Parteien, allen voran die klassische Arbeit von: James Bryce, The American Commonwealth, Band 2: The State Governments – The Party System, London 1888.

13   Als wichtigste Arbeiten sind hier anzuführen: Sidney Webb/Beatrice Webb, A Constitution for the Socialist Commonwealth of Great Britain, London 1920, und Harold J. Laski, The Crisis and the Constitution. 1931 and after, London 1932.

stand. Der Grad des Einflusses hängt von solchen Faktoren ab wie: Regierungssystem, Stärke der Partei usw. Da sie als Ziel die Erlangung der Macht hat, muss die Partei berücksichtigen, dass es notwendig sein könnte, Hindernisse zu überwinden, die auf dem Wege der Realisierung des Ziels stehen. In einem demokratisch-parlamentarischen Regierungssystem hat sie mit Wettbewerbern in Form von anderen politischen Parteien zu tun. Unabhängig von der Taktik, zu der sie greift, muss sie mit ihnen eine wie auch immer geartete Auseinandersetzung führen. Diese Auseinandersetzung besteht vor allem in der Schwächung des Gegners durch die Gewinnung seiner Anhänger, Einflussnahme auf ein ganzes System von Beziehungen, um eine möglichst günstige Situation für die Eroberung oder den Erhalt der Macht zu schaffen (zum Beispiel die Realisierung oder Forderung von Reformen, welche die Autorität der Partei erhöhen oder ihre Einflussmöglichkeiten auf die Allgemeinheit). Die äußere Form dieser Aktion ist die Propaganda, die Pressekampagne usw. Eine Bedingung für den Erfolg ist die innere Geschlossenheit der Partei, die Immunisierung ihrer Mitglieder und Sympathisanten gegen den Einfluss anderer Parteien, die Ausbildung eines Gefühls der Gruppensolidarität, die Vertiefung ihrer antagonistischen Haltung gegenüber den Mitgliedern anderer Gruppen. Mit anderen Worten: Hier geht es um die Verstärkung von Kampfgeist und Kampfbereitschaft der Gruppe.

Natürlich muss in noch größerem Maße die Bedeutung des Faktors Kampf unter den Bedingungen betont werden, wenn die Partei in ihrem Streben nach Macht auf Widerstand von Seiten des Staates trifft. Unabhängig davon, ob sie dann die revolutionäre Taktik wählt oder durch die weitere allmähliche Beeinflussung nach der evolutionären Modifikation des politischen Systems strebt, wird sie in jedem Falle ihre Mitglieder auf das Schlachtfeld schicken und in ihnen mit Hilfe dieser oder jener erzieherischen Maßnahme kämpferische Tugenden und die Fähigkeit zu aktivem Handeln ausbilden müssen. Im Übrigen tragen die Bedingungen des Regierungssystems ihrerseits öfter zur Hebung der Kampfbereitschaft bei, selbstverständlich mit Ausnahme der Fälle, wo die Partei zum Beispiel nach einer Niederlage im Zustand der Entspannung ist. Ein Beispiel für diese Situation ist der Zustand der sozialistischen Parteien in Kongresspolen und Russland nach 1907.

Der Faktor des Kampfes hat wesentliche Bedeutung ebenso für die oppositionellen wie für die regierenden Parteien. Pareto hat detailliert die Methoden analysiert, derer sich die herrschende Elite bedient, um sich an der Macht zu halten.[14] Demnach ist, unabhängig davon, ob unter den Methoden der regierenden Eliten Gewalt oder Hinterlist dominiert, die antagonistische Einstel-

---

14 Vilfredo Pareto, Tratato di sociologia generale, Florenz 1916, Band 2, Kapitel 12, insbesondere ab § 2170.

lung gegenüber den Gegnern, das Streben nach ihrer Vernichtung oder danach, sie in Schach zu halten, Grundlage ihrer Haltung. Die herrschende Gruppe ist in dieser Hinsicht in einer besseren Lage, da sie überhaupt über eine größere Bandbreite von Kampfmitteln und -werkzeugen verfügt als die oppositionelle Gruppe. Im zarischen Russland griffen sowohl die revolutionären Gruppen wie die Regierung zum Terror, wobei die Methoden der Regierung bei weitem ausgereifter, raffinierter und präziser waren als die der Revolutionäre.[15]

Schon die Tatsache der Entstehung der Gruppe, die wir als politische Partei bezeichnen, impliziert ihren Kampfcharakter. Der Verlust des Kampfcharakters entscheidet über die Lebensfähigkeit der Partei. Sie kann noch einige Zeit als Anachronismus fortexistieren, nach dem Prinzip der Trägheit, bis sie am Ende dem völligen Zerfall unterliegt.

Dass es sich bei der Partei um eine kämpfende Gruppe oder eher eine Gruppe des Kampfes handelt, muss selbstverständlich auch für ihre Organisationsstruktur entscheidende Bedeutung haben. Dies muss sich auch besonders in ihr bemerkbar machen, wenn der Kampf aufhört, die Aufgabe eines kleinen Kreises von Beteiligten zu sein, und wenn sich in ihr das oberste Organisationsprinzip der heutigen Parteien niederschlägt: der Massencharakter. Wir kommen hier zu Problemen, die seinerzeit Michels aufgeworfen hat. Wie bekannt, war der Ausgangspunkt seiner Analyse sowohl die Tatsache der Kampfbereitschaft wie auch die des Massencharakters der zeitgenössischen Partei. Diese beiden Faktoren entscheiden über die Struktur der Partei und bilden die breiteste Grundlage des strukturellen Wandels, der in ihr auftritt. Die allgemeine Theorie von Michels entstand unter dem Einfluss von Paretos Theorie der Elitenzirkulation. Michels versuchte am Beispiel der politischen Partei die Richtigkeit der grundlegenden Formel von Pareto zu beweisen. Aus diesem Grunde interessierten ihn auch vor allem Fragen der Leitung, und auch in der Rolle der Parteiführer sah er Anzeichen einer gewissen allgemeinen Tendenz, die notwendigerweise dort entsteht, wo demokratische Formeln wirksam werden. Der Massen- und Kampfcharakter der Parteigruppe setzt die

---

15   Die Geschichte der revolutionären Kämpfe in Russland bietet einen unerschöpflichen Reichtum an Material zum Problem des politischen Kampfes und seiner Technik. Die historische Literatur ist über die Maßen reich, und ein großer Teil der Quellen ist bereits veröffentlicht. Die meisten Materialien kann man im alten „Byloe" (Geschichte) sowie in den sowjetischen Veröffentlichungen, allen voran dem „Krasnyj Archiv" (Rotes Archiv), finden. In polnischer Sprache lassen sich viele interessante Beiträge in der „Niepodległość" (Unabhängigkeit) finden. Russische Materialien ausgewertet hat Jan Kucharzewski, Od białego caratu do czerwonego (Vom weißen zum roten Zarentum), 1923–1935, Band 7), bei dem man zahlreiche interessante Details finden kann. Ich verzichte hier auf die Erwähnung der riesigen Zahl russischer Publikationen, die eine Vielzahl interessanter Informationen liefern.

Entstehung einer kleinen Untergruppe von Führern mit aristokratischem oder oligarchischem Charakter voraus. Die Auswahl dieser herrschenden Elite erfolgt nach demselben Prinzip, das Pareto beschrieben hat. Auch wenn die Arbeiterpartei, mit der sich Michels beschäftigt, ihre Organisationsstruktur auf demokratische Regeln zu stützen versucht, ist doch gerade im Kampfgeist und im Massencharakter implizit die Notwendigkeit der Entstehung aristokratischer Institutionen angelegt, die eine Negation des Grundsatzes der Demokratie sind. Wir stehen hier vor einem unüberwindlichen Gegensatz, dessen sich die Parteien bewusst sind und die sie in der Praxis zu überwinden suchen – jedoch ohne Resultat. Hier wird nämlich ein allgemeines, quasi geschichtsphilosophisches Prinzip wirksam. Damit die Demokratie siegen kann, muss sie aristokratische Organe ins Leben rufen, welche sie selbst zunichtemachen. Auf diese Weise entsteht eine neue Aristokratie, gegen die neue Kräfte zum Kampf antreten und neue demokratische Ideale angerufen werden. Und die Geschichte beginnt wieder von vorne.[16]

Diese gesamte Geschichtsphilosophie braucht uns hier nur in unbedeutendem Maße zu interessieren. Wichtig ist vor allem, dass Michels bei seiner Formulierung die wichtigsten Momente des Problems der politischen Partei hervorgehoben und uns damit einen Ausgangspunkt für unser spezielles Problem gegeben hat.

In Michels' Charakteristik des Parteiführers, im Verhältnis des Führers zu den Mitgliedern und im Charakter der Funktionen, die er in der Gruppe ausübt, können wir klare Anzeichen militärischer Führerschaft entdecken. Vor diesem Hintergrund beginnen wir zu verstehen, warum man so häufig in der Geschichte die Verbindung der Posten des Parteiführers und des Armeeführers antrifft. Die Kaiser und Cromwell sind bei Weitem keine Ausnahmen. Vielmehr lässt sich feststellen, dass zwischen Partei und Armee öfter wechselseitige Dienstleistungen vorkommen. Die Armeen stellen den Parteien Führer, und die Parteien geben den Armeen ihrerseits Generäle oder – allgemeiner – Militärs höherer Ränge. Wenn es um den letzten Fall geht, ist Polen ein frappierendes Beispiel. Die militärische Karriere Marschall Piłsudskis entwickelte sich aus seiner Parteiarbeit und stellt in gewisser Hinsicht ihre Fortsetzung dar. Vergleichbar ist die Angelegenheit im Falle der Lebenswege vieler höherer polnischer Offiziere gelagert. Ähnliche Beispiele liefert uns die Sowjetunion. Hier ist die Karriere Trockijs am beeindruckendsten. Andere hervorragende Militärführer wie Vorošilov entstammen ebenfalls der Partei, obwohl sie in ihr keine führenden Posten innehatten. Natürlich beziehen sich die Beispiele auf völlig spezielle Situationen; sie sind die Folge revolutionärer Erschütterungen, deren Hauptfaktor die jeweilige Partei war. Unter normalen Bedingungen sieht

16 Diese These formulierte Michels, Zur Soziologie des Parteiwesens, S. 513.

dies anders aus; der exklusive Charakter der Armee, das Erfordernis der beruflichen Bildung, der Aufstieg zum General stehen solchen Wechseln entgegen. Die Tatsache aber, dass unter bestimmten Bedingungen solche Wechsel möglich sind, dass die Partei herausragende Führer hervorbringen kann, die militärische Karriere in und durch die Partei machen, ist ein Umstand, der unseren Gedanken begründet.

In allen Situationen aber stoßen wir auf einen umgekehrten Wechsel – den, dass die Armee der Partei Führerpersönlichkeiten überlässt. Wir lassen hier selbstverständlich die Frage nach der Rolle der Kombattanten nach dem Weltkrieg außer Acht. Schon in der Nachkriegszeit war es in vielen Ländern häufig der Fall, dass der Weg aus der Armee auf Führungspositionen in der Politik und gleichzeitig in den Parteien führte. Der Einfluss des Militärs auf das politische Leben und die inneren Beziehungen in vielen europäischen Ländern ist eine allgemein bekannte Tatsache. Dabei handelt es sich nicht nur um einen Einfluss institutioneller Natur, es ist dies gleichzeitig auch ein persönlicher Einfluss. In der Geschichte der politischen Parteien solcher Länder wie Spanien und Portugal, den Balkanstaaten, den südamerikanischen Republiken und sogar Deutschland und Frankreich[17] kann man öfter Führerfiguren antreffen, die aus der Armee stammen. Wenn die Partei der polnischen Armee so viele Offiziere bereitgestellt hat, dann sind umgekehrt viele herausragende Führer aus der Armee ins politische Leben übergewechselt.

Es ist offensichtlich, dass ein General, der die Anfänge seiner Karriere der Partei verdankt, und der Parteiführer, der der Armee entstammt, einen gemeinsamen Typ von Psyche repräsentieren und in ihrer gesamten öffentlichen Tätigkeit gerne auf Muster zurückgreifen, die man als „militärisch" bezeichnen kann. Die Anführer von Parteien dieses Typs, etwa Piłsudski, legten in der Zeit, als sie Parteiführer waren, nicht nur hervorragendes Interesse an militärischen Dingen an den Tag, sondern näherten sich auch bei der Art ihrer Aktivitäten und den organisatorischen Mitteln, derer sie sich bedienten, der militärischen Tätigkeit an. Der Vorwurf an die Führer, diktatorische oder generalsartige Neigungen zu besitzen, dass sie sich wie Militärs verhielten, war nicht selten in der Geschichte der politischen Parteien und spielte sogar bei einigen Parteispaltungen eine Rolle. Strategische Studien und die gründliche Beschäftigung mit militärischen Fragen zeichneten viele hervorragende Parteiführer aus. Michels spricht von dem verwunderlichen Interesse an militärischen Dingen, das führende Vertreter des deutschen Sozialismus auszeichnete.

---

17   Zu den französischen Verhältnissen am Ende des 19. Jahrhunderts bringt das Buch von Wilhelm Herzog, Der Kampf einer Republik. Die Affäre Dreyfus. Dokumente und Tatsachen, Zürich 1932, viel Material zur Rolle der Militärs im politischen Leben Frankreichs.

Er erwähnt Engels und Bebel und meint, dass beide hervorragende Militär-schriftsteller waren. Andere Beispiele liefern uns viele politische Parteien in anderen Ländern. Wir haben schon von Arbeiten Józef Piłsudskis auf diesem Feld gesprochen, die aus einer Zeit stammen, als er an der Spitze der Polni-schen Sozialistischen Partei stand. Ein hervorragender Theoretiker und Mili-tärschriftsteller war auch Jaurès; voller Hingabe widmete sich Lenin militäri-schen Dingen, er suchte im Studium von Clausewitz Muster revolutionärer Taktik.

Wir haben oben von der psychischen Gemeinschaft des Armeeführers und des Parteiführers gesprochen. Wir wollen hiermit sagen, dass die Umstände des Parteilebens es zulassen, dass Menschen mit militärischen Neigungen an die Spitze gelangen und dass gleichzeitig die Leitungstätigkeit in der Partei an sich die militärischen Neigungen und Interessen bedingt.[18] Die Partei ist eine Kampfgruppe. Zwangsläufig sollten ihre Anführer in hohem Maße militäri-sche Eigenschaften besitzen, jene Vorzüge, welche dem Armeeführer den Erfolg garantieren.

Michels hat sich mit den Urteilen der Mitglieder über die Parteiführer beschäftigt. Er hat völlig zu Recht behauptet, dass sich um den Führer eine Aureole des Heldentums bildet, dass eine Legende entsteht, ein Kult, der sich mit dem Kult um populäre heroische Führer vergleichen lässt. Wenn man nur in die Vorkriegszeit zurückgreift, dann kann man von den Legenden Bebels, Liebknechts, Jaurès', Viktor Adlers, Daszyńskis und vieler anderer sprechen. In den nicht-sozialistischen Parteien können Windthorst und Lueger als Bei-spiele dienen. Wollten wir die Genese des Führertums untersuchen, das so cha-rakteristisch für die heutige Zeit ist, dann entdecken wir vergleichbare Situa-tionen schon in den Massenparteien der Vorkriegszeit. Auch wenn Hitler im Gegensatz zu Mussolini, Piłsudski oder Lenin vor dem Krieg eine völlig unbe-kannte Persönlichkeit war, hat er doch für sich den Boden entdeckt, den Lieb-knecht, Bebel und andere bereitet hatten, die man in die Traditionslinie des heutigen Führertums einordnen kann.

Der Parteiführer, den die Massen mit der Aureole des Heldentums umge-ben, hat seine Rolle zu spielen. Am häufigsten sucht er nach Mustern, die er nachzuahmen versucht. Es gibt ein solches Beispiel, das sich besonderer Popu-larität erfreut. Bei ihm handelt es sich um Napoleon, den großen Führer und Politiker, und – was besonders wichtig ist – den Autor der berühmten Befehle,

---

18 Wir möchten darauf hinweisen, dass Florian Znaniecki, Ludzie teraźniejsi a cywilizac-ja przyszłości (Die heutigen Menschen und die Zivilisation der Zukunft), Lemberg 1934, Militärs und Politiker zum selben Kreis der „Menschen der Vergnügung" zählt. Dieser Teil des Buches von Znaniecki enthält eine ganze Menge vorzüglicher Beobach-tungen, die das uns interessierende Problem beleuchten.

deren lapidarer und suggestiver Stil außergewöhnliche Fähigkeiten besitzt, auf die Massen einzuwirken. Selbstverständlich ist dieses Beispiel stereotyp und enthält viele Elemente, die im Bewusstsein der Allgemeinheit das Bild eines legendären Führers prägen. Über das Verhalten der einzelnen Parteiführer, über ihren militärisch-aristokratischen Hochmut sogar im privat-geselligen und dem familiären Leben kreisen zahlreiche Anekdoten. Sie enthalten viel Übertreibung oder Verfälschung, dennoch bringen sie das zum Ausdruck, dass die Menschen, die in direkten Kontakt mit den Führern geraten, in ihrem Verhalten das Element eines Spiels entdecken, das auf bestimmte Muster rekurriert. In ihnen schlägt sich die Neigung der Anführer zur Beachtung der Grundsätze der Hierarchie und einer Befehls-/Gehorsamsbeziehung zu den Untergebenen nieder.

Die Position, die der populäre Führer in der Partei einnimmt, in der Massen- und Kampfpartei, deren Leitung entsprechende Befehlstalente erfordert, schafft alleine einen Komplex von Bedingungen, die das Einleben in die Rolle des Führers, Generals oder des Kommandeurs einer Armeeeinheit überhaupt erleichtern. Und die Institution des Parteiführers an sich wird zum Feuer, das Funken versprüht, welche die Partei militarisieren. Die hervorragendsten Führer zeichnen sich durch einen hohen Grad an Willkür aus, und von ihnen gehen die Hauptinitiativen zur Hebung und Verschärfung der Disziplin aus. Und gleichzeitig schafft die Haltung der Massen gegenüber dem Führer weitere Voraussetzungen, die seine Position als Führer und Befehlsgeber stärken.

IV.

Jede Verschärfung der politischen Kämpfe setzt die Verstärkung der organisatorischen Bindungen der Parteien voraus, die an ihnen teilnehmen. Das heißt selbstverständlich nicht, dass sich diese Bindung verstärken muss. In jedem Falle aber erfordern die Umstände des verschärften Kampfes ihre Stärkung, die eine der Hauptvoraussetzungen für das Erringen eines Erfolgs durch eine Partei ist. Andererseits kann die Stärkung der Bindung in bestimmten Fällen ein Faktor für die Vertiefung von Antagonismen und die Verschärfung des Kampfes sein. In jedem Fall erstarken lebendige Parteien, die über eine starke innere Geschlossenheit und Kampfmoral ihrer Mitglieder verfügen, organisatorisch in Zeiten des erbitterten Kampfs. Mehr noch, ein Erfolg, der im Kampf errungen wurde, wird im Bewusstsein der Gruppenmitglieder mit der Tatsache ihres organisatorischen Zusammenhalts assoziiert. Bei der Bewertung der Resultate der Kämpfe legen die Teilnehmer die Betonung auf die Rolle der Organisation, in der sie ein unvergleichlich wichtiges Werkzeug sehen, das die Erreichung der beabsichtigten Ziele ermöglicht. Vor diesem Hintergrund nimmt die Idealisierung der Organisation zu. Oft kommt es vor, vor allem in Zeiten, wenn die Früchte des errungenen Erfolgs konsumiert werden, dass sich die Wertehierarchie verschiebt, die Organisation als Ziel an sich behandelt wird oder sie einen Platz unter den Leitwerten einnimmt. Besonders krass ist dies in Arbeiterparteien ausgeprägt, in deren Kämpfen der Faktor der inneren Solidarität der Gruppe und des organisatorischen Zusammenhalts ohne Zweifel eine bedeutende Rolle spielte. Die Sozialistengesetze in Deutschland, der Kampf, den die in der sozialistischen Partei organisierten Arbeiter ausfechten mussten, schufen Voraussetzungen für die Entstehung eines mächtigen Organisationsapparats der sozialistischen Partei und ermöglichten die Entstehung eines Stereotyps der Organisation bei den Arbeitern, das regelrecht positive emotionale Elemente umfasste. Es kam zu verschiedenartigen Sublimationen, und die Organisation und ihre Institutionen wurden mit einer Hülle aus irrationalen Erlebnissen umgeben.

Die Geschichte der deutschen Sozialdemokratie ist in dieser Hinsicht das beste Beispiel. Hier mündete die Bindung der Arbeiter an Organisationsformen in eine traditionalistische Haltung, einen deutlich ausgeprägten Konservativismus, jeglichen Innovationen gegenüber abgeneigt. In den Kongressprotokollen der sozialistischen Partei stoßen wir häufig auf Symptome des Widerstands, auf den Projekte für eine Änderung der Parteistatuten stießen, die zum Teil relativ zweitrangige Momente organisatorischer Natur betrafen. Der Widerstand der unteren Parteichargen war dabei um vieles stärker als der der oberen, von denen zumeist die Initiative zu Veränderungen ausging. Die Berufung auf Traditionen der Parteipraxis im organisatorischen Bereich war stets eines der stärksten Argumente, das im Feuer ähnlicher Diskussionen angebracht wurde. Diese Bindung an alte Formen, diese rein irrationale Beziehung zu ihnen, ist eine Eigenschaft nicht ausschließlich der deutschen Sozialdemokratie. Sie zeigt sich überall dort, wo sich die Erinnerung an hartnäckige Kämpfe eng mit organisatorischen Formen verbunden hat. Und deshalb treffen wir sie in der Geschichte der PPS und in der Geschichte der sozialistischen Parteien Russlands, Österreichs usw. an. Auch im südamerikanischen Sozialismus können wir ähnliche Phänomene antreffen. Die Initiative zu einer Spaltung ging nur in Ausnahmefällen von den unteren Parteichargen aus, und in der Regel empfanden diese „Niederungen" die Spaltung als ungeheuer schmerzlich, sie stellten sich ihr entgegen und verhielten sich wohlwollend gegenüber der Rückkehr der Spalter, jedoch mit Ausnahme derjenigen, die sie für die Hauptverantwortlichen der Spaltung hielten. Die für die deutsche Sozialdemokratie so charakteristische Abneigung gegenüber jeglichen Grundsatzdiskussionen, die Widersprüche in den Ansichten offenlegen und zur Verletzung der Parteieinheit führen konnten, machte sich am stärksten in den „Niederungen" bemerkbar. Ähnlich überwog auch anderswo das Gefühl der

organisatorischen Einheit die programmatischen und ideologischen Differenzen. Eine Grundsatzdiskussion drohte die organisatorische Bindung zu schwächen, und hierher stammt das Misstrauen gegenüber dem „intelligenten
Geschwätz".

Eine derartige Beurteilung der Organisation hatte bedrohliche Konsequenzen. Der Wunsch nach Wahrung der Form führte zu ihrer Verfestigung und
zum inhaltlichen Tod. Der Traditionalismus drang tiefer ein. Für die Wahrung
der Form gaben die Gruppenmitglieder viele Werte auf, die nicht nur das innere Leben der Gruppe anregen, sondern ihre Existenz an sich bedingen. Vor
allem die schwache Kampfbereitschaft der Gruppe. Das tragische Schicksal der
deutschen Sozialdemokratie ist hier ein überdeutliches Beispiel.[19]

Eine solche Beziehung zur Organisation wuchs auf einem Boden, der faktisch und in der Überzeugung der Beteiligten des Kampfes, der in einem
bestimmten Moment von der Gruppe ausgetragen wurde, eng mit ihrer Organisationsstruktur verbunden war. Die Erfahrungen des Kampfes schufen
bestimmte Organisationsformen, die von den Beteiligten sublimiert wurden,
und trugen zugleich zur Stärkung ihres inneren Zusammenhalts bei. Der
Erfolg im Kampf war möglich dank des inneren Zusammenhalts, der aus der
Wahrung strenger Disziplin resultierte. In Augenblicken besonderer Anspannung und wachsender Kampfbereitschaft der Beteiligten musste die Disziplin
rigoristischer werden, mit anderen Worten: Sie musste sich die rigoristische
Disziplin von Armeen zum Beispiel nehmen. Dabei brauchte es sich nicht um
blinde Nachahmung zu handeln. Die Umstände des Kampfes an sich, die vom
Gegner geschaffen wurden, mit dem man sich messen musste, die allgemeinen Bedingungen des Regierungssystems, die taktischen und organisatorischen Regeln, derer sich der Gegner bediente, zwangen zum Wechsel auf sein
Feld, zum Gebrauch von Methoden, die aus dem Kampf mit genau diesem
Gegner resultierten. Zweifellos waren die sozialistischen Parteien – die bürgerlichen Parteien lassen wir beiseite – weit entfernt vom bewussten Gebrauch
von Mustern, die in Militärkasernen ausgebildet wurden. Im Gegenteil, solchen Mustern bemühten sie sich entgegenzustellen. Aber die sachlichen
Umstände führten dazu, dass sie übernommen wurden, wobei natürlich ihre
äußere Form verändert wurde. Ihre grundlegenden inneren Umstände aber
waren nicht verschieden von denen, die den Inhalt von Militärreglements bildeten. Die Militarisierung trat hier in elementarer Form auf. Allein durch die
Tatsache des Kampfes unter genau diesen Umständen. Erst vor diesem Hintergrund entstanden auch bestimmte, manchmal weitgehende, bewusste Anlei-

---

19   Eine Analyse dieses Prozesses kann man finden bei Konrad Heiden, Geburt des Dritten Reichs, Zürich 1934. Außerdem Fritz Sternberg, Der Faschismus an der Macht,
Amsterdam 1935.

hen, die auf militärische Inhalte und sogar Formen zurückgriffen. In diesem Sinne kann man von einer Einwirkung der organisatorisch-disziplinarischen und militärisch-taktischen Muster auf die Praxis der politischen Massen- und Kampfparteien sprechen. Das Reglement der Kampforganisation der Polnischen Sozialistischen Partei unterschied sich im Wortlaut deutlich von dem preußischen, russischen und österreichischen Armeereglement. In seinem Inhalt aber enthielt es dieselben Elemente, die diesen Reglements und den Armeen eines völlig anderen Typs gemein sind, nämlich den revolutionären.[20]

In der Atmosphäre der Kampfgruppe mit geschlossener Organisationsstruktur entsteht ein bestimmtes Ethos. In den sozialistischen Gruppen, in konfessionellen Parteien, die sich auf bestimmte moralisch-weltanschauliche Grundlagen stützen, nimmt es Charakteristika einer Ausnahmedynamik an und äußert sich in vielen Gewohnheitsnormen, die von den Gruppenmitgliedern zu beachten und überhaupt Voraussetzung ihrer Teilnahme sind. Die Frage nach diesem Ethos führt uns zu interessanten Überlegungen Sigmund Neumanns.[21] Bei der Untersuchung der Evolution, welche die deutschen Parteien durchmachten, stellt Neumann fest, dass die „Repräsentationspartei" immer mehr von der „Integrationspartei" verdrängt werde. Die Repräsentationspartei ist Ausdruck eines liberalen Begriffs vom Wesen der Partei, eines Begriffs, der sich in der Weimarer Verfassung und der Gesetzgebung der demokratisch-parlamentarischen Staaten widerspiegelte. Die Tätigkeit der Gruppe beschränkt sich hier hauptsächlich auf den Wahlakt und erfordert nur in der Zeit dieses Aktes von ihren Mitgliedern eine aktivere Haltung. Das ändert nichts an der Tatsache, dass auch außerhalb von Wahlen die organisatorische Bindung wirkt. Die Partei hat ihren administrativ-organisatorischen Apparat, verlangt von ihren Mitgliedern, dass sie sich in bestimmten Situationen den Anordnungen ihrer Leitung unterordnen, Mitgliedsbeiträge bezahlen, Parteizeitschriften abonnieren usw. Alle diese Regeln und die gesamte Tätigkeit der Parteiorgane aber sind auf ein grundsätzliches Ziel ausgerichtet, nämlich die Vorbereitung von und die Teilnahme an Wahlen. Der Beitritt zur Partei ist Ausdruck des Einverständnisses einer Person mit dem von ihr vertretenen Programm und zeugt von ihrer Bereitschaft, dieses Programm umzusetzen. In der Partei wird eine Repräsentantin der eigenen Klassen-, nationalen oder konfessionellen Interessen gesehen und vorausgesetzt, dass der Wahlerfolg der Partei den verdienten Schutz dieser Interessen garantiert. In der Praxis dauert die Aktivität dieser Partei von Wahl zu Wahl. In der Zeit zwischen Wahlen legt die Partei eine sehr geringe Aktivität an den Tag, und nur in der Zeit von Wahlen verlangt sie von ihren Mitgliedern die Verdichtung der Bindungen mit ihr, die

---

20 Vgl. Pobóg-Malinowski, Józef Piłsudski, S. 308–382.
21 Vgl. Neumann, Die deutschen Parteien, S. 108 ff.

Übernahme bestimmter Lasten und Leistungen zu ihren Gunsten. Es handelt sich hierbei um die einzigen Perioden, in denen sich der Grad der Kampfmoral der Parteimitglieder zeigt. Wir haben es hier mit einer losen Gruppe zu tun, und in einigen Fällen, etwa bei der Mehrzahl der französischen Parteien, sogar mit einer sehr losen Gruppe. Dies äußert sich vor allem darin, dass das Ausmaß der Anforderungen, das die Gruppe ihren Mitgliedern stellt, sehr gering ist und sich ausschließlich auf den Bereich der Tätigkeit bezieht, auf die sich die Teilnahme selbst stützt. Die Partei greift nicht in den privaten Bereich des Mitglieds ein und grenzt diesen deutlich von dem der Partei ab. Die Beziehung der Partei zu ihrem Mitglied hat einen ausgesprochen institutionellen Charakter. Die Gruppe lässt sich nicht von der restlosen Inbesitznahme des Mitglieds in Versuchung führen und nähert sich lediglich einer Seite seiner Persönlichkeit an. Sie nähert sich im Übrigen sanft und wenig direkt.

Ein derartiger Typus konnte nur unter bestimmten Bedingungen entstehen. Es handelt sich um eine Partei des Kampfes, der keiner dramatischen Akzente bedarf, sondern eines Kampfes von eher „kameraler" Natur. Er kann nur von politischen Gruppen geführt werden, die in derselben sozialen Klasse entstanden sind, einer Klasse, die unter den Bedingungen des Regierungssystems faktisch einen privilegierten Platz einnimmt. Wir haben es hier mit Diskussionen und Auseinandersetzungen in einem Milieu zu tun, das nicht für einen grundlegenden Umbau des Staates zu kämpfen braucht, sondern ausschließlich danach strebt, sich im Rahmen des gegebenen, anerkannten Systems die beste Garantie der eigenen Interessen zu sichern. Und deshalb wird dieser Typus ausschließlich von bürgerlichen Parteien vertreten, etwa Konservativen und Liberalen in England, der bedeutenden Mehrheit der französischen oder den alten deutschen Parteien. Wenn sich in diesen Parteien heute Anzeichen des Übergangs zu einem anderen Typus abzuzeichnen beginnen, dann zeugt dies davon, dass die Position der Klasse, die sie repräsentieren, bestimmten Veränderungen unterliegt und dass sich das bisherige Gleichgewicht verschiebt.

Mit den vorstehenden Überlegungen haben wir das ergänzt, was Neumann in ziemlich summarischer Form über den „repräsentativen" Typus sagt. Wir kehren jetzt zu ihm zurück und halten uns bei dem Typus auf, den er „integrativ" nennt, den man aber auch „integral" nennen könnte. In diesen Parteien ist die Verbindung der Mitglieder mit der Gruppe unvergleichlich stärker. Die organisatorische Bindung stärkt und entwickelt sich, und die Gruppe verlangt von ihren Mitgliedern die Unterordnung nicht nur in den engeren Parteiangelegenheiten, sondern auch in den persönlichen Angelegenheiten. Die Persönlichkeit des Mitglieds wird hier allseitig von der Gruppe gebildet, die ein eigentümliches Ethos ausbildet, das der Gesamtheit der Lebenssituationen ein System bestimmter Normen auferlegt. Die Partei nimmt hier Eigenschaften an, die zum Beispiel für konfessionelle Gruppen typisch sind.

Ein derartiger integrativer Typus ist kennzeichnend vor allem für die Massenparteien mit entschieden weltanschaulichem Charakter. Dabei handelt es sich zugleich um Parteien, die im Hinblick auf die soziale Zusammensetzung ihrer Mitglieder und ihre Emanzipationsbestrebungen entschiedene Kampfgruppen sind. Es sind dies also die sozialistischen Parteien, das katholische Zentrum in Deutschland oder die Bauernparteien in einigen agrarischen Ländern. In allen von ihnen schoben sich organisatorische Momente in den Vordergrund, und erlegten alle ihren Mitgliedern die Pflicht auf, die entsprechenden Verhaltensmuster zu beachten. Der Beitritt zu einer solchen Partei ist kein einfaches „Sich-einschreiben", die gewöhnliche Abgabe einer Erklärung. Zumindest im Prinzip erfordert sie eine Konversion, einen tieferen psychologischen Umbruch. Die Gruppe nimmt ein neues Mitglied auf in der Annahme, dass dieses sich innerlich verändert habe, seine Persönlichkeit dem Gruppenethos entspricht. Es ist auch kein Zufall, dass die Aufnahme eines neuen Mitgliedes in manchen Fällen einen feierlichen Charakter mit allen Attributen einer Initiation besitzt. Während die „repräsentative" Partei ein „ausgebildetes" Mitglied aufnimmt, bemüht sich die integrative Partei, dieses Mitglied entsprechend heranzuziehen. Es lässt sich feststellen, dass in den repräsentativen Parteien eine Abneigung gegenüber der sogenannten Pädokratie bestand, während Parteien mit einem Übergewicht des integrativen Elements Jugendorganisationen schaffen, sich um ihren Nachwuchs kümmern, den sie sehr früh ihren erzieherischen Einflüssen aussetzen. Innerhalb der Partei wird eine umfassende erzieherische Arbeit geleistet, es werden Parteischulen geschaffen und der Publikations- und Presseapparat ausgebaut. In den sozialistischen Parteien traten diese Anzeichen sehr früh zutage, und diese Parteien haben eine langjährige Praxis und langjährige Traditionen der entsprechenden Institutionen aufzuweisen. Neumann zitiert die bekannte Redensart, wonach die deutsche Sozialdemokratie durch den Einfluss ihrer Institutionen den Menschen von der Wiege (nämlich der Sorge um die Säuglinge der Arbeiter) bis zur Bahre – der feierlichen Verbrennung im Krematorium nach freidenkerischem Ritual – begleite.

Die Partei entwirft ein Muster des idealen Mitglieds. Es ist das Maß, dessen sich die erzieherische Arbeit der Partei bedient. Die Ausbildung und Verstärkung der Eigenschaften von Disziplin, Gruppenbindung, Gruppenpatriotismus, Aktivität im Sinne von Kampfgeist und Kampfbereitschaft, einer antagonistischen Haltung gegenüber anderen Gruppen – das sind die grundlegenden Momente, die bei der Charakterbildung der Parteimitglieder besonders betont werden. Das Gruppenethos erfordert von ihnen ein eindeutiges Verhalten in bestimmten Lebenssituationen. In sozialistischen Parteien wurden mit Nachdruck Elemente der Askese betont. Um der Bezeichnung eines guten Sozialisten würdig zu sein, musste ein bestimmter Lebensstil eingehalten werden, der besonders in der ersten Periode der sozialistischen Bewegung einen rigoristischen, man könnte sagen: puritanischen, Charakter hatte. Auf vielen sozialistischen Kongressen wurden heftige Diskussionen darüber geführt, wie sich ein Sozialist zu verhalten habe. Sie erinnerten an Auseinandersetzungen, die beispielsweise auf den Synoden der polnischen Arianer geführt wurden, als man darüber debattierte, was zu tun eines Christen würdig und was unwürdig sei. Auf sozialistischen Kongressen war die Erörterung von Themen populär wie: ob ein Parteimitglied unselbständige Arbeiter beschäftigen könne und in welchem Ausmaß, ob man ein Kind in eine konfessionelle Schule schicken, eine kirchliche Ehe eingehen, den Freimaurern oder „bürgerlichen" Kultur- und Sportvereinen angehören dürfe usw. Die repräsentativen Parteien beschäftigten sich mit solchen Problemen nicht. Es ist charakteristisch, dass die prohibitionistische Bewegung in den Vereinigten Staaten außerhalb der politischen Parteien entstand und innerhalb derselben nicht als moralische Frage aufgeworfen wurde, die sich auf das Verhalten der Mitglieder bezog.

Wenn der Beitritt zu einer integrativen Partei etwas anderes ist als der zu einer repräsentativen, dann ist beim Austritt etwas Vergleichbares der Fall. Die integrative Partei zieht eine deutliche Trennungslinie zwischen sich und den übrigen Parteien. Diese Abgrenzung tritt in den Beziehungen zwischen repräsentativen Parteien in nicht so extremer Form auf. Zweifellos kann der Wandel von Überzeugungen, der Wechsel vom einen ins andere Lager hier oft auf Missbilligung stoßen, aber diese Missbilligung wird selten schärfere Formen annehmen. Letztendlich ist dies ein Wechsel von Gruppe zu Gruppe innerhalb desselben Milieus, auf derselben Ebene der Gesellschaft, im Bereich derselben Wertesysteme. Ein Wechsel der Überzeugungen setzt hier nicht notwendigerweise eine tiefere psychische Erschütterung, eine Konversion voraus. Im praktischen Leben unterscheiden den britischen Konservativen und den britischen Liberalen eher taktische Momente, und nicht soziale oder weltanschauliche. In der integrativen Partei sieht die Sache anders aus. Obgleich jede Partei eine kämpfende Gruppe ist, kommt das Moment des Kampfes in der integrativen Partei wesentlich stärker zum Tragen als in der repräsentativen. In der letzteren kann er sogar die Form einer gewöhnlichen Diskussion annehmen. In der integrativen Partei erfordert er eine bedeutende Spannung, bedeutend konkretere Mittel und eine viel unversöhnlichere Haltung gegenüber dem Gegner. Dies steigert den Wert der Gruppe, die ihrerseits das Element der Intoleranz in ihrer Haltung gegenüber anderen stärkt.[22] Vor diesem Hintergrund wird der Wechsel von einer Partei zur anderen zur Abtrünnigkeit, nicht nur zur Aufgabe

---

22   Vgl. Theodor Geiger, Die Gestalten der Gesellung, Leipzig 1928, S. 44 f.

von Idealen, aber auch zum Überlaufen zum Gegner im Feuer des Kampfes, und damit ein verräterischer Schritt, der schärfster Verurteilung würdig ist.

Der Klassencharakter der sozialistischen Parteien bestimmt ihr Verhältnis zu den bürgerlichen Parteien. Im Bewusstsein eines Mitglieds der sozialistischen Partei steht es auf einer Seite der Barrikade, während auf der anderen Seite die Mitglieder der nicht-sozialistischen Parteien stehen. Es wird die Abtrünnigkeit von Führern aus der Intelligenz besonders streng beurteilen und die Möglichkeit der Existenz moralischer Motive zurückweisen, während es materielle Faktoren als einzigen Grund für einen Abfall sieht. Das Misstrauen, das die Arbeiter häufig gegenüber Angehörigen der Intelligenz hegen, steht in Verbindung mit „Abweichungen" dieser Intelligenzler oder eher dem Bewusstsein, dass der Weg auf die andere Seite der Barrikaden für den Intelligenzler wegen seiner sozialen Herkunft leichter ist. In jedem Fall zeugt der hohe Grad an Ablehnung, den Mitglieder der sozialistischen Partei Abtrünnigen entgegenbringen, davon, dass in ihrem Empfinden etwas mehr als der Wechsel von Überzeugungen erfolgt ist. Menschen, die die Partei verlassen, ohne einer anderen Partei beizutreten, sind in jedem Fall Deserteure, und häufig kann man die Ansicht antreffen, dass es besser ist, wenn diese Menschen gehen, denn auf diese Weise werfe die Partei Ballast ab. Selbstverständlich ist dies eine Bewertung *ex post*. In „Monoparteien" wird der Parteiaustritt, auch wenn er freiwillig erfolgt, als soziale Degradierung empfunden, und zwar Degradierung sowohl als faktischer Zustand als auch in der öffentlichen Meinung.

Von Neumann haben wir die Begriffe der repräsentativen und der integrativen Partei entliehen. Seiner Meinung nach breitet sich der Typus der integrativen Partei immer mehr aus, und die alten Repräsentativparteien beginnen sich ihm anzunähern. Aber auch in der Entwicklung der integrativen Partei kann man zwei Etappen erkennen, denen zwei Parteiuntertypen entsprechen. Neumann spricht von demokratischen Integrativparteien und absolutistisch-integrativen Parteien. Der erste Typus wird repräsentiert von Gruppen wie der Sozialdemokratie, dem katholischen Zentrum usw. Diese Parteien haben viele Charakteristika bewahrt, die den liberal-repräsentativen Parteien gemeinsam sind. Es handelt sich vor allem um strukturelle Ähnlichkeiten. Ein bedeutender Teil der Parteimitglieder nimmt nicht aktiv an ihrem Parteileben teil und orientiert sich in der Praxis entweder überhaupt nicht oder nur in sehr geringem Maße an ihren Mustern. Ihre Beziehung zur Gruppe ist somit ähnlich derjenigen, welche Mitglieder repräsentativer Parteien gegenüber ihren Gruppen haben. Man könnte sagen, dass die Wirkung der Gruppe zur Peripherie hin schwächer wird und nur ihr Kern einen wirklich integrativen Charakter besitzt. Anders ist die Sache beim zweiten Untertypus gelagert, der von faschistischen, nationalsozialistischen, kommunistischen usw. Parteien repräsentiert wird. Diese Parteien haben, so könnte man sagen, Ordenscharakter,[23] und die Integration tritt hier in Reinform auf. Es ist schwer, sie überhaupt als Partei im klassischen Sinne zu bezeichnen. Im Grunde sind es Kampfverbände, aus denen das Element der Diskussion eliminiert wurde und wo nur die absoluten Wahrheiten gelten, um welche die Gruppe kämpft.

Wir werden hier keine Debatte mit der Position Neumanns aufnehmen, obgleich wir gewisse Einwände ihr gegenüber haben. Dennoch hat nach unserer Meinung die von ihm vorgenommene Unterscheidung zwischen dem repräsentativen und dem integrativen Typus einen hohen sachlichen und methodischen Wert. Zweifellos haben wir es, vor allem in den Extremfällen (absolutistischer Typus), mit Gruppen abweichenden Charakters und vor allem abweichender Struktur zu tun. Die integrative Partei ist eine über die Maßen geschlossene, aggressiv-kämpferische Partei. Ihre Binnenbeziehungen bilden sich auf der instrumentellen Ebene aus. Obgleich die Gruppe nach völliger Absorption ihres Mitglieds strebt, nehmen die Beziehungen innerhalb der Gruppe gleichzeitig die Form instrumenteller Beziehungen der Beteiligten zueinander an, vor allem die der Vorgesetzten zu den Untergebenen. Jedes Gruppenmitglied ist zur Erfüllung einer bestimmten Funktion aufgerufen, die der Vorgesetzte vorgibt und der über das Mitglied nach eigenem Gutdünken verfügt. In Parteien, in denen die Integration am weitesten fortgeschritten ist – in „Monoparteien" oder absolutistischen Parteien – ist die Instrumentalisierung der Beziehungen selbstverständlich ebenfalls am weitesten fortgeschritten.

Die integrative Partei verfügt somit über eine Reihe besonderer Charakteristika, die ihren Charakter und ihre Struktur beeinflussen und umgekehrt. Es handelt sich um einen Komplex von außerordentlich bezeichnenden Eigenschaften. Sie müssen nicht unbedingt die ausschließliche Eigenschaft von völlig bzw. deutlich militärischen Gruppen sein. Aber sie sind die Eigenschaft auch solcher Gruppen. Was aber noch wichtiger ist, sie bilden ein System von inneren Voraussetzungen, unter denen die Gruppe mit Leichtigkeit schon deutlich militärische Formen annehmen kann. Sie bilden sich aus als einfache Konsequenz des Kampfes, an dem die Masse teilnimmt, eines Kampfes, der eine zielgerichtete Organisierung und einen entsprechenden Geist erfordert. In Parteien des gemäßigten Kampfes, so könnte man sagen, ist auch die innere Geschlossenheit geringer und sind keine Kasernenreglements vonnöten. Anders ist der Sachverhalt aus der Perspektive der Parteien gelagert, die zu einem rücksichtslosen Kampf gezwungen sind. Und wenn die bürgerlichen Parteien der zweiten Hälfte des 19. Jahrhunderts, vor allem die englischen Tories und Whigs, den Liberalismus in ihren Binnenverhältnissen sehr gut

---

23   Auf den Ordenscharakter der kommunistischen Partei hat Konstanty Srokowski, Elita bolszewicka (Die bolschewistische Elite), Krakau 1927, hingewiesen.

bewahren konnten, dann mussten schon in den sozialistischen Parteien völlig andere Formen entstehen, die mehr mit der Strenge des Militärdienstes als mit der Freiheit der Diskussion gemein haben.

V.

Wir haben bislang ein Moment überhaupt nicht behandelt, das am ehesten vom militärischen Charakter einer Partei zu zeugen scheint. Es handelt sich hierbei um ihre Kampfgruppen, ihre paramilitärischen Organisationen. Die italienischen Faschisten und die deutschen Nationalsozialisten sind „uniformierte" Parteien, in denen militärische Muster am prägnantesten in den Parteimilizen zur Anwendung kommen. Bei der Analyse des allgemein militärischen Charakters der „Monopartei" haben wir die Frage gestellt, in welchem Maße er implizit alleine durch die Organisation der Partei als solcher vorgegeben ist, unabhängig davon, ob es sich um eine „Monopartei" handelt oder nicht, und wir haben in den Nicht-„Monoparteien" der Vorkriegszeit Elemente der Militarisierung gesucht oder auch Faktoren, unter deren Einfluss sie sich ausbilden konnte. Es entsteht jetzt die Frage, in welchem Maße sich dies auch auf die paramilitärischen Milizen als Untergruppen der Partei bezieht.

Historisch gesehen muss man hier auf die Institution der Ordnungsmilizen zurückgehen, welche die Massenparteien, und zwar vor allem die sozialistischen, seit jeher geschaffen haben. Im Übrigen sollten sie, was die Genese der faschistischen Milizen und der Ordnungsmilizen angeht, in ihrem ersten Stadium etwas in der Art einer Ordnungsmiliz sein, und zumindest sollten sie einen bedeutenden Teil ihrer Aufgaben erfüllen. Unabhängig davon hatten sie rein militärische Aufgaben. Hitlers Kampforganisationen wurden faktisch durch die Reichswehr geschaffen, deren Einfluss auf die Entstehung der Partei an sich zugleich sehr bedeutend war.

Worum handelte es sich bei jenen Ordnungsmilizen in den politischen Massenparteien der Vorkriegszeit? Ihre Hauptaufgabe war die Aufrechterhaltung der Ordnung während Versammlungen, Manifestationen usw. Dies war aber nicht die einzige Aufgabe. Im Leben einer Partei kommt es zu Situationen, in denen sich Menschen einem Gegner physisch entgegenstellen. Hier geht es nicht um die Ordnung innerhalb der Gruppe, um eine Aktivität polizeilicher Natur, sondern um die Absicherung gegen einen äußeren Gegner oder gar einen Angriff gegen ihn. Keine geringere Bedeutung als die Sorge darum, dass sich die Parteimitglieder bei einer Versammlung angemessen verhalten, hat das Wachen darüber, dass die Mitglieder der gegnerischen Partei Versammlungen nicht stören, wenn sie in einer größeren Gruppe kommen, oder sie nicht das Lokal überfallen, in dem die Versammlung stattfindet. Andererseits können auch ihr gegenüber ähnliche Methoden zur Anwendung kommen, kann die Notwendigkeit eintreten, ihre Versammlungen auseinanderzujagen oder ihre Agitatoren zu verscheuchen. Vor allem in Zeiten verstärkter Wahlagitation sind solche Vorfälle an der Tagesordnung. Aber auch ruhigere Zeiten sind reich an ihnen. Die sozialistischen Parteien vieler Länder bewahren die Erinnerung an die Zeiten, als sie zum Opfer organisierter Überfälle gegnerischer Gruppen wurden. Wir wollen an dieser Stelle nicht tiefer auf diese Jugendzeit des Sozialismus eingehen, die viele interessante Details zur Frage der Beziehung zwischen Gruppen, die sich auf eine starke Basis stützen können, und einer entstehenden, häretisch-oppositionellen Gruppe liefert. Weiterhin waren die sozialistischen Parteien häufig provokatorischen Aktionen der Polizeiorgane ausgesetzt, was wiederum nicht nur die Einrichtung von Aufklärungsorganisationen, sondern auch bestimmte Aktivitäten kämpferischen Charakters notwendig machte. So entstand aus den unterschiedlichsten Gründen die Notwendigkeit, aus den Mitgliedern eine Gruppe zu besonderen Ordnungs- und Schutz- bzw. Angriffsaufgaben zu bilden.

Solcher Ordnungsmilizen bedienten sich alle Massenparteien, unabhängig von den taktischen Methoden, die sie anwendeten. In ihrer alltäglichen Praxis mussten sie über eine bestimmte Gruppe von Menschen verfügen, die zu physischen Aktivitäten in der Lage waren. Für diese Gruppe wurden jüngere Menschen rekrutiert, wobei ihre physischen Fähigkeiten eine wichtige Rolle bei ihrer Auswahl spielten. Natürlich kam es bei den Milizen zu Extremen und Auswüchsen. Die berühmten *Tammane* bedienten sich gewöhnlicher Rowdys, für die der Kampf mit einem Gegner ein Alltagsgeschäft war. Im Übrigen gab es auch in Europa ähnliche Fälle, wenn auch mit geringerem Umfang. Die Institution der Miliz war in jedem Fall die Pforte, durch die – in sporadischen Fällen – asoziale Elemente in die Partei eindringen konnten.

Wenn wir von den Parteimilizen als einer „Institution" sprechen, dann müssen wir sie auf besondere Weise verstehen. Denn nur in seltenen Fällen haben wir es mit einem Organ zu tun, das über feste Eigenschaften verfügt, zu denen eine bestimmte, deutlich herausgehobene Gruppe von Mitgliedern gehört, die auf der Grundlage eines Reglements organisiert ist. Meistens wurden Milizen ad hoc aufgestellt, für ein klar bestimmtes Ziel – den Schutz einer bestimmten Versammlung oder zur Zerschlagung einer Kundgebung des Gegners. Selbstverständlich wurden in der Praxis gewöhnlich dieselben Personen zu diesen Aktionen einberufen, und ihre Namen fanden sich in der Evidenz der Parteiführung wieder. Es handelte sich also um eine Art allgemeines Aufgebot, das gerufen wurde, wenn es gebraucht wurde. Es gab aber auch stabilere Organisationsformen. Man kann sie, vor allem in stürmischeren Zeiten, zumeist in integrativen Parteien finden. Vor allem nach dem Weltkrieg, der Periode einer wachsenden revolutionären und konterrevolutionären Welle, nahmen die Ordnungsmilizen der sozialistischen Parteien professionelleren Charakter an. Ähnlich verhielt es sich im Falle der Miliz der PPS im Jahre 1905. Die Milizen wurden geschult, hielten Versammlungen und Schulungen ab, erhielten Reglements, und man kann in ihnen sogar die Ausbildung einer Führungshierarchie beobachten.

In diesen Fällen nahm die Miliz auch einen deutlich militärischen Charakter an. Dieser Militarismus orientierte sich nicht notwendigerweise an den preußischen Kasernen. In den sozialistischen Milizen galten sehr häufig demokratische Grundsätze, zum Beispiel in Form der Wahl der Vorgesetzten durch die Untergebenen. Die Disziplin war nicht zu streng und beschränkte sich ausschließlich auf den eigentlichen Dienst. Zwischen den Vorgesetzten und den Untergebenen gab es keine Distanz, und die Vorgesetzten waren weit davon entfernt, eine geschlossene Korporation nach Art eines Offizierskorps oder der höheren Hierarchien der militarisierten Parteien zu bilden. Nichtsdestotrotz kamen hier bestimmte militärische Muster zur Anwendung.

Die Ordnungsmilizen darf man nicht mit den Kampfgruppen im engeren Sinne gleichsetzen, die von den revolutionären politischen Parteien geschaffen wurden. Solche Kampfgruppen entstanden in speziellen Situationen, und in der Regel dann, wenn die Partei daran ging, systematischen Terror auszuüben. Die Umstände der terroristisch-revolutionären Aktion verlangen die Abkommandierung einer Gruppe von Parteimitgliedern mit besonderer Kampfbereitschaft. Klassische Beispiele sind hier: Die Exekutivabteilung der *Narodnaja Volja*, die Verschwörungs- und Kampfabteilung sowie die Kampforganisation der PPS, die Kampforganisation der Sozialrevolutionäre, die *Daschnaksutjun* usw. In der heutigen Zeit kann zum Beispiel die Organisation Ukrainischer Nationalisten (OUN) als typisches Beispiel dienen. Die Kampfgruppe existiert in strengster Konspiration, selbst gegenüber dem Rest der Parteimitglieder, und untersteht ausschließlich der obersten Führung. Die Konspiration ist ein wichtiger Faktor bei der Entstehung des Nimbus der Geheimhaltung und der Heldenlegende. Die Entstehung eines solchen Nimbus ist im Übrigen eine gezielte Maßnahme der Gruppe, denn sie trägt zur Steigerung ihrer Autorität in und außerhalb der Partei bei und ist vor allem ein wichtiger Faktor bei der Terrorisierung des Gegners. Die Geschichte der Exekutivabteilung der *Narodnaja Volja* ist in dieser Hinsicht außergewöhnlich interessant.

Die Kampforganisationen waren ein Geschöpf ganz spezifischer Umstände. Mit Ausnahme wohl nur der Exekutivabteilung haben sie eine ziemlich kurze Geschichte, die sich auf die Zeit der größten Intensität der revolutionären Bewegung beschränkt. Man könnte sagen, dass sie gewissermaßen am Rande der bisherigen Parteiaktivität entstanden sind. Dennoch war ihre Rolle im Leben der Partei sehr groß. Bemerkenswert ist, dass in ihnen Tendenzen zur

Verselbstständigung und zum Widerstand gegen den zivilen Teil der Partei bestanden. Die Kampforganisation der PPS nahm in der Partei bald einen besonderen Platz ein und unterwarf sich nur ungern den Anordnungen, die von den „zivilen" Organen ausgingen. Die Geschichte der Spaltung der PPS ist ein ungewöhnlich interessantes Beispiel für die Soziologie der politischen Partei. Wir stehen hier vor der Tatsache, dass sich eine Kampfgruppe mit einem eigentümlichen *esprit de corps* herausbildete, die nach Autonomie bei Zielen und Handlungen strebt und ein eigenes Wertesystem erschafft. Die Gefahren, denen ihre Mitglieder ausgesetzt sind, die beständige Drohung des Galgens, machen sie in den eigenen Augen und den Augen einer bedeutenden Zahl von Nichtbeteiligten zu Menschen, die in der Organisationshierarchie die führende Rolle einnehmen sollten. Dies resultiert auch aus den psychischen Eigenschaften der Gruppenmitglieder selbst. Aus dem Rekrutierungsprinzip, das ihrer Entstehung zugrunde lag, folgte, dass hier Menschen mit einem bestimmten Temperament, das oft von einer pragmatischen Lebenseinstellung und der Gewissheit vom Erfolg ihrer Handlungen begleitet wurde, zuströmten. Vor diesem Hintergrund war es keine Seltenheit, dass sich eine verächtliche Einstellung gegenüber den zivilen Parteimitgliedern herausbildete, jene für das Verhältnis des Militärs zum Zivilisten typische Behandlung von oben herab – ein in der Welt des Militärs typisches Phänomen.

Dort, wo infolge einer revolutionär-terroristischen Aktion mehr oder weniger dauerhafte Kampfgruppen innerhalb einer Partei entstanden waren, öffneten sich Wege für das Eindringen militärischer Muster, und es bildeten sich Umstände heraus, die zur Ausbildung militaristischer Eigenschaften bei Menschen und Material beitrugen. Angesichts des Reizes, der die Kampforganisation umgab, konnten ihre militarisierenden Einflüsse auch in den zivilen Teil der Partei eindringen, und das auch dann, wenn ein Gegensatz zwischen diesem Teil und den Kämpfern bestand. Im Übrigen schlugen sich die Bedingungen des revolutionären Kampfes auch im zivilen Teil nieder und zwangen ihn zu einer mehr oder weniger deutlichen Militarisierung.

Zweifellos waren auch die Reglements der preußischen Kasernen kein Muster für die Kampforganisationen. Diese waren nämlich verschwörerisch-revolutionäre Organisationen, deren innere Prinzipien von einem demokratischen Geist durchdrungen waren. In jedem Falle kamen aus diesen Organisationen Leute, die dazu prädestiniert waren, eine herausragende Rolle in normalen Armeen zu spielen und in den parteilichen Kampforganisationen nicht nur ihre erste Ausbildung im Kampf, sondern auch in Führung und Organisation erhielten.

Die Kampforganisationen der politischen Parteien waren ein Produkt besonderer Bedingungen von Zeit und Ort. Es existierten jedoch verschiedene Kampfgruppen, die nicht mit politischen Parteien verbunden und unter ganz anderen Bedingungen aktiv waren. Ideell und in moralischer Hinsicht unterschieden sie sich von den vorangegangenen. Dennoch hatten sie, wie alle im Verborgenen aktiven Gruppen, ganz allgemein gesagt, mit den vorangegangenen einige strukturell-organisatorische Eigenschaften gemein, in denen sich die Wirksamkeit militärischer Muster in wohl noch stärkerem Maße niederschlug. Hierbei geht es um sehr verschiedene Gruppen. So können wir die *Camelots du Roi* in Frankreich, die süditalienische *Camorra* und verschiedene Zusammenschlüsse in der kriminellen Unterwelt in Deutschland anführen. Dabei ist hinzufügen, dass die Verbrecherorganisationen der faschistischen Miliz sowie der SA und der SS eine beträchtliche Anzahl an Mitgliedern zuführten. Man kann den moralischen Wert dieses Elements anzweifeln, aber zweifellos brachte es bedeutende kämpferische und organisatorische Elemente ein.[24] In der Zeit des Weltkriegs stellten solche Organisationen den kämpfenden Armeen tapfere Soldaten mit großer Initiativkraft. Die Disziplin in solchen Organisationen ist überwältigend, in ihnen herrscht das, was man allgemein als „militärischen Geist" bezeichnet.

Historisch betrachtet, entstammen die paramilitärischen Parteiorganisationen nach Art der faschistischen Milizen SA und SS den Ordnungsmilizen. Die Mitgliedschaft sehr unterschiedlichen Menschenmaterials, darunter auch ehemaliger Mitglieder krimineller oder halbkrimineller Organisationen, musste ebenfalls eine sehr ernste Rolle spielen. Am wichtigsten aber war, dass sich diese paramilitärischen Organisationen in neuen Umständen wiederfanden, die eine neue Art von politischen Parteien ins Leben gerufen haben. Die monopolistische Partei muss, wenn sie nach der physischen Vernichtung des Gegners und der ungeteilten Herrschaft im Staate strebt, ihrer Miliz weit umfassendere Anforderungen stellen als zum Beispiel eine integrative Partei, die im Rahmen eines parlamentarischen Systems aktiv ist und ideologisch auf dem Boden des parlamentarischen Systems steht. Die Aufrechterhaltung der Ordnung auf Versammlungen und die Abrechnung mit dem Gegner während der Wahlen sind nicht mehr hinreichend. Gefragt ist ein ganzes System von Angriffs- und Abwehraktivitäten, die methodisch durchgeführt werden und sich auf entwickelte strategische Grundlagen stützen. Es handelt sich um Aufgaben, die denen sehr ähnlich sind, welche die Kampfgruppen der revolutionären Parteien haben. Ausgeführt werden sie jedoch unter Beteiligung völlig anderer organisatorischer Faktoren. In der Arena treten nicht mehr kleine, hochkonspirative Verschwörergruppen auf, sondern uniformierte Abteilungen, deren Basis die Massenparteien sind, oder Parteien, die auf dem Wege sind,

---

24 Über die Rolle der sogenannten *arditi* in der faschistischen Partei siehe Ignazio Silone in seinem Buch über den Faschismus (deutsche Ausgabe: Der Fascismus, Zürich 1934).

Massenparteien zu werden. Natürlich dominiert in der Frühphase, wenn diese Basis sich erst *in statu nascendi* befindet und die Partei eine Vereinigung mit nur wenigen Mitgliedern ist, der Geheim- und Verschwörungscharakter. Die Entstehung der deutschen SA steht in enger Beziehung mit nationalistischen Geheimorganisationen (oder halbgeheimen Organisationen), von denen viele in Deutschland unmittelbar nach dem Weltkrieg unter maßgeblicher Beteiligung der Militärbehörden entstanden.[25] Aber bald schon wurde die SA eine ausgesprochene Massenorganisation. Im Verständnis der Organe der Münchener Reichswehr, die sie eifrig unterstützten, sollte sie ein Werkzeug werden, mit dessen Hilfe die Armee tief in die deutsche Gesellschaft eindringen sollte; sie sollten also eine Form der Erzeugung von Kampfbereitschaft der Nation werden. Unabhängig vom weiteren Schicksal der ursprünglichen Konzeption blieb ihre Grundkonzeption – die Massenorganisation – erhalten. Ähnlich gelagert ist die Angelegenheit im Falle der italienischen faschistischen Miliz. In beiden Fällen rief eine politische Partei eine milizartige Massenorganisation ins Leben, die allerdings Terror- und Kampfaufgaben hatte.

Dem Charakter der auf diese Weise erschaffenen Gruppe entsprang ihre hochgradige Militarisierung. Wir haben es hier mit einer Parteiarmee zu tun, die vollständig Muster einer normalen Armee übernimmt. Die Rolle der Reichswehr bei der Schaffung der SA und der SS beruhte auch darauf, dass die Reichswehr diesen Vereinigungen organisatorische Muster, reglementarische Grundsätze und überhaupt all das gab, was untrennbar mit der Armee verbunden ist. Wenn in den früheren Parteimilizen ein Keim des Militarismus vorhanden war, dann kam er in den Milizen der „Monoparteien" zu voller Blüte. Darüber hinaus begannen die militärischen Muster dank der Ausnahmestellung, welche die Miliz in der Partei einnahm, auch stark auf den zivilen Teil der Partei auszustrahlen.

VI.

Wir gelangen somit zu der Überzeugung, dass die Militarisierung der politischen Partei ihren Ausgangspunkt in der Zeit hatte, in der sich das parlamentarische System entwickelte und festigte. Die militärischen Möglichkeiten waren durch den Charakter der Partei selbst, durch ihre organisatorische Struktur, ihre Aktivitäten und die damit verbundene Auswahl des Führungspersonals vorgegeben. Der Integrismus der Parteien, die Ausbildung eines Neumann'schen Integrativtypus prägte diese militärischen Elemente aus und schuf vor allem immer bessere Bedingungen für ihre Entwicklung. Dennoch waren

---

25 Vgl. Konrad Heiden, Geschichte des Nationalsozialismus, Berlin 1933.

alle diese Parteien weit davon entfernt, zu Armeen zu werden, und ein Abgrund trennte sie von den heutigen „Monoparteien". Wie soll man sich erklären, dass all diese früheren Tendenzen in einem solchen Maße zugenommen haben, welchen Umständen kann man zuschreiben, dass sich ein solcher Typus von Partei ausbilden konnte? Diese Frage kann man im Übrigen noch anders formulieren: Welche Schlüsse sozial-historischer Natur kann man aus der Tatsache der Existenz von „Monoparteien" ziehen? Die Tatsache, dass eine militarisierte Partei entstand, sagt an sich schon viel über die Umstände, unter denen sie entstand.

Militarisierte „Monoparteien" entstanden nach dem Weltkrieg. Ohne Zweifel hatte schon alleine die Tatsache eines mehrjährigen Krieges weitreichende Bedeutung für die Ausbildung dieser Charakteristika des Parteilebens. Der militarisierende Einfluss des Krieges auf das gesellschaftliche Leben der Länder, die ihn durchmachten, war unermesslich groß und wirkte sich seinerseits ebenfalls auf das Leben der neutralen Länder aus. Über viele Jahre war das gesamte gesellschaftliche und private Leben den Kriegszielen untergeordnet, den Normen, die für militärische Organisationen typisch waren. Die militärische Organisation erfasste das wirtschaftliche und kulturelle Leben und wurde allen Bildungssystemen aufoktroyiert. In der Zeit des Krieges nahm die innere Propaganda, die durch den militarisierten Staat geleitet wurde, riesige Ausmaße an. Der heutige „totale" Staat nahm seine erste Form in den Staaten an, die am Weltkrieg teilnahmen. In dem Maße, wie der Krieg voranschritt, schritt auch der Prozess der Totalisierung voran. In Deutschland entsteht im Jahre 1915 die Diktatur der Obersten Heeresleitung, und in den Staaten der Koalition reißt die oberste Militärführung diktatorische Macht an sich. Der Krieg durchkreuzte eine der Grundlagen des liberalen Staates – die Trennung von öffentlichem und privatem Leben – und entwickelte Integrationsprozesse höchsten Grades.

Unter diesen Bedingungen wurde die Rolle der Partei auf ein Minimum zurückgeführt. Natürlich kam es im inneren Leben der Parteien der am Krieg teilnehmenden Seiten zu sehr wichtigen Veränderungen, zum Beispiel durch Spaltungen vor dem Hintergrund der Haltung gegenüber dem Krieg. Aber die hauptsächlichen Symptome der bisherigen Tätigkeit der Parteien – die Teilnahme an Wahlen, die alltägliche Propaganda, Konferenzen und Parteikongresse, Massenversammlungen – all das wurde eingestellt. Innerhalb des Landes herrschte das Prinzip des *Burgfriedens* oder der *union sacrée*, und die Massen von Parteimitgliedern, in Uniformen gekleidet, befanden sich in einer Militärorganisation. Wir werden hier nicht alle psychologischen und psychosozialen Wandlungsprozesse analysieren bzw. untersuchen, die eine Folge der Teilnahme von Parteimitgliedern an den Frontkämpfen waren. Wir möchten lediglich diesen einen, sehr allgemeinen Umstand unterstreichen, dass sie mehr als vier Jahre den ungemein strengen Regeln einer geschlossenen Militärformation unterlagen, welche die Gesamtheit ihrer Lebenssituationen erfasste und sie in bestimmte Handlungsweisen umsetzte.

Ein zweites, nicht weniger wichtiges Moment ist, dass der Krieg einen Wandel in den Meinungen zum Militär und dem Militarismus brachte. In Friedenszeiten hat der Bürger in seiner Jugend über einige Jahre mit dem Militärdienst zu rechnen und wird später lediglich von Zeit zu Zeit wieder zu kurzen Übungen einberufen. Die Erinnerungen an den Militärdienst, der positiv oder negativ erinnert wird, bleiben ihm als Jugenderinnerung, deren Lebendigkeit in dem Maße verblasst, wie er als Bürger sein Leben stabilisiert, eine Familie gründet usw. Die Distanz zwischen der Sphäre des militärischen und des zivilen Lebens ist sehr bedeutend und wird noch durch den Kastencharakter der Armee bestimmt und durch die wertende Einstellung, die er gegenüber Zivilisten und dem zivilen Leben hat. Ein Zivilist kann das Militär bewundern, das militärische Leben außerordentlich positiv bewerten, doch dringt der Einfluss militärischer Muster nicht zu tief in ihn vor und beschränkt sich stärker auf äußerliche Momente (Vereinigungen ehemaliger Militärs, Einfluss auf die Mode, Militärspielzeug usw.). Das militärische Leben ist ein separater Bereich, und der Zivilist hört nicht auf, nach anderen, nicht-militärischen Mustern zu leben, selbst wenn er die letzteren bewundert.

Wir können ergänzen, dass die politischen Massenparteien der Vorkriegszeit mit ihren militärischen Elementen wohl einer der wichtigsten Gründe für die Einführung militärischer Elemente ins zivile Leben waren. Die Parteien stellten den kämpfenden Armeen keine schlechten Soldaten zur Verfügung. Im Gegenteil, die deutschen Militärkreise betonten den beträchtlichen Kampfwert und das Gefühl für Disziplin bei den sozialistischen Soldaten.

Diese Distanz zwischen Zivilisten und Militärs wurde während des Weltkrieges aufgehoben. Im Laufe des Krieges unterlag die Bewertung des Militärs durch die Kriegsteilnehmer beträchtlichen Veränderungen. Bei einer großen Zahl von ihnen entstand eine Antikriegshaltung, die mit einer negativen Bewertung des Militarismus verbunden war. Dieser Antimilitarismus aber ging Hand in Hand mit der Anerkennung bestimmter Regeln und bestimmter militärischer Methoden. Eine militärische Organisation konnte verhasst sein, dennoch herrschte eine Überzeugung von der Effizienz der militärischen Organisation vor. Dokumente aus der Zeit des Ersten Weltkriegs in Form von Erinnerungen oder Briefen von Soldaten liefern in dieser Hinsicht viel instruktives Material. Im Übrigen war die Rückkehr aus dem Krieg nach Hause keine Rückkehr ins zivile Leben. Der Frieden begrüßte den demobilisierten Soldaten mit vielen revolutionären Erschütterungen, an denen er selbst in herausragender Rolle teilnahm und in denen er die im Krieg erworbenen Kampfkenntnisse und Organisationsregeln anwendete. Der Krieg war nicht beendet.

Er dauerte fort, aber als Bürgerkrieg. Er bedurfte eines eigentümlichen Militarismus, der sich selbstverständlich vom Militarismus normaler Armeen unterschied, aber ebenso ein Militarismus war und in den wichtigsten Momenten auf die Muster der Armeen und auf ihre Erfahrungen zurückgriff. Gleichzeitig wurden die politischen Parteien, die vom Ende des Krieges regeneriert und vor neue Aufgaben gestellt wurden, Hauptpartner dieses Krieges.

Der Bürgerkrieg ist ein Zustand, in dem die Rivalität der politischen Gruppen, die an die Macht streben, zu einem mehr oder weniger dauerhaften bewaffneten Konflikt führt. Der Konflikt endet mit der Machtergreifung durch eine der kämpfenden Gruppen, wobei die Sieger mit Hilfe von Zwangsmitteln danach streben, die Gegner moralisch und materiell zu vernichten. Während der Begriff der Revolution vor allem das Element des Kampfes enthält, der von einer Gruppe gegen eine bestimmte Rechts- und Regierungsordnung sowie die hinter ihr stehende herrschende Gruppe geführt wird, so geht es beim Begriff des Bürgerkriegs einfach um den Kampf verschiedener Gruppen um die Macht. Es steht auf einem anderen Blatt, dass eine der Gruppen das geltende Recht auf ihrer Seite haben, selbst die herrschende Gruppe sein oder sich der Unterstützung der herrschenden Gruppe erfreuen kann. In diesen Fällen hat der Bürgerkrieg einen deutlich revolutionären Charakter. Der Zustand des Bürgerkrieges nimmt häufig die Form eines lang andauernden Konflikts an, in dem das Gros der Handlungen im Rahmen der legalen Tätigkeit erfolgt, zugleich aber das Streben nach der physischen Vernichtung des Gegners in Gestalt seiner Vertreter dominiert. Auf den kämpfenden Seiten entsteht eine mächtige emotionale Spannung, die selbst den dramatischsten Momenten in Wahlkämpfen völlig fremd ist.

Alle „Monoparteien" entstanden in Zeiten des Bürgerkriegs und kamen durch Bürgerkriege an die Macht. Natürlich war der Charakter dieses Bürgerkriegs in den einzelnen Fällen verschieden, und man kann nicht von einem allgemeinen Schema sprechen. In Italien zum Beispiel errangen die Faschisten den Sieg in dem Moment, als der Gegner schon innerlich gebrochen war und das Feld räumte. Man muss hinzufügen, dass die Handlungen der Faschisten vor ihrer Machtergreifung keine entscheidende Bedeutung hatten, sondern die Misserfolge ihrer Gegner. In jedem Falle entstanden die faschistische und die nationalsozialistische Partei infolge von Bürgerkriegen und als Teilnehmer dieses Krieges. In der ersten Phase ihrer Existenz handelte es sich bei ihnen eigentlich um Vereinigungen mit streng militärischer Organisation und Kampfzielen. Erst nach einer gewissen Zeit erwarben diese Vereinigungen Eigenschaften von Parteiorganisationen, wobei der ursprüngliche Vereinigungscharakter die Rolle eines grundlegenden Faktors spielte und Gestalt bildend auf den gesamten Charakter der Partei einwirkte. Im Grunde mussten sie erst dann, als jene Kampfbündnisse an der parlamentarischen Aktion teilzunehmen begannen, notgedrungen einen organisatorischen Apparat aufbauen, der an diese Aktion angepasst war. Mit anderen Worten nahmen sie Eigenschaften von Parteien in der Periode einer gewissen Pazifizierung der Verhältnisse an, als die Spannung des Bürgerkriegs zurückging.

Sehr verbreitet ist die Definition des Faschismus und des Hitlerismus als Kombattantenbewegungen, wobei eine besondere Betonung auf den Kombattantencharakter der Vereinigungen dieser Parteien gelegt wird.[26] Eine derartige Definition ist ziemlich oberflächlich und Quelle fehlerhafter Interpretationen. Alle politischen Richtungen der Nachkriegszeit können als Kombattantenbewegungen beschrieben werden, denn das Gros ihrer Mitglieder bestand aus ehemaligen Teilnehmern des Großen Krieges. Nicht nur Mussolini und Hitler, sondern auch viele Führer anderer Parteien dienten als Soldaten im Weltkrieg. Über den Charakter des Faschismus und des Nationalsozialismus entschied nicht der kombattantische Charakter im Sinne der Teilnahme am Weltkrieg, sondern die Organisationsstruktur und die Zwecke, zu denen diese Gruppen gegründet wurden. Das Kombattantentum hatte hier denselben Einfluss, den es auch auf andere Parteien ausübte. Der Nationalsozialismus entstand zu einem eindeutig militärischen Zweck und unter maßgeblicher Beteiligung der Militärorgane. Er war wie auch der italienische Faschismus zwecks Beteiligung am Bürgerkrieg entstanden, und das war ein Umstand, der hinreichte, um die organisatorischen Formen, ideologischen Inhalte und Handlungsweisen zu bestimmen. Man braucht sich daher nicht zu wundern, dass hier in Zeiten, in denen die Anspannung des Kampfes nachließ, zivile Elemente stärker hervortreten mussten und dass ebendies jenen militärischen Vereinigungen ein parteiliches Gesicht verlieh.

Die Transformation der militärischen Vereinigung in eine Partei musste zwangsläufig bewirken, dass die Partei ein ausgesprochen militärisches Gesicht erhielt. Wir wissen bereits, welche strukturellen Momente, die schon in der Existenz der Partei selbst angelegt waren und welche „Traditionen" die Rolle von Bestimmungsfaktoren spielten. Sie waren dennoch im Allgemeinen ein Boden, auf dem aus dem Kampfverband eine Partei erwuchs; deren Hauptaufgabe die Erringung der obersten Staatsmacht in möglichst kurzer Zeit war, und sie hat ihre Kampfbereitschaft in Richtung der Revolution oder der Teilnahme am Bürgerkrieg fortentwickelt. Rufen wir uns in Erinnerung, dass sowohl der Faschismus als auch der Nationalsozialismus auf schnelle Aktionen setzten, auf Entscheidungen in kurzer Zeit, sodass sie zu solchen strategischen Maßnahmen greifen mussten, die für den modernen Krieg charakteristisch sind. Wenn die Parteien, die auf dem Boden der parlamentarischen Taktik und

---

26 Sehr stark wird dies sogar von Michels, Sozialismus und Faschismus in Italien, Band 2, S. 310, betont.

der Evolution stehen, wie zum Beispiel die Sozialdemokraten, in der Nachkriegszeit einer massiven Militarisierung unterlagen, dann musste sich die
Militarisierung in umso größerem Maße bei den Parteien äußern, für welche
die Aufgabe des Augenblicks in der physischen Bekämpfung des Gegners
bestand. Nicht nur die Reglements normaler Armeen in Friedenszeiten, sondern auch alle Erfahrungen des Weltkrieges mussten hier zur Anwendung
kommen. Wir haben schon davon gesprochen, dass Macht und Kompetenzen
des Führers einer militarisierten Partei sehr stark an Macht und Kompetenzen eines modernen diktatorischen Führers in Kriegszeiten erinnern. Die
Tätigkeit der Partei spielte sich unter Bedingungen des modernen Krieges ab,
und diese Umstände erforderten eine entsprechende Macht und Kompetenzen des Führers.

Aber hier stehen wir vor einem weiteren Problem. Während die Militarisierung der „Monopartei" in der Periode vor ihrer Machtergreifung verständlich
ist, so sollte sie in derjenigen Periode, in der man die Früchte des Sieges
genießt, zumindest nachlassen. Wir haben schon davon gesprochen, dass
militärische Vereinigungen in Zeiten einer allgemeinen Pazifizierung zivile
Eigenschaften annehmen. Das heißt jedoch nicht, dass der Prozess der Militarisierung hierdurch unterbrochen würde. Der moderne Militarismus ist
unvergleichlich vielseitig und erfasst alle Bereiche des Lebens. Wenn eine militärische Vereinigung ihren zivilen Teil erschuf, dann unterwarf sie ihn militärischen Mustern und Regeln. Nach der Erringung der Macht ließ das Tempo
der Militarisierung nicht nach, ganz im Gegenteil, es nahm noch zu. Dies ist
besonders schlagend im Fall des italienischen Faschismus. Bis 1926, also bis
zur endgültigen Delegalisierung ihrer Gegner, war die faschistische Partei
keine so weitgehend kasernierte Partei wie seit dieser Zeit. Der faktische Charakter einer „Monopartei" wurde hier zum Faktor, der die Militarisierung steigerte. Die Erringung der staatlichen Macht und die Beseitigung der politischen
Gegner erlaubten der Partei, ungehindert ein ganzes System von Organisati-
onsprinzipien auszuarbeiten und zu realisieren sowie ihrem Verwaltungsapparat eine deutliche Gestalt zu geben.

Die Partei hörte nicht auf, eine Armee zu sein; mehr noch, sie zwang dem
ganzen Gemeinschaftsleben einen militärischen Charakter auf. Sie wurde zum
mächtigen Apparat der Militarisierung der Gesellschaft, der viel erfolgreicher
war und tiefer einwirkte als eine echte Armee. Die Proklamierung des inneren
Friedens, die solidaristische Ideologie, welche die Partei annahm, wirkten sich
somit nicht dahingehend aus, dass die Partei aufhörte, eine Armee zu sein, die
sich auf den Kampf vorbereitete oder ihn führte. Alle diese organisatorischen
Regeln und alle erzieherischen Methoden nämlich sind charakteristisch nicht
nur für den zukünftigen, beabsichtigten Kampf, sondern auch für den bereits
stattfindenden.

Diese extreme Militarisierung der Partei hat nur dann Sinn, wenn der Kampf fortdauert, und sie lässt sich nur mit dem Kriegszustand erklären. Die Parteien, mit denen wir uns beschäftigen, vertreten extrem nationalistische Ansichten. Die Mythisierung des Feindes hat für sie enorme Bedeutung als Faktor der Aufrechterhaltung des organisatorischen Zusammenhalts, der Kampfbereitschaft der Gruppe und damit als wichtiges Mittel zur Erreichung erzieherischer Ziele. Die Stereotypen des Kommunisten, des Juden, des Frei-maurers, des Abessiniers, des Reaktionärs, des Marxisten usw. sind hier ein-fach unerlässlich, und es ist von völlig zweitrangiger Bedeutung, welches Objekt oder welcher Begriff als „feindlich" mythisiert wurde. Der nationalso-zialistische Antisemitismus ist ein ziemlich zufälliger Umstand, und es ist unwesentlich, wem die Würde des mythischen Feindes zuteilwird, der zu bekämpfen ist. Hat etwa die Tatsache der Mythisierung der Feinde entschei-dende Bedeutung für die fortschreitende Militarisierung der Partei?

Ohne Zweifel hat es keine Bedeutung, wer zum Feind deklariert wurde, auf wen sich der Prozess der Mythisierung bezog. Aber die Mythisierung an sich zeugt von etwas, was für die strukturellen Wandlungen der Gruppe wesentliche Bedeutung hat. Denn eine solche Mythisierung ist Ausdruck dessen, dass die Gruppe, auch wenn sie einen vollen Erfolg erzielt und ihre Gegner gebrochen hat, nicht aufhört, eine kämpfende Gruppe zu sein. Der Jude, der Freimaurer oder der Reaktionär werden dann zu Symbolen, hinter denen sich eine feind-liche Kraft versteckt, welche die Gruppe bedroht und die zu bekämpfen ist. Und die Militarisierung, die auch fortdauert, nachdem die Gruppe ihr poli-tisches Ziel – die Erringung der Macht – erreicht hat, zeugt davon, dass der Kriegszustand nicht beendet ist.

Unserer Meinung nach ist die maximale Verschärfung der sozialen Antago-nismen ein grundlegendes Moment in der Geschichte unserer Nachkriegsepo-che. Wenn wir diesen Gedanken auf andere Weise äußern möchten, können wir sagen, dass wir uns in einer Periode befinden, in der die Klassenkonflikte eine dramatische Spannung annehmen. Die Marx'sche Formel gibt uns den besten Schlüssel zum Verständnis der allgemeinen Prozesse des modernen Lebens; insbesondere die Interpretation der heutigen Zeiten ermöglicht uns die angemessene Bewertung des methodologischen Werts der Marx'schen For-mel. Im Lichte einer solchen Interpretation erhält die Tatsache der Militari-sierung der politischen Parteien ihren Sinn und verbindet sich eng mit allen Prozessen des modernen Lebens.

Jede politische Massenpartei in der modernen Gesellschaft und der kapita-listischen Wirtschaft hat einen entschiedenen Klassencharakter. Dies bezieht sich in gleichem Maße auf Parteien, die ihren Klassencharakter mit Nachdruck unterstreichen, wie auf solche, die auf dem Boden allgemein-nationaler Ziele stehen. Wir können diese Frage nicht detailliert betrachten und müssen uns auf allgemeine Feststellungen beschränken. In jedem Falle unterliegt es für uns nicht dem geringsten Zweifel, dass sowohl die italienische faschistische Partei als auch die deutsche nationalsozialistische Partei einen bestimmten Klassencharakter haben. Für diesen Charakter entscheidend ist nicht die Klassenstruktur der Parteimitglieder in einem gegebenen Moment, sondern die Positionierung der Partei in der Frage des privaten Eigentums sowie ihre Verbindungen mit Organisationen des Großkapitals. Im Übrigen: Was die Zusammensetzung der Parteien angeht, so bildeten in der einen wie in der anderen kleinbürgerliche Elemente die Basis, und nicht ohne Grund werden der Faschismus und der Hitlerismus als Bewegungen der kleinbürgerlichen Massen beschrieben.

Ungeachtet des Sieges der solidaristischen Doktrin in Italien und Deutschland sind die sozialen Antagonismen nicht verschwunden, und die Fortschritte bei der Militarisierung der herrschenden Partei zeugen von ihrer deutlichen Verschärfung. Der Klassenkampf muss sich nicht in der Form organisierter Bewegungen äußern, muss nicht die Form der Zusammenstöße annehmen, die typisch für die Vorkriegsepoche in der Geschichte des Kapitalismus waren. Die Abschaffung der Institutionen des Parlamentarismus und der kommunalen Selbstverwaltung, die sich auf demokratische Grundsätze stützen, die Delegalisierung oppositioneller Parteien, die Zwangsunifizierung der Gewerkschaften – all dies verdunkelt das Bild der wirklichen Ordnung der gesellschaftlichen Kräfte und drückte sie in die Tiefe des gesellschaftlichen Organismus, ohne die Ursachen der Krankheit zu beseitigen. Soziale Antagonismen, die sich nicht sofort äußern können, sind nicht verschwunden, sondern haben sich verschärft und sind schließlich zu den herrschenden Gruppen selbst durchgedrungen.

Unter diesen Bedingungen, die wir im Übrigen nur sehr allgemein skizzieren, wurde die Militarisierung der herrschenden Partei zur Notwendigkeit. Die politische Partei musste sich zu einer mächtigen Kasernenorganisation wandeln und Menschenmassen hörig machen, sie musste militärisches Personal schaffen, welches den *status quo* verteidigen und zugleich zu einem Propagandaapparat werden sollte, der in breitesten gesellschaftlichen Massen all dem entgegenwirkte, was den Besitzstand der herrschenden Gruppe und ihrer Elite infrage stellen konnte. Es ist unwichtig, dass der Gegner, gegen den man eine Front aufbaut, zerschlagen und unorganisiert ist und zum Teil nicht einmal existiert. Wichtig ist ausschließlich die Tatsache, dass im System der sachlichen Beziehungen, vor allem dem der wirtschaftlichen und der wirtschaftlich-sozialen, viele objektive Umstände existieren, die immer die Gefahr heraufbeschwören, dass sich der Feind in dieser oder anderer Form regenerieren kann. Wenn die Partei mithilfe zielgerichteter Maßnahmen keine wesentlichen Veränderungen in diesem System der sachlichen Beziehungen zustande bringt, dann ist ihr gesamter Wille gefordert, um diesem Feind nicht die Regenerierung zu erlauben.

Jede militärische Organisation hat ihren sozialen Inhalt. In Dienstreglements kann man ebenfalls einen Niederschlag der sozialen Verhältnisse an einem bestimmten Ort zu einer bestimmten Zeit erblicken. Anders sieht der revolutionäre Militarismus in Frankreich im Jahre 1793 aus und anders der preußische Militarismus im Jahre 1914. Der italienische Faschismus und der deutsche Hitlerismus mussten sich auf militärische Muster stützen, die im Einklang mit der sozialen Situation dieser Parteien stehen. Wir können voraussetzen, dass die gesellschaftlichen Kräfte, die organisiert gegen die herrschenden Gruppen in Italien und Deutschland vorgehen, ebenso den Charakter von „Monoparteien" mit deutlich militärischer Struktur annehmen werden. Es ist sehr wahrscheinlich, dass es sich um eine Militarisierung anderer Art und nach anderen Mustern handelt. Nichtsdestotrotz wird es sich um eine Militarisierung handeln. Wenn in der Vorkriegszeit, in der Blütezeit des Kapitalismus, militärische Muster für sich eine Stütze in der Organisationsstruktur der politischen Parteien fanden, dann müssen sich Parteigruppen in Zeiten eines gestörten Gleichgewichts, in Zeiten mächtigerer sozialer und Klassen-Antagonismen in umso bedeutenderem Maße kämpfenden Armeen angleichen. Das moderne Leben steht im Zeichen des Krieges und der Armee. In Ländern, in denen das wirtschaftlich-soziale Gleichgewicht in höchstem Maße gestört ist, wo Systemgegensätze am mächtigsten aufgetreten sind, dort ist die Militarisierung des Lebens, und damit die der politischen Parteien, am weitesten fortgeschritten. Die militärischen Traditionen waren in Italien unvergleichlich schwächer als in Deutschland. Und doch ist die Militarisierung dort nicht in schwächerem Maße aufgetreten. Zweifellos haben die militärischen Traditionen in Deutschland eine eigene Rolle gespielt. Aber sie haben lediglich das Fortschreiten des Prozesses begünstigt und den Fakten eine eigentümliche Färbung verliehen; sie waren nicht Motor des Wandels und gaben ihr keine Richtung. Der Wandel wurde sowohl in Italien, wo die militärischen Traditionen schwach waren, als auch in Deutschland, wo sie sehr stark waren, durch das gesamte System der sachlichen Beziehungen bestimmt, das hier entstand und schließlich über alles entschied.

Übersetzung: Torsten Lorenz

Die Sendung des Führers

I.

Unter den systematischen Arbeiten Max Webers nimmt der Versuch, eine Herrschaftstypologie auszuarbeiten, einen wichtigen Platz ein.[1] Weber bemüht sich, diese Typologie aus dem Charakter und den Quellen der Legitimität abzuleiten. Er unterscheidet drei Typen von Herrschaft, denen jeweils eine besondere Art von Legitimität entspricht. Die Herrschaft kann einen rationalen Charakter tragen, wenn sie sich im Glauben an die Legalität erlassener Ordnungen und der Befehlsrechte der Personen äußert, die durch sie zur Ausübung der Gewalt berufen sind. Herrschaft kann ferner traditionalen Charakters sein, wenn sie auf dem Alltagsglauben an die Heiligkeit von jeher geltender Traditionen und die Legitimität der Personen beruht, die ihr ihre Autorität verdanken. Der dritte Typ von Herrschaft ist die charismatische Herrschaft.[2]

Von der rationalen Legitimität machen alle „legalen" Mächte Gebrauch. Die Herrschaft ist hier gleichsam einer Säkularisierung unterworfen, und die persönliche Ausübung der Macht wird in rationaler Weise aus der geltenden Rechtsordnung hergeleitet. Die traditionale Herrschaft findet ihre Legitimierung in der Tatsache historischer Stetigkeit und stützt sich auf die Autorität altüberkommener Ordnungen. Die Tatsache ununterbrochener Fortdauer wird hier als Beweis für die Sanktionierung durch die Geschichte interpretiert.[3]

Der Gegensatz zur traditionalen Herrschaft ist die charismatische Herrschaft. Das „Charisma" lässt sich definieren als nicht alltägliche (ursprünglich sowohl bei Propheten wie bei Therapeuten, Rechtsgelehrten, Jagdführern und Kriegshelden als magisch bedingt geltende) Qualität einer Persönlichkeit, aufgrund derer sie als mit übernatürlichen oder übermenschlichen oder zumindest spezifisch außeralltäglichen, nicht jedem anderen zugänglichen Kräften oder Eigenschaften oder als gottgesendet oder als vorbildlich und deshalb als „Führer" gewertet wird.[4]

---

1   Wir gebrauchen das Wort „władztwo" zur Übersetzung des deutschen Wortes „Herrschaft"; für „Macht" gebrauchen wir das Wort „władza". Eine Unterscheidung dieser beiden Begriffe bringt Max Weber, Wirtschaft und Gesellschaft, 2. Auflage Tübingen 1925 (Grundriss der Sozialökonomik, 3. Abteilung), S. 28 und 603 ff.

2   Vgl. ebd., S. 124.

3   Vgl. ebd., S. 124–140. Außerdem Herbert von Borch, Das Gottesgnadentum. Historisch-soziologischer Versuch über die religiöse Herrschaftslegitimation, Berlin 1934, S. 2 f.

4   Vgl. Weber, Wirtschaft und Gesellschaft, S. 140.

Der Träger des Charismas ist nicht eine offizielle Persönlichkeit oder ein Mensch im Besitz von Fachwissen. Das Charisma wird denjenigen zuteil, die mit besonderen übernatürlichen Gaben des Geistes und des Körpers ausgestattet sind. Dank dieser Begabung sind sie imstande, ihr Wissen um die Dinge in die Tat umzusetzen und die Herrschaft auszuüben. Natürlich kommen hier verschiedene Betätigungsfelder in Frage. Hierbei kann es sich um die Tätigkeit des militärischen Führers, des Leiters einer Jagdexpedition, des Arztes, des Richters, des Propheten usw. handeln. Diese Art der Herrschaft hat eine nur ihr eigene Struktur. Das Charisma ist etwas einmalig Gegebenes, kennt kein geordnetes Vorgehen, kennt kein Aufsteigen auf den Sprossen der bürokratischen Leiter, keine Karriere, kein Avancement, kein Gehalt, keine Organisation der Behörden usw.[5] Der Charismatiker stützt sich ausschließlich auf seine Sendung und verlangt kraft dieser Sendung Gehorsam und Gefolgschaft. Der Erfolg des Charismatikers hängt ausschließlich davon ab, ob er diesen Gehorsam findet. Die Anerkennung dessen, dass jemand charismatisch qualifiziert ist, wird als Verpflichtung derjenigen betrachtet, an die sich seine Sendung richtet. Daher ist bei einer charismatischen Herrschaft von der Souveränität des Volkes keine Rede. Wenn die chinesische Theorie das Herrenrecht des Kaisers von der Anerkennung des Volkes abhängig macht, so ist das zu verstehen als Verpflichtung des Volkes, die charismatischen Eigenschaften anzuerkennen, die in der Sendung des Monarchen ruhen.

Die charismatische Herrschaft ist etwas Nichtalltägliches, etwas, was sich nicht in den Rahmen der geordneten Regeln des Alltäglichen fügt. Aus diesem Grunde ist sie eine völlige Verneinung jeglicher bürokratischen und patriarchalen Struktur, denn diese sind Alltagsgebilde, haben das Merkmal der Stetigkeit und der Ordnung. Dieser Gegensatz bezieht sich vor allem auf die Sphäre des Wirtschaftslebens. Das Charisma ist nicht von dieser Welt. Das bedeutet natürlich nicht, dass der Charismatiker, wie der heilige Franz, Geldbesitz und Geldeinnahme verachtet, wohl aber lehnt er den planvollen Geldgewinn und jede rational geordnete Wirtschaft als seiner Mission unwürdig ab. In seiner „reinen" Form ist das Charisma für seine Träger nie die Quelle rationalisierten Erwerbs. Dagegen nehmen sie gern Mäzene in Anspruch, leben von Geschenk und Beute, also von Einkünften, die nicht alltäglich und regulär sind.[6] Der Charismatiker und mit ihm seine Jünger und seine gesamte Umgebung stehen sozusagen außerhalb dieser Welt, außerhalb der Alltagsberufe und außerhalb der alltäglichen Familienpflichten. Daher sind Phänomene wie der Zölibat, die Unlust zur Unterordnung unter die herrschenden wirtschaftlichen Regeln, die Nichtausübung von Erwerbsberufen usw. so häufig.[7]

5   Ebd., S. 141, 753.
6   Vgl. ebd., S. 754.
7   Vgl. ebd., S. 754 f.

Dieser Mangel an Stabilität zeigt sich auch in anderer Hinsicht. Vor allem kann das Charisma selbst erlöschen, und sein Träger kann sich als von seinem Gott verlassen fühlen. Der charismatische Held leitet seine Autorität nur aus der Tatsache des Besitzes des Charismas her. Daher muss er bestrebt sein, sein Charisma dauernd in Taten zu bekunden, um das Nichterloschensein des Charismas zu bestätigen; daher muss er es durch seine gesamte Tätigkeit bezeugen und in diesen Äußerungen des Charismas die Legitimität seiner Autorität finden. Seine gesamte Tätigkeit muss auf Nichtalltäglichkeit ausgerichtet sein. „Er muss Wunder tun, wenn er ein Prophet, Heldentaten, wenn er ein Kriegsführer sein will. Vor allem aber muss sich seine göttliche Sendung darin ‚bewähren‘, dass es denen, die sich ihm gläubig hingeben, *wohlergeht.* Wenn nicht, so ist er offenbar nicht der von den Göttern gesendete Herr.“[8] Hier ist zugleich der grundlegende Unterschied zwischen dem genuinen Charisma und dem Gottesgnadentum. Der Monarch von Gottes Gnaden ist vor Gott verantwortlich, während der Charismatiker auch vor seinen Beherrschten verantwortlich ist, und zwar in dem Sinne, dass er ihnen dauernd zeigen muss: Er ist in der Tat der von Gott erwählte Führer.

Die charismatische Herrschaft kennt keine abstrakten Rechtssätze und Reglements. Sie ist der Ausfluss himmlischer Gnade und frei von allen irdischen Bindungen. Daher ist das Charisma immer revolutionär und stellt sich in Gegensatz zu allen Traditionen und rationalen Normen. Die spezifische charismatische Form der Streitschlichtung ist die Offenbarung durch den Propheten, das Orakel oder der Spruch des Weisen. Nicht in Frage kommen Rechtssätze, denen sich der charismatische Herrscher nur zu oft bewusst entgegenstellt.[9] Aus allen diesen Gründen ist das Charisma eine mächtige revolutionäre Kraft, die sich mit den revolutionären Bewegungen verbindet und sich in allen revolutionären Bewegungen erblicken lässt.[10]

Das sind die wesentlichen Züge der charismatischen Herrschaft. Hinzuzufügen ist, dass keine der drei Grundformen der Herrschaft in der realen Wirklichkeit in reiner Gestalt auftritt. Meist stoßen wir auf eine Koexistenz verschiedener Strukturen, von denen eine ein Übergewicht gegenüber der anderen besitzt.[11] Diese Erscheinung steht in engem Zusammenhang mit der Tatsache, dass die Typen der Herrschaft durch genetische Abhängigkeiten miteinander verbunden sind. Die charismatische Struktur hat es an sich, dass sie, sobald sie Gestalt angenommen hat, einem Wandlungsprozess zu unterliegen beginnt, der ihren ursprünglichen Inhalt in völlig entgegengesetzter Richtung verändert.

8 Ebd., S. 755.
9 Vgl. ebd., S. 756.
10 Vgl. ebd., S. 142.
11 Vgl. ebd., S. 154.

Im dem Moment, in dem die charismatische Herrschaft zu einem dauernden gesellschaftlichen Gebilde wird, beginnt der Prozess ihrer Traditionalisierung und Legalisierung.[12] Wir haben es hier mit einer grundlegenden Erscheinung zu tun, die Weber „die Veralltäglichung des Charismas" nennt.

Die entscheidende Bedeutung für den Beginn der Umgestaltung der charismatischen Herrschaft kommt der Tatsache ihrer Verstetigung zu. Nachdem sich das Charisma, das *ex definitione* übernatürlich und außeralltäglich ist, gefestigt hat, beginnt der Prozess der Institutionalisierung und zugleich der Traditionalisierung und Rationalisierung. Wir müssen hier bei den Motiven, der charismatischen Herrschaft Dauer zu verleihen, verweilen. Zu diesen Motiven gehören die ideellen und materiellen Interessen weiter Kreise von Anhängern am Fortbestand und an der Versorgung der gesamten Gruppe und die noch stärkeren analogen Interessen des Verwaltungsstabes: der Jünger, der Parteileitungen, der nächsten Umgebung usw. Für diese Kategorien von Personen hat die Rücksicht auf die Notwendigkeit der Sicherung ihrer eigenen materiellen und ideellen Position auf festen Fundamenten des Alltagslebens entscheidende Bedeutung. Ununterbrochen tritt die Tendenz zutage, den vorübergehenden und irrationalen Zustand der Gnade, die in Ausnahmezeiten erwählten Personen zuteil wird, in ein dauerhaftes Gut des Alltags umzugestalten. Diese Tendenz zieht grundlegende strukturelle Veränderungen nach sich. Aus der charismatischen Umgebung des Kriegshelden entsteht der Staat, aus der Umgebung des Propheten, des Künstlers, des Philosophen, des Neuerers auf ethischem oder wissenschaftlichem Gebiet entsteht die Kirche, die Sekte, die Akademie, die Schule usw. Der Schwerpunkt der Veränderungen liegt bei der Umgebung des Herrschers, bei seinen Priestern, Staatsbeamten, Parteibeamten, Offizieren, Sekretären, Redakteuren usw. Sie alle wollen von der charismatischen Bewegung leben, und durch sie verwandelt sich das Charisma zu einer Institution von Dauercharakter, die für sich nach neuen Legitimierungen suchen wird.[13]

Diese Interessen der Umgebung äußern sich besonders stark, sobald die Frage der Nachfolgerschaft des Trägers des Charismas entsteht. Der Tod des Charismatikers hat immer entscheidende Bedeutung für die Zukunft seiner Bewegung. Von der Nachfolgerschaft hängt der Fortbestand der Gruppe ab, und die Art der Lösung dieses Problems übt einen grundlegenden Einfluss auf die weiteren strukturellen Handlungen aus.

Weber stellt sechs grundlegende Arten der Lösung dieses Problems fest. Es wird ein neuer Charismaträger aufgrund bestimmter anerkannter Merkmale gesucht. Als Beispiel kann das Aufsuchen des neuen Dalai Lama dienen. Man

---

12 Vgl. ebd., S. 143 und Borch, Das Gottesgnadentum, S. 3.
13 Vgl. Weber, Wirtschaft und Gesellschaft, S. 142 f. und 762 f.

kann sich, zweitens, von der Offenbarung durch das Orakel, Los usw. leiten lassen. In diesem Fall wird die Legitimierung des neuen Charismaträgers aus der Legitimität der Technik abgeleitet (z. B. die Wahl Sauls). Eine sehr häufige Form ist die Designation des Nachfolgers durch den bisherigen Charismaträger und die Anerkennung dieser Designation durch die ganze Gruppe. Die nächste Form ist die Designation des neuen Trägers durch den charismatisch qualifizierten Verwaltungsstab und die Anerkennung durch die ganze Gruppe. Es handelt sich hier nicht um das, was man als „Wahl" bezeichnet, sondern um die pflichtmäßig gebundene Bezeichnung der richtigen Persönlichkeit. Daher ist Unstimmigkeit hier als Postulat angenommen, die zur Vermeidung falscher Wahl unumgänglich ist (z. B. die ursprüngliche Wahl von Bischöfen und Königen). Die nächste Art der Lösung beruht auf der Anerkennung der Vorstellung, dass das Charisma eine Eigenschaft des Blutes ist, es an der Sippe, zu der der Träger gehört, haftet und es auf dem Wege der Vererbung weitergegeben wird. In diesem Fall haben wir es mit Erbcharisma zu tun, aus dem sich alle Erbmonarchen herleiten.[14] Schließlich, sechstens, kann man der Überzeugung begegnen, dass das Charisma vom Träger auf andere Personen durch theurgische, ursprünglich magische, Mittel übertragen werden kann. Das Charisma tritt hier in versachlichter Gestalt auf und verbindet sich im einzelnen Fall mit einer Würde, einem Amt (Amtscharisma). Als Beispiel kann uns die Priesterweihe dienen. Der Glaube an diese Legitimation bezieht sich nicht mehr auf die Person, sondern auf die erworbene Qualität und die Wirksamkeit des theurgischen Aktes. Hier wirkt die Überzeugung von der besonderen und spezifischen Begnadung einer gesellschaftlichen Institution.[15]

Die Veralltäglichung des Charismas als Konsequenz der Notwendigkeit, die Frage der Nachfolge zu lösen, verläuft parallel mit der Veralltäglichung der Interessen des Verwaltungsstabs. Nur in der Anfangsperiode, in der das Charisma in reinster Form hervortritt, kann dieser Stab zusammen mit seinem charismatischen Herrn von Schenkungen von Mäzenen, von Beute oder Gelegenheitsspenden leben. Nur der zahlenmäßig kleine Kreis der allernächsten Umgebung kann seine Tätigkeit „ideell" betreiben. Die Masse der Bekenner und Jünger muss, wenn sie nicht untergehen will, ihr Leben auf feste materielle Grundlagen stellen, aus ihm einen „Beruf" machen.

Die Veralltäglichung des Charismas kann auch in der Form der Appropriation von Gewalt und Erwerbschancen an die Gefolgschaft vor sich gehen, deren Rekrutierung hierbei geregelt wird. Die letztere kann verschiedene Formen annehmen. So kann sich die Rekrutierung auf das Prinzip des persön-

---

14 Diese Frage fand eine gründliche Bearbeitung im erwähnten Werk von Herbert von Borch.
15 Vgl. Weber, Wirtschaft und Gesellschaft, S. 143 f. und 763 ff.

lichen Charismas stützen, und die Gefolgschaft wird dann Kriterien verschiedener Art aufstellen, insbesondere Erziehungs- und Erprobungsnormen. In allen diesen Fällen kann das Charisma nur „geweckt" und „erprobt", aber niemals „erlernt" oder „eingeprägt" werden. Alle Arten magischer Askese und alle Noviziate haben den Zweck, den Stab zu beschränken, und das Ziel, in seinen Bestand nur charismatisch erprobte Menschen aufzunehmen. Die charismatischen Normen verwandeln sich leicht in erbliche, traditional ständische Formen. Insbesondere dort, wo das Erbcharisma des Führers gilt, kann sich auch mit Leichtigkeit ein Erbcharisma seiner Gefolgschaft herausbilden. Auf diese Weise entsteht eine fest gefügte Institution, die sich auf eine streng reglementierte Organisation und auf ein streng umrissenes System von Leistungen stützt. Mit der Veralltäglichung verschwindet die ursprüngliche Fremdheit gegenüber wirtschaftlichen Dingen, das Charisma passt sich den fiskalischen Formen an und geht eine Verbindung mit den alltäglichen Erscheinungen des Wirtschaftslebens ein.[16]

Die Veralltäglichung vollzieht sich nicht ohne Kampf. Im Laufe dieses Vorgangs zeigt sich immer eine Reihe von Gegensätzen und Widerständen. Der charismatische Herrscher stellt sich den Tendenzen seines Stabes entgegen, innerhalb des Stabes vollziehen sich Kämpfe um Stellungen, um die Erlangung eines Platzes in der Hierarchie.[17] Allmählich nimmt jedoch die Veralltäglichung ihre endgültige Gestalt an, und das Charisma wird zu einer Institution bürokratischen Typs, wird also zu einer Institution, gegen die das Charisma ursprünglich gerichtet war. Wir können sagen, dass Weber hier das Wirken eines dialektischen Prinzips einsetzt, durch das eine Form notwendigerweise in eine andere, ihr entgegengesetzte, übergeht.

Mit dem Problem des Charismas, mit der Typologie der charismatischen Herrschaft, mit der Struktur des Charismas und seinen Wandlungen hat sich Weber oftmals beschäftigt. Ausgesprochen scharfsinnig hat er dieses Problem in seinen vorzüglichen Arbeiten aus dem Gebiet der Religionssoziologie analysiert. Die in diesen Arbeiten behandelte Umwandlung des Charismas, seine allmähliche Institutionalisierung und der Vergleich seiner verschiedenen Träger miteinander haben ihm reiches Material für die eingehende Behandlung der Fragen geliefert, die er sich in „Wirtschaft und Gesellschaft" gestellt hatte.[18] Ein Moment von größter Bedeutung in diesen Betrachtungen ist der Nachweis der Alltäglichkeit charismatischer Erscheinungen auf den verschie-

---

16 Vgl. ebd., S. 144 ff.
17 Vgl. ebd., S. 146.
18 Von grundlegender Bedeutung sind hier die drei Bände von Max Weber, Gesammelte Aufsätze zur Religionssoziologie, 2. Auflage Tübingen 1922, insbesondere Band 1: Die Wirtschaftsethik der Weltreligionen, Einleitung und S. 237 ff. sowie Band 3: Das antike Judentum.

denartigen Gebieten der menschlichen Beziehungen und die Darlegung der Bedeutung dieser Erscheinungen für das Verstehen dieser oder jener sozialen Ordnung. Überall dort, wo Führertum auftritt, das sich festen bürokratischen Formen entgegenstellt, kann man Charisma in diesem oder jenem Stadium seiner Entstehung oder Entwicklung finden. Daher ist das Problem des Charismas für die Frage der Führerschaft in den großen politischen Bewegungen und insbesondere in den großen Parteibewegungen von erstrangiger Bedeutung. Das allgemeine Kennzeichen dieser Bewegungen ist die Überzeugung der Führer von ihrer persönlichen Sendung und die Überzeugung der Massen der Bekenner und Anhänger, dass der Führer eine außergewöhnliche, eine erwählte, von der Vorsehung geschenkte Persönlichkeit ist. Diese Überzeugungen, zu denen auch der gesamte Komplex der mit der Legitimation der Führung verbundenen Fragen gehört, haben einen gewaltigen Einfluss auf die Struktur der Bewegung und stehen im engen Zusammenhang mit den gesamten sozialen Inhalten, welche die Entstehung und Entwicklung der Bewegung bestimmen.

Der Darlegung der Auffassungen Max Webers haben wir viel Raum gewidmet. Sie sollen uns als Ausgangspunkt für eine speziellere Frage dienen – die Frage der Sendung des Führers der modernen großen politischen Bewegung.

II.

Die revolutionären Erschütterungen in der Zeit nach dem großen Kriege haben Plejaden von „Führern" auf die Bühne des öffentlichen Lebens gebracht. Das politische Führertum wurde zu einer höchst charakteristischen Erscheinung unserer Zeit. Alle diese Führer kamen zu ihrem politischen Erfolg dadurch, dass sie sich auf eine fest geschlossene Gruppe von Anhängern stützten. Ein Teil von ihnen trat hervor als Führer großer militärisch organisierter politischer Parteien.[19] Ihr Auftreten und ihr Erfolg wurden von der Überzeugung weiter sozialer Gruppen begleitet, dass ihnen eine Sendung und besondere, von der „Vorsehung" gegebene Eigenschaften zuteil geworden seien. Dieser Glaube wurde und wird in größerem oder geringerem Maße von den Führern selbst geteilt, zumindest von einem großen Teil von ihnen. Diese Plejaden von Führern zeigen uns verschiedene Einzelerscheinungen und Typen von charismatischen Gestalten und charismatischen Herrschaften. Das Problem des Charismas des Führers einer modernen großen politischen Bewegung wird Gegenstand unserer Betrachtung sein.

---

19 Siehe Aleksander Hertz, Militaryzacja stronnictwa politycznego (Die Militarisierung der politischen Partei). In: Przegląd Socjologiczny, 4 (1936) 1–2, S. 60–109.

Um verallgemeinernde Urteile zu fällen, müsste man sich zumindest mit den wichtigsten Charismatikern beschäftigen. Unsere Arbeit stellt sich jedoch kein so weites Ziel. Wir beschränken uns ausschließlich auf einen von ihnen, den wir vom Standpunkt unserer Fragestellung für den interessantesten halten. Bei ihm handelt es sich um Adolf Hitler. Offensichtlich werden die Folgerungen, die wir hieraus ziehen, für einen Komplex von streng begrenzten Erscheinungen ihren Wert haben. Man wird sie nicht auf andere Charismatiker und auf andere Länder ausdehnen dürfen. Nichtsdestoweniger haben wir den Eindruck, dass es uns gelingen wird, bestimmte Momente zu bestimmen, die es gestatten, allgemeinere Erscheinungen und Prozesse zu beleuchten, die sich nicht nur auf Deutschland, sondern auch auf andere Länder beziehen.

Für die Wahl Hitlers haben wir uns nicht nur deshalb entschieden, weil wir den Fall Hitler als besonders charakteristisch ansehen, sondern auch deshalb, weil wir es hier mit einem reichen und unmittelbaren Material zu tun haben, das uns den Zugang zum Problem ermöglicht. Obgleich fast alle Führer eine literarisch-publizistische Tätigkeit ausgeübt haben und ausüben, so hat doch keiner von ihnen ein vom Standpunkt des Soziologen so einzigartiges Material geliefert wie Hitler in „Mein Kampf". Mussolini, der ebenfalls vom Glauben an seine Sendung tief durchdrungen ist, ist in seinen Schriften gemäßigter und diskreter und legt von seinem Charisma nicht in so unmittelbarer und offener Weise Zeugnis ab wie Hitler. Das ganze Buch Hitlers ist ein erstklassiges Dokument, es ist das bedeutsame Bekenntnis eines Charismatikers, der auf jeder Seite seine Sendung zum Ausdruck zu bringen sucht. Ein Dokument gleichen Formats hat uns keiner der anderen Charismatiker der heutigen Zeit beschert.

Wir wollen zunächst eine Charakteristik des Materials geben, dessen wir uns bedienen wollen. Wir wollen diejenigen Aussprüche aufsuchen, in denen Ansichten über den Führer und seine Sendung ihren Ausdruck gefunden haben. Diese Ansichten können aus zwei Quellen kommen und im Zusammenhang damit von zweierlei Art sein. In erster Linie sind es die Auffassungen des Führers selbst. Auch unter ihnen kann man zwei Arten unterscheiden. Die eine von ihnen umfasst seine Aussprüche über die Führung im Allgemeinen. Wie wir uns überzeugen werden, decken sich in der Praxis die einen mit den anderen, weil der Führer in der Hauptsache seine eigene Person und seine eigene Führung im Auge hat, wenn er von der Institution des Führers im Allgemeinen spricht. In allen diesen Aussprüchen zeigt sich beim Verfasser die Tendenz, eine Legende von seiner eigenen Person zum Gebrauch für seine Gefolgschaft und breitere soziale Gruppen zu schaffen. Neben den Aussprüchen des Führers selbst verfügen wir über Äußerungen seiner Gefolgschaft und verschiedener sozialer Gruppen, die in der einen oder anderen Beziehung zum Führer stehen. In diesen Aussprüchen äußern sich Überzeugungen zum Thema der Person des Führers und seiner Tätigkeit als Führer, äußert sich eine ganze Reihe positiver und negativer Werturteile. Natürlich spielt auch hier der Faktor der bewusst und zielstrebig gebildeten Legende eine sehr große Rolle. Natürlich üben die Überzeugungen, denen der Führer Ausdruck gegeben hat, einen starken Einfluss auf die Überzeugungen seiner Anhänger aus und übermitteln ihnen bestimmte Inhalte von Begriffen und Vorstellungen. Andererseits besteht ein analoges Verhältnis auch zwischen den Überzeugungen der Gefolgschaft und Anhängerschaft und der Herausbildung der Auffassungen des Führers. Der Führer übernimmt bewusst oder unbewusst Elemente in die Legende, die er über sich selbst formt, die im Kreise derjenigen, die sich zu ihm bekennen und ihm anhängen, entstanden sind. Gleichzeitig bereichert und ergänzt er mit seinen Aussprüchen die Legende, die jene formen. Wenn die Führerlegende einen gewissen Grad der Stabilisierung erreicht, was mit dem Erfolg eintritt, so unterliegt sie gewissermaßen der Kodifizierung, und eine letzte Version der Legende wird als einzig gültige anerkannt. Die persönliche Autorisierung von Seiten des Führers ist das letzte entscheidende Moment für die Kodifizierung der Legende. Die Formulierung, welche die Legende jetzt annimmt, wird als endgültig betrachtet und verpflichtet sowohl die gesamte Gruppe wie den Führer selbst.

Diese von uns vorgebrachten Bemerkungen charakterisieren vollständig die allgemeinsten Entwicklungsstränge im Prozess der Gestaltung der Hitlerlegende bis zu dem Moment der Entstehung ihrer letzten Redaktion. Die Grundlage der Legende war das Bekenntnis Hitlers in „Mein Kampf". Bis zu einem gewissen Grade wurde sie durch seine Reden und einige Schriften ergänzt.[20] Unabhängig davon, unter welchen Einflüssen sich die Auffassungen Hitlers, denen er in seinen Veröffentlichungen Ausdruck gegeben hat, gebildet haben, hat die in diesen enthaltene Fassung der Sendung des Führers zweifellos in den ohne

---

20 „Mein Kampf" zitieren wir nach der 38. Auflage aus dem Jahre 1935. Es existieren mehrere Ausgaben von Sammlungen der Reden Hitlers. Die Reden aus den Anfängen seiner Tätigkeit wurden im Jahre 1923 veröffentlicht: Adolf Hitler. Sein Leben und seine Reden, hrsg. von Adolf-Viktor von Koerber. Von großer Bedeutung ist das Buch von Dietrich Eckart, Der Bolschewismus von Moses bis Lenin. Zwiegespräch zwischen Adolf Hitler und mir, München 1925. Es handelt sich um Unterredungen, die zwischen Eckart und Hitler geführt wurden, wobei Hitler seine Aussprüche als authentisch anerkannt hat. Aussprüche Hitlers bringt auch die Broschüre von Otto Strasser, Ministersessel oder Revolution. Eine wahrheitsgemäße Darstellung meiner Trennung von der NSDAP, Berlin 1930. Strasser, ein späterer Gegner Hitlers, führt hier seine Unterhaltungen mit ihm an. Augenscheinlich haben die Äußerungen Hitlers in dieser Schrift keine Autorisierung erhalten. Da sie aber mit anderen seiner Aussagen übereinstimmen, kann man sie als wahr oder als der Wahrheit sehr nahe betrachten. Die Reden Hitlers werden wir nach ihrem offiziellen Text im „Völkischen Beobachter" zitieren.

Übertreibung nach Tausenden zählenden Veröffentlichungen aus der Feder seiner Anhänger ihren Widerhall gefunden.

Die Biographen Hitlers, die zum Lager seiner Gegner gehören, erklären übereinstimmend, dass „Mein Kampf" von der Wahrheit und der historischen Exaktheit weit entfernt ist. Dieser Behauptung kann man die Berechtigung nicht absprechen. Zweifellos ist die „Autobiographie" Hitlers keine gewissenhafte und objektive Registrierung aller Ereignisse im Leben des Verfassers, so wie sie vor sich gegangen sind. Hitler übergeht eine ganze Reihe von Momenten seines Lebens, sagt nichts von den längeren Perioden der Peripetien seines Lebens oder spricht von ihnen nur allgemein und vorsichtig. Schwerer wiegt, dass der aufmerksame Leser in der Schilderung der Tatsachen eine Reihe von Widersprüchen und offensichtlichen Ungenauigkeiten findet.[21] Sehr leicht lassen sich auch große Partien entdecken, die deutlich „frisiert" sind und eine klare Tendenz zur Entstellung von Tatsachen aufweisen. Die beiden Hauptbiographen Hitlers, Olden und Heiden, heben übereinstimmend hervor, dass beispielsweise die Entstehung des Nationalsozialismus in der Version Hitlers nicht der Wirklichkeit entspricht, dass Hitler seine Person und seine Rolle in den Vordergrund stellt und dabei die Bedeutung Anton Drexlers für die Anfänge der Bewegung völlig verschweigt, dass er nicht eindeutig von den Zusammenhängen mit der Reichswehr, von der Rolle Röhms usw. spricht.[22] Solchen Dingen, die verschwiegen, nur halb ausgesprochen oder entstellt werden, kann man im Buche Hitlers in großer Zahl begegnen, und wer auf der Grundlage nur dieses Buches die Geschichte Hitlers und des Nationalsozialismus darstellen wollte, würde nicht viel unbedingt Richtiges erfassen.

Der dokumentarische Wert von „Mein Kampf" beruht auf etwas Anderem. Alles in allem ist das Buch ein aufrichtiges Dokument. Natürlich muss man diese Aufrichtigkeit richtig verstehen. Es handelt sich nicht um das Verhalten zu den beschriebenen Tatsachen, nicht um die Aufrichtigkeit, nach welcher der Historiker vor allem fragt. Wichtig ist vielmehr der Umstand, dass die Mentalität des Schreibenden in „Mein Kampf" ihren getreuen Ausdruck findet, das gesamte Buch die Stellung des Verfassers sich selbst und der Wirklichkeit gegenüber wiedergibt. Es ist ein erstklassiges psychologisches und soziologisches Dokument. Geschrieben mit unglaublicher Leidenschaft, ließ es dem Temperament des Verfassers freien Lauf, welches sich in ihm restlos niederge-

---

21 Vgl. Rudolf Olden, Hitler, Amsterdam 1935, S. 16–21.
22 Vgl. Konrad Heiden, Geschichte des Nationalsozialismus. Die Karriere einer Idee, Berlin 1933, S. 8, 360–364. Von demselben Verfasser: Geburt des Dritten Reiches. Die Geschichte des Nationalsozialismus bis Herbst 1933, Zürich 1934, S. 9, sowie: Adolf Hitler. Eine Biographie. Band 1: Das Zeitalter der Verantwortungslosigkeit, Zürich 1936, S. 81; Olden, Hitler, S. 64 ff. Charakteristisch für das Verschweigen der Rolle Drexlers ist der Abschnitt auf S. 239 von „Mein Kampf".

schlagen hat. Besonders wichtig ist der erste Teil, der in der Haft unter den Bedingungen des völligen Zusammenbruchs der Bewegung geschrieben wurde. In diesem Teil, in dem sich apologetische Momente, die Notwendigkeit der Verteidigung und Rechtfertigung zeigen, tritt das geistige Antlitz Hitlers am deutlichsten hervor. Der Faktor bewusster Kontrolle wirkt hier verhältnismäßig schwächer. Der zweite Teil, der drei Jahre später in der Zeit der beginnenden Wiedererstarkung der Bewegung geschrieben wurde, zeigt bereits etwas mehr Beherrschung. Jedoch treten gerade in diesem Teil die charismatischen Elemente plastischer und vollständiger hervor, wie wenn sie Zeugnis ablegten, dass der Verfasser den Zustand der Depression überwunden hat und vertrauensvoller in die Zukunft schaut.

Sehen wir uns dieses Dokument etwas näher an. Einigen Momenten muss besondere Aufmerksamkeit gewidmet werden. Sie werfen etwas Licht auf den Schreibenden und sein Werk. Hitler spricht oftmals von seinen gründlichen Studien über allerlei Fragen. Das Motiv des Studiums, der gründlichen Untersuchung eines Problems kehrt in seinem Buche sehr oft wieder. Charakteristisch jedoch ist, dass wir an keiner einzigen Stelle etwas Konkretes finden, was uns über die Art und die Methoden dieser Studien unterrichtet. In dem gesamten umfangreichen Werk stoßen wir nur einmal auf ein Zitat unter Berufung auf das Werk und den Verfasser.[23] Diese allgemein gehaltenen Äußerungen Hitlers geben in Verbindung mit ihrem wissenschaftlichen Niveau der Vermutung Raum, dass diese Studien nicht sehr gründlich gewesen sein können. In dieser Überzeugung bestärkt uns, um nur eines anzuführen, die Mitteilung Hitlers von dem Zauber, den Feder mit seiner Theorie von der Zinsknechtschaft auf ihn ausgeübt habe. Es muss also wohl auch die volkswirtschaftliche Bildung Hitlers nicht sehr tief gewesen sein.[24] Einiges besagt auch die Verachtung, mit der Hitler an vielen Stellen seines Buches die gebildeten Leute, die Professoren und Intellektuellen, bedenkt. Dieser Antiintellektualismus, der ein wichtiges Element der Ideologie der gesamten Bewegung geworden ist und auf den wir noch zurückkommen müssen, trägt alle Züge der Abneigung eines Menschen mit mittelmäßiger Bildung gegen die Gelehrten, die „die Nase rümpfen" über andere.

---

23 Bezeichnend ist, dass es sich hierbei um eine Stelle aus Clausewitz handelt, siehe Hitler, Mein Kampf, S. 759 f.

24 „Zum ersten Male in meinem Leben vernahm ich eine prinzipielle Auseinandersetzung mit dem internationalen Börsen- und Leihkapital"; Hitler, Mein Kampf, S. 229. Charakteristisch ist auch die Stelle auf S. 634, in der Hitler als Resultat seiner volkswirtschaftlichen Studien Ansichten wiederholt, die seinerzeit von der gesamten Rechtspresse verkündet wurden.

Nur eine Art von Lektüre gibt es, von der Hitler konkret, in einer allen Zweifel ausschließenden Weise spricht. Es handelt sich hierbei um die Presse.[25] Es scheint nicht dem geringsten Zweifel zu unterliegen, dass die authentische Lektüre Hitlers in der Tagespresse, hauptsächlich in der Boulevard- und vorwiegend in der rechten Presse, bestanden hat. Diese Presse und verschiedene Broschüren, die von den rechten Richtungen herausgegeben wurden, sowie verschiedene antisemitische Schriften bildeten die geistige Nahrung Hitlers und das Fundament seiner Studien.[26] Aus einer ganzen Reihe seiner Aussagen geht klar hervor, dass die Zeitungen und populären politischen Broschüren alldeutscher und antisemitischer Richtung bereits seit seiner frühen Jugend und sicher seit seiner Wiener und Münchener Zeit die tatsächliche Quelle seines Wissens gewesen sind. Und wenn er von seinen Studien spricht, so hat er diese Lektüre vor Augen. Sie ist es, die sein geistiges Antlitz gestaltet, seine Persönlichkeit geformt hat. Es ist schwer anzunehmen, dass Hitler in späteren Jahren, nachdem er „Mein Kampf" geschrieben hatte, sein Wissen durch andere Mittel vervollständigt und erweitert hat. Alles spricht eher dafür, dass die Publikationen, die wir erwähnt haben, die einzige und ausschließliche Grundlage gewesen sind, auf die sich der Autodidakt Hitler gestützt hat.[27]

Der intellektuelle Charakter von „Mein Kampf" lässt sich auf folgende Weise beschreiben: Es ist ein Buch, das ein Autodidakt von sehr geringem Allgemein- und Spezialwissen geschrieben hat, für den Selbstbildung leidenschaftliches Lesen von Zeitungen und populären Broschüren bedeutet. Dieser Umstand hat im ganzen Buch einen sehr starken Niederschlag gefunden. „Mein Kampf" zu lesen ist nicht leicht. Die unerträgliche Geschwätzigkeit, das Fehlen jedweder Konstruktion, die banale Phraseologie, der vulgäre Stil und

---

25 Zum Beispiel: „Ich las eifrig die sogenannte Weltpresse (‚Neue Freie Presse', ‚Wiener Tagblatt' usw.)"; Hitler, Mein Kampf, S. 56. Wichtigere Stellen, die sich auf die Lektüre beziehen, finden sich auf den S. 42 f., 68 f., 193. Aus Seite 234 geht hervor, dass Hitler „Das Kapital" von Marx nicht gelesen hat, sondern von dem Inhalt des Werkes erst durch das Referat Feders im berühmten Kursus, der von der Münchener Reichswehr organisiert worden war, Kenntnis erhielt.

26 Wir wollen hier nicht darüber urteilen, wie viel Berechtigung der Behauptung Alexander Steins zukommt, dass die Lektüre der „Protokolle der Weisen von Zion" grundlegende Bedeutung für die Bildung der Ansichten Hitlers gehabt und er aus ihnen seine politischen Inspirationen geschöpft habe. Siehe Alexander Stein, Adolf Hitler – Schüler der „Weisen von Zion", Karlsbad 1936. Unstreitig ist die nationalistische und antisemitische Presse im Stile Schönerers und Luegers von mächtigem Einfluss auf die Mentalität Hitlers gewesen; siehe Olden, Hitler, S. 41–44. Beide, Schönerer und Lueger, haben auf Hitler einen gewaltigen Reiz ausgeübt, wovon er im Übrigen selbst spricht. Ihnen verdankt er die erste Fassung seines Nationalismus und Antisemitismus. Erst später traten die Einflüsse Feders, Rosenbergs, Eckarts und anderer hinzu.

27 Eine gute Charakteristik von „Mein Kampf" gibt Olden, Hitler, S. 135 ff.

die sich auf jeder Seite wiederholenden Widersprüche – all das ermüdet den Leser, der sich mit großer Anstrengung durch diese nahezu 800 Seiten hindurch zwingt, es sei denn, dass er ein Anhänger ist, der alle diese Mängel nicht bemerkt und der Leidenschaftlichkeit des Verfassers unterliegt. Für den Soziologen aber ist die Lektüre eine Arbeit, die der Mühe wert ist. Wer zum Beispiel den erzieherischen Einfluss der Tagespresse auf gewisse Kreise der menschlichen Gesellschaft untersuchen will, der findet im Buche Hitlers ein geradezu unschätzbares Material. Der wissenschaftliche Wert von „Mein Kampf", natürlich nur im Sinne von Material, überschreitet bei Weitem das Gebiet rein deutscher Probleme. Die Untersuchungen über den modernen Nationalismus, über die modernen militarisierten Parteien, über den Antisemitismus und den Antagonismus gegenüber Fremden und über die Prozesse, die unter den sogenannten Mittelschichten vor sich gehen, und über viele andere Dinge können nicht ohne Auswertung dieses bedeutsamen Dokumentes vorgenommen werden.

Eindeutig zeichnet sich vor dem Hintergrund von „Mein Kampf" die soziale Herkunft des Verfassers ab. Nicht ohne Berechtigung hat Olden die Schicht, aus der Hitler stammt, als „die Feldwebelklasse"[28] bezeichnet. Als Sohn eines kleinen Zollbeamten, der wahrscheinlich früher Unteroffizier gewesen war, gehört Hitler durch Geburt zu jener Schicht, die so schwer zu klassifizieren ist und die einen der Teile des Mittelstandes, des Kleinbürgertums, bildet. Zu dieser Schicht sind verschiedene Kategorien der unteren Staatsbeamten, der Berufsunteroffiziere, der Polizei, der Eisenbahn- und Postbediensteten usw. zu rechnen. Unter den Bedingungen der Vorkriegszeit, und in großem Maße auch heute noch, war der Eintritt in diese Schicht normalerweise mit persönlichem und sozialem Aufstieg verbunden. Es handelte sich bei ihnen um Leute, die ihrem ursprünglichen Milieu entwachsen waren, ein ausgebildetes Gefühl der Solidarität und der Sonderstellung ihrer Gruppe und gleichzeitig der Lebenssicherheit besaßen, kurz: auf stabile Verhältnisse blickten, die sie ihrem festen Einkommen und ihrer garantierten Pension verdankten. Diese Schicht zeigt immer entschieden konservative Neigungen und ist der bestehenden sozialen und wirtschaftlichen Verfassung und der bestehenden Rechtsordnung aufrichtig ergeben, da sie ihnen ihren persönlichen Aufstieg und die Sicherheit ihrer Lebensumstände verdankt. Für die Charakteristik Hitlers als Verfasser von „Mein Kampf" hat das Moment der Herkunft wesentliche Bedeutung. Wie wir uns überzeugen werden, ist die Bindung Hitlers, und zwar vor allem die ideelle Bindung, an das Milieu, aus dem er hervorgegangen ist, sehr bedeutend und findet sein Echo in der Konzeption der Sendung selbst.

---

28 Ebd., S. 25.

Der Tod des Vaters, die Übersiedlung nach Wien und die Misserfolge als Künstler stießen Hitler tatsächlich aus der Klasse, zu der er bislang gehört hatte. Zweifellos hat er durch eine Reihe von Jahren das Leben eines deklassierten Menschen geführt. Die Wiener Jahre, die er in seinem Buch so lebendig beschreibt, und wohl auch die Münchener Jahre, sind eine Zeit betrübender Peripetien eines aus der Bahn geworfenen Menschen, der sich unter die harten Bedingungen proletarischen Lebens weder beugen will noch kann. Einerseits wirkte in ihm das Gefühl, etwas Besseres zu sein, das Standesgefühl des Beamtensohnes und Absolventen einiger Klassen der Realschule sowie das Bewusstsein seiner „guten" Herkunft; andererseits stand er unter dem Einfluss der traurigen Wirklichkeit, der Notwendigkeit, die Nachtherberge in Anspruch nehmen und jede Gelegenheitsarbeit ergreifen zu müssen, ohne wählerisch zu sein. Das Gefühl des Besserseins fand seinen Ausdruck in der Verachtung der Menschen, denen er begegnete, und in der antiproletarischen Einstellung, die in Hass gegen das Proletariat überging. Diese Zeitspanne des Deklassiertseins des Menschen, der aus der Feldwebelklasse hervorgegangen war, bildet den grundlegenden Faktor, der die Persönlichkeit Hitlers als des zukünftigen Führers und Politikers gestaltete.[29]

Der Ausbruch des Weltkrieges brachte Hitler eine feste Lebensgrundlage. Wenn er die Nachricht vom Ausbruch des Krieges mit so großem Enthusiasmus aufnahm, so muss an seiner Entscheidung, ins bayrische Heer einzutreten, neben dem Moment des Patriotismus vielleicht unbewusst die Überzeugung mitgewirkt haben, dass der Augenblick gekommen sei, in dem sich für ihn ein Platz im Rahmen der fest gefügten Struktur der Gesellschaft finden würde.[30] Der Krieg gab seinem Leben die stabile Form, und die Zeit unmittelbar nach dem Kriege führte ihn mit der Ernennung zum Bildungsoffizier erneut in die Klasse der Feldwebel.

Jetzt beginnt seine politische Tätigkeit, die Karriere als Agitator. Beinahe am Vorabend dieser Karriere tritt im Jahre 1923 der Zusammenbruch ein, der Münchener Putsch. Es folgen die Verhaftung, der mehrmonatige Aufenthalt im Gefängnis, und im Ergebnis entsteht der erste Band von „Mein Kampf". Danach kommen die Entlassung aus der Haft und die erneute Tätigkeit als Agitator, die durch das Verbot öffentlichen Redens erschwert ist. Im Jahre 1926, in der Zeit der Stabilisierung der Verhältnisse, die damals in Deutschland eintrat, erscheint der zweite Band. Ohne Zweifel sind frühe Erlebnisse für den ideologischen Inhalt beider Bände von Bedeutung gewesen, und Hitler ist aufrichtig, wenn er sagt, dass die genialen Gedanken im Jugendalter kommen. Sein späteres Wirken und seine Tätigkeit als Redner schöpfen ihre prinzipiel-

---

29   Vgl. ebd., S. 26 ff.; Heiden, Hitler, S. 20.
30   Vgl. Hitler, Mein Kampf, S. 179; Heiden, Hitler, S. 30 f.

len Inhalte aus den Überzeugungen, die in den beiden Bänden seines Buches enthalten sind. Nach dem Jahre 1926 hat er nicht viel Neues, jedenfalls nicht viel Wesentliches, zur Konzeption seiner eigenen Sendung, die in „Mein Kampf" dargelegt ist, beigetragen.

Jetzt bleibt noch die Frage der Darlegungen, die nicht unmittelbar von Hitler ausgehen, die aber ihn selbst und seine Sendung zum Gegenstande haben. Unter diesen haben für uns die Ansichten der Anhänger wesentliche Bedeutung, die in der Hauptsache aus seiner nächsten Umgebung stammen. In diesem Material spielt das Zeitmoment eine wichtige Rolle. Anders musste die Gestalt Hitlers dem Bewusstsein des kleinen Kreises seiner Anhänger im Jahre 1923 erscheinen, und anders zeichnete sie sich zehn Jahre später ab, als er die Macht im Reich ergriff. Im Laufe dieser Jahre bildete sich die Legende heraus, die verschiedene Phasen durchlief und dabei die einen oder anderen Elemente verwarf oder annahm. Den Grundstock der Legende bildeten die Selbstzeugnisse in „Mein Kampf", und Hitler hat sie persönlich autorisiert. Allerdings musste die Legende, wie wir wissen, insbesondere in der ersten Periode ihrer Entstehung die Überzeugungen Hitlers selbst beeinflussen. Schließlich hat sie die Form einer kodifizierten charismatischen Legende angenommen und die offizielle Billigung erhalten.[31]

Natürlich lässt sich nicht abschätzen, in welchem Umfang diese offizielle Legende ihren Widerhall in den Überzeugungen der verschiedenen sozialen Gruppen Deutschlands findet. Wesentlich ist allein, dass die offizielle Legende zum Verständnis der Struktur des Charismas Hitlers und somit auch als Grundlage unserer Betrachtungen genügt. In jedem Falle ist sie der Ausdruck der gemeinsamen Überzeugungen wenn nicht der Gesamtheit, so doch des Großteils der Mitglieder einer Gruppe, der nationalsozialistischen Partei. Pressestimmen werden uns zur Ergänzung dieses grundlegenden Materials dienen.

31 Die Hitlerlegende fand ihren Ausdruck in einer ungeheuren Zahl von Büchern, Broschüren und Aufsätzen. Alle wiederholen sie sich in einheitlicher Weise und unterscheiden sich voneinander nur durch kleine anekdotische Varianten. Deshalb genügt es, wenn wir uns in unseren Zitaten auf die repräsentativste Arbeit beschränken, nämlich Otto Dietrich, Mit Hitler in die Macht, 21. Auflage München 1935, welche die offizielle Autorisierung erhalten hat und zu den grundlegenden Veröffentlichungen der Partei gerechnet wurde. Neben diesem Werk besitzen Bedeutung: Edgar von Schmidt-Pauli, Die Männer um Hitler, Berlin 1933, und Hanns Johst, Gesicht und Maske. Reise eines Nationalsozialisten von Deutschland nach Deutschland, München 1935.

III.

Der Glaube an die eigene Sendung ist eine häufige Erscheinung, die für Führer großer politischer Bewegungen, insbesondere Führer revolutionärer Bewegungen, typisch ist. Dieser Glaube an die Sendung muss in großen militarisierten oder in einem heftigen Militarisierungsprozess begriffenen Parteien, die zum Zweck des Bürgerkrieges entstehen, am stärksten hervortreten. Die Kampfgruppe ist das beste Terrain für die Entstehung der Führerlegende. Der Grad des Kampfwillens, die Expansivkraft, die innere Geschlossenheit, der Fanatismus und Opfersinn, die den Mitgliedern der Gruppe gemein sind, bilden optimale Bedingungen, unter denen die Legende entsteht und Form annimmt. Sie selbst wird eines der Elemente dieser Bedingungen, indem sie ihrerseits auf jede von ihnen einzeln und auf alle zusammen einwirkt.

Das zentrale Moment der Legende ist die persönliche Überzeugung des Führers von seiner Sendung. Das Vorhandensein einer solchen Überzeugung ist von wesentlicher Bedeutung für die Struktur und den Inhalt der charismatischen Legende. Anders sieht die Legende aus, die die Gefolgschaft des Führers, dem sie die Sendung zuschreibt, ausbildet, und anders ist die Legende, die vom Führer selbst ausgeht. Die Legenden von den modernen Führern gehören überwiegend zu dieser zweiten Kategorie. Wenn Mussolini sagt: „Bei allem [...], was ich tat, und besonders, was ich erlitt, hatte ich das bestimmte Vorgefühl, für etwas Wichtiges erzogen zu werden",[32] so spricht er einen charismatischen Gedanken aus, den er mit der überwiegenden Mehrzahl der charismatischen Führer teilt. Der Glaube an das Charisma ist hier der Ausdruck der Anschauung nicht nur der Umgebung, sondern auch des Charismatikers selbst.

Ebenso liegt das Problem bei Hitler. Hitler hat den tiefen Glauben an seine Sendung und verleiht ihm in seinem gesamten Buch und in der überwiegenden Mehrheit seiner Reden und Aufsätze Ausdruck. Sogar im Stil, dessen er sich bedient, äußert sich dieser Glaube. Jede seiner Reden wirkt wie eine Gefühlseruption, und einige haben sie mit Explosionen verglichen. Solche Gefühlsausbrüche bilden umfangreiche Abschnitte in „Mein Kampf". Die Sprache Hitlers, der sich so oft banaler, ja sogar trivialer Wendungen bedient, hat viel von der Phraseologie von Propheten oder Hellsehern. Hitler kündet und verkündet, weissagt und prophezeit. Seine Reden unterscheiden sich durch ihr Pathos und die Art der Argumentation, die absolut keine Rücksicht auf Logik nimmt und ausschließlich auf die Entfachung von Enthusiasmus und Ekstase bei den Hörern abzielt, scharf von den Reden eines Bismarck oder

---

32 Emil Ludwig/Benito Mussolini, Mussolinis Gespräche mit Emil Ludwig, Berlin 1932, S. 56.

Bülow. Hitler ist ein charismatischer Volksredner, welcher der Menge, wenn er zu ihr spricht, die Wahrheit seiner Sendung vermittelt.

Der zentrale Punkt des Charismas ist seine Offenbarung. „Mein Kampf" bietet uns in dieser Hinsicht unerhört wertvolle, direkt klassische Zeugnisse; vor allem: Das Charisma lässt sich nicht lernen, Führer ist man von Geburt.[33] Keine Studien, kein theoretisches Wissen sind imstande, Führertalente zu wecken; der Mensch bringt sie mit sich auf die Welt. Die Bildung insbesondere ist kein Merkmal der Gnade. Der Führer bedarf nicht außergewöhnlicher Verstandes-, sondern außergewöhnlicher Willenskräfte.[34] Unbestritten groß ist der Mensch, der theoretisches Wissen, organisatorisches Talent und Führerfähigkeit in sich vereint.[35] Das wesentliche Attribut der Größe ist aber die Fähigkeit, Führer zu sein; das Wissen spielt dagegen die Rolle eines Hilfsfaktors. Die Aussprüche Hitlers zu dieser Frage sind ziemlich unklar und an manchen Stellen sogar widersprüchlich. In jedem Fall aber prägt sich in ihnen absolut unbestreitbar der Gedanke aus, dass die Sendung irrationaler Natur ist, dass sie etwas darstellt, was auf dem Wege rationaler Bemühungen und vor allem auf dem Wege des Lernens nicht erlangt werden kann.

Für das Charisma ist man also von Geburt an erwählt; der Moment muss kommen, in dem der Charismatiker den Zustand der Gnade in sich als existent feststellt. Ein inneres Gefühl sagt ihm dann, dass er berufen ist. Zu diesem Thema finden wir in „Mein Kampf" eine Reihe von charakteristischen Aussagen. Im Prinzip sind das keine allzu neuen Dinge, sie unterscheiden sich nicht von anderen gut bekannten „Offenbarungen" dieser oder jener Art. Natürlich ist es schwer zu entscheiden, wie weit sich Hitler an diesen Stellen populärer Vorbilder, die sogar durch die Romanliteratur verbreitet sind, bedient hat, und wie weit er eigene Erlebnisse wiedergibt. Diese Frage ist aber nicht so wesentlich, und selbst dann, wenn Hitler irgendwelche Vorbilder benutzt hat, so hat er sie sicher aufrichtig als eigene Erlebnisse behandelt. Somit hat ihm die innere Stimme befohlen, diesen und keinen anderen Lebensweg zu wählen. Diese Stimme ist etwas Spezifisches, was sich mit den Erfahrungen des Alltags und den Erfahrungen gewöhnlicher Menschen nicht deckt.[36] Aber nicht sofort gab er sich mit vollem Vertrauen dieser Stimme hin. Er hatte Zeiten des Schwankens und Zweifelns. Von der Echtheit dieser Stimme überzeugte ihn der Erfolg, den er erreichte, wenn er dem Rufe dieser

---

33   Vgl. Hitler, Mein Kampf, S. 650.
34   „Denn Führen heißt: Massen bewegen können. Die Gabe, Ideen zu gestalten, hat mit Führerfähigkeit gar nichts zu schaffen". Ebd., S. 650. Andererseits sieht Hitler an anderen Stellen in der Fähigkeit, Ideen zu gestalten, einen der Züge seines Führercharismas.
35   Vgl. ebd., S. 651.
36   Vgl. ebd., S. 43, 179.

Stimme folgte. Gleichzeitig bestärkte ihn der Erfolg in der Überzeugung von seinem Erwähltsein und zerstörte auftretende Zweifel und Schwankungen.

Es ist interessant, in welchen Momenten Hitler sich entschied, der Stimme seiner Berufung zu folgen, und wann er den Zustand des herabströmenden Charismas am stärksten empfand. Das geschah in öffentlichen Versammlungen während seiner Reden, wenn seine Worte den Beifall der Massen seiner Hörer fanden.[37] Diese Verbindung des Charismas mit dem Zustand der Erregung als Redner wird auch für die Struktur von Hitlers Charisma wesentliche Bedeutung haben und gehört zum Problem der äußeren Attribute des Charismas. Darauf werden wir an anderer Stelle zurückkommen.

Jedenfalls muss der Charismatiker sich berufen fühlen und muss eine innere Inspiration haben, die ihm zu handeln befiehlt, und der äußere Erfolg bestärkt ihn in der Überzeugung von der Echtheit der Inspiration. Natürlich ist dieser Zustand der Inspiration nicht etwas ununterbrochen Fortbestehendes und kann es auch nicht sein. Die Inspiration meldet sich in besonders schwierigen Momenten, insbesondere in Momenten, in denen es sich um Entscheidungen handelt, denen die Massen Gehorsam entgegenzubringen haben.[38] Nichtsdestoweniger darf man annehmen, dass die Inspirationen, wenn sie auch nicht fortdauernd bestehen, dennoch häufig über Hitler gekommen sind, was bei ihm mit der Größe der Aufgabe, die er auf sich genommen hat, und mit der großen Zahl schwieriger Augenblicke im Zusammenhang steht.

Oft tritt bei Charismatikern die Frage auf, warum gerade sie Werkzeug der Gnade geworden sind, warum die Wahl auf sie und nicht auf einen andern gefallen ist. Diese Frage ist bei Hitler sehr unklar beantwortet. Nach einigen seiner Aussagen zu urteilen, darf man annehmen, dass seiner Meinung nach die Wege der Gnade unerforscht sind und sie von Voraussetzungen abhängt, die mit dem Verstand nicht zu begreifen sind. In Wirklichkeit rationalisiert Hitler aber bis zu einem gewissen Grade, wie wir uns überzeugen werden, die Quellen des Charismas und dessen Strom. Das Wichtigste ist für ihn, wie er mit großem Nachdruck hervorhebt, dass für den Strom der Gnade keine anerkannten sozialen Beziehungen Geltung haben. Das Charisma kennt keine Kriterien, die an gegebenem Ort und zu gegebener Stunde lebendig sind; es wählt nicht diejenigen, die innerhalb der sozialen Hierarchie hohe Stellungen einnehmen, sondern fällt gerade den unbekannten, geringen und armen Menschen zu. Hitlers Verhältnis zu den Gebildeten ist von Widerwillen getragen, und er unterlässt es nicht zu bemerken, dass das Wissen gar keine Bedeutung

---

37 Vgl. ebd., S. 390 f.
38 Vgl. ebd., S. 381, 406. Mussolini spricht in seiner Unterredung mit Ludwig ebenfalls von der Inspiration, betont aber, dass dieses ein sehr seltener Zustand sei: „Inspiration? Die hat man günstigenfalls zweimal im Jahre". Ludwig/Mussolini, Gespräche, S. 117.

für die charismatische Wahl hat.[39] Ganz eindeutig spricht er sich gegen das Erbcharisma aus, das in der Institution der Monarchie verkörpert ist. Ausdrücklich bezeichnet er sich als Beispiel für einen namenlosen, unscheinbaren, geringen Menschen, von dem die Welt bislang nichts gewusst hatte und der gerade Träger des Charismas wurde. An einigen Stellen akzentuiert er im Zusammenhang damit seine Herkunft aus dem Volke, wenn er auch mit der an ihm gewohnten Zwiespältigkeit sich gleichzeitig bemüht, die Bedeutung seiner Familie, die sich in mancher Hinsicht auszeichnet, hervorzuheben. Das sind sozusagen Spuren der Vorstellung vom Erbcharisma, angewandt zumindest auf die eigene Sippe.[40]

Wir wissen, dass man zur Führerschaft schon mit dem Moment der Geburt berufen ist. Die Merkmale des Charismas lassen sich bereits in früher Jugend beobachten. Hierauf legt Hitler großen Nachdruck. Es handelt sich für ihn darum, den Nachweis zu führen, dass sich bereits in seinem Jugendalter Dinge ereigneten, die deutlich bezeugten, dass er mit einer Sendung begnadet sei. Die Frage dieser Kennzeichen hat für ihn zweifelsohne unmittelbar persönliche Bedeutung. Es handelt sich für ihn darum, die Misserfolge seiner Jugend, die Unmöglichkeit des Schulabschlusses und den Streit mit dem Vater so zu interpretieren, dass diese Vorgänge zum Beweis der hervortretenden charismatischen Züge dienen. Ganz allgemein behauptet er, dass die schöpferischen Gedanken im Jugendalter entstehen, der Genius sich frühzeitig offenbart und das reife Alter nur die Entfaltung der grundlegenden Gedanken der Jugendzeit bringt.[41] In Bezug auf sich hebt er außergewöhnliche Eigenschaften hervor, die

---

39 Vgl. ebd., S. 452

40 Vgl. ebd., S. 206. Mussolini betont viel stärker als Hitler seine Herkunft aus dem Volke: „Meine Vorfahren waren weder Edelleute noch Standespersonen, sondern einfache Bauern, die den Acker bebauten. Mein Vater, der Schmied, schmiedete auf dem Amboss das glühende Eisen; ich habe ihm als Knabe oft bei dieser schweren Arbeit geholfen". Diese Worte sind ein Zitat aus der Rede, die er am 6. Dezember 1922 vor den Arbeitern des Lombardischen Stahlwerks in Mailand gehalten hat: „Poiché io non scendo da antenati aristocratici e[d] illustri; i miei antenati erano contadini, che lavoravano la terra, e mio padre era uno fabbro che piegava sull'incudine il ferro rovento. Talvolta io, da piccolo, aiutavo mio padre nel suo duro umile lavoro". Benito Mussolini, Opera Omnia, Band XIX, Florenz 1959, S. 57. Offensichtlich hat die soziale Zusammensetzung der Zuhörer einen großen Einfluss auf den Gebrauch dieser Worte gehabt, aber Mussolini liebt es im Allgemeinen, sich auf seine plebejische Vergangenheit zu berufen. Diese „demokratische" Note lässt sich als ein bonapartistisches Element in der Haltung der heutigen charismatischen Führer bezeichnen. Hitler, in dessen Haltung sich das kleinbürgerliche Standesgefühl stark bemerkbar macht und der beispielsweise im Verhältnis zum Proletariat ausgesprochen „aristokratische" Neigungen bekundet hat, bedient sich nichtsdestoweniger dieses bonapartistischen Elements, was für seine Charismatik von großer Bedeutung ist.

41 Vgl. Hitler, Mein Kampf, S. 21.

ihn bereits als jungen Burschen vor seinen Altersgenossen auszeichneten. Natürlich kann man diesen autobiographischen Bekenntnissen keinen historischen Wert zubilligen. Wenn sie auch ex post geschrieben sind, so stellen sie jedenfalls einen interessanten Beitrag zur Mentalität des Verfassers dar.[42]

Das Gefühl des Begnadetseins weist dem Erwählten in seiner eigenen Vorstellung einen gesonderten Platz an und bewirkt gleichzeitig, dass er sich auf eigene Art zu seiner Umgebung verhält. Erhält der Charismatiker seine Sendung, so ist er damit zur Verkündung einer neuen Wahrheit berufen, mit der er sich an seine Umwelt wendet und von ihr Gehör fordert. Fast immer stößt er auf Widerstand. Gewiss ist das, was er den Menschen verkündet, für diese Menschen die Wahrheit, der Ausdruck ihrer zaghaften und unklaren Wünsche und Überzeugungen und bezieht sich auf irgendein überaus wichtiges Element ihrer Lebenssituation. Der Charismatiker spricht zu jemandem im Namen von jemandem und für jemanden. Das, was er sagt, ist stets eine neue Formulierung unbestimmter Erwartungen, die nach Formung suchen, ist das Vorbringen von etwas Neuem, das durch seinen Charakter als Neuerung, als revolutionär, als aus dem gewohnten Lebensgleis drängend empfunden wird. Daher reagiert die Umwelt mit Widerstand und will sich dem Charismatiker nicht ergeben. Wir haben hier das Schema der Vorstellungen, die wohl alle Charismatiker, vor allem die Propheten, haben. Deshalb wird der Widerstand der Umwelt sehr häufig als einer der Beweise des Charismas betrachtet. So versteht übrigens auch Hitler persönlich die Frage. Das Wesen des Charismas besteht darin, dass der begnadete Mensch zu Blinden und Tauben spricht, und die Bestätigung des Charismas liegt in der Tatsache, dass der Widerstand, den diese Blinden und Tauben leisten, zusammenbricht.[43]

Liest man die entsprechenden Abschnitte in „Mein Kampf", so erhält man den Eindruck, dass Hitler, wenn er von Gegensätzen und Widerständen, mit denen er dauernd zu tun hat, schreibt, sich gewisser gut beschriebener Vorbilder bedient. Muster konnten ihm die Erinnerungen an biblische Propheten sein, und ohne Zweifel hat das Bild Friedrichs des Großen, eine der geschichtlichen Gestalten, zu denen er in seinen Äußerungen gern zurückkehrt, sehr großen Einfluss auf seine Phantasie ausgeübt. Friedrich, von seinen Nächsten

---

42 Im Alter von 17 Jahren begriff er den marxistischen Betrug; ebd., S. 40. Von Anfang an widersetzte er sich dem Vater, der einen Beamten aus ihm machen wollte und sich den künstlerischen Neigungen des Sohnes gegenüber feindlich verhielt. Im Geschichtsunterricht begriff er sofort, dass nur das, was wesentlich ist, erfasst werden muss; ebd., S. 12. Von solchen Merkmalen der „Außergewöhnlichkeit" werden noch mehr aufgezählt.

43 Eine glänzende Bearbeitung dieses Problems hat Max Weber im 3. Band seiner „Gesammelten Aufsätze zur Religionssoziologie" in den Abschnitten über die Propheten Israels gegeben.

und vor allem von seinem eigenen Vater unverstanden – wie viel Ähnlichkeit besteht mit den Geschicken des jungen Adolf, aus dem der strenge Vater unbedingt einen soliden Beamten machen und den er deshalb zum systematischen Lernen in der Schule zwingen wollte![44] Und gerade des systematischen Wissens bedarf der Charismatiker nicht, denn dieses dient ausschließlich dem Zweck der Heranbildung von Beamten. Für Hitler besteht ein enger Zusammenhang zwischen der Schule und dem Aufbau eines bürokratischen Apparats. Nicht umsonst war das Reich der Habsburger sein Vaterland, nicht umsonst hatte er eine österreichische Schule besucht.

Sehr entschieden unterstreicht Hitler an vielen Stellen, dass er nicht sogleich verstanden und gewürdigt wurde, dass er, beginnend mit dem Vater und endend mit dem gesamten deutschen Volke, auf dauernde Widerstände stieß, die er ununterbrochen überwinden musste. In diesem letzteren Umstand erblickt er gerade den sichtbaren Beweis seines Charismas, denn die größten Taten sind niemals sogleich anerkannt worden, sondern ursprünglich auf völlige Ablehnung gestoßen.[45] Als er bereits an der Spitze einer mächtigen Gruppe stand, musste er Widerstände im Schoße seiner Gruppe überwinden, musste tauben Ohren predigen,[46] und selbst seine eigenen Kameraden, Menschen kleinen Formats (eine deutliche Anspielung auf Drexler), konnten und wollten ihm sogar in Momenten des Erfolges die gebührende Anerkennung nicht zollen.[47]

Das Fehlen der Anerkennung bewirkt ein Gefühl der Vereinsamung, das für die Erlebnisse der Charismatiker so charakteristisch ist.[48] Das Alleinsein und die Notwendigkeit des Kampfes werden zur Ursache persönlicher Leiden. Das Charisma fordert den Kampf, der mit der Notwendigkeit verbunden ist, vielen Dingen und persönlichen Bedürfnissen zu entsagen. Das Gebot lautet, sich dem letzten Ziel unterzuordnen, die Umwelt zur Anerkennung der charismatischen Sendung zu zwingen.

44　In der Schilderung seines Verhältnisses zum Vater ist übrigens die Absicht, sich wegen seines Mangels an Schulbildung zu entschuldigen, nicht ohne Bedeutung. Da er von Widerwillen gegen den Beruf eines Beamten erfüllt war und von einer Laufbahn als Künstler träumte, liebte er die Schule nicht, zu der ihn sein Vater zwang. Vgl. ebd., S. 6; Olden, Hitler, S. 17–21.

45　Vgl. ebd., S. 522.

46　Vgl. ebd., S. 774.

47　Vgl. ebd., S. 397.

48　Vom Gefühl des Verlassenseins spricht Mussolini gern (z. B. in den Unterredungen mit Ludwig und Margherita Sarfatti). „Wenn mich alle verlassen, bin ich am stärksten: gerade deshalb, weil ich dann allein bin" (gesagt gegenüber M. Sarfatti). (Anmerkung des Übersetzers: Zitat nicht nachweisbar. Ähnlich: „Wir sind stark, weil wir keine Freunde haben." Ludwig/Mussolini, Gespräche, S. 221.)

Dieser Zwang besitzt einen spezifischen Charakter. Die Umwelt muss die Sendung anerkennen, um dadurch das Charisma zu festigen. Dies kann dann eintreten, wenn die charismatischen Züge des Charismatikers der Umgebung in unverkennbarer und eindeutiger Weise in die Augen fallen. Zum Wesen des Erwähltseins gehört auch, dass der Charismatiker Dinge sieht, welche die Gesamtheit nicht zu bemerken imstande ist.[49] Daher ist es nicht verwunderlich, dass die Allgemeinheit im Erwählten die charismatischen Züge nicht erkennt. Auf diesem Boden kommt es zum Konflikt zwischen dem Charismatiker und denjenigen, denen er seine Botschaft bringt. Mit diesem Konflikt ist das Gefühl der Vereinsamung und des Leidens verbunden. Dennoch hat das Charisma seine äußeren Attribute, die es erkennbar machen und die eine derart zwingende Macht besitzen, dass sie dem Charismatiker Gehör und Anerkennung sichern.

Die Frage der Attribute des Charismas ist besonders interessant. Ihre Zahl ist sehr groß, und an einer Reihe von Stellen des Buches können wir ihnen begegnen. Für Hitler haben die äußeren Merkmale seiner Sendung zweifache Bedeutung. Einerseits sucht er in ihnen für sich die Bestätigung seiner Sendung, andererseits bedient er sich ihrer – und das steht an erster Stelle – als agitatorischer Argumente, die auf die Gewinnung des Volkes abzielen. Natürlich ist er auch hier voller Inkonsequenzen und Widersprüche. Der Faden reißt ab, dieselben Gedanken kehren an verschiedenen Stellen wieder, die Ordnung eines solchen Materials ist keine leichte Sache.[50]

Fraglos darf man als Attribute des Charismas alles betrachten, über das wir bislang gesprochen haben, denn all das dient Hitler zur Bestätigung seiner Sendung. Außerdem besteht noch eine Reihe von Attributen von größter Bedeutung, die dem Volk zum Bewusstsein gebracht werden.

Wenn wir alle diese sichtbaren Äußerungen des Charismas nach der Bedeutung ordnen wollten, die Hitler ihnen gibt, so müsste man die Rednergabe an die erste Stelle setzen. Die Größe des Führers lasse sich nach seiner Befähi-

---

49 Vgl. Hitler, Mein Kampf, S. 296, 311. Ein Beispiel für eine von ihm erkannte Wahrheit ist die Rolle des Judentums; ebd., S. 302.

50 Dieses ist eines der Beispiele für derartige Inkonsequenzen. Hitler empfand anfangs einen gewissen Zwiespalt: er zweifelte nicht daran, dass er ein vorzüglicher Redner sei, aber er war nicht davon überzeugt, ein guter Schriftsteller zu sein. Sein Antiintellektualismus verband sich mit der Geringschätzung des Schriftstellerberufs. Daher erklärte er im ersten Band kategorisch, dass ein Schriftsteller kein Führer sein könne, schriftstellerische Fähigkeiten also gegen das Charisma sprächen (S. 117). Der Erfolg des ersten Bandes seines Buches bewirkte die Revision seiner Ansichten über die Kunst des Schreibens. Darum sagt er im zweiten Band, ein guter Redner sei ein guter Schriftsteller (S. 526). Unter „gut" versteht er „suggestiv, fähig auf Massen zu wirken". Eine gute Prosa ist eine geschriebene gute Rede. Offensichtlich denkt er dabei an sein Buch.

gung als Redner beurteilen.[51] Kein Zweifel, diese Auffassung ist mit seiner eigenen Person aufs Engste verbunden. Als Hitler den ersten Teil von „Mein Kampf" schrieb, besaß er bereits ein ausgeprägtes Bewusstsein seines Rednertalents. Wir haben ja betont, dass er das Wirken des Charismas, die Offenbarung seiner Sendung, während der Reden in öffentlichen Versammlungen erlebte. Der zweite Teil von „Mein Kampf" wurde geschrieben, nachdem Hitler das Reden verboten worden war. Dieses Verbot empfand Hitler als äußerst schmerzlich; es befestigte ihn aber in der Überzeugung von der Macht seiner persönlichen Rednergabe. Die Regierung, die jetzt Hitler entgegengetreten war, handelte hierdurch als ein Faktor, der sein Charisma bestätigte. Die Erfahrungen als Agitator bewiesen Hitler, wie gewaltig die Macht des gesprochenen Wortes war. Wir sind übrigens aufs Genaueste unterrichtet, in welchem Maße bei politischen Massenbewegungen die persönliche Fähigkeit der Einwirkung auf die Masse, die suggestive Kraft des Redners, über das Emporkommen eines Führers und seine persönliche Karriere bestimmen kann. Michels gibt eine Reihe von Beispielen, die von dem ungewöhnlichen Zauber berichten, den berühmte Parteiredner ausüben, und die Bestätigung erbringen, wie sehr die Rednergabe über ihren Erfolg innerhalb der Gruppe entscheidet.[52] Hitler ist das beste Beispiel. Die Anfänge seiner Laufbahn hingen mit seiner tatsächlich ungewöhnlichen Befähigung als Agitator und Redner aufs Engste zusammen.

Jedoch zeugt nicht jede Rednergabe an sich von Charisma. Die Charismatiker sprechen sehr oft von falschem und echtem Charisma, die sich äußerlich auf ähnliche, ja sogar identische Weise offenbaren können. So kann selbst die Eloquenz auch ein Symptom einer falschen Sendung sein. Das Attribut echter Sendung ist eine Rednergabe von spezifischen Eigenschaften. Hier spielt auch der Inhalt eine Rolle, doch genügt dieser Faktor an sich noch nicht. Erst die Kunst des Redners gibt dem Inhalt seine äußere Gestalt und die Kraft der Beeinflussung. Ein charismatisch qualifizierter Redner ist ein Redner, der es versteht, die Massen zu begeistern, der sie beherrscht und fähig ist, sie mitzureißen. Der Maßstab für das Charisma ist die Größe der Zuhörerschaft und die auf die Zuhörer ausgeübte Wirkung. Ein guter, wirklich charismatischer Redner spricht zum einfachen Menschen in dessen Sprache, auf eine ihm verständliche Art und Weise. Zur Beurteilung seines Talents kommt es nicht auf

---

51 Am charakteristischsten sind die Stellen im Vorwort und auf S. 116, 376, 525 f.

52 „Das Ansehen, das sich der Redner bei der Masse erwirbt, ist grenzenlos. Dabei schätzt die Masse im Redner mehr die oratorischen Talente als solche, die Schönheit der Stimme und ihre Tragfähigkeit, die Schlagfertigkeit, den Witz; auf den gediegenen Inhalt legt sie, als Ganzes genommen, weniger Wert". Robert Michels, Zur Soziologie des Parteiwesens in der modernen Demokratie, Leipzig 1925, S. 86–92, Zitat S. 88 f.

die Anerkennung der Professoren, sondern gerade auf die Zustimmung der gewöhnlichen Menschen an.[53] Es sei hier an die bekannte Regel Hitlers erinnert, wonach man so sprechen soll, dass die Rede den dümmsten der Anwesenden in der Versammlung erreicht.

Außer der Rednergabe zeugen noch weitere Attribute vom Charisma. Zu ihnen gehört nicht die formale Bildung, das theoretische Wissen, das in den Lehranstalten für Spezialausbildung gewonnen wird.[54] Beweis des Erwähltseins ist vielmehr das Genie des Künstlers und des Erfinders. Von der Größe eines Menschen zeugen seine Taten in der Form von Erfindungen, Entdeckungen, Bauten, Bildern.[55] Die künstlerische Begabung ist wiederum ein rein persönliches Moment. Wie bekannt, strebte Hitler in seiner Jugend danach, Künstler zu werden, und wollte sich der Malerei und der Baukunst widmen. Auf seine künstlerischen Neigungen kommt er oft zurück. Den Gedanken, dass jeder große Führer zugleich ein großer Künstler ist, betont er in seinen Ausführungen. Später ist dieser Gedanke sogar zum wichtigen Bestandteil der offiziellen Legende geworden. Hitler interessiert sich für die Angelegenheiten der Kunst und brachte, nachdem er Kanzler geworden war, die Errichtung von Monumentalbauten auf eine hohe Stufe. Die großen Stadien, die vorzüglichen Autobahnen und die repräsentativen Gebäude des Dritten Reiches stehen nicht nur mit der allgemeinen Initiative des Kanzlers in engem Zusammenhang, sondern tragen das deutliche Kennzeichen seiner künstlerischen Inspiration. Bekanntlich ist auch die Fahne der Nationalsozialistischen Partei das Werk Hitlers.[56]

---

53 Vgl. Hitler, Mein Kampf, S. 377, 534.
54 Vgl. ebd., S. 65.
55 Vgl. ebd., S. 322.
56 Vgl. Olden, Hitler, S. 45 f. Allgemein bekannt ist die Vorliebe der Diktatoren für Monumentalbauten. Hitler unterscheidet sich nicht von anderen charismatischen Herrschern, die im Monumentalbau die Bestätigung ihres Charismas fanden. Äußerst interessant sind die Bekenntnisse Hitlers zum Thema der Errichtung von Monumentalbauten in der großen Rede, die er am 13. September 1935 in Nürnberg gehalten hat: „Während die Parteien niedergeschlagen, der Länderwiderstand gebrochen und die Souveränität des Reiches als einzige und ausschließliche verankert wurde, während Zentrum und Marxismus geschlagen und verfolgt der Vernichtung verfielen, die Gewerkschaften ausgelöscht wurden und die nationalsozialistischen Gedanken und Ideen aus der Welt phantastischer Pläne Zug um Zug ihre Verwirklichung erfahren, fand sich trotz alledem noch Zeit genug, die Fundamente zu legen für den neuen Tempel der Göttin der Kunst [...]. Ja, sollten selbst die letzten lebenden Zeugen eines solchen Volkes ihren Mund geschlossen haben, dann werden die Steine zu sprechen beginnen. Die Geschichte findet kaum ein Volk positiv erwähnenswert, das sich nicht in seinen Kunstwerken das eigene Denkmal gesetzt hat. [...] Was würden die Ägypter sein ohne ihre Pyramiden und Tempel, ohne den Schmuck ihres menschlichen Lebens, was die Griechen ohne Athen und Akropolis, was Rom ohne seine Bauten, unsere ger-

Da Hitler sich als nicht immer und nicht völlig verstandenen Künstler betrachtet, sieht er einen Zusammenhang zwischen dem Genie des Künstlers und der allgemeinen Sendung des Führers. Der Führer ist ein großer schöpferischer Künstler. Der schöpferische Genius ist oft ein Teil unbekannter Individuen. Wir haben hier wieder dasselbe Motiv, dass ausgerechnet die unscheinbaren Menschen berufen werden. „Die größten Künstler stammen nicht selten aus den ärmsten Häusern",[57] sagt Hitler an einer Stelle und hat dabei offenbar sich selbst im Auge. Das Charisma des Künstlers und das Charisma des Führers haben also dieselben Merkmale, sie teilen sich auf die gleiche Weise mit und können als etwas Gleichartiges angesehen werden. Die Sendung zur Führung ist die Sendung zur Kunst. Natürlich hat Hitler, wenn er von der Kunst spricht, eine spezielle Art von Kunst im Auge: die „germanische" Kunst, vor allem die Monumentalarchitektur.

Über den Zusammenhang zwischen dem Genie des Erfinders und der Eignung zum Führer spricht Hitler nur allgemein und sehr wenig.[58] Fraglos ist die Frage des technischen Fortschritts ein Problem, das ihn sehr in Anspruch nimmt, und der Entwicklung der Technik schreibt er große Bedeutung zu. Seine Vorliebe für schnelle Fortbewegungsmittel hat sogar seinen literarischen Kodifikatoren unter seinen Honoratioren das Material geliefert, das in den Bestand der offiziellen Legende übergegangen ist. Hitler selbst begnügt sich mit banalen Äußerungen wie der, dass der Erfinder ein Wohltäter der Menschheit sei usw. Ohne Frage steht bei ihm das Bild des Erfinders nur in schwachem Zusammenhang mit der Vorstellung vom eigenen Charisma.

So sind also die rednerische und die künstlerische Begabung die sichtbaren Kennzeichen, mit deren Hilfe sich das Vorhandensein des Charismas feststellen lässt. Zu ihnen gesellen sich noch andere. Wir wissen bereits, dass das Verhalten der Gefolgschaft oder verschiedener sozialer Gruppen zur Person des Charismatikers ein wichtiges Merkmal ist. Von besonderer Bedeutung aber ist der Widerstand von Seiten fremder und feindlicher Gruppen, gegen die sich das charismatische Handeln richtet. Wenn Hitler sagt, das feindselige Verhalten der Juden gegen eine Persönlichkeit beweise, dass diese Persönlichkeit ein Genie sei,[59] so ist es ihm mit diesem Gedanken völlig ernst. Dieser Gedanke hängt mit seiner allgemeinen Auffassung des Judentums und mit der Vorstellung von seinem eigenen Charisma aufs Engste zusammen. Die Ideologie

---

manischen Kaisergeschlechter ohne die Dome und Pfalzen und das Mittelalter ohne Rathäuser, Zünftehallen usw., oder etwa die Religionen ohne Kirchen und Münster. Nein: Kein Volk lebt länger als die Dokumente seiner Kultur!" Die Reden Hitlers am Parteitag der Freiheit 1935, München 1935, S. 28–32.
57 Hitler, Mein Kampf, S. 477.
58 Vgl. ebd., S. 436.
59 Vgl. ebd., S. 355.

des Kampfes mit einer bestimmten feindlichen Gruppe schließt in sich das dauernde antagonistische Verhalten beider Parteien ein und erstreckt sich auf alle Lebensgebiete. Rosenberg unterrichtete Hitler von der metaphysischen Verschiedenheit und Gegensätzlichkeit der beiden Elemente, des arischen und des semitischen. Der Jude muss in jeder Hinsicht dem Arier feindlich entgegentreten, denn das folgt aus dem Wesen der rassischen Gegensätze an sich. Wenn der Jude jemanden bekämpft, so tut er es deshalb, weil er in ihm diametral entgegengesetzte Eigenschaften sieht. Je stärker der Gegensatz dieser Züge ist, umso angriffslustiger und unversöhnlicher muss die Einstellung des Juden zu ihnen sein. Zugleich ist damit gegeben, dass das, was arisch ist, sich dem, was semitisch ist, entgegenstellen muss. Die Kampfstellung des Juden ist also das Resultat der „Stimme der Rasse" wie auch der Ausdruck des bewussten Bestrebens, die eigene Existenz oder den Besitzstand zu schützen. Der Hass der Juden gegen eine Person ist das sichere Kennzeichen dafür, dass es sich um einen außergewöhnlichen Menschen handelt, der die Sendung seiner Rasse und die eigene Sendung in sich trägt. Es ist klar, dass sich auch hier ganz persönliche Momente in vollem Ausmaß zeigen.

Schließlich kommen wir zur weiten Kategorie der Eigenschaften, die mit dem Charakter des Charismatikers und mit seinem Lebensstil verbunden sind. Den charismatischen Führer erkennt man an den Eigenschaften, die mit dem spezifischen Ideal „des Führers" übereinstimmen, an seinen Handlungen und vor allem an der Art, wie er seine Pflichten erfüllt. Hier tritt uns das Idealbild des Führers entgegen, mit dem eine Reihe von bestimmten Pflichten zusammenhängen. Zu diesem Idealbild gehört die Befähigung zum Herrschen, die Kraft der Einwirkung auf die Massen sowie die Kraft, sie zu leiten. Wir haben hier Eigenschaften vor uns, die, wenn sie bei einem Menschen hervortreten, sein Charisma beweisen. Dieses legt von sich Zeugnis ab durch das Verhalten gegenüber den Pflichten, das in der Tatsache des Besitzes des Charismas enthalten ist. Der wahre Führer nimmt die höchste Verantwortung auf sich und verharrt bei ihr, selbst wenn ihre Last ihn niederdrücken sollte. Vom falschen Führer, den Hitler an einer Stelle „Politiker" nennt, unterscheidet sich der wahre charismatische Führer dadurch, dass er das Gefühl für seine Sendung besitzt und bereit ist, für die charismatische Wahrheit, die ihm anvertraut ist, zu leben und zu sterben.[60] Der charismatische Führer ist ein Held, dem Feigheit fremd ist.[61] Er vollbringt große Taten, ergreift immer als erster die Initiative, stellt sich immer als erster zum Kampfe und begeistert seine nächste Umgebung für den Kampf.[62] Nur der wahre Führer ist befähigt, den richtigen

---

60 Vgl. ebd., S. 71 f.
61 Vgl. ebd., S. 100.
62 Vgl. ebd., S. 578, 622.

Einfluss auf seine nächsten Anhänger auszuüben, und die Stärke der Autorität, die er innerhalb seiner Umgebung gewonnen hat, ist wiederum einer der Beweise seines Charismas.[63]

Trotz seiner antiintellektualistischen Einstellung ist Hitler dennoch der Ansicht, dass auch gewisse Eigenschaften des Verstandes vom Charisma des Führers zeugen. Der charismatische Führer erkennt Dinge, die anderen Menschen verborgen sind; bereits in der Jugend und noch vor dem Beginn politischer Betätigung beginnt das Charisma, sich in der Fähigkeit ungewöhnlich schnellen Erkennens und Beurteilens der Tatsachen der Wirklichkeit zu äußern.[64] Zu diesem Gedanken kehrt Hitler oft zurück und bezieht ihn unverkennbar auf seine Person. Er hat es verstanden, die allergeheimsten Absichten des Feindes zu erfassen, hat die Hinterlist des Feindes erraten, hat es vermocht, sie, was das Wichtigste ist, zu seinen Gunsten auszubeuten und die Waffe des Feindes gegen den Feind selbst zu kehren.[65]

Diese Aussagen sind ganz typisch für alle Charismatiker. Der Umstand, dass der Charismatiker seine Sendung nicht der gewöhnlichen Ordnung der Welt verdankt, sondern sie aus anderer Quelle schöpft, begnadet ihn mit ungewöhnlichen Eigenschaften magischer Natur. Hieraus strömen die prophetischen Fähigkeiten und oft auch die wundertätigen Kräfte, die bei den Charismatikern allgemein verbreitet sind. Der Charismatiker kennt die Dinge, die für andere Menschen unzugänglich sind, und kann infolgedessen mit Leichtigkeit die Absichten der Gegner durchschauen. Wir haben es hier mit der Kategorie der Überzeugungen zu tun, die von den Charismatikern selbst und von den sozialen Gruppen geteilt werden, die zu ihnen in dem einen oder anderen Verhältnis stehen – mit der Kategorie der Überzeugungen, die sich mit magischen Gestalten am häufigsten verbinden und die bei den verschiedensten Typen charismatischer Herrschaften auf den verschiedenen Stufen der Zivilisation der macht-

---

63 Vgl. ebd., S. 381.

64 Hitler sagt, dass er sofort beim Ausbruch des russisch-japanischen Krieges erkannt habe, wie dessen Ausgang sein würde, und dass er sich für Japan ausgesprochen habe; ebd., S. 173. Sehr früh habe er das Wesen des Judentums durchschaut, obgleich die anderen, und insbesondere seine nächste Umgebung, dafür das Verständnis nicht gehabt hätten. Vgl. ebd., S. 302. Ähnliche Stellen finden sich auf S. 171, 296, 311.

65 Vgl. ebd., S. 268. Wir wollen nicht urteilen, wie berechtigt die Behauptung Steins ist, dass Hitler die in den „Weisen von Zion" dargelegten Methoden anwende. Jedenfalls kann man an vielen Stellen in „Mein Kampf" die These finden, der Führer müsse im Kampf mit dem Feinde zu dessen Methoden greifen. Etwas Ähnliches dürfte die Anekdote bezeugen, die Heiden erzählt. Eines Tages soll Hitler seine Honoratioren gefragt haben, ob sie die Erinnerungen Trotzkis gelesen hätten. Als auf Seiten der Gefragten Ausrufe laut wurden, die das Buch geißelten, soll Hitler geantwortet haben, die Erinnerungen seien glänzend. „Was für ein Kopf; ich habe viel daraus gelernt". Heiden, Hitler, S. 355.

volle Faktor gewesen sind, der die Struktur der Beziehungen innerhalb einzelner Gruppen und zwischen verschiedenen Gruppen gestaltet hat.

Der charismatische Führer offenbart sich schließlich in der Verbindung von Zügen des Willens und des Verstandes. Ausdruck dessen ist seine Fähigkeit, die Aufmerksamkeit des Volkes auf eine einzige Aufgabe, die die wesentlichste und wichtigste ist, zu konzentrieren. Ein falscher Führer ist derjenige, der eine Reihe gleichrangiger Ziele aufstellt.[66] Dieses charismatische Merkmal ist offensichtlich das Resultat des Einflusses militärischer Vorbilder, mit denen Hitler in seinem Leben unmittelbar in Berührung gekommen ist.

Der wichtigste Prüfstein für das Charisma ist die Erringung des Erfolges. Dieser Gedanke ist wesentlich, und Hitler kommt auf ihn oftmals zurück. Zur Eigenart der wahren Idee gehört, dass sie siegen muss oder – fähig ist zu siegen.[67] Eine derartige Vorsicht oder ein solcher Zwiespalt lässt sich durch die Tatsachen, die das Entstehen des Buches begleiteten, trefflich erklären. Als Hitler den ersten Band schrieb, sprach nichts für den Erfolg der Bewegung, und darum war eine weitgehende Vorsicht notwendig. Der zweite Band erschien dagegen im Moment der beginnenden Regeneration der Bewegung, und gerade diese Erhebung aus dem Zusammenbruch gab Hitler die Berechtigung, im Erfolg den Beweis der Authentizität seiner Sendung mit größerer Entschiedenheit zu suchen. Der charismatische Führer ist zu Siegestaten berufen, und seine Erfolge sind der deutliche Beweis der Gnade. Für die Hervorhebung des Ausmaßes des Erfolges ist die Betonung des Ausmaßes der Widerstände und Hindernisse wichtig, die es zu überwinden galt. Die Charismatiker schildern die Schwierigkeiten, denen sie auf ihrem Wege begegnen, in kräftigen Farben und mit plastischer Anschaulichkeit. Diese Schwierigkeiten bilden einerseits den nebensächlichen Teil der „charismatischen Leiden“, denn der Charismatiker krümmt sich unter der Last seiner Sendung, und andererseits dienen sie zur Unterstreichung der Größe und Authentizität der Sendung. Das Maß der Widerstände zeugt von der Größe der Aufgabe, und der Sieg über solche Widerstände ist der sichere Prüfstein, dass der Sieger ein authentischer Charismatiker ist.[68]

Sich auf den Erfolg zum Beweis der Wahrheit der nationalsozialistischen Idee zu berufen, wiederholt sich mit dem Wachsen der Erfolge der Bewegung immer häufiger in den Äußerungen Hitlers. Heute ist diese pragmatische Auffassung, worüber wir noch sprechen werden, eines der Elemente der offiziel-

---

66   Vgl. Hitler, Mein Kampf, S. 273.
67   Vgl. ebd., S. 44 f.
68   Vgl. ebd., S. 441. Aus anderen Quellen ist bekannt, dass die bedeutendsten Schwierigkeiten, der Widerstand von Seiten der Staatsgewalt, minimal gewesen sind, und dass sich die Bewegung der größten Unterstützung von Seiten eines solchen Staatsorgans wie der Reichswehr erfreute.

len Legende geworden. Die Bestätigung des Charismas durch den Erfolg ist eines der wesentlichsten Momente bei jeder charismatischen Herrschaft und hat einen gewaltigen Einfluss auf deren Struktur.

Das Charisma ist etwas Übernatürliches. Wenn etwas das Charisma untermauern soll, so sind das nicht gewöhnliche, alltägliche Dinge, sondern außerordentliche, wunderbare Ereignisse, die das Maß der alltäglichen Angelegenheiten überschreiten. Ferner muss der Charismatiker dauernd unter Beweis stellen, dass er fortdauernd Träger der Sendung ist und die Gnade nicht von ihm gewichen ist; er kann daher keine längeren Pausen in den sein Charisma bestätigenden Großtaten machen. Diese Taten müssen als Erfolge gewertet werden. In dem Moment, in dem die Gruppe, die dem charismatischen Herrscher gehorcht, eine Tat als Misserfolg bewertet, muss Zweifel aufkommen, ob der Führer noch immer Träger der Gnade oder ob er gar jemals ihr Träger gewesen ist. Es hat nichts Erstaunliches an sich, dass die ersten Misserfolge so viele charismatische Herrschaften hinweggefegt haben. Andere Formen der Macht, die frei vom Element des Magischen sind, sind offenbar viel dauerhafter und widerstandsfähiger. Ihnen nützen die Erfolge weniger, aber ihnen schaden die Misserfolge ebenfalls viel weniger. Der äußere Effekt, den die Trockenlegung der Pontinischen Sümpfe hervorrief, war viel machtvoller als der Effekt der Trockenlegung der Zuidersee. Verschieden war auch der Einfluss dieser beiden Ereignisse auf die Gestaltung des Verhältnisses zur Regierungsgewalt in den beiden Staaten. Auf der anderen Seite aber hat die eine Niederlage, die Napoleon III. erlitt, genügt, um in Frankreich die Möglichkeit des Bonapartismus zu beseitigen.

Die Notwendigkeit der permanenten Bestätigung der Sendung des Führers durch dauernde Erfolge hat natürlich einen gewaltigen Einfluss auf den gesamten praktischen Verlauf des Gemeinschaftslebens. Von hier aus fällt Licht auf die Politik der charismatischen Herrscher, die sich der Methode vollendeter Tatsachen, unvorhergesehener Überraschungen, großer Unternehmungen und Anregungen bedient. Gewaltige Bauten, die Verminderung der Arbeitslosigkeit, Kolonialkriege, große Aktionen auf dem Gebiet der internationalen Politik: All das ist Ausdruck der Tätigkeit charismatischer Führer. Natürlich ist der charismatische Herrscher in den autoritären Staaten frei von der Gefahr von Konflikten, wie sie beispielsweise Wilhelm II. im bürokratischen Vorkriegsdeutschland hatte. Die Auseinandersetzungen Wilhelms mit seinen Ministern und dem Parlament sind ein interessantes Beispiel für Konflikte dieses Typs.[69] Das Theatralische, das den verschiedenen Diktatoren so häufig zum Vorwurf

---

69 Vorzügliches Material dafür bieten die Erinnerungen Bismarcks und Bülows. Offensichtlich beruht der Unterschied zwischen den heutigen Führern und Wilhelm auch darauf, dass die Überzeugung vom Charisma des letzteren im deutschen Volke sehr schwach war.

gemacht wird, steht ohne Zweifel im Zusammenhang mit Momenten echt charismatischer Natur. Der Charismatiker muss sich hervortun, bei jedem seiner Schritte seine Rolle spielen. Die Kleidung, die Gesten, eine ganze Reihe akzessorischer Kleinigkeiten, die seinen Lebensstil bedingen: Sie alle gehören zur Rolle des Charismatikers. Er weiß, dass die Blicke aller auf ihn gerichtet sind und er infolgedessen der Gesamtheit sein Charisma vor Augen führen muss. Er muss es auch in Kleinigkeiten zeigen, die aber immer die Züge von etwas Nichtalltäglichem tragen; er muss das vor allem in Großtaten zeigen. Auf diese Weise entsteht eine eigenartige Verantwortung des Charismatikers vor seiner Gruppe. Er, der das Gefühl seiner Verantwortlichkeit ausschließlich von einer mystischen Kraft besitzt, die ihn mit der Gnade beschenkt hat, muss sich zugleich vor seinen Anhängern verantworten, die in der Person der Honoratioren materielles und gesellschaftliches Vorwärtskommen und in den breiten Schichten große Taten und Erfolge erwarten.

IV.

Kommen wir jetzt zu einer neuen Frage: Was ist nach der Überzeugung Hitlers der Inhalt seiner Sendung? Hierfür haben wir vor allem eine Reihe von Äußerungen, die von der Führerfunktion und dem Verhältnis des Führers zu den Geführten handelt.

Keine große politische oder soziale Bewegung, meint Hitler, ist jemals Sache der Massen gewesen. In den Massen leben Sehnsüchte und Erwartungen, jedoch sind die Massen amorph und unfähig, ihren Wünschen eine feste Form zu geben, unfähig auch, sie in Gestalt einer Idee zum Ausdruck zu bringen. Es muss sich erst eine Herrscherpersönlichkeit finden, welche die Idee ausdrückt und zum Schöpfer der Bewegung wird.[70] Darin besteht die Tat des Führers, dass er die Sehnsüchte der Massen zu Tage fördert, die Ziele aufzeigt und den Massen eine Organisation gibt.[71] Zur Erfüllung einer Mission sind also nur Einzelne, niemals die Massen berufen.[72]

---

70 Vgl. Hitler, Mein Kampf, S. 569.
71 Vgl. ebd., S. 569–571. Den gleichen Gedanken finden wir bei Mussolini. Bereits im Jahre 1923 sagte er in seiner in Padua gehaltenen Rede: „der historische Prozess, der eine große Bewegung vorbereitet, vollzieht sich im Dunkeln. Sichtbar gemacht, wird er niemals durch die Masse. Erst wenn ein Mann auftritt, der die ganze angesammelte Leidenschaft in sich birgt und als deren sichtbares Symbol die brennende Fackel voranträgt, – erst mit diesem Bezwinger der Bewegung und Bezwungenem zugleich, erst mit diesem lebendigen Magneten, der sowohl anzieht als auch vorwärtstreibt, ist die Bewegung auf der Welt und greift sichtbar in deren Getriebe ein." Zit. nach Hans Kafka, Benito Mussolini. Gedanken und Worte, Leipzig 1935, S. 296.
72 Vgl. Hitler, Mein Kampf, S. 260.

Hieraus ergibt sich auch das Verhältnis des Führers zu seinen Kampfgefährten. Im Führer ist die Idee der Bewegung verkörpert; er nennt die Ziele, die ihm durch seine Sendung offenbart sind, bedient sich seiner Gefolgschaft als eines Werkzeugs zur Realisierung dieser Ziele. Die Pflicht der Gefolgschaft wiederum ist es, das auszuführen, was der Führer befiehlt.[73] Zu dieser Frage werden wir im Übrigen noch zurückkehren müssen.

Die Gefolgschaft setzt sich aus Menschen zusammen, die vom Führer berufen werden und sich der Sendung des Führers bewusst sind. Aus einigen Stellen kann man den Schluss ziehen, dass dieses Bewusstsein an sich von den charismatischen Eigenschaften der Gefolgschaft zeugt und der Gefolgschaft, mindestens aber ihrem Kern, Menschen mit charismatischen Attributen angehören.[74] Die Aussagen Hitlers zu dieser Frage sind weder völlig klar noch frei von Widersprüchen. Einerseits betont er den einmaligen Charakter des Charismas, andererseits scheint er die Möglichkeit offen zu lassen, dass das Charisma nicht nur über einzelne Individuen, die möglicherweise eine Gruppe bilden, kommt, sondern über die Gruppe als solche. Man darf auch annehmen, dass die charismatischen Eigenschaften der Gefolgschaft Folge der Übertragung des Charismas durch den Führer auf seine nächste Umgebung sind. Man kann die Sache auch so verstehen, dass die Honoratioren der Bewegung charismatische Züge dank des Umstandes gewinnen, dass sie, durchdrungen von der Sendung des Führers, irgendwie an der Gnade, die auf den Führer eingeströmt ist, teilhaben.[75] Aus diesen Unklarheiten und Widersprüchen folgt jedoch deutlich, dass das Verhältnis der Gefolgschaft zum Führer in der Vorstellung Hitlers eigenartige magische Züge besitzt, dass aber unter allen Umständen das Charisma der Gefolgschaft weniger vollständig, weniger vollkommen ist als das Charisma des Führers.

Die Mission, zu deren Erfüllung der Führer berufen ist, muss selbstverständlich außergewöhnlich sein. Der wahre Führer hat ein Gefühl für ihre Größe. Er weiß nicht nur, dass er berufen ist, er weiß auch, wozu er berufen ist, weiß, was er erreichen muss. Diesem Ziel dient er mit seinem ganzen Sein, und die Größe dieses Zieles bekundet er durch seinen Lebensstil. An vielen Stellen beschreibt Hitler dieses oberste Ziel. Diese Formulierungen kleidet er in die Form von Sätzen, die außergewöhnlich feierlich klingen. Hier ist er ein Mensch voll aufrichtigen und tiefen Glaubens, der seine Wahrheiten absolut ernst ohne jeden Anschein von Lug und Trug vorbringt. Der Gegenstand sei-

---

73 Strasser zitiert folgenden Ausspruch Hitlers: „Bei uns ist Führer und Idee eins, und jeder Parteigenosse hat das zu tun, was der Führer befiehlt, der die Idee verkörpert und allein ihr letztes Ziel kennt". Otto Strasser, Hitler und Ich, Buenos Aires 1940, S. 104.
74 Vgl. Hitler, Mein Kampf, S. 263 f.
75 Vgl. ebd., S. 502.

ner Sendung ist vor allem offenbar Deutschland, doch fühlt er sich auch zur Erfüllung einer allgemein menschlichen Mission berufen – zur Befreiung der Welt von den Juden. Hierin sieht er seine höchste und letzte Mission, für deren Verwirklichung die anderen Ziele seiner Sendung nur Etappen sind.[76] Er fühlt, dass er das Werkzeug Gottes ist, auserwählt zum Kampfe mit den Juden.[77] Der Antisemitismus Hitlers ist kein taktisches Vorgehen, wie das bei seinem Meister Lueger in hohem Maße der Fall gewesen ist, sondern ist, ähnlich wie bei Rosenberg, der Ausdruck der gesamten Gefühlseinstellung und der auf dieser basierenden Philosophie.

In dieser Weise versteht Hitler seine Sendung. Hieran anschließend stehen wir vor einer neuen und sehr interessanten Frage. Es ist die Frage nach dem Ursprung des Charismas. In vielen Fällen findet die eine oder andere Auffassung vom Ursprung des Charismas ihren Niederschlag in den verschiedenen sozialen Strukturen, wie zum Beispiel in der Monarchie von Gottes Gnaden. Die eine oder andere Auffassung vom Ursprung des Charismas hat ihren Einfluss auch auf die Autorität der Herrschaft und geht in der Regel Hand in Hand mit rationalisierenden Ableitungen verschiedener Art. Bei Hitler ist das Problem interessant, wenngleich wir auch hier, wie fast immer bei ihm, auf eine Reihe von Unklarheiten und logischen Widersprüchen stoßen.

Bei der Suche nach den Quellen des Charismas begegnen uns vor allem Momente religiöser Natur. Bei Hitler finden wir allenthalben Wendungen, in denen von Gott oder von der Vorsehung die Rede ist. Die Vorsehung hat bewirkt, dass er nicht Beamter wurde,[78] dem Schicksal oder der Bestimmung verdankt er die Lebensbedingungen, die ihm ermöglichten, das Leben kennen zu lernen;[79] Gott hat ihn zum Werkzeug für den Kampf mit den Juden erwählt.[80] Diese und ähnliche Wendungen finden sich am häufigsten im ersten Band. Doch haben sie eher verbalen Charakter und lassen sich eher als traditionelle rhetorische Figuren auffassen denn als Ausdruck tieferer Überzeugungen oder konkreter Begriffsinhalte. Da er auch davon spricht, dass das Volk die gesamte Gewalt auf den Führer überträgt, der wiederum die gesamte Verantwortung für dieses Volk auf sich nimmt, was die Form wahrer germanischer Demokratie sein soll,[81] so liegt die Vermutung näher, dass der Quell des Charismas das Volk ist, verstanden als eine metaphysische Einheit mit personalen Zügen. Dieser Gedanke ist übrigens in den verschiedenen nationalistischen Doktrinen

---

76   Vgl. ebd., S. 703.
77   Vgl. ebd., S. 70.
78   Vgl. ebd., S. 20.
79   Vgl. ebd., S. 22.
80   Vgl. ebd., S. 70.
81   Vgl. ebd., S. 99.

häufig anzutreffen und kann als Widerhall von Ansichten angesehen werden, die in gewissen gesellschaftlichen Kreisen populär sind. Aber auch er präsentiert sich uns recht unklar und ist in einer Art formuliert, die von Verbalismus nicht frei ist.

Neben diesen allgemein gefassten Äußerungen finden wir aber auch andere, die einen neuen und wohl auch charakteristischeren Ton hineintragen. Wenn Hitler davon spricht, wer Führer sein kann, so erklärt er, dass viele berufen seien und viele nach der Führerwürde strebten, aber nur der Beste siegen könne.[82] Gleichzeitig aber fügt er hinzu, die großen Taten seien das Werk großer Menschen, die ihrerseits das Resultat der natürlichen Auswahl darstellten. Immer siegen die Stärksten, die Schnellsten, die zu schnellem Entschluss Befähigtesten.[83] In einem anderen längeren Abschnitt führt er aus, dass die Natur selbst über die Wahl der Besten entscheidet und sie kennzeichnet.[84] An noch anderer Stelle spricht er vom freien Spiel der Naturkräfte, aus dem die Wertvollsten siegreich hervorgehen.[85]

Der Erhebung der einen über die anderen liegt also ein natürlicher Prozess zugrunde, durch den sich die Auslese der Besten vollzieht. Dieser Prozess kann jedoch nicht als ein automatischer Ablauf betrachtet werden, der unabhängig von dem Willen der Menschen vor sich geht. So oder so geartete Handlungen der Menschen können ihn entweder schädlich beeinflussen oder aber den Zustand optimaler Bedingungen schaffen. Die Handlungen finden ihren Ausdruck in den verschiedenen politischen Systemen. Die demokratischen Verfassungen ziehen, so meint Hitler, mit ihrem Prinzip der Gleichheit, das zur Nichtbeachtung der Gesetze der Eugenik der Rasse führt, Störungen des Ausleseprozesses nach sich und schaffen Chancen nicht für die Besten, sondern für die Schlechtesten. Sein Ziel sieht Hitler in der Schaffung optimaler Bedingungen für diesen Prozess. Es geht darum, dass die besten Individuen jene Plätze einnehmen können, für die sie die natürliche Auslese bestimmt.

Letzten Endes handelt es sich hier um die Hierarchie, deren Begründung in den Gesetzen der Natur gesucht wird. Es handelt sich um denselben Gedankengang, dem wir im italienischen Faschismus begegnen. Die faschistische Ideologie suchte ihre Stütze dafür in den Theorien von Pareto. Hitler, der, als er „Mein Kampf" schrieb, gewiss nichts von Pareto gehört hatte, wiederholt hier Gedanken, die er sich am ehesten von Rosenberg angeeignet haben dürfte. Bei Rosenberg stoßen wir auf eine eigenartige Philosophie, in welcher der im Übrigen vulgarisierte Gedanke des biologischen Kampfes ums Dasein

---

82 Vgl. ebd., S. 570.
83 Vgl. ebd., S. 572 f.
84 Vgl. ebd., S. 148–153.
85 Vgl. ebd., S. 422 und ähnlich S. 264.

und die natürliche Auslese die grundlegende Rolle spielt.[86] Wir haben hier eine
Doktrin der Hierarchie vor uns, in der sich Elemente eines spiritualistischen
Mystizismus mit dem Widerhall von Gedanken Darwins, Spencers, Gumplo-
wiczs und Ratzenhofers eng verbinden. Die Ideologie der Hierarchie ist an sich
nichts Neues, und wir finden in der französischen und deutschen politischen
Literatur der ersten Hälfte des 19. Jahrhunderts, welche die Ansichten der
äußersten Rechten widerspiegelt, Argumentationen, die wörtlich oder fast
wörtlich ebenso klingen wie die Ergüsse unserer zeitgenössischen Ideologen
der Elitezüchtung und der natürlichen menschlichen Hierarchie. Die rechts-
gerichtete Publizistik hat das ganze 19. Jahrhundert hindurch diese Argumente
benutzt, wobei sie sie mehr oder weniger der Zeit anpasste und sich immer
häufiger auf Argumente berief, die sie aus der Biologie schöpfte.

Unabhängig davon, welche Einflüsse auf das Denken Hitlers gewirkt haben,
wird von ihm die Überzeugung von der natürlichen Ungleichheit der Menschen uneingeschränkt geteilt. Er findet hierin die Stütze für die unverhüllte
Verachtung der Massen, für die Anschauung von der Erwähltheit Einzelner,
die durch den natürlichen Prozess in die führende Stellung gebracht werden.
Die Aufgabe der Partei ist es, ihre eigene Struktur nach den Grundlagen dieses Prozesses zu gestalten und die durch Auslese gewonnene führende Gruppe,
welche die Legitimation ihres Primats in ihrer naturgegebenen Überlegenheit
findet, an die Spitze zu stellen.[87]

Der Führer, der an der Spitze der Bewegung steht, ist somit das beste Individuum, welches der Prozess der Natur selbst hervorgebracht hat. Die Berufung
auf das Naturgesetz hat für Hitler große Bedeutung, denn in der heutigen Zeit
ist das eine sehr überzeugende Form der Legitimation. Die Philosophie Hitlers
ist von Elementen naturwissenschaftlicher Art durchsetzt und zweifellos der
Ausdruck weit verbreiteter Anschauungen, die heute unter den Autodidakten
aller Typen und Gattungen sehr populär sind. Diese Auffassung von naturbe-
dingten Vorgängen ist von spiritualistischen, in erster Linie magischen, Elementen durchtränkt. Die Natur und ihre Prozesse werden nicht so verstanden,

---

86 Alfred Rosenberg, Der Mythus des 20. Jahrhunderts. Eine Wertung der seelisch-geis-
    tigen Gestaltenkämpfe unserer Zeit, München 1935; das ganze erste Kapitel des ers-
    ten Buches, insbesondere die Abschnitte fünf bis acht.
87 Diesbezüglich sind die Worte Hitlers, die Strasser in „Ministersessel oder Revolution"
    zitiert, von größtem Interesse: „Die große Masse der Arbeiter will nichts anderes als
    Brot und Spiele, sie hat kein Verständnis für Ideale, und wir werden nie damit rech-
    nen können, eine bedeutende Zahl von Arbeitern gewinnen zu können. Wir wollen die
    Auslese einer neuen Herrenschicht, die nicht wie sie (nämlich Strasser) von irgendei-
    ner Mitleidsmoral getrieben wird, sondern die sich darüber im Klaren ist, dass sie auf
    Grund ihrer besseren Rasse das Recht hat zu herrschen, und die diese Herrschaft über
    die breite Masse rücksichtslos aufrechhält und sichert". Strasser, Ministersessel oder
    Revolution, S. 12.

wie sie ein moderner Physiker oder Biologe auffasst, sondern als Wirken magischer, zumeist hypostasierter oder personifizierter Kräfte begriffen. Die gesamte Rassenlehre Hitlers hat eine solche magische Färbung, die auf wechselseitige magische Wirkungen hypostasierter Rassen zurückgeführt wird. Denselben magischen Charakter hat die gesamte Ideologie von Kraft und Kampf, die wiederum auf die eigenartige Anschauung naturgegebener Vorgänge bezogen wird.[88]

Schließlich ist das, was den Führer an die Spitze der Bewegung geführt hat, nicht so sehr der Prozess der Natur als das Spiel geheimnisvoller magischer Kräfte. Das Wirken dieser Kräfte zeigt sich noch deutlicher, sobald nach dem Sinn des charismatischen Rätsels gefragt wird, warum gerade diese und keine andere Persönlichkeit an die Spitze der Bewegung gekommen ist, warum gerade er, Adolf Hitler, zu seiner großen Mission berufen wurde. Das Prinzip der natürlichen Auslese erklärt nur, woher die Führer kommen, oder zeigt den Weg, den man gehen muss, um Führer zu erhalten. Es erklärt aber nicht, warum gerade die eine und nicht eine andere Persönlichkeit mit Eigenschaften begnadet wurde, die es ihr ermöglichten, den Sieg im natürlichen Wettstreit der Auslese davonzutragen. An dieser Stelle endet die naturwissenschaftlich-rationalistische Anschauung, die den Ausgang bildet, und es tritt das völlig subjektive Prinzip religiös-metaphysischer Natur in den Vordergrund.

Aus allen Äußerungen Hitlers spricht deutlich die Überzeugung von einem durch und durch persönlichen Verhältnis zwischen ihm und der transzendenten Kraft, die ihn ausgezeichnet, mit Führereigenschaften begabt und mit der Erfüllung seiner Mission betraut hat. Das Bild dieser Kraft hat sehr nebelhafte Formen und ist von dem konkreten Inhalt weit entfernt, den die Gottheit im Glauben der Propheten Israels, Mohammeds oder Cromwells besitzt. Jedenfalls kommen wir der Wahrheit am nächsten, wenn wir zur Definition dieser Kraft Worte wie „Volk" oder „Rasse" benutzen, die natürlich in mystisch-metaphy-

---

88   „Ich bin gegen den Pazifismus, weil ich für die Kraft bin, weil ich in der Kraft die Stärke und in der Stärke die ewige Mutter des Rechts, und weil ich im Recht, so gesehen, die Wurzel des Lebens erblicke". Völkischer Beobachter vom 13. März 1933. (Anmerkung des Übersetzers: Zitat nicht auffindbar. Ähnlich: Hitler vor den Befehlshabern des Heeres und der Marine in der Bendlerstrasse, Februar 1933, nach Aufzeichnung des damaligen Adjutanten beim Chef der Heeresleitung und späteren Generals Horst von Mellenthin, Institut für Zeitgeschichte, München, Zs 105, zit. in Carl Dirks/Karl-Heinz Janssen, Der Krieg der Generäle. Hitler als Werkzeug der Wehrmacht, München 2001, S. 232–236: „Demokratie und Pazifismus sind unmöglich. [...]. Einstellung der Jugend u. des ganzen Volkes auf den Gedanken, dass nur d. Kampf uns retten kann u. diesem Gedanken gegenüber alles zurückzutreten hat. [...]. Ein pazifistisches Volk verträgt diese Zielsetzung nicht. Geistig allein ist dies nicht zu schaffen, sondern nur durch Gewalt. [...]. Wer nicht einsehen will, muss gebeugt werden").

sischem Sinne mit starker magischer Färbung verstanden werden. Sie sind Hypostasierungen, Personifikationen des Absoluten, sind metaphysische Grundideen. Von ihnen stammt das Charisma; sie haben durch geheimnisvolle Wahl entschieden, dass es auf Hitler und auf keinen anderen fallen solle.

Es gehört zu den Eigentümlichkeiten vieler Charismatiker, dass die Empfindung ihres Charismas viel stärker hervortritt als das Bewusstsein der Vorstellungskomplexe, die sich auf den Ursprung des Charismas beziehen. Für die Einstellungen Hitlers ist das Gefühl seiner Sendung von weit größerer Bedeutung als die Frage, ob er eine klare und konkrete Vorstellung hat, von wem sie kommt. Das bedeutet nicht, dass die Frage des Ursprungs für ihn nicht von Bedeutung wäre. Sie steht vielmehr in engem Zusammenhang mit der praktisch wichtigen Frage der Legitimierung seiner Sendung. Dies ist der Grund für die verschiedenen Versuche der Rationalisierung des Charismas, für die erwähnte Gedankenkonzeption unter Verwertung naturwissenschaftlicher Anschauungen und für alle konventionell-verbalen Definitionen. Sie treten jedoch zurück hinter der Überzeugung, dass er auserwählt ist und auf Grund dieser Tatsache die Verpflichtung hat, so und nicht anders zu handeln.

Infolgedessen ist auch die Vorstellung vom Volk oder von der Rasse als dem Quell seiner Sendung von konkretem Inhalt weit entfernt und tritt sozusagen am Rande der charismatischen Handlungen hervor. Hitler ist der Beauftragte transzendenter Mächte, er handelt in ihrem Namen, und ihnen verdankt er seine Sendung. Während er im Namen des Volkes handelt, wendet er sich zugleich an das Volk. Hier stehen wir vor einer Frage von grundlegender Bedeutung sowohl für die Struktur des Charismas an sich als auch für die Struktur der Gruppe, die Objekt der Tätigkeit des Charismatikers ist.

V.

In den Ideologien nationalistischer Charismatiker hat das Wort „Volk" eine doppelte Bedeutung. Einerseits ist es ein metaphysisches Prinzip, ein Absolutes im Sinne Hegels, das im Verhältnis zum Träger des Charismas die Rolle des Subjekts in spezifisch charismatischer Beziehung spielt. Von diesem Prinzip empfängt der Charismatiker seine Sendung, wobei Zustände mehr oder weniger rationalisierter mystischer Erlebnisse die Bewusstwerdung dieser Beziehung begleiten. Hand in Hand damit können rituell-magische Prozeduren gehen. Andererseits ist aber das Volk eine konkrete soziale Gruppe oder auch ein Verband von konkreten sozialen Gruppen. Offensichtlich handelt es sich hier um etwas völlig anderes, nicht um ein metaphysisches Prinzip. Das Volk als soziale Gruppe ist das Objekt, auf das sich die Sendung des Führers erstreckt, die ihm vom Volk als metaphysischem Prinzip, als mystischer Kraft zuteil wurde. Unter allen Umständen haben wir es mit verschiedenen Dingen zu tun, und ebenso mit verschiedenen Beziehungen, die zwischen dem Charismatiker und diesen Dingen bestehen.

Hieraus ergibt sich die gesamte Idee der Führung, die Hitler in seinen Betrachtungen zum Thema der „wahrhaftige[n] germanischen Demokratie"[89] entwickelt. Wir erhalten hier eine Reihe von Aussprüchen, die ein sehr helles Licht auf die Struktur der Organisation der nationalsozialistischen Partei und auf die charismatische Herrschaft überhaupt werfen.

Der Charismatiker hat seine Sendung von „irgendwoher" erhalten, ist Beauftragter einer höheren Kraft und steht infolgedessen über allen Regeln rationalisierter Alltäglichkeit. Pflicht der Alltäglichkeit ist es, sein Erwähltsein anzuerkennen und sich ihm unterzuordnen. Wenn ihn das Volk berufen hat, so ist es Pflicht des Volkes, die Tatsache dieser Sendung auch zu bejahen.

Dieser Begriff von Volk schließt notwendig die Ablehnung des Wahlprinzips und der demokratischen Regeln ein. Hiervon ausgehend können wir die Ausführungen Hitlers über die „germanische Demokratie" sehr gut verstehen. Ihr Wesen beruht auf der Anerkennung des Führers als der Person, die über der Gruppe steht, sie leitet, die Gruppe selbst verkörpert.[90] Auch die Formen der demokratischen Kontrolle, die Diskussionen und Kritiken können nicht weiter erhalten bleiben. Hitler wendet sich mit großer Schärfe gegen das Geschwätz, gegen die Methode der Parteiberatungen und Parteikongresse. Mit voller Offenheit bekennt er, dass die Form der Parteikongresse nur deshalb in die Organisation der Partei eingeführt wurde, weil es die damals geltende Gesetzgebung den politischen Parteien auferlegte. Er selbst hat diese Methoden stets kategorisch bekämpft und weiß, dass die breiten Massen volles Vertrauen zu ihren Führern haben und keine öffentlichen Diskussionen dort brauchen, wo eine kurze Entscheidung des Führers genügt.[91]

---

89 Hitler, Mein Kampf, S. 99. Am interessantesten ist hierfür der Abschnitt auf S. 378 in „Mein Kampf". Außerdem hat Hitler eine weitgehende Erläuterung dieser Auffassungen in der Weimarer Rede vom 4. Juli 1936 gegeben. Vgl. Bericht im Völkischen Verbund Nr. 187 vom 5.7.1936.

90 „Es ist das Prinzip der altgermanischen Demokratie, die nicht Verantwortung nach unten und Autorität nach oben kennt, sondern das nur kennt: Autorität nach unten und Verantwortung nach oben! Die höchste Stelle ihrerseits erkennt dann als ihre oberste Instanz überall das gesamte deutsche Volk, dem zu dienen wir uns alle verpflichtet und auch verantwortlich fühlen". Aus der Weimarer Rede vom 4. Juli 1936. Vgl. Bericht im Völkischen Verbund Nr. 187 vom 5.7.1936.

91 „Wenn der kleine Mann, der aus seinem Kreise, aus seinem Dorfe, aus seinem kleinen Marktflecken einmal in diese geistige Zentrale der Bewegung kommt, dann will er dort nicht das Gezänk zwischen einzelnen Führern hören, die sich nicht verstehen können oder wollen, sondern er will in diesen Tagen für seinen schweren Kampf draußen eine neue Stärkung erhalten. Er will die Überzeugung mit hinwegnehmen: ‚Meine

Wenn Hitler gegen das Wahlprinzip, die demokratische Organisation und die Diskussionen zu Felde zieht, so handelt er völlig nach der Art eines charismatischen Herrschers. Offensichtlich bemüht er sich, seinem Standpunkt eine rationale Form zu geben und sucht dafür logische Argumente. In keiner Weise hat aber dieses Vorgehen Einfluss auf den wesentlichen Inhalt seiner Einstellung. Der Führer kann nicht gewählt werden, weil die Tatsache der Wahl eine Abhängigkeit des Gewählten von den Wählern begründet. Wer einmal gewählt ist, braucht bei einer zweiten Wahl nicht auf seinem Posten zu bleiben. Die Quelle der Macht liegt in den Wählern, die als legale rationale Institution handeln. Das Wesen der charismatischen Herrschaft beruht dagegen auf der Anerkennung durch die Gesamtheit; dass die Gesamtheit im Führer den Träger des Charismas sieht, ist die Bestätigung seines Charismas. Wir haben bereits von der Verantwortung des charismatischen Führers vor denen gesprochen, die seiner Herrschaft unterstehen. Sie ist jedoch eine Verantwortung völlig eigener Art. Sie besteht in der Notwendigkeit für den Führer, seine Rolle dauernd aufrechtzuerhalten und unablässig nachzuweisen, dass er nicht aufgehört hat, ein Werkzeug der Gnade zu sein. Hierbei handelt es sich um etwas völlig anderes als die Abhängigkeit von Wählern, die einem die Ausübung einer genau bestimmten Funktion, zumeist für eine bestimmte Zeit, anvertrauen.

Und daher ist die einzige Form der Abstimmung, derer sich die charismatischen Herrscher bedienen, das Plebiszit, die Volksabstimmung. Den vollkommensten Ausdruck hierfür fand der Bonapartismus, und nach dem Vorbild des Bonapartismus bedienen sich ihrer gern auch die heutigen charismatischen Herrscher. Die Volksabstimmung bedeutet keine Wahlen. Sie bedeutet die Bestätigung des neu geschaffenen Status quo, entstanden auf außergewöhnlichem Wege einer in einer von den Regeln des Alltags abweichenden Weise durch die Gesamtheit. Wie bekannt, bedient sich Hitler gern der Plebiszite. Sie finden nach bestimmten Ereignissen statt; die Fragen, die dabei vorgelegt wer-

Führung weiß, was sie will. Denn wenn sie nicht weiß, was sie will, wie soll ich es dann wissen, wie sollte ich dann darüber entscheiden?'". „Wenn die sogenannte öffentliche Diskussion wirklich etwas hätte abstellen können, dann hätte der Zustand vor uns ein Paradies sein müssen. Denn mehr Diskussionen als in der parlamentarischen Zeit hat es nicht gegeben, es ist damit nichts verbessert worden, sondern die Verwirrung, die Unsicherheit, die Zerfahrenheit griffen immer mehr um sich. Auf diesen Methoden war unser ganzes bürgerliches marxistisch-demokratisches parlamentarisches Leben aufgebaut. Nur deshalb konnten wir es beseitigen, zerschlagen und auslöschen aus unserer Geschichte. Es musste beseitigt werden, weil eine klarere, weit richtigere Organisation entstanden war, die an ihre Stelle gesetzt werden konnte. Und daher war es auch kein Wunder, wenn ich vom ersten Tage der Gründung dieser Bewegung der Überzeugung sein konnte: Diese Partei wird Deutschland erobern. Nicht durch Zufall sind wir zur Macht gekommen, sondern auf Grund eines ehernen naturnotwendigen Gesetzes". Ebd.

den, sind feierlich in religiösem Ton gehalten und haben den ausschließlichen Zweck, die Taten des Führers durch die Gesamtheit bejahen zu lassen. Ihr Resultat ist an sich eines der Kennzeichen des Charismas, denn die erdrückende Mehrheit der abgegebenen Stimmen bezeugt, dass der Herrscher, der das gesamte Volk mit sich gezogen hat, in der Tat ein Erwählter ist. Wenn sich der Führer an das Volk mit einer Frage wendet, so verlangt er von ihm das Urteil, ob er richtig gehandelt habe. Im Grunde aber ist er überzeugt, dass das Volk ihm eine zustimmende Antwort erteilt.[92] Die Volksabstimmung ist also eine Form der Legitimierung des Charismas durch die Gesamtheit.

Natürlich können auch Wahlverfahren im eigentlichen Sinne dieses Wortes mit der charismatischen Herrschaft einhergehen. Sie betreffen aber nicht den Herrscher selbst, und daher ist ihre Entwicklung eine Erscheinung späterer Zeit und besagt, dass das Charisma in die Periode seiner Veralltäglichung eingetreten ist, dass es begonnen hat, sich zu institutionalisieren. Im heutigen Deutschland herrscht das Führerprinzip zur Gänze, und es ist schwer festzustellen, in welchem Maße der Prozess der Veralltäglichung in obigem Sinne begonnen hat. Man muss im Auge behalten, dass das völlige Überwiegen militärischer Vorbilder und die dauernde Militarisierung der staatlichen und sozialen Struktur auf den Charakter der Prozesse der Institutionalisierung zurückwirken müssen.

Folgerichtig tritt an die Stelle von Diskussionen auch das Anhören der Enuntiationen des Führers und die enthusiastische Zustimmung zu ihnen. Die Tatsache der Diskussionen mit dem Führer würde ihn auf die gleiche Stufe mit den Diskutierenden stellen, würde damit das Außergewöhnliche und Außeralltägliche seiner Person negieren. Wer mit dem Herrscher diskutiert, mehr noch, wer seine Tätigkeit kritisiert, der stellt implizit den übernatürlichen Ursprung seiner Macht in Frage; für den hört der Herrscher auf, eine Persönlichkeit zu sein, die über ein höheres Wissen verfügt. Deshalb kann sich der charismatische Herrscher wohl Berater wählen, sie nach ihrer Meinung

---

92 „Die ‚plebiszitäre Demokratie' - der wichtigste Typus der Führerdemokratie - ist ihrem gemeinen Sinn nach eine Art der charismatischen Herrschaft, die sich unter der Form einer vom Willen der Beherrschten abgeleiteten und durch ihn fortbestehenden Legitimität verbirgt". Weber, Wirtschaft und Gesellschaft, S. 156 f. In der oben zitierten Rede Hitlers finden wir folgenden Passus: „Sie (eine wirkliche nationalsozialistische Führung) wird ihre Entscheidung treffen und allenfalls hinterher erklären: Volk, wir haben nach bestem Wissen und Gewissen diese Entscheidung getroffen; bitte, nun urteile! Und wir wissen ganz genau, wie dann das Volk urteilt. Je mehr man nämlich das Volk anruft in Wahlen zu den es am tiefsten bewegenden gewaltigen Fragen Stellung zu nehmen, und je mehr ein Volk zum Bewusstsein kommt, dass es wirklich eine entschlossene Führung an der Spitze hat, umso entschiedener wird es dann hinter seine Führung treten". Bericht im Völkischen Verbund Nr. 187 vom 5.7.1936.

befragen (obschon er ihnen zumeist nur seinen Willen kundtut), aber er kann nicht eine Körperschaft zulassen, die ihn einschränken und ihren Einfluss auf seine Entschlüsse geltend machen könnte, selbst wenn sie durch seine Nomination entsteht. Die Errichtung solcher Körperschaften zeugt deutlich vom Niedergang der charismatischen Herrschaft und vom Übergang zu anderen Formen.[93] Selbstverständlich kann der charismatische Herrscher in der Praxis fremden Einflüssen stark unterliegen, und nur zu häufig ist das der Fall. Uns geht es aber nicht um den faktischen Stand der Dinge, sondern um bestimmte Überzeugungen und um ihren Einfluss auf die bestehenden Verhältnisse.

Die Überzeugung vom Besitz des Charismas hat also entscheidende Bedeutung für die Beziehung des Führers zur Gruppe, die er führt, für die Verhältnisse innerhalb dieser Gruppe und für die Struktur ihrer Organisation. Das Charisma des Führers schließt die Beziehungen und die Struktur aus, die wir gewöhnlich demokratische Verfassung oder auch demokratische Kontrolle nennen. Der Führer steht über der Gruppe, und der Ursprung seiner Macht stammt nicht von der Gruppe. Seine Autorität stützt sich auf Voraussetzungen sakraler Natur, ist die Autorität des Heros, die über der Kontrolle der Gruppe und ihrer Institutionen steht. Des Weiteren erhalten die kleineren Führer, die Honoratioren der Gruppe, ihre Autorisierung durch die charismatische Übertragung von Seiten des Führers und wirken in den Grenzen, die ihnen das Charisma des Führers setzt.

Dieser Einfluss des Charismas des Führers auf die Struktur der Gruppe steht in engstem Zusammenhang mit der Verwirklichung militärischer Vorbilder und mit der Militarisierung der Gruppe. Der charismatische Führer ist der Führer einer kämpfenden Gruppe. Im Frieden kann die normale Armee Trägerin charismatischer Glaubensvorstellungen sein, aber dieser Glaube stößt sich stets am mächtigen Einfluss des bürokratischen Apparats. Lange Friedenszeiten demilitarisieren die Armee vor allem in dem Sinne, dass sie bürokratische Formen entwickeln, welche die charismatischen Elemente, die im obersten Führer verkörpert sind, zumeist in sehr hohem Maße reduzieren. Insbesondere dort, wo in Friedenszeiten an der Spitze der Armee ein vor dem Parlament verantwortlicher Kriegsminister steht, ist kein Raum für die Entwicklung charismatischer Elemente. Die kämpfende Armee dagegen, in der die Rolle des bürokratischen Apparats sich der Person des obersten Führers unterordnen muss, schafft dagegen außerordentlich günstige Bedingungen für den Aufstieg charismatischer Figuren. Natürlich spielt hier auch eine Reihe anderer Faktoren mit, die für Kriegszeiten typisch sind.

---

93 Viel interessantes Material zu dieser Frage bringt Borch, Das Gottesgnadentum, Kapitel 6.

Die nationalsozialistische Partei ist eine militarisierte Partei, deren Organisation auf militärischen Vorbildern fußt. Diese Vorbilder stehen in vollem Einklang mit der charismatischen Auffassung von der Rolle des obersten Führers; mehr noch, viele Elemente sind, genetisch betrachtet, ihnen entnommen. Die Tatsache, dass wir es hier nicht nur mit einer militarisierten Gruppe, sondern zugleich mit einem Strukturgebilde für den aktuellen Kampf zu tun haben, sichert dem charismatischen Moment das Übergewicht über die militärisch-bürokratischen Faktoren. In jedem Falle stellt sich an dieser Stelle die interessante und für das Problem des Charismas überhaupt äußerst wichtige Frage, wie das Verhältnis des charismatischen Herrschers zu den bürokratischen Institutionen oder zu den einst charismatischen, später bürokratisierten Formen beschaffen ist. Über diese Materie finden wir bei Hitler eine Reihe von Erklärungen, die es uns gestatten, bestimmte Grundelemente der Struktur der charismatischen Herrschaft zu verstehen.

VI.

Jede charismatische Herrschaft muss ihr Verhältnis zu den bürokratischen Institutionen und zu den mit ihnen verwandten Formen der Erbmonarchie bestimmen. Max Weber schenkt dem krassen Gegensatz viel Aufmerksamkeit, der im Verhältnis der charismatischen Herrscher zu den bürokratischen Systemen jeder Art zutage tritt.[94] Das Merkmal dieser Systeme ist die Beständigkeit, die Herrschaft fester Regeln, schließlich das Berufsbeamtentum. Der Beamte ist nicht ein Erwählter der Vorsehung; er erfüllt eine bestimmte Funktion und erhält dafür ein festes Gehalt. Das Charisma ist etwas Außergewöhnliches und ist antiökonomisch, denn es macht keinen Gebrauch von festen geregelten Zahlungen und kennt keine Wahlen oder Ernennungen, sondern gründet sich auf die Berufung durch die Fügung einer höheren Kraft. Daher ist es nicht erstaunlich, wenn wir in der Geschichte der Entwicklung der Staatsformen und der Herrschaftstypen auf einen fortdauernden Antagonismus zwischen charismatischen Herrschern und bürokratischen Institutionen stoßen.[95]

Im praktischen Leben findet sich die charismatische Herrschaft äußerst selten in Reinform. Fast immer begegnen wir einer Mischform, die verschiedene Herrschaftstypen kombiniert. Der Charismatiker, ein Beispiel dafür ist Napo-

---

94 Vgl. Weber, Wirtschaft und Gesellschaft, S. 650 ff., 753.
95 Beispiele für solche Zusammenstöße bringt Weber in seinen „Gesammelten Aufsätzen zur Religionssoziologie" sowie in Max Weber/Sigmund Hellmann, Abriss der universalen Sozial- und Wirtschafts-Geschichte, München 1924, S. 289 ff.

leon, kann der Schöpfer eines ganzen bürokratischen Systems sein, dessen er sich für seine Ziele bedient, und kann von verschiedenartigen Pfründen- und Lehnssystemen Gebrauch machen.[96] Insbesondere muss der moderne charismatische Herrscher, dessen Tätigkeitsfeld die bürokratischen Strukturen sind, wie sie im modernen Staat, in der modernen politischen Partei und in der modernen Armee vorliegen, den bürokratischen Apparat und seine Technik verwenden. Nicht unbedingt muss er sich zu den Regeln und Geschäften der Bürokratie feindlich stellen. Ein Gegensatz tut sich dann auf, wenn zwischen diesen Regeln und der Tätigkeit des Charismatikers in seiner Eigenschaft als Charismatiker eine Kollision stattfindet, wenn die bürokratische Geschäftsführung in die Sphäre seines Tuns, das er als charismatisch ansieht, einzudringen beginnt. Dagegen tritt er mit aller Rücksichtslosigkeit auf, aber stets nur so weit, wie dadurch seine Sendung gestört wird. Aber außerhalb des Bereichs dieser Konflikte, in allen anderen Kontaktbereichen mit der Wirklichkeit, ist er imstande, die bürokratischen Regeln anzuerkennen und von ihnen gern Gebrauch zu machen.[97] Die Tatsache der Berufung hebt den Erwählten empor über das System der verpflichtenden und herrschenden Regeln. Wenn sich diese Regeln mit seiner Sendung kreuzen, verhält er sich wie ein Reformator oder ein Revolutionär. Die Wahrheit, die er verkündet, ist eine Wahrheit höherer Ordnung und duldet für sich keine Beschränkungen.

Hitler liefert uns zur Illustration dessen reiches Material. Es unterliegt keinem Zweifel, dass er eine tiefe Achtung vor der Bürokratie und der Staatsverwaltung schlechthin hegt. Nicht ohne Wirkung ist die Tatsache gewesen, dass er aus dem Milieu der kleinen Beamten stammt, und die Einflüsse der Erziehung durch dieses Milieu haben tiefe Spuren in ihm hinterlassen. Hoch schätzt er die Tätigkeit des alten preußischen Beamtenapparats und verwendet für die Organisation seiner Partei zielbewusst bürokratische Vorbilder. Das von ihm regierte Dritte Reich baut den bürokratischen Apparat noch mehr aus, wozu übrigens eine Reihe von Determinanten beiträgt, unter denen auch der beginnende Prozess der Veralltäglichung des Charismas genannt werden kann. Doch gleichzeitig stoßen wir auf eine deutliche und konsequente beamtenfeindliche, bürokratiefeindliche Einstellung, bei der sich leicht beobachten lässt, dass sie in Momenten rein persönlicher Kollision auftritt, so wenn ein im Bewusstsein seiner Sendung handelnder Mensch mit den starren Regeln eines rationalen Systems in Konflikt gerät.

---

96 Vgl. Weber, Wirtschaft und Gesellschaft, S. 154.
97 Ein interessantes Beispiel für einen solchen Zusammenstoß sind die bekannten Meineide Hitlers. In diesen Fällen fand ein Konflikt statt zwischen dem System, das Hitler im Prinzip anerkennt, und einer bestimmten Kategorie seiner charismatischen Handlungen. Siehe Heiden, Die Geschichte des Nationalsozialismus, S. 73 f., und ders., Geburt des Dritten Reiches, S. 23.

Die Struktur der Organisation, die Hitler seiner nächsten Gefolgschaft und der gesamten Partei gegeben hat, trägt nicht die Züge einer reinen Bürokratie. Wenn bürokratische Formen hier schnell zu entstehen begannen, so geschah das bis zu einem gewissen Grade entgegen den Intentionen des Führers als Ausdruck der eintretenden Veralltäglichung und des Wirkens von Institutionalisierungsprozessen. Die nächste Umgebung Hitlers sind sein Gefolge, seine Kameraden, die Honoratioren der Gefolgschaft, die er berufen hat, in seinem Namen handeln und auf die er sein Charisma unmittelbar überträgt. Hierin tut sich das Prinzip der Führung, die Berufung der Nachgeordneten durch die Übergeordneten und die Verantwortlichkeit des Niederen vor dem Höheren kund. Die Berufung ist die Folge der freien Entscheidung des Übergeordneten, der aufgrund charismatischer Erkenntnis oder des übertragenen Charismas durch den Führer, also Hitler selbst, handelt.

Dieser Grundsatz trägt aber dadurch, dass er zum festen Grundsatz wird und, was noch wichtiger ist, im Alltagsleben dauernd Anwendung findet, in sich neben charismatischen Elementen deutlich Momente der Institutionalisierung. Die Übertragung des Charismas verliert schnell ihren ursprünglichen magischen Sinn und wird zu einer Rechtsformel. Das Gefolge des Charismatikers beginnt außerordentlich schnell, sein ursprüngliches Gesicht zu verändern. Einfluss darauf haben sowohl der Charakter der modernen politischen Auseinandersetzung an sich als auch die Notwendigkeit, sich eine feste materielle Basis zu schaffen. Dieses Gefolge ist nicht nur die nächste Umgebung des charismatischen Führers, sondern gleichzeitig auch der Stab einer riesigen militarisierten politischen Partei, die sich nolens volens auf bürokratische Vorbilder stützen muss. In der Organisation des Stabes beginnen die Elemente der bürokratischen Hierarchie die Idee der Übertragung des Charismas zu überflügeln. Der charismatische Führer, Schöpfer der großen politischen Partei, ist zugleich Schöpfer des gewaltigen bürokratischen Apparats, der erstarkt, wenn der Umfang der Gruppe und ihr Einfluss im öffentlichen Leben zunehmen. Diese Organisation muss ihre eigene materielle Basis haben, ihren Mitgliedern und insbesondere ihren Funktionären eine zuverlässige Einkommensquelle sichern. Die Übernahme der Macht im Staat ist der Wendepunkt für weitere Erfolge der Bürokratisierung. Die Honoratioren der Partei werden zu Würdenträgern des Staates und treten in den allgemeinen Verwaltungsapparat cin. Dic Gcschichtc dcr nationalsozialistischen Partei von ihrer Entstehung bis zum heutigen Tage zeigt uns das Nebeneinander beider Strömungen, von denen die eine in der Tatsache der charismatischen Sendung Hitlers besteht, während die andere sich aus der Lebensnotwendigkeit der Anpassung an die Bedingungen des Alltage ergibt. In der überwiegenden Zahl der Fälle verlaufen beide Strömungen in ungestörter Harmonie, in gewissen Fällen aber kommt es zwischen ihnen zu heftigen Zusammenstößen. Der Führer, der im

Gefühl seiner Mission handelt und über allen Regeln des Alltags steht, ist der Möglichkeit solcher Kollisionen am häufigsten ausgesetzt.

In diesem Lichte betrachtet nimmt jede Wendung Hitlers gegen die Bürokratie und die amtlichen Institutionen eine besondere Färbung an. Wir heben nochmals hervor, dass ein solches Auftreten nur in Situationen erfolgt, in denen die bürokratischen Regeln in das Gebiet der charismatischen Handlungen des Führers eingreifen. Seine Abneigung gegen den Beruf des Beamten betrachtet Hitler ja als eines der Merkmale seiner Sendung. Bereits auf den ersten Seiten von „Mein Kampf" finden wir die Beschreibung des Streits, den er mit seinem Vater ausficht, der einen Beamten aus ihm machen wollte.[98] Wir wissen, welche Faktoren auf die Entstehung dieser Schilderung Einfluss gehabt haben können, doch sind in jedem Falle die Leidenschaftlichkeit, mit der Hitler seinen persönlichen Widerwillen gegen die Beamtenlaufbahn so oft betont, und das gleichzeitige ständige Hervorheben seiner künstlerischen Aspirationen äußerst bedeutsam und legen Zeugnis davon ab, dass es sich hier um den Ausdruck einer tiefer verankerten Einstellung handelt.

Die Biographen Hitlers berichten viel von seiner Unlust zu systematischer Erledigung amtlicher Angelegenheiten, von seinem Mangel an Arbeitsausdauer, von seinem fieberhaften Sich-Stürzen auf einzelne Fragen, nach deren Erledigung lange Zeiten der Untätigkeit folgen.[99] Selbst seine Verteidiger heben hervor, dass Hitler in seiner Arbeit ein Künstler, sozusagen ein Improvisator ist, dem die Fähigkeit abgeht, systematisch an seinem Schreibtisch zu arbeiten. Diese „künstlerische Arbeitsweise" ist sogar ein wichtiges Element der offiziellen Legende geworden. Ohne Zweifel ist er nicht der Typ des Bürokraten, der sich in den Rahmen eines geschlossenen Systems verwaltungsrechtlicher Vorschriften einfügen könnte.

Wir können hier nicht an Beispielen alle Kollisionen Hitlers mit den Regeln des bürokratischen Staates charakterisieren. Zu diesem Thema kursieren Unmengen von Anekdoten, die, wenn sie auch gewiss nicht geschichtlich wahr sind, nichtsdestoweniger die verschiedenen Beurteilungen widerspiegeln, die sich über die amtliche Tätigkeit Hitlers gebildet haben. Übereinstimmend besagen sie, dass seine Art der Erledigung der Angelegenheiten eigentümlich, unbeständig und von der anderer Staatsmänner verschieden ist. Unzweifelhaft enthalten diese Anekdoten eine starke Dosis charismatischer Überzeugungen und der in bestimmten Kreisen verbreiteten Erwartung, Hitler müsse sich anders verhalten als andere Staatsmänner. Die Entstehung solcher Erwartungen ist schon an sich sehr bezeichnend. Vor allem aber lässt ihm der in die neue deutsche Gesetzgebung aufgenommene Gedanke, dass der Wille des Führers allen

---

98 Vgl. Hitler, Mein Kampf, S. 6.
99 Vgl. Heiden, Hitler, S. 331–337, 346–349.

anerkannten Rechtsnormen übergeordnet ist, im Prinzip zumindest die völlige Freiheit, diese oder jene Regel rationalisierter Rechtssysteme zu durchkreuzen.

Die Abneigung gegen die Bürokratie steht in engem Zusammenhang mit der Aversion gegen systematisches Fachwissen, gegen Menschen, deren Ausbildung durch amtliche Zeugnisse beglaubigt ist. Für Hitler verbindet sich das Schulwissen aufs Engste mit dem Beruf des Beamten. Er verbirgt nicht an sehr vielen Stellen die Verachtung, die er für die offizielle Wissenschaft und ihre Vertreter, die Professoren, Gelehrten und Intellektuellen aller Art, hegt. Ein Übermaß an Bildung beurteilt er einfach als Ballast und kündigt bereits in „Mein Kampf" an, dass die Reform des Schulwesens im Dritten Reich den Weg der Entwicklung des Charakters und nicht des Intellekts gehen müsse. Mit großer Leidenschaft tritt er dem Postulat objektiver Wissenschaft entgegen und gebraucht hierbei sehr kräftige Worte. An anderen Stellen kämpft er gegen die Auswüchse der Wissenschaft und unterstreicht dabei ihre praktische Nichtverwertbarkeit.[100]

Diese Einstellung Hitlers gegen die Vertreter der Wissenschaft, gegen die Wissenschaft selbst und sogar gegen den Intellekt ist etwas sehr Kompliziertes und durch eine Reihe verschiedenartiger Faktoren zustande gekommen. Das Wichtigste für uns besteht im Aufsuchen ihrer charismatischen Elemente. Und gerade sie lassen sich ohne Zweifel sehr deutlich erkennen. Der Charismatiker ist der Träger höherer Wahrheit, aus seinem Munde spricht eine vollendete Erkenntnis, die auf ihn im Moment der Offenbarung herabschwebte; seine Eingebung schöpft er also aus transzendenten Quellen, die die höchste Autorität besitzen. Es nimmt daher nicht wunder, dass der Charismatiker ein Mensch der Intuition, ein Irrationalist, ein Antiintellektualist ist.[101] Offensichtlich ist er bemüht, seinen Wahrheiten eine rationale Form zu geben, doch sind diese Wahrheiten zugleich völlig verschieden von den Systemen der Erkenntnisurteile, derer sich der Wissenschaftler bedient.

Die Fähigkeit zur Verkündung charismatischer Wahrheiten ist ganz anderer Art als die Fähigkeiten, welche die Vertreter der offiziellen Wissenschaft besitzen. Die offizielle Wissenschaft muss infolge ihrer Rationalisierung und Systematisierung mit den irrationalen Wahrheiten der charismatischen Offenbarung in Konflikt geraten. Die Vertreter der Wissenschaft verhalten sich ablehnend gegenüber den Charismatikern und zeigen Zurückhaltung sogar

---

100 Vgl. Hitler, Mein Kampf, S. 120 ff., 452, 454, 727. Vielleicht kommt hier auch der Einfluss Rosenbergs zum Ausdruck. Vgl. Rosenberg, Der Mythus des 20. Jahrhunderts, S. 681 ff.

101 Weber schildert charakteristische Beispiele über das Verhältnis der Propheten Israels zu dem Wissen der Kommentatoren, Literaten und Priester. Siehe ders., Gesammelte Aufsätze zur Religionssoziologie, Band 3, S. 292 ff.

dann, wenn sie sich ihm unterwerfen. Dadurch erklärt sich in hohem Grade das Verhalten der autoritativen Regierungen zur Wissenschaft und zu den Gelehrten, insbesondere zu den Universitäten. Je mehr ein Herrscher vom mystischen Gefühl seiner Sendung durchdrungen ist, desto härtere Repressalien und Beschränkungen von seiner Seite treffen die Universitäten und die Vertreter der offiziellen Wissenschaft.[102]

Daneben tritt noch ein weiteres Moment in Erscheinung. Die charismatische Wahrheit ist für die Gesamtheit bestimmt. Sie ist keine Wahrheit der Fachleute, sondern der breitesten Volksmassen. Wenn der Charismatiker neue Regeln verkündet, so sind sie nicht zum Nutzen eines Kreises fachwissenschaftlich ausgebildeter Personen oder einer Institution bestimmt. Die wissenschaftlichen Arbeitsstätten, die Vortragssäle der Hochschulen sind nicht die Orte, die zur Verkündung charismatischer Wahrheiten geeignet sind. Der charismatische Philosoph Sokrates unterhält sich mit den Passanten in den Straßen von Athen, Jeremias erhält vom Herrn die Weisung, er solle in den Straßen von Jerusalem öffentlich sprechen.[103] So sind die Charismatiker Popularisatoren im weitesten Sinne dieses Wortes; daher bedienen sie sich am liebsten der Form der Reden bei Volksversammlungen, und daher hat ihre literarische Tätigkeit mit der „gelehrten" Literatur nichts gemein.

Auch hierfür bietet uns Hitler ein vortreffliches Beispiel. Zu den höchsten Pflichten des Führers gehört, so finden wir es in „Mein Kampf", die offene Verkündung der Wahrheit an das Volk, und hieran kann man unter anderem erkennen, dass wir es mit einem wahren Führer zu tun haben.[104] Wenn Hitler der Propaganda so viel Aufmerksamkeit schenkt, wenn er ihr eine so große Bedeutung beimisst, so geht er hierin den gleichen Weg wie die überwiegende Mehrheit der Charismatiker, für welche die Einwirkung auf die breitesten Volksmassen von entscheidender Bedeutung ist. Die Charismatiker sind vorzügliche Propagandisten; die Entstehung und Entwicklung der Institution der Propaganda steht mit der Tätigkeit der Charismatiker und mit charismatisch beeinflussten Kreisen in engem Zusammenhang. Die nicht-charismatische Herrschaft verwendet die Propaganda höchstens nebenher und macht dabei Gebrauch von Vorbildern, die sie von Charismatikern übernommen hat.

Wenn sich Hitler positiv über die Wissenschaft äußert, so tut er das nur vom Standpunkt ihrer Nutzbarkeit aus. Auch in der Wissenschaft hat der völkische Staat ein Hilfsmittel zur Förderung des Nationalstolzes zu erblicken.

102 Dieser Umstand beleuchtet die Betrachtungen Znanieckis über das Schicksal der Soziologie in Deutschland. Siehe Florian Znaniecki, Uczeni polscy a życie polskie (Die polnischen Gelehrten und das polnische Leben). In: Droga, (1936) 4, S. 255–271.
103 Vgl. Weber, Gesammelte Aufsätze zur Religionssoziologie, Band 3, S. 283.
104 Vgl. Hitler, Mein Kampf, S. 163.

Nicht nur die Weltgeschichte, sondern die gesamte Kulturgeschichte muss von diesem Standpunkt aus gelehrt werden. Ein Erfinder darf nicht nur als Erfinder groß erscheinen, sondern muss größer noch als Volksgenosse erscheinen.[105] Die Wissenschaft wird also insoweit anerkannt, als sie sich einem Werkzeug der Propaganda gleichsetzen lässt; der Wert einer Theorie oder einer wissenschaftlichen Errungenschaft wird unter dem Gesichtspunkt der Ziele und Aufgaben der Propaganda beurteilt.[106] Eine solche Auffassung von Wissenschaft ist derjenigen diametral entgegengesetzt, die in den Kreisen rational qualifizierter Gelehrter gepflegt werden. Hitler erkennt ausschließlich das menschliche Wissen an, das sich als Werkzeug seiner Sendung gebrauchen lässt. Natürlich muss dieses Wissen mit der charismatischen Grundwahrheit, die der Führer verkündet, in Übereinstimmung stehen und in ihr die Legitimation für sich suchen. Jedenfalls ist das „Buchwissen" weniger wesentlich als das „lebendige" Wissen, das der Offenbarung entströmt. Wenn das „Buchwissen" sich dem „lebendigen" Wissen in den Weg stellt, so kann es der Gefahr der Unterdrückung natürlich nicht entgehen.[107]

VII.

In der Abneigung gegen Bürokratie und offizielle Wissenschaft äußert sich die Einstellung des Charismatikers, der über allen Regeln rationalisierter Systeme der Macht und der rationalen Erkenntnis steht. Die Einstellung des Charismatikers findet aber für sich noch einen anderen Ausdruck in einem anders gearteten Konflikt: dem mit der Monarchie als der Verkörperung des Erbcharismas.

Das Erbcharisma ist eine späte und sekundäre Erscheinung. Es entstand aus dem Charisma der Einzelperson im Zuge der allmählich vorwärts schreitenden Institutionalisierung. Die Umwandlung der charismatischen militärischen Führerschaft in eine Schöpfung von Dauer, bedingt durch den Eintritt in eine Periode ununterbrochen sich hinziehender Kriege, führt zum Königtum. Die Herrschaft nimmt hier den Charakter einer dauernden Institution an, die sich ihres eigenen Regierungsapparates bedient.[108]

---

105 Vgl. ebd., S. 473.
106 Die wichtigsten Stellen in „Mein Kampf" über die Propaganda finden sich auf S. 194, 196 ff., 203, 206, 302, 332, 387, 528, 532, 652, 654, 694, 701, 716, 718.
107 Bezeichnend sind die großen Erfolge der verschiedenen Wahrsager und Hellseher, die sich breiter Unterstützung seitens des Führers persönlich und seiner Honoratioren erfreut haben und sich heute noch in hohem Maße erfreuen.
108 Vgl. Weber, Wirtschaft und Gesellschaft, S. 145, 771, 773 f.

Ein wesentliches Merkmal dieser Herrschaft ist die Verehrung der Person des Herrschers als Gottheit.[109] Sie kann einen personellen oder institutionellen Charakter tragen. Im ersteren Falle haben wir es mit dem Charisma eines einzelnen Menschen zu tun, der sich durch sein Benehmen und seine Einstellung zur Umwelt als Gottheit qualifiziert. Die Vergöttlichung des Herrschers wird hier aus dem Charisma des Helden abgeleitet. Jede persönliche Vergöttlichung dieser Art hat ausgeprägt revolutionäre Züge und steht im Zusammenhang mit dem Niederbrechen eines bestehenden und dem Aufrichten eines neuen Stands der Dinge. Der institutionelle Typ fußt dagegen auf der Auffassung, dass die Herrschaft als solche, als Institution, göttlichen Charakter besitzt. Tatsächlich herrschen die Götter, die sich in der Person ihrer monarchischen Vertreter auf Erden reinkarnieren. Dieser Typ ist ein spezifisch konservativer und geht Hand in Hand mit der Traditionalisierung der gesamten sozialen Struktur. Die Macht behauptet sich auf der Grundlage genau bestimmter erbcharismatischer Grundsätze, wobei sich ein weites Feld für den Einfluss einer bürokratisierten Hierokratie öffnet.[110]

Genetisch betrachtet, entwickelt sich der institutionelle Typ aus dem personellen. Der Prozess der Veralltäglichung des persönlichen Charismas führt zur Aufrichtung einer dauerhaften Institutionalisierung, womit das Verschwinden jener sozial-psychischen Inhalte einhergeht, welche die ursprüngliche Hierokratie begleiteten.[111] Es bildet sich dann eine Herrschaft von Gottes Gnaden heraus, in der das charismatische Moment immer mehr zur Rolle einer überlebten Tradition herabgedrückt und der Schwerpunkt auf die bürokratische Struktur verlegt wird.

Die charismatische Führung ist durch ihren revolutionären und antibürokratischen Charakter gegen die Herrschaft von Gottes Gnaden gerichtet. Wenn sich das Charisma der Einzelperson auch in Erbcharisma verwandeln kann, so tritt es diesem anfänglich dennoch feindlich gegenüber. Die Persönlichkeit, die sich durch eine höhere Kraft berufen fühlt, welche die ihr offenbarte Wahrheit in sich trägt, stößt in der Monarchie auf ein System traditioneller, meist stark rationalisierter Regeln, auf einen Herrscher, der seine Herrschaft auf Grund einer festen Rechtsordnung ausübt. Daher ist die Frage der Stellung des charismatischen Führers zur monarchischen Gewalt eine wesentliche Frage des gesamten Problems der charismatischen Herrschaft.

In der Praxis ist die Tätigkeit des charismatischen Führers in der Regel gegen die traditionelle Monarchie gerichtet und strebt danach, auf ihren Trüm-

---

109 Siehe den Artikel von Richard Thurnwald, Häuptling. In: Reallexikon der Vorgeschichte, Band 5, Berlin 1926, S. 139–160.
110 Vgl. Borch, Das Gottesgnadentum, S. 7 f.
111 Vgl. Weber, Wirtschaft und Gesellschaft, S. 146 f.

mern die eigene Herrschaft zu errichten. Es kommen aber auch Fälle vor, in denen sich die charismatische Herrschaft mit der Erbmonarchie formell aussöhnt und sozusagen in den Dualismus der Machtausübung einwilligt. In Wirklichkeit führt eine solche Symbiose jedoch dahin, dass die charismatische Persönlichkeit an die Spitze tritt und den monarchischen Herrscher in den Schatten stellt. Ein lehrreiches Beispiel hierfür ist das Verhältnis Mussolinis zur Dynastie Savoyen. Der Duce ist der Protektor der Dynastie, denn die Dynastie verdankt nach der Überzeugung der Italiener ihr Fortbestehen dem Faschismus, der sie vor der Revolution gerettet hat. Ähnlich gestalteten sich die Verhältnisse in Spanien in der Zeit der Regierung Primo de Riveras. Wie bekannt, ist es in diesen beiden Fällen zu Konflikten zwischen den Monarchen und ihren Protektoren gekommen.

In Deutschland ist die Sache komplizierter gelagert. In dem Moment, in dem die nationalsozialistische Bewegung entstand, existierte die Monarchie nicht mehr und war zudem durch die militärische Niederlage und die Flucht Wilhelms II. nach Holland kompromittiert. Das bedeutet natürlich nicht, dass die Idee der Monarchie keinen Einfluss gehabt und das monarchistische Lager zu bestehen aufgehört hätte. Im Gegenteil: Die Monarchisten waren ein starker Faktor und begannen sich schnell zu organisieren, da sie auf keine wesentlichen Hindernisse von Seiten der neuen Machthaber stießen. Die Weimarer Republik zeichnete sich durch außerordentliche Rücksichtnahme gegenüber dem Monarchismus aus und behielt den alten Beamtenapparat fast ohne Veränderungen bei.[112] Selbst die NSDAP ist, wie bekannt, unter hervorragender Mitwirkung monarchistischer Militärkreise entstanden. Schließlich ist Hitler selbst aus einem Milieu hervorgegangen, in dem die monarchistischen Traditionen sehr fest verwurzelt waren. Wenn er, wie er erklärt, schon in der Jugend Verachtung für die Habsburger empfand, so verhielt er sich ganz anders bei den Hohenzollern, und nichts legt Zeugnis davon ab, dass er damals irgendwelche republikanische Sympathien gehabt hätte.

Das Verhältnis der nationalsozialistischen Partei zur Frage der Monarchie kann bis heute beinahe als zwiespältig bezeichnet werden. Die bekannten 25 Punkte des Münchener Programms, das immer noch formell Geltung hat, schweigen sich über die Frage der Monarchie oder Republik völlig aus.[113] Die

---

112 Viel interessantes Material liefert die bekannte Geschichte der deutschen Republik von: Arthur Rosenberg, Geschichte der deutschen Republik, Karlsbad 1935. Siehe außerdem Fritz Sternberg, Der Faschismus an der Macht, Amsterdam 1935, S. 37 ff., sowie die Schriften von Heiden.

113 Der 25. Punkt lautet „Zur Durchführung all dessen fordern wir: Die Schaffung einer starken Zentralgewalt des Reiches, unbedingte Autorität des politischen Zentralparlaments über das gesamte Reich und seine Organisationen im allgemeinen". Gottfried Feder, Das Programm der NSDAP und seine weltanschaulichen Grundgedanken,

Partei, die vom ersten Augenblick an mit den monarchistischen Kreisen so eng verbunden war, hat in der grundlegenden Frage der Staatsform eine weitgehende Zurückhaltung an den Tag gelegt. Während des Münchener Putsches im Jahre 1923 verhielt sich Hitler in der Frage der Monarchie keineswegs eindeutig, doch war ihm seine monarchistische Deklaration mehr durch äußere Umstände aufgezwungen.[114] Später kamen enge Beziehungen zu den Hohenzollern, die Teilnahme einiger von ihnen an der Bewegung, die Tätigkeit des bekannten Prinzen Auwi (August Wilhelm) hinzu. Als aber Hitler an die Macht gekommen war, hat er nicht nur die Monarchie nicht wieder eingeführt, sondern sich von ihr sogar deutlich distanziert. Die erste Periode seiner Regierung stellte ihn vor eine schwierige Situation, denn er musste sich mit der formalen Symbiose seiner eigenen Herrschaft mit der Person Hindenburgs, der sein Amt als die Vertretung der Hohenzollern auffasste, einverstanden erklären. Es handelte sich aber nur um einen kurzen Zeitraum.

Das ganze Problem nimmt klarere Konturen an, wenn wir uns den unmittelbaren Aussagen Hitlers, vor allem in „Mein Kampf", zuwenden. Wenn Hitler auch hier eine große Zurückhaltung übt und in verhältnismäßig wenigen Absätzen von der Institution der Monarchie als solcher spricht,[115] so lassen sich doch aus einzelnen seiner Ansprachen, speziell zum Thema der Habsburger und Hohenzollern, konkretere Schlüsse ziehen.

Weniger wichtig ist die Frage der Haltung gegenüber den Habsburgern. Hitler hasst sie von ganzem Herzen, was gut zu seinem Hass auf das alte Österreich passt. Aus dem ersten Kapitel in „Mein Kampf" geht hervor, dass Hitler sein Verständnis dafür, was die Habsburger und Österreich sind, als eines der frühesten Kennzeichen seiner Sendung betrachtete und die Vernichtung Österreichs als eine der Aufgaben seiner Mission ansah. Dieses bestätigen uns auch andere Stellen, in denen von der österreichisch-ungarischen Monarchie die Rede ist.[116] Doch als Hitler „Mein Kampf" schrieb, lag die österreichische Monarchie in Trümmern, und die Frage der Rückkehr der Habsburger war sehr problematisch geworden. Im gesamten Rahmen der Tätigkeit Hitlers zu jener Zeit war das österreichische Problem etwas völlig Nebensächliches. Deshalb ist für uns viel wesentlicher, was Hitler über die Hohenzollern sagt.

---

4. Auflage München 1935, S. 17. Anschließend wird ferner von der Vertretung durch Korporationen gesprochen. Das ist der einzige Punkt des Programms, der die Frage der politischen Verfassung näher bestimmt. Wie wir sehen, handelt es sich um eine sehr allgemeine Fassung, durch die in keiner Weise der Entscheidung Monarchie oder Republik vorgegriffen wird. Diese Termini kommen im Programm überhaupt nicht vor.

114 Vgl. Heiden, Hitler, S. 162 f.
115 Eine Ausnahme bildet der längere Abschnitt in: Hitler, Mein Kampf, S. 258–261.
116 Vgl. ebd., S. 140 ff.

Es ergibt sich aus diesen Aussagen, dass Hitler das monarchische Prinzip als solches nicht ablehnt. Im Gegenteil, er erkennt an, dass die Monarchie eine ganze Reihe von Vorzügen besitzt, dass sie die Stabilität der Staatsleitung garantiert und die Ausübung der Regierung von dem Einfluss gewinnsüchtiger eingebildeter Politiker befreit. Betont werden müsse ferner die Ehre der Institution, ihre Autorität, der hohe Stand des Beamtenapparats und des Heeres sowie die Unabhängigkeit dieser beiden von parteipolitischen Verpflichtungen. Weiter macht er geltend, dass die Verkörperung der obersten Gewalt durch eine Person als Vorbild des Prinzips der Verantwortung anzusehen sei. Schließlich lobt er die kulturelle Bedeutung der dynastischen Residenzen.[117] Mit anderen Worten: An der Monarchie ist anzuerkennen, dass sie in sich vereint: das persönliche Element, verkörpert im Monarchen, die Sublimierung dieses Elements, die Unabhängigkeit vom Parteiapparat und ihre kulturelle Bedeutung, insbesondere auf dem Gebiet der Monumentalkunst. Unschwer lässt sich erkennen, welches Bild der Monarchie Hitler hier als Muster vorschwebte. Offensichtlich handelt es sich nicht um die englische Monarchie, auch nicht um die wilhelminische, sondern um die altpreußische oder bonapartistische. Alle aufgezählten Vorzüge der Monarchie entsprechen vorzüglich sowohl der absoluten Monarchie des *Ancien régime* wie dem napoleonischen Staat. Wir werden uns aber davon überzeugen können, dass eher der letztere gemeint ist.

Das wird uns klar, wenn wir zu den Einwänden übergehen, die Hitler gegen die Monarchie erhebt. Ohne Zweifel stehen alle Monarchen weit höher als die Vertreter der Weimarer Republik, aber nichtsdestoweniger kann man ihnen eine ganze Reihe ernsthafter Vorwürfe machen. Hitler richtet den Angriff in erster Linie nicht gegen die Institution an sich, sondern gegen einzelne ihrer Vertreter.[118] Aber auch die Institution selbst weist ernste Mängel auf. Auf den Thron können minderwertige Individuen kommen, denen es an Verantwortungsgefühl fehlt und um die sich eine Atmosphäre von Schmeichelei und Unterwürfigkeit bildet.[119] Nur in Ausnahmefällen werden den Monarchen die höchsten Eigenschaften des Geistes und Charakters zuteil. Über ihre Hochwertigkeit entscheidet ausschließlich der Zufall, der nur selten glücklich ist.[120]

Der Angriff Hitlers ist also gegen das Prinzip der Erbfolge gerichtet. Wenn er auch zugibt, dass dieses Prinzip ein Faktor der Stabilität ist, so meint er doch, dass es für den Staat wichtiger sei, wenn an seiner Spitze eine wahrhaft große Persönlichkeit stehe. Das Prinzip der Erbfolge bietet hierfür keine Garantie.

117 Vgl. ebd., S. 305.
118 Komisch klingen die Vorwürfe von „Humanitätsduselei", ebd., S. 304, und die Klagen, dass Wilhelm II. dem Marxismus die Hand zur Versöhnung gereicht habe; ebd., S. 225.
119 Vgl. ebd., S. 303 f.
120 Vgl. ebd., S. 260.

Kurz gesagt, Hitler vertritt das Charisma der Einzelperson im Gegensatz zum Charisma der Sippe. Gewiss lassen sich in seiner Rassentheorie Elemente der Idee vom Charisma des Blutes finden, aber im gegebenen Fall, bei dem es sich um das Problem der Macht handelt, spricht er sich uneingeschränkt zugunsten des Charismas des Einzelnen aus. Der Grundsatz des biologischen Erbes, das ihm bei anderen Fragen so teuer ist, findet hier eine wichtige Begrenzung.

Diese feindliche Einstellung gegenüber dem Sippencharisma und dem Grundsatz der Erbfolge ist äußerst bezeichnend für den charismatischen Führer. Der *homo novus* Hitler, den die Vorsehung sozial so tief gestellt hatte und den sie gleichzeitig zu so großen Taten berief, kommt hier in Konflikt mit dem Prinzip der monarchischen Tradition, welche die durch das Recht regulierte Erwählung eines bestimmten Geschlechts anerkennt. Und so darf man sich nicht wundern, dass die Monarchie, die er lobt, die Monarchie ist, die von charismatischen Helden geschaffen wird. Hitler spricht mit keinem Wort vom Bonapartismus, und zweifellos liegt ihm der Gedanke fern, sich am Muster Frankreichs zu orientieren. Dennoch entspricht die Monarchie, die er anerkennt, unstrittig der Staatsform, die wir als Bonapartismus bezeichnet haben, oder steht ihr zumindest am nächsten.

Die beiden Napoleone sind in der Tat ungemein charakteristische Verkörperungen des Typus des charismatischen Herrschers. Die von ihnen organisierten Staatswesen waren in hohem Maße durch das Charisma der Herrscher bestimmt. Ihr Wirken, bis einschließlich zu ihrem tragischen Fall, ließe sich gewissermaßen in ein Schema fassen. Daher nimmt es nicht wunder, dass unsere modernen charismatischen Führer sich bewusst oder unbewusst nach den Vorbildern richten, welche die beiden Napoleone geschaffen haben. Der Bonapartismus vereint in sich alle Elemente der Macht, die von den Herrschern so positiv bewertet werden, mit der Idee der Sendung, die dem unbekannten, aus armseligen sozialen Verhältnissen stammenden und dennoch zur Größe berufenen Menschen zuteil wurde. Das individuelle Charisma des Herrschers impliziert die Entstehung solcher Strukturen, die man als bonapartistisch bezeichnen könnte. Zum Verständnis gewisser Erscheinungen unserer Epoche lohnt es sich, auf die Napoleone zurückzugreifen, insbesondere auf den zweiten der beiden.[121]

---

121 Das Charisma des Individuums weist die Tendenz auf, sich in ein Sippencharisma zu verwandeln. Ein typisches Beispiel dafür sind die Bonapartes. Als Hitler sein Buch schrieb, fehlten ihm alle Voraussetzungen für die Begründung einer Dynastie. Es ist heute schwer vorauszusehen, ob er Nachkommenschaft haben wird. Darum muss man Antworten in anderen Ländern suchen, die ebenfalls von charismatischen Führern regiert werden. Gewisse Tendenzen für die Bildung einer Dynastie scheinen sich in der

VIII.

Der charismatische Führer spricht zu seiner Gruppe, tritt vor sie als Charismatiker und ist bemüht, ihre Anerkennung für sein Charisma zu gewinnen. Das verlangt natürlich einen entsprechenden Lebensstil. Damit die Mitglieder der Gruppe in ihrem Führer die Eigenschaften des Charismatikers erkennen, muss sich dieser in Übereinstimmung mit bestimmten Regeln verhalten, die von ihnen als typisch für den Charismatiker angesehen werden.

Mit anderen Worten, in der Gruppe muss ein charismatisches Idealbild existieren. Zweifellos ist auch zwischen dem Verhalten Hitlers und dem Idealbild, das allen Mitgliedern seiner Gruppe gemeinsam ist, eine enge Abhängigkeit vorhanden. Eine sehr große Bedeutung kommt dem Umstand zu, dass in der Gruppe zu gegebener Zeit starke charismatisch gerichtete Stimmungen existierten und die Gruppe nicht nur das Erscheinen ihres Charismatikers erwartete, sondern auch glaubte, die Persönlichkeit, die sie als charismatisch erkannte, werde sich so und nicht anders verhalten.

An dieser Stelle wollen wir die Frage des Ursprungs solcher Stimmungen und Idealbilder außen vor lassen. Wir nehmen einfach an, dass alle sachlichen Voraussetzungen für die Entstehung einer charismatischen Legende vorlagen, die sich aus Werturteilen zusammensetzte, die unter den Angehörigen der Gruppe herrschten. Natürlich lieferte die eigene Darstellung Hitlers in hohem Maße das Material für die Legende. Diese hat sich aber ihrerseits unter dem Einfluss der Werturteile geformt, die in bestimmten Schichten allgemeine Anerkennung gewonnen hatten.

Unser Bild wäre nicht vollständig, wenn wir es nicht durch die offizielle Legende ergänzten, die für breiteste Schichten des Volkes bestimmt ist und gewiss von einem großen Teil des Volkes geglaubt wird. Der offizielle Charakter der Legende ist ein sehr wichtiger Faktor, denn durch ihre offizielle Billigung ist sie der Ausdruck bestimmter Tendenzen, die darauf gerichtet sind, dem sozialen Leben diese und nicht andere Züge zu verleihen.

Um diese offizielle Legende kennenzulernen, verfügen wir über ein sehr reichhaltiges Material. Wir können feststellen, wie sie sich schrittweise herausbildet und sich allmählich im Zusammenhang mit den Höhepunkten des nationalsozialistischen Epos ausweitet. Heute kann man bereits von ihrer kodifizierten Gestalt sprechen, die das Werk literarischer Bearbeitung durch die Kreise der Parteihonoratioren ist. Wir haben es mit verschiedenen Bearbeitungen zu tun, doch sind das nur Varianten, die sich in Einzelheiten unterscheiden, aber in der Einheitlichkeit des Gerippes der Legende übereinstimmen. Einige die-

Familie Mussolini zu zeigen. Etwas Ähnliches ließe sich von den Söhnen Primo de Riveras sagen.

ser Legenden sind aus Rücksicht auf die Notwendigkeit entstanden, die Legende den Bedürfnissen bestimmter sozialer Schichten anzupassen Diese Varianten sind nicht von wesentlicher Bedeutung, und sie bilden kein Hindernis, uns nur auf eine der autoritativen Redaktionen zu stützen. Das Buch Dietrichs, des ergebenen Helfers und alten Kameraden Hitlers, wird uns hier die besten Dienste leisten.

Dietrich schreibt in poetischem Stil, im Ton der Heiligenlegende, mit Ergriffenheit und Emphase. Das Erscheinen Hitlers kann man als eine wunderbare Fügung der Vorsehung betrachten.[122] Nur große Persönlichkeiten sind Schöpfer und Gestalter der Geschichte, verkörpern den Willen und den Geist des Volkes. Um eine solche Persönlichkeit handelt es sich bei Hitler.[123] In ihm ist das unzerstörbare Heldentum der Nibelungennation lebendig; er hat seine Sendung durch das Feuer der Tat erfüllt und das deutche Volk aus dem Chaos geführt.[124] In der Geschichte Deutschlands ist er eine einzigartige Gestalt, denn es hat vor ihm keinen Deutschen gegeben, der Gegenstand eines so unmittelbaren Erlebnisses für Millionen zählende Menschenmengen gewesen ist, die ihn verehren und lieben.[125]

Worauf beruhen die Größe und die Einzigartigkeit Hitlers? Er ist vor allem der geborene, wahrhafte Führer. „Wir nennen Hitler den Führer, weil er es ist". Sein Wille ist das Recht; in ihm verkörpert sich das deutsche Volk. „Hitler ist Deutschland und Deutschland ist Hitler."[126] Er ist der Held, der vom Glauben an seine Mission erfüllt ist, der geniale Taktiker,[127] der Mensch des starken Willens, der es verstanden hat, dem unbewussten Sehnen des Volkes Gestalt zu geben,[128] der Kämpfer, der in seinen Anhängern den Kampfesmut zu wecken weiß,[129] und der hervorragende Organisator.[130] Gleichzeitig besitzt er die Fähigkeit prophetischer Voraussicht, sieht die Zukunft und erfasst im Fluge die Absichten des Feindes.[131]

Diese Größe ist nicht etwas Natürliches, sondern zeugt von einzigartiger Erwähltheit. Erstaunlich ist, dass der bisher unbekannte Mann, der Mann aus dem Volke, der als erster den marxistischen Terror zu brechen wagte, auserse-

---

122 Wörtlich heißt es: „Wenn es Wunder gäbe im Leben der Völker, dann könnte das deutsche Volk mit Recht die glückhafte Wende seines Schicksals als übernatürliche Fügung für sich in Anspruch nehmen". Dietrich, Mit Hitler in die Macht, S. 13.
123 Vgl. ebd., S. 14.
124 Vgl. ebd., S. 23.
125 Vgl. ebd., S. 65.
126 Ebd., S. 16.
127 Vgl. ebd., S. 26.
128 Vgl. ebd., S. 57 f.
129 Vgl. ebd., S. 66.
130 Vgl. ebd., S. 69.
131 Vgl. ebd., S. 148.

hen wurde.[132] Diese Betonung der Abstammung Hitlers aus dem Volke, die hier entschiedener vorgebracht wird als Hitler selbst es in „Mein Kampf" tut, verfolgt ohne Zweifel zwei Ziele. Einerseits will sie als wirkungsvoller propagandistischer Effekt den Massen sagen, dass der Führer ein Mann aus ihren Reihen ist, dass er sie also am besten versteht. Das ist die spezifische bonapartistische Auffassung von der Demokratie, die uns bei den modernen Charismatikern so häufig begegnet. Andererseits wird damit die wunderbare Fügung des Schicksals betont, das ausgerechnet einen unbekannten Mann zur Tat berufen hat. Die Größe der Tat hebt sich dadurch deutlicher ab, dass sie nicht von einer hervorragenden Persönlichkeit vollbracht wurde, sondern von einem Menschen, dem keine sozialen Privilegien wie Besitz, Herkunft usw. bei der Erreichung des Erfolges geholfen haben. Hierin haben wir wiederum einen der Prüfsteine für die Authentizität des Charismas.

Am interessantesten ist vielleicht der Versuch der Charakterisierung des Menschen Hitler, die den Lebensstil des Führers sogar in den Details eingehend schildert. Hier sieht Dietrich in allem Zeichen des Außergewöhnlichen und der Sendung. Hitler denkt nie an sich, sondern nur an die Sache.[133] Er ist ein schlichter Mensch, der ein spartanisches Leben führt,[134] sehr geringe Bedürfnisse hat und sehr wenig Nahrung zu sich nimmt.[135] Er ist ein durch und durch moderner Mensch, besitzt ein starkes Interesse am Sport, versteht und würdigt die Bedeutung des Tempos im modernen Leben.[136] Er ist stets ruhig und beherrscht, niemals gibt er körperlichen Schwächen nach.[137] Er ist eine durch und durch künstlerische Natur, die die Fähigkeit hat, sich in Menschen und Situationen einzufühlen. Er ist ein großes literarisches Talent,[138] und seine hohen künstlerischen Fähigkeiten finden ihren Niederschlag in der Genialität seiner Politik.[139]

Hitler, herrlich, schlicht, heldisch, genial, ist das Vorbild für alle anderen.[140] Er ist so groß, dass sogar seine nächste Gefolgschaft außerstande ist, ihn voll zu erfassen und zu begreifen. Der Einfluss, den er auf seine Nächsten ausübt, hat etwas Übernatürliches an sich und lässt sich nicht auf rationale Weise erklären.[141] Seine Größe äußert sich darin, dass sogar seine Nächsten ihn nicht

---

132 Vgl. ebd., S. 23 f.
133 Vgl. ebd., S. 61.
134 Vgl. ebd., S. 72.
135 Vgl. ebd., S. 54.
136 Vgl. ebd., S. 70 ff. Dietrich legt Nachdruck auf das Geschick Hitlers, die schnellsten Fortbewegungsmittel zu nutzen.
137 Vgl. ebd., S. 82.
138 Vgl. ebd., S. 156.
139 Vgl. ebd., S. 193.
140 Vgl. ebd., S. 74.
141 Vgl. ebd., S. 18.

verstehen können, dass sie voller Staunen vor seinen Handlungen stehen und nur der Bewunderung fähig sind.[142] Daher lassen sich die organisatorischen Fehler nicht auf ihn zurückführen, sondern auf seine Gefährten, die ihn nicht verstanden haben.[143]

In diesem Ton ist das gesamte Buch gehalten, aus dem wir nur die für uns wesentlicheren Momente herausgehoben haben. Nebenbei möchten wir bemerken, dass Dietrich in seinem hohen Lobgesang ziemlich zurückhaltend ist und sich nicht zu Gipfeln versteigt wie andere ihm verwandte Autoren.

Wir haben hier eine Volkslegende vor uns, die literarisch bearbeitet ist, oder auch die literarische Ausarbeitung einer Legende zum Gebrauch für das Volk. Vom „Volkscharakter" zeugt die stereotype Darstellung der Gestalt des Helden. Er ist kein lebendiger Mensch, sondern die ungewöhnliche Summe derjenigen Eigenschaften, die sich im gegebenen Milieu der größten Anerkennung erfreuen, und dieses nicht nur in einer Schicht, sondern in verschiedenen Schichten. Die Gestalt Hitlers wird hier als sehr vielseitig geschildert. Der Panegyriker verleiht ihm Eigenschaften, die verschiedenen Idealbildern unterschiedlicher Kategorien des Volkes entsprechen können. Jede dieser Kategorien kann in der Gestalt Hitlers diejenigen Attribute und Merkmale des Lebensstiles finden, die sie als besonders erwünscht und vorbildlich schätzt. Deswegen wird so großer Nachdruck auf seine privaten Tugenden gelegt, ist die Skala der Attribute so groß, reicht sie von den militärischen bis zu den künstlerischen Fähigkeiten, vom hohen Intellekt bis zum Ideal des bescheidenen schlichten Menschen, der keinen Alkohol trinkt, Eier zum Frühstück isst und ohne Unterbrechung für das Wohl Deutschlands arbeitet. Es ist leicht zu erkennen, dass diese stereotype Schilderung für das Kleinbürgertum und die Intelligenz bestimmt ist und vor allem diese Schichten gewinnen will.

Das Charisma Hitlers tritt in der Darstellung Dietrichs sehr plastisch hervor. Hitler ist der Gesalbte, der Gesandte, der von der Vorsehung Ausersehene, der alle seine Züge seiner außergewöhnlichen Sendung entnimmt. Die Frage des Ursprungs des Charismas ist auch bei Dietrich nicht völlig klar dargestellt. Er vermeidet vor allem durchweg die biologische Theorie von der natürlichen Auslese. In jedem Falle kann man annehmen, dass auch er unter dem Begriff Volk etwas Doppeltes versteht, dass nämlich Hitler seine Mission von Deutschland erhalten hat, das sowohl als metaphysisches als auch als personifiziertes Prinzip verstanden wird.

In der Schilderung Dietrichs stoßen wir auf ein neues Moment, bei dem wir nun ein wenig verweilen müssen. Es handelt sich um die Heroisierung zu Lebzeiten, denn Dietrich präsentiert uns Hitler als Helden, der mit wunderbaren

---

142 Vgl. ebd., S. 113.
143 Vgl. ebd., S. 25.

Eigenschaften begnadet wurde, und ist bedacht, aus ihm einen Gegenstand von Massenerlebnissen der Gruppe und ihn damit zugleich zum Faktor ihrer inneren Einigung zu machen.

Soweit sich überblicken lässt, kommen derartige Momente der Heroisierung in der Hitlerlegende auf Sie müssen ihren Ausdruck in der Herausbildung entsprechender Kultformen finden. Es entstehen Hymnen an den Heros, Travestien des Vaterunser, und es lassen sich die Anfänge eines Zeremoniells beobachten. Natürlich sind das heute nur im Keim entwickelte Erscheinungen, die noch keine feste Gestalt angenommen haben. Die Elite der Gruppe verhält sich ihnen gegenüber unentschieden und beeilt sich nicht mit ausdrücklicher Sanktion. Es ist schwer vorauszusehen, was ihr ferneres Schicksal sein wird. Jedenfalls sind, nachdem Hitler den großen politischen Erfolg der Eroberung der Staatsgewalt erreicht hat, alle positiven Bedingungen gegeben, die dem Fortschreiten seiner Heroisierung oder sogar seiner Deifikation günstig sind. Ritual-kultische Formen beginnen zu erstarken, als wollten sie die Schöpfung neuer religiöser Institutionen ankündigen. Weitere politische Erfolge, die von so großem Einfluss auf die Entwicklung charismatischer Überzeugungen sind, begünstigen die Fortentwicklung des Heldenkults.[144]

144 Aus der ganzen Masse von Material wählen wir einige der charakteristischeren Beispiele. Das erste von ihnen ist ein Beleg für die Anfänge des offiziellen Rituals. Die „Basler Nationalzeitung" veröffentlichte am 28. Januar 1936 die als vertraulich ausgegebenen „Vorschläge der Reichspropagandaleitung zur Nationalsozialistischen Feiergestaltung". Dort lesen wir: „Es wird ein ganz bestimmter Ritus vorgesehen, nach dem sich in Zukunft jede nationalsozialistische Feierstunde gestalten soll. Es müssen sich im Laufe der Entwicklung allmählich Feierformen von liturgischem Charakter entwickeln, deren Gültigkeitswert sich auf Jahrhunderte erstreckt". In Bezug auf die Feierlichkeiten vor der Feldherrnhalle in München wird gesagt, an dieser Stelle „erstand das Sakrament des Kampfes. Was gelten Bittgesänge, Messgebete, des Weihrauchs aufgeschwenkte blanke Schalen gegen den dumpfen Rhythmus unserer Trommeln, wenn unser Führer zu den Stufen tritt". Schließlich kommt der Kulminationsmoment:
„Der Atem derer, die ihn sehen, lischt,
Die Erde, die vom Anmarsch bebte, schweigt.
Der Lärm hockt grau am Ende aller Welt.
Der Führer steht.
Der Führer hebt die Hand zum ewigen Gruss.
Es schlägt sein Herz im Herzschlag seines Volks.
Er steigt, vom Wunder ganz umhüllt.
Des Führers Schreiten heute ist Gebet".
Die „Junge Front", das Organ der Hitleranhänger in der Tschechoslowakei schreibt: „Die magische Macht über die Herzen hat heute in Deutschland nicht das Christentum, sondern die große Einfalt des Glaubens an den Führer zur schöpferischen Einheit von Blut und Boden im Geiste des Volkstums. Der Wesenskern des Staatlichen gewinnt als geglaubter Urgrund des Lebens göttliche Würde, das Unerforschliche wird als Kraft des Volkstums verehrt, dem Führer, als Sendboten Gottes, geglaubt und gefolgt".

Im ersten Band von „Mein Kampf" ist Hitler in erster Linie der charismatische Agitator, und darum wird dort Nachdruck auf die rednerischen und propagandistischen Momente gelegt. Dank der Entwicklung der Bewegung, dank der langen Reihe von Erfolgen hat sich aus dem Charisma des Agitators das Charisma des Führers (der übrigens die Züge des Agitators beibehält) entwickelt, und es beginnt allmählich die Heroisierung seines Trägers schon zu seinen Lebzeiten. Dieser Prozess ist der allgemein übliche Weg und stellt nichts spezifisch Neues dar. Solche Beispiele kann man sehr zahlreich finden. Manchmal, wie zum Beispiel bei Caesar, erhält der Kult seine endgültige Form erst nach dem Tode des Helden. Die Institutionalisierung des Kultes hängt vom Abschluss der Lebenslaufbahn ab, davon, ob der Tod auf der Höhe des Ruhmes oder in den Tiefen des Zusammenbruchs erfolgt. Die ersten Erscheinungen dieser Institutionalisierung, die ersten Anfänge dieses Rituals beginnen aber zu Lebzeiten des Helden und nehmen mehr oder weniger kristallisierte Formen an. Gegenwärtig sind wir Zeugen des Aufkommens einer solchen Tendenz in Deutschland. Welche Zukunft ihr beschieden ist, das lässt sich heute unmöglich voraussehen.

IX.

Die charismatische Führung besitzt revolutionären Charakter. Man muss das im weiten Sinne des Wortes verstehen. Die Tatsache, das Charisma in sich zu fühlen, das Bewusstsein, erwählt und zur Erfüllung einer Mission bestimmt zu sein, bedeutet in jeder Hinsicht einen Gegensatz zu den hergebrachten festen Lebensregeln, zu den gewohnten stabilen Grundlagen, zum gesamten System der herrschenden Einrichtungen und Werte. Kollisionen sind unvermeidlich. So oft ein Zusammenprall zwischen der Tätigkeit des Charismatikers und einer Sphäre des bestehenden Zustands erfolgt, so oft muss der Charismatiker in irgendeiner Weise als Revolutionär handeln.

Die gesamte Mentalität Hitlers richtet sich gegen die Weimarer Verfassung und gegen diejenigen Faktoren, die er für die Niederlage Deutschlands und die Weimarer Verfassung für verantwortlich hält. Hitler sieht seine Mission im Kampf gegen einen bestimmten Stand der Dinge und für einen anderen Stand der Dinge. Dieser Kampf ist ein revolutionärer Kampf, der sich verschiedenartiger Methoden bedient, von der Propaganda und der Organisierung einer starken militärischen Partei bis zum physischen Terror. Ohne Zweifel handelt Hitler nach seinem eigenen Empfinden als Revolutionär.

Gleichzeitig handelt er auch als Führer des Volkes. Die Führung des Volkes hat fast immer mehr oder weniger charismatische Züge. In hohem Maße ergibt sich das aus dem Wesen des Charismas selbst. Der Charismatiker gibt sich nur anfangs mit der Anerkennung seines Charismas durch seine nächste Umgebung zufrieden. Sehr bald sucht er sich ein umfangreicheres Tätigkeitsfeld. Da er für das Volk wirkt, sucht er in der Anerkennung dieses Volkes die Legitimierung für sein Tun. Im Rahmen des modernen Staates bilden insbesondere die Wähler den weitesten Kreis von Menschen. Daher nimmt die Tätigkeit des charismatischen Volksführers wahrhaft demokratische Züge an. Das Muster für diese demokratische Auffassung ist wiederum der Bonapartismus. „Die germanische Demokratie" Hitlers ist nichts anderes als das Plebiszitsystem, das Napoleon III. zu so großer Vollkommenheit ausgebaut hat und dessen Sinn darin liegt, dass das Volk im Führer seinen Repräsentanten anerkennt und seine Sendung mit allen daraus resultierenden verfassungsrechtlichen Konsequenzen bestätigt.

Hitler ist also ein mit Charisma begabter Revolutions- und Volksführer. Doch diese Definition besagt noch nicht viel. Sie hat vielmehr formalen Charakter und bringt an und für sich keine präziseren sozialen Inhalte zum Ausdruck. Revolutionäres Handeln ist nur eine Methode des Handelns, die sowohl die Erhaltung des Alten als auch Neuerungen zum Ziel haben kann, und bei der „Volkstümlichkeit" handelt es sich um die Frage nach dem sozialen Terrain, auf dem sich die Tätigkeit des Charismatikers abspielt, oder auch die Frage der Öffentlichkeit, die seine Handlungen unterstützt und ihnen ihre Zustimmung gibt. Wesentlich ist erst das ideologische Moment, welches das positive Ziel des Charismatikers konkret bestimmt.

Wenn wir die Äußerungen Hitlers analysieren und die verschiedenen Sphären seiner öffentlichen Tätigkeit betrachten, so kommen wir zu der Überzeugung, dass das Ziel seiner Mission ausgesprochen konservativer Natur ist, es für ihn um die Erhaltung bestimmter sozialer Inhalte und Formen geht, ja sogar – und das vor allem – um die Rückkehr zur Vergangenheit. Ohne Zweifel will er aber nicht eine genaue Kopie dieser Vergangenheit. Er ist sich im Klaren darüber, dass es von dem, was gewesen ist, bis zu dem, was ist, ein weiter Weg war, den man nicht ungeschehen machen kann. Es handelt sich für ihn um ein allgemeines Ideal, das sich seinem Geist stereotyp darstellt als eine so oder anders sublimierte Ordnung von Werturteilen in Gestalt von Losungen, die stets in eine knappe Form gefasst sind. Dieses Ideal beruht in der Hauptsache auf den stereotypen Elementen der alten preußischen Monarchie und Armee. Sie bilden ein bestimmtes System von Werten, die der Charismatiker und seine Anhänger so und nicht anders sehen und positiv beurteilen.

Im kapitalistischen System ist der wichtigste und entscheidendste Maßstab, welcher die Beurteilung des sozialen Gesichts einer Gruppe erlaubt, ihr Verhältnis zur Institution des Privateigentums. In Bezug auf dieses Verhältnis können wir von Neuerungen oder von der Erhaltung des Alten sprechen, wobei wir natürlich stets von der gegebenen Summe von sachlichen Bedingungen im gegebenen Rahmen von Raum und Zeit ausgehen. Wenn die Frage des Privateigentums zur Diskussion steht, so ist Hitler unbestreitbar konservativ. In „Mein Kampf" und in anderen seiner Äußerungen geht er unvergleichlich weniger weit als das Münchener Programm, und oft spricht er sogar Ansichten aus, die diesem Programm widersprechen. Mehr noch, in nur sehr geringem Maße stoßen wir bei ihm auf jenen antikapitalistischen Radikalismus, der für das moderne Kleinbürgertum charakteristisch ist.

Hitler bejaht das Prinzip des Privateigentums völlig und äußert sich über die Kollektivierung der Produktionsmittel oftmals negativ und feindlich. Er ist nur gegen gewisse Formen des Eigentums, gegen die Unsicherheit des Verdienstes[145] und gegen die Ausbeutung durch die Unternehmer,[146] nirgendwo aber greift er die Institution des Privateigentums als solche an. Selbstverständlich ist es von Übel, wenn ein Teil des Volkes Hunger leidet; aus diesem Grunde kann niemand Stolz empfinden. Das Volk muss zufrieden gestellt werden.[147] All dies ist jedoch höchst allgemein gefasst und verlässt in keiner Hinsicht den Rahmen der bestehenden Wirtschaftsordnung. Hierbei dient ihm die Rücksicht auf das Volksheer und die Notwendigkeit, die Arbeitermassen als Grundlage der Sicherheit des Staates zufriedenzustellen, als Argument und Begründung für eventuelle soziale Reformen. In einer seiner Reden, welche die Frage des Urlaubs berühren, betonte Hitler, nachdem er Kanzler geworden war, dass die Erholung des Arbeiters notwendig sei, damit das deutsche Volk ein Volk mit starken Nerven werde, weil man nur mit einem solchen Volke große Politik machen könne. Stets entscheiden also ausschließlich politische Momente.

Das soziale und wirtschaftliche Programm Hitlers ist somit mehr als gemäßigt. Es ist also unvergleichlich bescheidener als das offizielle Programm seiner eigenen Partei, es ist sogar bescheidener als die Programme der gemäßigten Reformer zum Beispiel aus dem katholisch-sozialen Lager. Er steht ganz auf dem Boden des Prinzips des Privateigentums und erkennt die kapitalistische Ordnung an; höchstens äußert er Vorbehalte in Bezug auf bestimmte Personen und gewisse Formen des Eigentums und der kapitalistischen Wirtschaft.[148]

Im Gegensatz hierzu nimmt Hitler überall scharf Stellung gegen den Marxismus und den marxistischen Eigentumsbegriff. Der Klassenkampf sei eine

---

145　Vgl. Hitler, Mein Kampf, S. 25.
146　Vgl. ebd., S. 374.
147　Vgl. ebd., S. 474.
148　Die Angriffe richten sich gegen die internationale jüdische Finanz (ebd., S. 163), gegen die Aktiengesellschaften (S. 256), obwohl Hitler nicht jede Aktiengesellschaft für schädlich hält. Er wendet sich gegen den Primat der Wirtschaft gegenüber der Politik und ist der Ansicht, dass die Wirtschaft an sich keine staatsbildende Kraft ist (S. 167). Zu Hitlers Einstellung zugunsten des Besitzes und des Kapitalismus bringt Strasser sehr viele Details. Siehe auch Olden, Hitler, S. 205.

jüdische Erfindung, welche die Juden benutzten, um die Aufmerksamkeit von sich abzulenken.[149] In diesem Geiste ist eine sehr große Anzahl von Aussprüchen Hitlers gehalten.

Während das Münchener Programm verschiedenen Seiten der sozialen Welt zugewandt ist und jeder sozialen Klasse etwas bieten möchte, ist das soziale Denken Hitlers unvergleichlich einheitlicher, und entsprechend einförmiger sind die sozialen Inhalte, die sich in ihm widerspiegeln. Hitler handelt als der Verteidiger der Welt des Eigentums und sucht den Ausgleich zwischen dem Großeigentum einerseits und dem mittleren und kleinen Besitz andererseits. Wenn er sich gegen das Großkapital richtet, so tut er es nur insofern, als er in ihm den Faktor sieht, der die schwächeren Besitzformen bedroht.[150] Er ist hierbei der Überzeugung, dass dieser Ausgleich sich durch streng politische Mittel und im Zeichen der Suprematie des Prinzips der Staatspolitik erreichen lässt.

Die Frage nach den sozialen Vorstellungen Hitlers ist bereits oft behandelt und analysiert worden;[151] darum werden wir hierauf nicht weiter eingehen. Das Ideal Hitlers entspricht den Gedankengängen, die populär im deutschen Kleinbürgertum waren, das konservativ empfand, den militärischen Traditionen in Preußen, dem Eigentum und der geordneten Lebensweise zuneigte. Die Zersetzung dieser Schichten begann schon vor dem Kriege infolge der mächtigen Entwicklung der großkapitalistischen Wirtschaft und machte nach dem Kriege ungewöhnlich schnelle Fortschritte.[152] Ideologischer Reflex dieser Zersetzung waren die verschiedenen radikalen Programme, welche die Abneigung gegenüber dem Kapitalismus mit der Verbundenheit gegenüber dem Privateigentum verbanden, nach den Schuldigen an der Katastrophe suchten und an die Möglichkeit der Wiederherstellung der alten Ordnung mit Hilfe von gewöhnlichen politischen Verwaltungsmaßnahmen glaubten. Alle diese Hoffnungen und Hassgefühle bemächtigten sich verschiedenartiger Theorien und

---

149 Hitler weist das bekannte Argument zurück, der Antisemitismus sei ein Mittel, die Aufmerksamkeit der Massen von den tatsächlichen Ursachen ihrer Leiden abzulenken. Charakteristisch ist der Abschnitt in Hitler, Mein Kampf, S. 674–676. Siehe auch Olden, Hitler, S. 91.

150 Die Verständigung Hitlers mit den Vertretern der großkapitalistischen Welt und der Abschluss des Paktes mit ihnen fällt in die Zeit nach der Abfassung des zweiten Bandes von „Mein Kampf". In diese Zeit fällt auch die merkliche Abschwächung von Hitlers kritischem Verhalten zu gewissen großkapitalistischen Formen und der Beginn der Verteidigung des „Produktionskapitals". Siehe Heiden, Hitler, S. 255 f., 302 f.

151 Sehr eingehend und überzeugend analysiert diese Frage Heiden in allen seinen drei Werken über Hitler und den Nationalsozialismus.

152 Eine sachliche Behandlung dieses Problems findet sich bei Fritz Sternberg in den zwei ersten Kapiteln von „Der Faschismus an der Macht". Außerdem enthält das Buch von Otto Bauer, Zwischen zwei Weltkriegen? Die Krise der Demokratie, der Weltwirtschaft und des Sozialismus, Bratislava 1936, viele interessante Bemerkungen.

philosophischer Systeme, um zusammen das reiche Schrifttum des modernen nationalistischen Radikalismus zu schaffen.

Diese große Frage können wir hier nur skizzenhaft und am Rande berühren. Uns liegt ausschließlich daran, deutlich zu unterstreichen, dass die grundlegenden Elemente der in deutschen kleinbürgerlichen Kreisen entstandenen Überzeugungen in den sozialen, wirtschaftlichen und politischen Gedankengängen Hitlers und damit auch im Inhalt seiner Sendung ihren Niederschlag gefunden haben. Seine Mission ist konservativen Charakters und erklärt die Rückkehr zu den guten alten Zeiten zum Ideal; sie erstrebt einen Zustand dinglicher und wirtschaftlicher sowie rechtlicher und politischer Beziehungen, der das Bestehen und die Entwicklung des kleinen und mittleren Besitzes garantiert, ohne jedoch den Besitzstand des Großeigentums im Grunde zu schmälern, und zugleich die moralischen und ideologischen Werte wiederherstellt, die sich in den konservativen Mittelschichten besonderer Anerkennung erfreuen. Hand in Hand damit geht der Kampf gegen alles (Personen, Parteien, Ideenrichtungen, Rechtsordnungen usw.), was als Ursache des unerwünschten oder als Hindernis für die Wiederkehr des erwünschten Zustandes der Dinge gilt. Der größte Nachdruck wird auf das persönliche Moment gelegt und bis zu einem gewissen Grade auf die politischen Institutionen, die mit dem bösen und guten Willen der hinter ihnen stehenden Personen in enger Verbindung gesehen werden.

Das Charisma Hitlers ist vor allem ein Charisma des Kampfes. Die konservative Einstellung lässt wenig Raum für charismatische Stimmungen der Massen, die Sehnsucht nach dem alten Stand der Dinge trägt nicht genügend Dynamik in sich. Anders ist es, wenn dieser konservative Geist sublimiert wird, wenn vor allem die Idee des Kampfes gegen diejenigen, die für den schlechten Zustand der Gegenwart verantwortlich sind, in den Vordergrund gestellt wird. Natürlich müssen die Urheber dieser Situation im Bewusstsein des Volkes als konkrete Personen deutlich und plastisch hervortreten. Wer als schuldig angesehen wird, ist mehr eine Frage zweiten Ranges, die für die Struktur der Bewegung nur von nebensächlichem Einfluss sein kann. Gegen diese Schuldigen richtet sich die Dynamik der Bewegung, gegen sie richten sich die Handlungen des Führers, gegen sie richtet sich seine Sendung.

Mit gutem Grund hat Hitler seinem Buch den Titel „Mein Kampf" gegeben, denn es ist von Kampfgeist völlig erfüllt. Die Leidenschaft Hitlers erreicht ihre höchste Spannung an den Stellen, an denen er von den Feinden spricht. Wie alle charismatischen Führer ist er nicht ein Apostel des Friedens, sondern ein Apostel des Kampfes. Er zieht gegen alle zu Felde, die in seinen Augen für die Katastrophe Deutschlands verantwortlich sind. Seinen ganzen Hass entlädt er in der Hauptsache auf Personen; die Institutionen sieht er nur in Abhängigkeit von ihnen. Was die Ziele dieses Kampfes betrifft, so sind sie durch und durch konservativer Natur. Konservativen Kampfcharakter hat auch seine Rassenphilosophie, deren prinzipielle Voraussetzung der Kampf um die Erhaltung der Rassenreinheit, um die Rückkehr zum Urquell des Germanentums ist – der Kampf also mit allem, richtiger mit allen, die die rassische Reinheit bedrohen.

X.

Die charismatische Führung kann nur beim Vorliegen spezifischer günstiger Bedingungen entstehen, sich entwickeln und Erfolg haben. Das Charisma muss einen ihm entsprechenden sozialen und psychischen Nährboden finden. Nur eine charismatisch eingestellte Gruppe ist fähig, einen Charismatiker anzuerkennen; in ihr müssen bestimmte Werturteile wirksam sein, bestimmte Gefühle und Erwartungen bestehen. Das Aufkommen solcher Gefühlskomplexe ist etwas unendlich Kompliziertes; sie genetisch zu erfassen, soweit es sich um die Gegenwart handelt, ist außerordentlich schwierig und undankbar. Die Aufgabe der historischen Behandlung der modernen charismatischen Führung muss der Zukunft überlassen werden. Nichtsdestoweniger kann man bereits heute die Aufmerksamkeit auf einige Momente lenken und sich mit ihnen wenigstens in summarischer Weise beschäftigen. Eines dieser Momente ist die Frage des Zusammenhangs, der zwischen der heutigen charismatischen Führung und bestimmten Prozessen innerhalb der politischen Massenparteien hinsichtlich des Inhalts und der Struktur besteht. Dies hat besondere Bedeutung für diejenigen Führer, deren Tätigkeit mit solchen Parteien eng verbunden ist und sich in Ländern mit mächtigen Traditionen großer organisierter politischer Bewegungen abspielt.

Hitler hat sein Charisma als Führer der Partei empfangen, und die politische Partei war und ist in einem gewissen Maße auch heute das Hauptgebiet seiner Tätigkeit. Zweifellos unterscheidet sich die Organisationsstruktur dieser Partei merklich von der Organisationsstruktur der demokratischen Parteien. Dennoch hat die militarisierte Partei nur gewisse Elemente entwickelt, die sich bereits bei den demokratischen Parteien in ihrer Organisationsstruktur implizit zeigten; auch haben sich in den demokratischen Parteien gewisse Wertungen und Gefühlszustände entwickelt, die ihrerseits in weitere soziale Schichten übergingen und auf die Entstehung bestimmter Muster Einfluss nahmen. Obgleich die nationalsozialistische Partei erst nach dem Kriege entstanden ist und genetisch und traditional in keiner Beziehung zu den Vorkriegsparteien steht, kann man dennoch von einer gewissen Kontinuität, von einer gewissen Abhängigkeit von Vorbildern und von der Verwandtschaft der strukturbildenden Prozesse sprechen.

Es erhebt sich die Frage, ob in den politischen Massenparteien der Vorkriegszeit mit einer nach demokratischem Muster herausgebildeten Struktur ihrer Organisation die Vorbedingungen für die Entwicklung charismatischer Stimmungen gegeben waren, ob solche Stimmungen tatsächlich entstanden sind und ob die Führer dieser Parteien, und sei es bloß *in nuce*, charismatische Eigenschaften besaßen. Auf alle diese Fragen antworten wir mit „ja".

Die politische Massenpartei entstand und entwickelte sich in der Atmosphäre des Kampfes und als Instrument dieses Kampfes. Die Tatsache des Kampfes führt zur Entstehung einer ihm entsprechenden Struktur der Organisation, die sich bis zu einem gewissen Grade nach diesen oder jenen militärischen Mustern richtete und deren Grundelement die Institution der Führung war. Es bildet sich eine Schicht von Funktionären oder in gewissen Situationen von Führern heraus, die dank verschiedener Umstände eine herausragende Position in der Gruppe erlangen. Gleichzeitig entwickeln sich unter den Mitgliedern der Gruppe aufgrund des Kampfes und der ihn begleitenden Umständen spezifische Gefühle und Werturteile, deren Gegenstand die Funktionäre sind. Die Tatsache, dass die Funktionäre eine besondere Stellung in der Gruppe einnehmen und Objekt von Gefühlen der Gruppenmitglieder werden, impliziert wiederum, dass sich unter ihnen bestimmte Auffassungen von sich und ihren Aufgaben ausbilden.

Die Bürokratisierung der Partei und ihre Militarisierung bewirken, dass die ursprünglichen demokratischen Grundsätze in der Struktur der Organisation zugunsten neuer Formen zurücktreten, vor allem zugunsten des wachsenden Einflusses des Stabes der leitenden Personen. Schon Belfort Bax sagte, die Sozialdemokratie sei nicht die Demokratie, sondern eine Kampfpartei zur Erringung der Demokratie. Trotz der Bestrebungen, insbesondere in den sozialistischen Parteien, die demokratische Kontrolle aufrechtzuerhalten und zu erweitern und die Einflüsse der „Bonzen" zu beschränken, ist die Bedeutung der Parteiführer dennoch dauernd gewachsen und die demokratische Kontrolle in der Praxis sehr häufig zur reinen Formalität geworden. Der entscheidende Anstoß hierfür kam von der Entwicklung der Partei selbst. Je mehr sich die Organisationsformen festigten und je komplizierter der Verwaltungsapparat infolge des zahlenmäßigen Anwachsens und der Erweiterung des Betätigungsfeldes wurde, desto mehr war es geboten, die zufällige Führerschaft durch eine dauerhafte Institution mit Fachleuten zu ersetzen. Die Partei musste berufsmäßig ausgebildete Fachleute, die mit den konkreten Aufgaben des gesellschaftlichen Lebens genau vertraut waren, an ihre Spitze stellen. Ein weites Feld öffnete sich für zu diesem Zweck ausgebildete Spezialisten.[153] Diese Fachleute, die das führende Element der Partei bildeten, waren verpflichtet, sich

---

153 Vgl. Michels, Zur Soziologie des Parteiwesens, S. 99–102.

ausschließlich ihrer Tätigkeit als Leiter und Verwaltungsfunktionäre zu widmen und alle anderen täglichen Beschäftigungen aufzugeben. Als berufsmäßige Funktionäre bildeten sie dank ihrer fachlichen Qualitäten eine Kategorie von Mitgliedern, die nach Überzeugung der übrigen Mitglieder der Gruppe überhaupt nicht oder zumindest nicht leicht zu entbehren war. Eine besondere Rolle spielt hierbei die Zugehörigkeit zu den Parlamenten, wo sich vor allem in den Kommissionen, wie Michels sagt, eine Oligarchie dauernd beschäftigter Spezialisten herausbildete. Dank dieser Umstände festigte sich die Position der Führer, die oft als unersetzliche Persönlichkeiten betrachtet wurden, die man nicht aus ihrer Funktion entfernen durfte.[154] Es ist bezeichnend, dass die Massen ihren Parteiführern oft den Gehorsam auch dann nicht versagten, wenn sie mit ihren parlamentarischen Auftritten oder ihren theoretischen Arbeiten unzufrieden bzw. über sie empört waren.

Hieraus resultiert eine Beständigkeit des Kreises der leitenden Persönlichkeiten. Auf den Kongressen stößt man jahraus, jahrein fast unverändert auf dieselben Teilnehmer, und die Ausschüsse erfahren nur geringe personelle Veränderungen. Obgleich man sich über die Gefahren einer solchen Situation Rechenschaft ablegt und bemüht ist, ihnen entgegenzutreten, so ist es in der Praxis dennoch nicht gelungen, wesentliche Änderungen zu erreichen. Es wurde nachgewiesen, dass die Dauer der Amtsführung in der Partei die Durchschnittsdauer der Amtsführung eines Ministers im monarchischen Staat der Vorkriegszeit übertrifft.[155] Es siegt das Moment der Tradition, zu dem sich das Gefühl der Dankbarkeit gegenüber dem erprobten Politiker hinzugesellt; man kann sich nicht entschließen, den Funktionär zu entlassen, der so viele Jahre hindurch seine Funktionen ausgeübt hat. Schließlich nimmt die langjährige Praxis tatsächlich Einfluss auf die Herausbildung des Typs des geschickten Parteileiters.[156]

So entsteht eine Atmosphäre der Treue der Parteimitglieder gegenüber ihren Führern. Speziell für Deutschland war es wichtig, dass Fälle von Abtrünnigkeit der Führer sehr selten vorkamen. Die Führer waren erprobte Leute, die in der überwiegenden Mehrzahl der Fälle den Beweis ihrer Parteitreue erbrachten und zeigten, dass sie die Partei zu vertreten und ihre Interessen zu verteidigen verstanden. In Frankreich sah die Situation bekanntlich ganz anders aus.[157] Hier hat das parlamentarische System durch die Aussicht auf Ministerportefeuilles Voraussetzungen für die Abtrünnigkeit geschaffen und auf diesem Wege zur Entstehung von Lücken unter den Parteiführern beigetragen.

154 Vgl. ebd., S. 105–109.
155 Vgl. ebd., S. 126.
156 Vgl. ebd., S. 128.
157 Vgl. ebd., S. 130 f.

Michels, der auf die Indifferenz der breiten Masse in grundlegenden Fragen großen Nachdruck legt, verbindet damit die Tatsache der Dankbarkeit dieser Masse gegenüber den Persönlichkeiten, die in ihrem Namen sprechen, als ihre Anwälte fungieren und für diese Tätigkeit Repressalien erdulden.[158] Sehr häufig kann man einen wahren Kult populärer Führer antreffen, der auf dem Boden eines aufrichtigen Enthusiasmus der ihre Vertreter verehrenden Massen erwachsen ist. Persönlichkeiten wie Lassalle, Bebel und Jaurès wurden von den Massen ihrer Anhänger und Bekenner aufrichtig verehrt und geliebt. Als Lassalle im Jahre 1864 ins Rheinland kam, empfingen ihn die Massen wie einen Triumphator, errichteten Ehrentore, überschütteten ihn mit Blumen und sangen ihm zu Ehren Hymnen. Ein charakteristisches Symptom dieses Kults ist die Tatsache, dass Kindern die Namen geliebter Führer gegeben werden, was in Italien zu Beginn des 20. Jahrhunderts (bei den sogenannten sozialistischen Taufen) sehr häufig vorkam.[159] Der persönliche Einfluss des Führers auf die Massen ist bisweilen gewaltig. Der Übergang eines Führers von einer Partei zur anderen löst nur allzu oft ernstere Spaltungen aus; und wenn sich streitende Führer miteinander versöhnten, so begleitete sie stets die aufrichtige Freude der Massen.[160] Andererseits gaben die politischen Parteien ihren Führern so gewaltige Machtmittel in die Hand wie die Verwaltung des Vermögens der Partei und den Einfluss auf die Parteipresse. Die Presse ermöglichte den Führern, im Namen der Partei zu sprechen, was ihnen weitgehend erlaubte, sich von der Partei unabhängig zu machen und gleichzeitig auf die Überzeugungen ihrer Mitglieder einzuwirken. Wenn die unteren Organe der Parteiverwaltung auch häufig über die Zentralpresse murrten, so war doch der Einfluss dieser Presse gewaltig, und die Masse las mit Andacht die Artikel, die mit dem Namen eines populären Führers unterzeichnet waren.[161] Von großer Bedeutung ist die Tatsache der Anhänglichkeit gegenüber der Parteizeitung, deren Begründung und Fortführung mit großen Opfern von Seiten der Parteimitglieder verbunden ist, insbesondere bei den sozialistischen Parteien.

So waren die politischen Massenparteien, die im Prinzip auf den demokratischen Regeln aufbauen, Schauplatz des gleichzeitigen Umsichgreifens zweier charakteristischer Tendenzen. Einerseits entstand trotz aller Bemühungen um eine demokratische Kontrolle eine Führeroligarchie, die dank einer Reihe von

---

158 Vgl. ebd., S. 72 f., 77 f.
159 Diese Erscheinungen haben sich in der Nachkriegszeit unendlich vermehrt. In der UdSSR wurde Kindern häufig der Name Lenins (sowie Ableitungen von ihm) gegeben. Wir lassen hier die Benennung von Städten und Ortschaften nach den Namen der Führer beiseite. Im Übrigen können wir seit sehr langer Zeit in Nordamerika ein ähnliches Phänomen beobachten.
160 Vgl. Michels, Zur Soziologie des Parteiwesens, S. 193 ff.
161 Vgl. ebd., S. 165.

Umständen eine Ausnahmestellung in der Hierarchie der Organisation erlangte und ihre Beziehungen zu den unteren Instanzen und zur Gesamtheit der Mitglieder auf der Ebene von Befehl und Disziplin regelte. Der hierarchisch-bürokratische und der hierarchisch-militärische Faktor entschieden tatsächlich über den Charakter dieser Beziehungen.[162] Auf der anderen Seite entwickelten sich unter den Mitgliedern der Partei mächtige Gefühlszustände, deren Objekt die populären Führer waren und die so stark sein konnten, dass sie in einigen Fällen zur Kristallisierung von gewissermaßen kultischen Formen führten. Diese Stimmungen begünstigten ihrerseits die Zunahme der Autorität der Führer und nährten in ihnen Neigungen zur Diktatur.

Bei der Analyse der Rolle und der Struktur der Führerschaft in den Massenparteien kam Michels zu der Überzeugung, dass die Parteien zur Brutstätte einer Ideologie werden, die man bonapartistisch nennen könnte.[163] Napoleon III. erkannte die Souveränität des Volkes an und leitete aus ihr seine absolute Gewalt ab. In seinen „Idées Napoleoniennes"[164] formulierte er seine Ideen von der absoluten oder diktatorischen Gewalt, die von den sechs Millionen für sie abgegebenen Stimmen ihre Legitimation erhielt, in deren Namen sie ausgeübt und durch welche die Unbeschränktheit ihrer Kompetenz gesetzlich abgesichert wurde. Die „Häuptlinge" der Parteien waren kleine Napoleone, und im Verhältnis der großen Parteiführer zu den Massen und in der Stellung, die sie innerhalb der Partei einnahmen, lassen sich Züge beobachten, die dem Herrschaftstyp verwandt sind, den beide Napoleone, insbesondere Napoleon III., vollendet verkörperten.

Der Bonapartismus ist eine charismatische Herrschaft, und charismatische Merkmale lassen sich an den Gestalten der großen Führer der politischen Parteien deutlich erkennen. Die Memoiren- und Anekdotenliteratur liefert uns in dieser Hinsicht viel reiches Material. Natürlich haben diese charismatischen Elemente nicht überall und nicht immer entscheidenden Einfluss auf die Struktur der Gruppe oder gar auf das wechselseitige Verhältnis zwischen Führer und Gruppe. Insbesondere zeigen sich diese charismatischen Elemente, obgleich sie vorhanden sind, in den Arbeiterparteien mit ihren rationalistischeren Ideologien und mit ihrem stärkeren Verlangen nach Aufrechterhaltung der demokratischen Kontrolle weitaus weniger deutlich und führen nicht zu den äußersten Konsequenzen auf dem Gebiet der organisatorischen Struktur.

---

162 Vgl. Hertz, Die Militarisierung der politischen Partei.

163 Vgl. Michels, Zur Soziologie des Parteiwesens, S. 270.

164 Die „Idées Napoleoniennes" sind eine Schrift, die heute zu Unrecht vergessen ist. Man kann in ihr eine Menge grundlegenden Materials finden, das uns einen Zugang zu zeitgenössischen Phänomenen öffnet. Von sehr großem Wert ist noch immer der „18. Brumaire" von Karl Marx. Vgl. Karl Marx, Der achtzehnte Brumaire des Louis Bonaparte. In: ders./Friedrich Engels, Werke, Band 8, Berlin (Ost) 1972, S. 110–207.

Was die kleinbürgerlichen Parteien aus der Zeit unmittelbar vor dem Kriege betrifft, so kann man auch bei ihnen nur von charismatischen Tendenzen, von charismatischen Elementen sprechen, die manchmal zwar ziemlich stark hervortreten, aber nicht die ausgeprägten und entschiedenen Formen annehmen, die das Charisma kennzeichnen. Ausnahmen gab es nur wenige. Zu ihnen gehören kleine Kampfgruppen, wie zum Beispiel die *Camelots du Roi*. Unter allen Umständen aber ging von den Führern der kleinbürgerlichen Parteien ein großer Zauber aus, und der Grad der Exaltation, den sie unter ihren Anhängern auslösten, war ohne Zweifel größer als bei den sozialistischen Führern. In „Mein Kampf" gibt uns das Echo der Bewunderung zu denken, das Hitler für Schönerer und Lueger empfand. Hitler ist hier der Sprecher für die Überzeugungen und Stimmungen, die in einem bestimmten Zeitraum für große Massen des österreichischen Kleinbürgertums charakteristisch waren. Es scheint keinem Zweifel zu unterliegen, dass nicht nur diese beiden Persönlichkeiten, sondern auch der Kult, der um sie entstand, einen tiefen Einfluss auf den Verfasser von „Mein Kampf" ausübte und dass seine Erlebnisse aus dieser Zeit die Quelle mancher Inspiration auch in späteren Phasen geworden sind.

Die politischen Massenparteien sind der Boden, auf dem sich die Ideologie des Führertums zumindest *in nuce* herausschälte und sich die besondere Stellung der Volksführer herausbildete. In der Vorkriegszeit fanden diese Prozesse ein Gegengewicht in der starken Bürokratisierung des Parteiapparats und vor allem in der allgemeinen Stabilität der Lebensverhältnisse, die bewirkte, dass die politische Partei immer mehr zum Organ eines „Kleinkrieges" wurde, der sich in den parlamentarischen und Selbstverwaltungskörperschaften abspielte. Zu Beginn des 20. Jahrhunderts gehörte die Zeit der großen heroischen Kämpfe um die Wahlreform, um das Koalitionsrecht und um die Fabrikgesetzgebung in der großen Mehrzahl der Länder bereits der Vergangenheit an. Nur in Ausnahmefällen kam es zu so heftigen Erschütterungen wie in Frankreich während der Dreyfus-Affäre und bei der Trennung von Kirche und Staat. Der „kamerale" Charakter dieser Kämpfe und die fortschreitende Bürokratisierung und Rationalisierung waren für das Wachstum bonapartistisch-charismatischer Tendenzen nicht günstig. Nach unserer Ansicht behandelt Michels die Entwicklung der Institution der Führung mit bonapartistischen Zügen in den großen politischen Parteien zu summarisch und zu schematisch. Wir stimmen dagegen mit ihm darin überein, dass Entwicklungsmöglichkeiten auf diesem Gebiet stets vorhanden und sie implizit in der Organisationsstruktur der großen Parteien und deren Tätigkeit als Kampfgruppen enthalten waren. In gewissen Situationen erfuhren diese Möglichkeiten eine bedeutende Steigerung, und dann machten sich die Tendenzen in Richtung des Aufkommens einer charismatischen Führung aufs Deutlichste bemerkbar. In solchen Momenten wuchsen auch die Tendenzen der Zentralisierung und Militarisierung. In diesem Sinne ist es gerechtfertigt, in den politischen Vorkriegsparteien die Wiege der heutigen charismatischen Führung zu sehen. Daher ist es kein Zufall, dass so viele charismatische Führer der Nachkriegszeit bereits vor dem Kriege exponierte Stellungen in der Hierarchie der politischen Massenparteien eingenommen hatten und andere Führer, die wie Hitler eine solche Laufbahn nicht vorweisen können, ihre Karriere den politischen Massenparteien verdanken. Es handelt sich hier um Parteien, die unter dem Einfluss bestimmter Parteitraditionen entstanden sind. Diese knüpften bewusst oder unbewusst an bestimmte Muster der Vorkriegszeit an und bildeten vor allem infolge der besonderen Situation, in der sie sich befanden, jene Elemente aus, die in den Organisationen der Vorkriegszeit potenziell angelegt waren.

XI.

Wir haben betont, dass sich die charismatischen Tendenzen und der Enthusiasmus für die Führer in den kleinbürgerlichen Parteien stärker bemerkbar machten als in den Arbeiterparteien. Das Element der Persönlichkeit spielte in ihnen stets eine sehr große Rolle und trat häufig an die Stelle des Programms. Der kleinbürgerliche Individualismus schafft in Verbindung mit den Traditionen der Wirtschaftsformen des Handwerks und des Kleinhandels günstige Bedingungen für die Entwicklung des Kults einzelner Persönlichkeiten und in letzter Konsequenz des Kults großer historischer Gestalten. Nicht ohne Einfluss ist hierbei auch der Glaube an den persönlichen Erfolg, an die Möglichkeit des eigenen Aufstiegs.[165] All dies fand Ausdruck in den Auffassungen über die Rolle der Persönlichkeit auf dem Gebiet der sozialpolitischen und wirtschaftlichen Verhältnisse. Sehr stark machte sich der Einfluss des Geschichtsunterrichts bemerkbar; hierzu gesellte sich der Einfluss der populären historischen Literatur, insbesondere in der Form von Romanen, außerdem der Einfluss der Meinungen, die von der Tagespresse verbreitet wurden. Diese Faktoren der Erziehung formen bis heute in weiten Kreisen der Öffentlichkeit den Glauben an die Bedeutung der Persönlichkeit in der Geschichte und führen die Erscheinungen des sozialen Lebens auf diese oder jene bewussten und planmäßigen Handlungen einzelner führender Persönlichkeiten zurück. Daher ist in einigen Schichten die Ansicht so stark verbreitet, dass die

---

165 Subtile Bemerkungen zu diesem Thema macht unter Bezug auf die amerikanischen Verhältnisse Józef Chałasiński, Szkoła w społeczeństwie amerykańskiem (Die Schule in der amerikanischen Gesellschaft), Warschau 1936. Die Beobachtungen Chałasińskis können auch für die europäischen Mittelschichten weitgehend Geltung beanspruchen.

Entstehung bestimmter Systeme sachlicher oder verfassungsrechtlicher Beziehungen, der Ablauf bestimmter sozialer Prozesse usw. einzig und allein von der Wahl der führenden Männer, den Handlungen der Herrscher, Präsidenten, Minister, Generäle, Abgeordneten usw. abhängt. Hiermit einher geht der Glaube an die Überlegenheit des politischen Faktors, unter dem übrigens stets eine Persönlichkeit verstanden wird. Hieraus ergibt sich die Anklage der Demokratie und ihrer führenden Politiker, sie seien schuld an der Wirtschaftskrise und an der sie begleitenden sozialen Katastrophe.

Die Personalisierung bei Auffassung und Wertung der großen sozialen Prozesse als Wirkungen einzelner Persönlichkeiten führt leicht zum Glauben an die Rolle großer Erlöser, die von der Vorsehung gesandt werden. Insbesondere an Wendepunkten der Geschichte, in Zeiten großer Katastrophen, bei Kriegen und den ihnen folgenden gewaltigen Prozessen der Pauperisierung und Deklassierung stößt dieser Glaube auf einen guten psychischen Nährboden. Eigenartige mystische Stimmungen, Chiliasmus, ein Hoffen auf das Kommen des Erlösers breiten sich aus, und in der Regel meldet in solchen Situationen eine große Anzahl von Menschen ihre Kandidatur als Erlöser an. Natürlich gelingt es nicht jedem, erfolgreich zu sein. Die Frage des Erfolges ist durch die Verflechtung der verschiedenartigsten Umstände bedingt, die ihrerseits ein Problem ganz besonderer Art darstellen.[166]

Diese Phänomene treten sehr stark und sehr deutlich in den Staaten der Nachkriegszeit auf, allen voran in Deutschland und in Italien. Gewaltig war der Einfluss des Weltkrieges. Der Krieg bereitete einen fruchtbaren Boden für die Entwicklung eines persönlichen Messianismus und Erlöserglaubens. Insbesondere bewerkstelligt dies der moderne Krieg, der das gesamte Volk in sein Getriebe hineinzieht und mit einem glänzend ausgebauten Propagandaapparat arbeitet. Der Krieg setzt Legenden in die Welt, produziert Helden und stellt sich den Teilnehmern und Zuschauern weitgehend als Arena dar, in der hervorragende Generäle als Führer agieren. Erst in heutiger Zeit beginnt die Öffentlichkeit, wenn auch in sehr kleinen Kreisen, zu erkennen, wie gering die Zahl der tatsächlich talentierten Männer unter den militärischen und politischen Führern gewesen ist. Und doch hat sich während des Weltkrieges in Deutschland ein geradezu mystischer Kult Hindenburgs und Ludendorffs herausgebildet, denen der Glaube des Volkes alle Eigenschaften charismatischer Figuren gab.

---

166 Sehr treffende Bemerkungen macht Otto Bauer in seinem Buch „Zwischen zwei Weltkriegen?". Mit Recht lenkt er die Aufmerksamkeit auf den Zusammenhang, der zwischen der Enttäuschung der bürgerlichen Gesellschaftsschichten über die Demokratie und der Entwicklung religiös-mystischer, chiliastischer und esoterischer Stimmungen besteht (S. 176–179).

Der Weltkrieg reichte mit seiner Wirkung sehr tief ins soziale Leben der Nachkriegszeit hinein. Vier Jahre Leben, eingespannt in den festen Rahmen der militärischen Organisation mit ihrer Disziplin und mit der Gesamtheit ihrer spezifischen Beziehungen von Mensch zu Mensch, haben tiefe Spuren in der Seele der Teilnehmer dieser großen historischen Ereignisse hinterlassen. Die Schriftsteller, die sich mit dem Ursprung des modernen Faschismus in Italien und Deutschland beschäftigen, haben die Rolle der demobilisierten und in Wirklichkeit deklassierten Offiziere breit behandelt.[167] Diese Menschen nahmen die Elemente Führung und Kommando in die neue Situation mit, in der sie sich wiederfanden. Sie sind es in erster Linie, welche die Fortdauer der militärischen Vorbilder aus der Kriegszeit gewährleisten. Die Effizienz der militärischen Organisation im Krieg stärkte den Glauben, diese Organisation sei gegenüber der Destabilisierung der Nachkriegszeit überlegen. Mit der Eskalation der Wirtschaftskrise, der Verschärfung der sozialen Gegensätze und mit der Verdichtung der Bürgerkriegsatmosphäre zum Bürgerkrieg trat die Idealisierung von Heer und Krieg ein und wuchs die Überzeugung, dass nur ein militärischer Führer, nur eine große, von der Vorsehung auserwählte Persönlichkeit, die sich militärischer Regeln bedient, imstande sei, das soziale Gleichgewicht wiederherzustellen und Ruhe und Wohlstand zu garantieren. Natürlich traten solche Stimmungen in den Schichten des Kleinbürgertums am stärksten in Erscheinung.

Wir behandeln das Problem des sozial-psychischen Bodens, auf dem die heutige charismatische Führung erwachsen konnte, nur sehr allgemein. Wir haben es hier mit einem sehr verworrenen Komplex von Erscheinungen zu tun, der sich in seinem ganzen Ausmaß heute noch nicht erfassen lässt. Uns liegt nur daran zu unterstreichen, und sei es auch nur skizzenhaft, dass es bestimmte Momente gibt, die für die Charakteristik des modernen charismatischen Führers und speziell für den Fall Hitler wesentlich sind. Zweifellos sind die Möglichkeiten einer solchen Sendung bereits in den Verhältnissen der Vorkriegszeit angelegt, und zwar in den großen politischen Massenparteien mit der ihnen eigenen Organisationsstruktur. Diese ist bestimmt durch ihren Charakter als Kampfgruppe, die unter den Bedingungen der bestehenden politischen, sozialen und wirtschaftlichen Ordnung handelt und kämpft. Solche Möglichkeiten formten sich im Zusammenspiel aller sachlichen, gesellschaftlichen und psychischen Ereignisse, zu deren Schauplatz die Nachkriegsepoche wurde. Von grundlegender Bedeutung ist hier der Moment des Übergangs von den gewissermaßen „kameralen" Auseinandersetzungen, die sich in den Grenzen der Regeln des Verfassungslebens der Vorkriegszeit abspielten, zu den leidenschaft-

---

167 Schon Robert Michels, Sozialismus und Faschismus in Italien, München 1925, hat diesem Problem viel Beachtung geschenkt.

lichen Kämpfen des Bürgerkrieges, in die unsere Epoche immer deutlicher erkennbar übergeht. Der Bürgerkrieg begünstigt charismatische Stimmungen außerordentlich. Das Charisma, das seiner Struktur nach stets revolutionär ist, übt selbst einen starken Einfluss auf den Charakter des Bürgerkrieges aus. Die großen Charismatiker: Caesar, Cromwell und Napoleon, traten in der Atmosphäre gewaltiger politischer und sozialer Revolutionen auf den Plan.

Die Partei des Bürgerkrieges ist eine ausgeprägt militarisierte Partei. Die Nachahmung militärischer Vorbilder ist bezeichnend für die Art der Struktur ihrer Organisationen. Wenn noch die Tatsache hinzutritt, dass sich ein charismatischer Führer an die Spitze der Partei stellt, so ist es klar, dass auch er seinerseits starken Einfluss auf die Organisationsform der gesamten Gruppe nimmt und seinen Einfluss mit dem Einfluss und der Rolle der Vorbilder militärischer Reglements vereint. Das militärische Reglement erhält jetzt einen neuen Inhalt, es gewinnt ein moralisches Fundament in den charismatischen Empfindungen des Führers und seiner Gruppe. Alles, was Hitler in „Mein Kampf" von der Organisation der Partei und von der Rolle des Führers sagt, ließe sich in den Rahmen eines jeden militärischen Reglements einfügen.[168] Die charismatischen Überzeugungen tragen aber ihren eigenen Ton hinein, der den rationalisierten Regeln eines gewöhnlichen militärischen Reglements nicht entspricht.

Und hier liegt der grundlegende Unterschied zwischen der nationalsozialistischen Partei und einer gewöhnlichen Armee. Unter den Bedingungen des Friedens, insbesondere in Zeiten eines lang andauernden Friedens, besitzt die Führung der Armee keine charismatischen Züge oder hat sie allenfalls in sehr geringem Maße. Solche Armeen sind stark bürokratisierte Schöpfungen, und die rational-bürokratischen Elemente behalten Oberhand über die charismatischen Aspirationen einzelner Offiziere. Selbst in monarchischen Staaten, in denen der Herrscher und damit der Vertreter des traditionalisierten und institutionalisierten Erbcharismas den Oberbefehl über die Armee innehat, ist die Bürokratisierung und Rationalisierung nicht geringer als in jenen Staaten, in denen der parlamentarische Kriegsminister als Armeechef fungiert. Erst die Situation des Krieges, die Situation eines lang andauernden oder sehr dramatischen Krieges, schafft ausgedehnte Möglichkeiten für die Zunahme charismatischer Inhalte.

Der Unterschied liegt klar auf der Hand. Hitler ist der Führer einer kämpfenden Armee, ist Führer einer Klassenorganisation, die gegen eine andere Klassenorganisation kämpft. Aus dem Bürgerkrieg, aus dem Klassenkampf leitet sich seine Sendung her, und diesem Krieg verdankt sie ihr Gesicht, das so und nicht anders ist.

168 Vgl. Hitler, Mein Kampf, S. 378–388.

Die Gefolgschaft des Führers

Die Transformation der politischen Partei in eine Massengruppe, die viele Tausend Mitglieder umfasst, wird von der Entstehung und Entwicklung eines komplexen Leitungs-, Verwaltungs- und Propagandaapparates begleitet. In ihm lässt sich eine oft sehr weitreichende Abgrenzung von Funktionen und Kompetenzen. Wesentliche Bedeutung für die Entwicklung des Apparates und seine Struktur aber haben Propaganda- und Verwaltungsaufgaben der Gruppe. Die Propaganda schafft breite Schichten spezieller Funktionäre: verschiedenartige Agitatoren, Redakteure, Journalisten usw. Für die Administrations- und Leitungsaufgaben unverzichtbar sind die Vorsitzenden der einzelnen Parteigruppierungen, der Sekretär usw. Oft werden diese Funktionen personell getrennt, und so ist zum Beispiel dieselbe Person zugleich Redakteur der Zeitschrift und Organisationssekretär. Dennoch handelt es sich hierbei nur um die Verbindung verschiedener Funktionen in einer Person, und in den am besten organisierten Parteien finden wir eine strenge Trennung der Aufgaben und Kompetenzen zwischen den einzelnen Führungsorganen.

Die Notwendigkeit, neue Mitglieder und Sympathisanten anzuwerben sowie auf die öffentliche Meinung einzuwirken, spielt in den Aktivitäten der Partei eine so enorme und manchmal entscheidende Rolle, dass sie zur Ausgliederung spezieller Propagandazellen und zur Bildung eines gesonderten organisatorischen Apparates zwingt. Dieser Apparat zeigte häufig Tendenzen der Verselbständigung und strebte danach, für sich eine weitreichende Autonomie zu erlangen, ja er versuchte sogar, der Partei ein bestimmtes Vorgehen aufzuzwingen. In der Geschichte aller Massenparteien können wir in dieser Hinsicht charakteristische Beispiele finden. Vor allem die parlamentarische Aktion und die Wahlkämpfe stärkten die Rolle des Propagandaapparates. In den parlamentarischen Systemen waren und sind die Wahlen zentrale Ereignisse im Parteileben, und häufig konzentrierten die Parteien alle ihre Anstrengungen auf den Wahlkampf. Die Wahlpropaganda hatte ihre Spezialisten, in ihrem Bereich oft sehr talentiert, die wussten, was sie für ihre Partei bedeuteten. Aber auch die Jahre, in denen keine Wahlen stattfanden, standen im Zeichen von Vorbereitungen auf kommende Wahlen, und so wurde eine intensive Aufklärungs- und Propagandakampagne im Zeichen der kommenden Wahlen geführt. Und auch wenn sich im Vergleich mit den großen Pressekonzernen der Propagandaapparat zum Beispiel der sozialistischen Parteien bescheiden ausnahm, so war er innerhalb der Partei doch eine mächtige Abteilung, die über eine große Menge an Mitarbeitern verfügte und unterschiedliche Sozialbeziehungen schuf.

Neben dieser Propagandaaktion „nach außen" entfalten die politischen Parteien auch nach innen eine lebhafte erzieherische Aktivität. Dies gilt vor allem für „weltanschauliche" oder „integrative"[1] Parteien, deren Existenz- und Handlungsbedingung darin besteht, unter den Anhängern einheitliche Haltungen und Bestrebungen zu erzeugen. Solche Parteien haben immer eine umfangreiche erzieherische Tätigkeit entwickelt, deren Werkzeuge spezielle Publikationen, Parteischulen und -kurse sowie in der letzten Zeit sogar Kino und Radio sind. Von den spezialisierten Parteien hat wohl die österreichische Nachkriegssozialdemokratie ihren erzieherischen Apparat am besten entwickelt, obgleich die sozialistischen Parteien auch in anderen Ländern große Aktivitäten auf diesem Felde entfalteten.[2] Alle diese Tätigkeiten erforderten einen speziellen Apparat von Menschen, zu dem Fachleute hinzugezogen wurden: Bildungsexperten, Propagandisten, Buchhändler, ja sogar selbständige Wissenschaftler.[3]

Auf diese Weise lässt sich grob die propagandistisch-erzieherische Tätigkeit der Partei charakterisieren. Neben ihr bestand eine zweite Sphäre – die der eigentlichen Administrativ- und Leitungsfunktionen. Hier kommt der Finanzabteilung eine besondere Bedeutung zu. Gewöhnlich hat die Partei zwei Quellen von Einnahmen: die Mitgliedsbeiträge und die Leistungen von Mäzenen, welche die Partei unterstützen. Die letzte Art von Einnahmen hat manchmal enorme Bedeutung, und manche Parteien, vor allem die bürgerlichen, stützen ihre materielle Existenz vor allem auf sie.[4] Aber auch die sozialistischen Parteien greifen auf die Hilfe von Mäzenen zurück, was oft der Grund der Einwände war, die von vielen Mitgliedern erhoben wurden.[5] Die Finanzen einer großen Partei sind eine sehr ernste Angelegenheit; sie benötigen Spezia-

---

1   Ein Terminus, den Sigmund Neumann, Die deutschen Parteien. Wesen und Wandel der Parteien, Berlin 1932, gebraucht. Vgl. Aleksander Hertz, Die Militarisierung der politischen Partei, in diesem Band.

2   Hier zu unterscheiden sind die Institutionen, die für die Parteimitglieder bestimmt sind (Parteischulen), von den Institutionen, die einen breiteren Wirkungskreis besitzen (z. B. das polnische TUR).

3   Hier möge die Erwähnung von Hendrik de Man oder Max Adler sowie Ludwik Krzywicki in Polen genügen.

4   Viele interessante Daten liefert Richard Lewinsohn-Morus, Das Geld in der Politik, Berlin 1931. Für die französischen Vorkriegsverhältnisse von Interesse ist die Arbeit von Francis Delaisi, La Démocratie et les financiers, Paris 1910.

5   Vgl. Robert Michels, Zur Soziologie des Parteiwesens in der modernen Demokratie. Untersuchungen über die oligarchischen Tendenzen des Gruppenlebens, Leipzig 1925, S. 143; Max Weber, Wirtschaft und Gesellschaft, 2. Auflage Tübingen 1925, S. 169.

listen und bilden einen ganzen organisatorischen Apparat aus. Die Partei-finanziers zeichneten sich häufig durch großes Talent und Expertise aus, und so mancher brillierte als Spezialist in der Arena des staatlichen, kommunalen oder privatwirtschaftlichen Lebens. Schließlich existiert eine große Skala von Funktionen und Posten in Leitung oder Administration, die mit der Verwaltung einer großen Menge von Menschen zusammenhingen. Alle diese Ämter und Posten erfordern Menschen mit entsprechenden Fähigkeiten und entsprechender Ausbildung. Und hier entsteht ein ganzer Apparat, der aus Fachleuten und Spezialisten im jeweiligen Bereich besteht. Die politischen Parteien haben stets ihre besondere Aufmerksamkeit auf die Qualität dieses Apparates gerichtet und sich darum bemüht, dass in ihn entsprechend ausgebildete Personen eintraten. Deshalb wurden große Bildungsorganisationen geschaffen, die selbst Kandidaten für Führungsposten oder Führungspersonal schulten.[6]

So lässt sich also in der politischen Massenpartei eine große Gruppe von Mitgliedern unterscheiden, die verschiedene Aufgaben in verschiedenen Bereichen der Propagandaarbeit sowie der organisatorisch-administrativen Arbeit erledigt. Je mehr sich die Partei entwickelte, desto zahlreicher wurde diese Kategorie von Menschen, und die von ihnen ausgeübten Funktionen unterschieden sich stärker und waren auf komplexere Weise miteinander verwoben. Zusammen mit diesen Wandlungen vollzogen sich noch andere, in ihren Konsequenzen sehr weitreichende Veränderungen. Es wandelte sich nämlich die Position des Verwaltungsapparates in der Partei, und es entstanden neue, sehr spezifische Sozialbeziehungen.

Unabhängig von den ausgeübten Funktionen lassen sich in diesem menschlichen Kollektiv, das den Führungsapparat der Partei bildet, zwei Kategorien bestimmen, die grundlegend differieren und in der Praxis unterschiedliche Positionen in der Parteistruktur einnehmen. Es steht auf einem anderen Blatt, dass in der Praxis wiederum keine dieser Kategorien in Reinform auftritt und wir es zumeist mit der Koexistenz von Eigenschaften beider zu tun haben. Nichtsdestotrotz handelt es sich doch um unterschiedliche Kategorien, deren Unterschiedlichkeit sich deutlich bemerkbar macht. Die erste davon sind die Honoratioren der Partei, die zweite deren Bürokratie.

---

6 Das Niveau dieser Schulen war manchmal sehr hoch. In gewissem Maße charakteristisch sind die Aussagen von Henrik de Man, Der Kampf um die Arbeitsfreude. Eine Untersuchung auf Grund der Aussagen von 78 Industriearbeitern und Angestellten, Jena 1927. Hierbei handelt es sich um Aussagen von Schülern der Akademie für Arbeit in Frankfurt am Main, welche die intellektuelle Arbeiterelite versammelte, vor allem Parteifunktionäre, Gewerkschafts- oder Kommunalfunktionäre. Über das Partei- und Berufsschulwesen siehe Michels, Zur Soziologie des Parteiwesens, S. 44 ff.; Jan St. Bystroń, Szkoła i społeczeństwo (Schule und Gesellschaft), Lemberg 1930, S. 45.

Ein Grundcharakteristikum der Honoratioren[7] ist, dass sie für die Politik, aber nicht von der Politik leben, mit anderen Worten: dass die Quellen ihres Unterhalts außerhalb ihrer parteipolitischen Aktivität liegen. Daher ist ihre Zugehörigkeit zur Partei ehrenamtlich und nicht mit einer bestimmten Entlohnung verknüpft.[8] Selbstverständlich können sie materiellen Nutzen aus ihrer politischen Aktivität ziehen, doch handelt es sich hierbei um Einnahmen nicht aus stabilen Einkünften, die von Regelungen und Beschlüssen der Partei für ihre Funktionäre bestimmt werden. Es kann sich also um Einkünfte aus Verwaltungsposten handeln, aus Abgeordnetendiäten, aus der Teilnahme am Wirtschaftsleben, aber nicht um Einkünfte aus der Parteikasse für Funktionen in der Partei. Die Legitimation der Position der Honoratioren ist das Vertrauen der Gruppe, das normalerweise bei Abstimmungen oder Wahlen Ausdruck findet.

Dieser Typ des Parteiaktivisten ist von besonderer Bedeutung für die „repräsentativen" Parteien, die über keine besonders großen Zahlen von Mitgliedern verfügen und darüber hinaus in parlamentarischen Systemen handeln, die kein allgemeines Wahlrecht kennen. So kamen zum Beispiel die englischen Parteien vor der Reform des Wahlrechts ohne Gruppen fachlich gebildeter Verwaltungsfunktionäre aus, die eine regelmäßige Bezahlung erhielten. Die Führung lag hier in den Händen wohlhabender Personen, die über eigene, gewöhnlich sehr bedeutende Einkünfte verfügten. Wenn diese Menschen materiellen Nutzen aus ihrer politischen Tätigkeit zogen, dann hatten diese nicht den Charakter ständiger Einkünfte, die von der Partei aufgrund der Ausübung bestimmter administrativer Funktionen bezahlt wurden.

In den Massenparteien, vor allem den Arbeiterparteien, musste das neue Element der Angestellten auftreten. Das heißt nicht, dass materiell unabhängige Menschen aus diesen Parteien verschwunden wären, solche, die die Rolle der Honoratioren spielten. Selbst in den sozialistischen Parteien tritt der Typ des Aktivisten häufig auf, der – weil er über ein persönliches Vermögen verfügt – nicht nur keine Bezahlung von der Partei erhält, sondern die Aktivitäten der Partei materiell unterstützt. Dissidenten aus den besitzenden Klassen spielen in Arbeiterparteien eine enorme Rolle, und unter ihnen gibt es oft wohl-

---

7   Eine Definition der Honoratioren finden wir bei Weber, Wirtschaft und Gesellschaft, S. 170: „Honoratioren' sollen solche Personen heißen, welche 1. kraft ihrer ökonomischen Lage imstande sind, kontinuierlich nebenberuflich in einem Verband leitend und verwaltend ohne Entgelt oder gegen nominalen oder Ehren-Entgelt tätig zu sein, und welche 2. eine, gleichviel worauf beruhende, soziale Schätzung derart genießen, dass sie die Chance haben, bei formaler unmittelbarer Demokratie kraft Vertrauens der Genossen zunächst freiwillig, schließlich traditional, die Ämter inne zu haben."
8   Vgl. ebd., S. 609.

habende Leute.[9] Aber neben ihnen bemühen sich viele Angehörige der Intelligenz mit bestimmten Einkünften nicht um Parteieinkünfte. Diese Leute, die bisweilen eine große Rolle im Parteileben spielen und eine lebendige Führungsaktivität entwickeln, werden zu Honoratioren, wenn sie aus eigenem Willen verschiedenen Verwaltungs- und Kontrollgremien beitreten. Ein großer Teil von ihnen vertritt die Partei im Parlament, wobei es ein häufiges Phänomen ist, dass sie ihre Diäten teilweise oder ganz dem Parteifiskus zur Verfügung stellen.[10]

Dennoch ist die Rolle der Honoratioren in den Massenparteien meist sehr begrenzt. Viele von ihnen können sich nicht völlig der Parteiarbeit widmen und behandeln sie bloß marginal. Allerdings führen ihre materielle Unabhängigkeit und die Tatsache, dass sie aus einem anderen gesellschaftlichen Milieu stammen, zu Misstrauen und Abneigung in breiteren Schichten der Parteimitglieder. Etwas anderes ist es, dass in vielen Fällen die materielle Unabhängigkeit die Erlangung einer herausgehobenen Stellung in der Parteiorganisation ermöglichte.[11] In einer großen Zahl von Fällen werden die Honoratioren zu einem dekorativen Element, und die Parteibürokratie im engeren Sinne des Wortes rückt an die Spitze. Die Vermassung der Partei, ihre Integralisierung und die Übernahme einer ganzen Masse von verschiedenartigen Funktionen rufen Gruppen von Spezialisten ins Leben, die ihre politische und Parteitätigkeit als Beruf behandeln und hierfür von ihrer Partei entlohnt werden.[12]

---

9   André Siegfried stellte in seiner interessanten Analyse der politischen Struktur West-frankreichs fest, dass das Bürgertum als Reservoir für die Rekrutierung von Bauern-führern diente: „C'est dans son sein que les partis avancés et même révolutionnaires recrutent leur meilleurs leaders: et il n'y a rien là qui doive étonner, car il est de tradition que les évolutions ou les révolutions se fassent, non seulement par la poussée des couches nouvelles, mais encore par le concours d'ambitieux, d'apôtres ou de réfractaires, issus des aristocraties menacées elles-mêmes." André Siegfried, Tableau politique de la France de l'Ouest sous la Troisième République, Paris 1913, S. 436. Der letzte Gedanke Siegfrieds deckt sich mit der Theorie Vilfredo Paretos über die Rolle der Dissidenten aus den besitzenden Klassen (siehe ders.,Trattato di sociologia generale, Band 2, Florenz 1916, § 2190 sowie detaillierter: ders., Manuel d'économie politique, Paris 1909, Kap. 2, § 104–123). Natürlich gab es unter diesen Dissidenten eine große Zahl gutsituierter Menschen, die zu Mäzenen der Parteien wurden. Als prominentes Beispiel kann Paul Singer dienen. In der Geschichte des polnischen Sozialismus kann man viele ähnliche Beispiele finden.

10 Wie Robert Michels anführt, stammte 1910 ungefähr die Hälfte der Einkünfte der französischen sozialistischen Partei aus den Beiträgen der Abgeordneten (Vgl. Michels, Zur Soziologie des Parteiwesens, S. 140).

11 Vgl. ebd., S. 141.

12 Die Parteibürokratie entsteht nicht nur unter den Bedingungen einer politischen Massenbewegung, die ihre Tätigkeit auf dem Boden des allgemeinen Wahlrechts entfaltet. Verwandte Symptome lassen sich auch in illegalen Parteien vom Typ konspira-

Max Weber verdanken wir die Beschreibung der Charakteristika der Büro-kratie.[13] Im Falle der Parteibürokratie sind nicht alle von Bedeutung. Vor allem machen sich in demokratisch gesinnten politischen Parteien starke Bestre-bungen nach einer Begrenzung des Parteiapparates bemerkbar.[14] Daher wird bei der Auswahl von Parteifunktionären gewöhnlich ein Grundsatz angewandt, wonach die Zugehörigkeit zur Partei und die unbedingte Unterordnung unter die in ihr geltenden Regeln als *conditio sine qua non* betrachtet werden. Hand in Hand damit geht der Ausbau von Kontrollinstitutionen auf breiter Grund-lage, wobei die Kontrollfunktionen gewöhnlich von Honoratioren ausgeübt werden. Nichtsdestotrotz aber machen sich die Grundattribute der bürokrati-schen Institution sehr deutlich bemerkbar. Zu ihnen gehören: Die genaue Beschreibung der amtlichen Kompetenzen; das Postulat fachlicher Qualifika-tionen; eine geregelte Bezahlung; die Behandlung der ausgeübten Funktion als Hauptberuf; Beamtenhierarchie und Amtsdisziplin. Diese Attribute finden sich in politischen Parteien in größerer oder geringerer Intensität, sie treten jedoch überall auf und haben insbesondere in einigen Parteien, wie zum Beispiel der deutschen Sozialdemokratie, die Form genau bestimmter, fester Dienstbeziehungen angenommen.

Im Laufe der Entwicklung einer Partei wachsen Bedeutung und Einfluss der Gruppe der Parteibeamten. Die Partei verfügt über eine so breite Palette von Tätigkeiten, die eine fachgerechte und kontinuierliche Bedienung erfor-dern, dass sie die Gruppe ihrer Beamten vergrößern muss. Zugleich wächst die Bedeutung der letzteren. Als dauerhaft angestellte Fachleute kennen sie die Details der Parteimaschinerie besser als die Honoratioren oder die grauen Massen der Mitglieder. Es verwundert nicht, dass die Organisationssekretäre

---

tiver Vereinigungen feststellen. Hier finden wir neben dem Aktivisten, der seine Funk-tion ehrenamtlich ausübt, den Funktionär, der völlig von der Partei unterhalten wird. Dieser Typus verfügte über bestimmte Charakteristika, die ihn von dem Typus des Funktionärs einer Massenpartei unterscheiden. Schon der Charakter der konspirativen Partei zwang die führenden Aktivisten zu einem Leben in der Illegalität und schnitt sie damit von privaten Verdienstmöglichkeiten ab. Die Bezahlung des Funktionärs aber hatte nicht den Charakter von geregelten bürokratischen Beziehungen. Eher ging es darum, die Existenz und damit die Aktivität zu ermöglichen. Die Aktivität an sich war kein Äquivalent für eine Bezahlung, und es existierte hier nicht einmal ein Moment einer rechtlich geregelten Beziehung. Ein wichtiger Beitrag zur gesamten Problematik sind die Artikel Lenins in der „Iskra" von 1898, in denen er seine Theorie der „profes-sionellen Revolutionäre" entwickelt. Zweifellos verstand Lenin seine Berufsrevolutio-näre als eine Art von Orden, und die Charakteristika des Ordenskommunismus lassen sich auch in den Beziehungen zwischen der Untergrundpartei und ihren Funktionären finden. Siehe Emeljan Jaroslavskij, *Žizn' i rabota V. I. Lenina* (Leben und Arbeit von V. I. Lenin), Moskau 1934, S. 55.

13 Vgl. Weber, Wirtschaft und Gesellschaft, S. 126 f., S. 650–678.
14 Vgl. Michels, Zur Soziologie des Parteiwesens, Teil 5, passim.

in einer großen Anzahl von Fällen zu einem entscheidenden Faktor geworden sind. Sie machten ihren Einfluss nicht nur direkt als Funktionäre – also aufgrund ihrer Amtstätigkeit – geltend, sondern auch als einflussreiche, populäre Gruppenmitglieder. Sie repräsentierten zumeist auch die lokalen Organisationen auf den Parteikongressen und gewannen auf diese Weise enormen Einfluss auf die Politik der Partei. Über die Kongresse der deutschen Sozialdemokratie wurde gesagt, dass es sich bei ihnen um Beamtenkongresse handele.[15] Hierin lag ein eigenartiges Paradox, denn die Beamten entschieden über die Führung der Partei und damit auch über diejenigen, denen gegenüber sie verantwortlich und von denen sie abhängig waren.

Die Parteibürokratie wurde im Ergebnis zu einer selbständigen Kraft mit eigenen Bestrebungen und Zielen. Zugleich unterlag sie, wie jede Bürokratie, dem Prozess der Verfestigung, die selbstverständlich die Verfestigung der gesamten Partei nach sich zog.[16] Das heißt nicht, dass dieser Prozess der Verfestigung ohne Widerstand und Versuche vonstattengegangen wäre, ihn aufzuhalten. Im Gegenteil: Diese Sache war Gegenstand zahlreicher Diskussionen. Schon vor dem Krieg waren Klagen über die „Bonzen" auf den Kongressen, Parteiversammlungen und in der Parteipresse zu vernehmen. Die Auswüchse des bürokratischen Apparats und seine Degeneration hatten besondere Auswirkungen auf die Beziehungen zur Parteiintelligenz. Schließlich muss man sich in Erinnerung rufen, dass die Intelligenz in hohem Maße (aber nicht ausschließlich) Teil der Parteiadministration war und dass bestimmte Eigenschaften des Bürokratismus in der Wahrnehmung der Arbeiter mit Eigenschaften der Intelligenz zusammenflossen.[17] Dennoch brachten Versuche, das Fortschreiten der Bürokratisierung aufzuhalten, keine bedeutenderen Ergebnisse; sie konnten es aber auch nicht.

Ein spezielles Problem ist das Verhältnis zwischen Honoratioren und Bürokratie. Hier haben wir es mit zwei verschiedenen, ja gegensätzlichen Prinzipien

---

15 Vgl. ebd., S. 242.

16 Vgl. ebd., S. 215 f.

17 Während unter den Ideologen des Syndikalismus, die antiintellektuell eingestellt waren, Argumente philosophischer Natur überwogen, wurden von den Arbeitern stark die Argumente alltäglicher und organisatorischer Natur betont. Bei den Theoretikern des Syndikalismus lassen sich viele Aussagen über die Beziehungen zur Intelligenz finden, die ein Licht auf das angesprochene Problem werfen. Siehe Édouard Berth, Les Méfaits des intellectuels, Paris 1914, S. 63–68; Georges Sorel, Matériaux d'une théorie du prolétariat, Paris 1919, S. 98. Außerdem: Hendrik de Man, Die Intellektuellen und der Sozialismus, Jena 1926, S. 12–15, 18–20, und ders., Zur Psychologie des Sozialismus, Jena 1927, S. 169 ff.; Klara Zetkin, Geistiges Proletariat, Frauenfrage und Sozialismus, Berlin 1902, S. 32; Max Maurenbrecher, Die Gebildeten und die Sozialdemokratie. Ein erweiterter Vortrag, Leipzig 1904, S. 26; Michels, Zur Soziologie des Parteiwesens, S. 411 ff.

zu tun. Die Honoratioren repräsentieren das „Ehrenelement", das nicht frei ist von Elementen der Patronage und des Mäzenatentums. Ihre Legitimation beziehen sie aus dem Vertrauen der Gruppe; sie werden gewählt und zum Teil kooptiert. Ihre Autorität entspringt oft ihrer sozialen Position, die sie unabhängig von ihrer Tätigkeit in der Partei einnehmen, oft aufgrund ihres Alters, ihrer Erfahrung, bisweilen aufgrund bestimmter charismatischer Eigenschaften. Das Terrain ihrer Machtentfaltung sind kollegiale Gremien, in denen Beschlüsse kollektiv beraten werden und wo per Abstimmung entschieden wird.[18] Die Bürokratie steht demgegenüber für streng rationalisierte Prinzipien und ist Repräsentantin einer beruflichen Tätigkeit, die im Rahmen einer genau bestimmten Funktion festgelegt ist. In der Praxis sind Konflikte zwischen Honoratioren und Bürokratie ein sehr gängiges Phänomen, das man überall dort antreffen kann, wo beide Institutionen gemeinsam auftreten.

Die Honoratioren halten der Bürokratie vor, sie sei eine Bürokratie, und fordern von ihr Unterordnung, wobei sie sich gerne auf den Grundsatz der demokratischen Kontrolle berufen. Von ihnen gehen auch Tendenzen aus, den Beamtenapparat materiell einzuschränken, die von breiteren Kreisen der Gruppenmitglieder geteilt werden. Wie bekannt, gehören sozialistische Parteien, Gewerkschaften und vor allem genossenschaftliche Vereinigungen nicht zu den angenehmsten Prinzipalen. Sie verlangen ihren Angestellten große Opferbereitschaft ab, wofür sie keine entsprechenden geldwerten Äquivalente erteilen.[19] Diese Forderungen werden von Honoratioren lanciert, die gerne moralische Argumente anbringen und die Interessenlosigkeit ihrer Arbeit als Beispiel anführen.

Der Beamtenapparat neigt seinerseits dazu, den Honoratioren ernste Vorwürfe zu machen. Er bezichtigt sie eines Mangels an Kompetenz und Qualifikation sowie Tendenzen, die Angestellten auszubeuten; er beschuldigt sie, den Amtsmechanismus an der ungestörten Funktion zu hindern sowie eines undemokratischen Charakters.[20] Insbesondere wenn die Honoratioren als Träger bestimmter charismatischer Eigenschaften auftreten, gewinnt der Konflikt an Schärfe. Der rationalisierte Grundsatz der Bürokratie reibt sich hier am charismatischen Prinzip.

---

18 Vgl. Weber, Wirtschaft und Gesellschaft, S. 674, 681.
19 Vgl. Heinrich Heckner, Die Arbeiterfrage, Berlin 1894, S. 116.
20 Interessante Daten liefert uns die Erfahrung des polnischen Genossenschaftswesens. Die Konflikte zwischen den Honoratiorenvorständen und dem bezahlten Apparat sind zahlreich, es kommt häufig zu ihnen, und sie nehmen oft scharfe Formen an. Es ist bemerkenswert, dass die Genossenschaftsangestellten eine eigene Berufsorganisation schufen, deren Hauptaufgabe im Kampf um die Verbesserung der Arbeitsbedingungen und der Löhne besteht.

In der Praxis aber lässt sich, wie wir gesagt haben, eine strenge Trennung beider Prinzipien – des Ehrenprinzips und des bürokratischen Prinzips – nicht immer feststellen. In vielen Fällen kann man von einer Verbindung beider Prinzipien sprechen, von der Existenz kombinierter Formen. Sie traten vor allem in solchen Fällen auf, wenn ein Parteifunktionär aufgrund seines Einflusses, seiner Position, der Art seiner Tätigkeit, nicht zur engeren bürokratischen Organisation dazugehörte und gleichzeitig seinen Unterhalt aus Bezügen seitens der Partei bestritt, die er ausschließlich seiner politischen Tätigkeit verdankte und von der Partei kontrolliert wurden (Abgeordnetendiäten). Eine langjährige Parteikarriere, eine erfolgreiche Tätigkeit, rednerisches Talent und erworbene Autorität machten ihn zu einer Führungsfigur, wobei das Moment der materiellen Abhängigkeit von der Partei im Bewusstsein der Mitglieder in den Hintergrund trat. Auf diese Weise entstand an der Spitze des bürokratischen Apparats eine Kategorie von Menschen, die – obwohl sie formell aus Parteibeamten bestand – faktisch über dem Reglement der bürokratischen Organisation stand und sich eher dem Typus der Honoratioren annäherte. Zusammen mit einem bestimmten Teil der Honoratioren schuf sie eine Gruppe von Führern, die eigentliche Führungsspitze der Partei, ihre Elite.

So kann man also von einer speziellen Kategorie von Aktivisten sprechen, die ihre Autorität aus dem Vertrauen der Parteimassen schöpften, unabhängig davon, ob sie formal zu den Honoratioren oder der Bürokratie gehörten. Sie vereinigten in sich die Charakteristika der einen und der anderen, bildeten aber die Aristokratie der Partei, ihre Oligarchie oder die oberste Ebene ihrer organisatorischen Leiter. Es handelt sich bei ihnen vor allem um Berufspolitiker, und ihre politische Aktivität bestimmt ihre gesamte Lebenssituation. Es handelt sich nicht um Teilzeitaktivisten, wie im Falle der Mehrzahl der Honoratioren (obwohl ein Teil von ihnen formal zu den Honoratioren gezählt werden muss), es handelt sich auch nicht um Berufsfunktionäre der Partei (obwohl ein Teil von ihnen von der Partei unterhalten wird und administrative Funktionen ausübt).[21]

Diese Parteielite muss nicht mit der Elite des Beamtenapparats identisch sein, der die höchsten Chargen der bürokratischen Struktur umfasst. In der Praxis aber sind die Abweichungen sehr unbedeutend, und überwiegend sind die herausragendsten Funktionäre gleichzeitig Mitglieder der Parteielite. In den demokratischen Parteien unterliegt diese Elite aber, obwohl sie enormen Einfluss auf die Parteiangelegenheiten behält und in Exekutivkörperschaften und an Kongressen teilnimmt, zumindest formal und mittelbar der Kontrolle der Parteimassen und ist von ihr abhängig. Auf diese Weise entsteht ein

---

21 Vgl. Wilhelm Hasbach, Die Moderne Demokratie. Eine politische Beschreibung, Jena 1912, S. 474, 564 ff.

Zustand der Verantwortung der Elite gegenüber den Parteimassen, der nicht immer illusorisch war. In jedem Falle erlegt er der Elite die Verpflichtung auf, ihre Handlungen zu legitimieren, und zwingt zu Schritten, welche die Aufrechterhaltung der Popularität zum Ziel haben.

Anders sieht es im Falle der militarisierten Parteien aus, die von charismatischen Führern geleitet werden. Quelle der Macht ist hier der Führer, der mit charismatischen Eigenschaften versehen ist. Der administrative Apparat wird vom Führer geschaffen und ist ihm verantwortlich. Die Legitimation des Apparats liegt in den spezifischen Attributen, die dem Charisma des Führers entspringen. Das heißt nicht, dass keine Formen einer bürokratischen, rationalisierten, ja verfestigten Organisation entstanden wären. Der entschieden militärische Charakter der Partei bewirkt, dass hier eine bürokratische Organisation entsteht und der Prozess der Bürokratisierung, der so typisch für die heutige Zeit ist, sehr schnell voranschreiten muss.[22] Aber die Existenz eines individuellen Führercharismas bringt hier einen neuen Faktor ins Spiel, welcher der gesamten Struktur eine spezifische Färbung verleiht. Bei Hitler finden wir einen interessanten Passus, in dem eine Ansicht über die Rolle der Leitung und die Struktur der Gruppe im Blick auf ihr Verhältnis zum Führer Ausdruck findet: „Man begriff nie, dass die Stärke einer politischen Partei keineswegs in einer möglichst großen und selbständigen Geistigkeit der einzelnen Mitglieder liegt, als vielmehr im disziplinierten Gehorsam, mit dem ihre Mitglieder der geistigen Führung Gefolgschaft leisten."[23] Entscheidender Faktor ist somit die Führung selbst. Der Führer verteilt unter seinen Untergebenen die Aufgaben, für die sie vor ihm verantwortlich sind, und auf diese Weise gibt er ihnen das Recht (mithilfe der charismatischen Übertragung), sich selbst Untergebene zu berufen und unter ihnen Aufgaben zu verteilen. Das Prinzip der individuellen Ernennung und Verantwortlichkeit soll bis in die untersten organisatorischen Zellen durchgesetzt werden.[24]

Es ist nicht schwer zu erkennen, dass wir es hier mit dem konsequent entwickelten Prinzip des Führercharismas zu tun haben. Der Führer, der über allen organisatorischen Regeln steht, diese festlegt und legitimiert, ist die Quelle, aus der sich der gesamte organisatorische Apparat ableitet, und die untergeordneten Führer handeln auf der Grundlage der Legitimation, die sie von ihm erhalten. Hier kommt es somit zu einer Charisma-Übertragung vom Führer auf seine Untergebenen, die es ihrerseits an die von ihnen berufenen niederen organisatorischen Ebenen weitergeben. Durch die Tatsache der Berufung der Untergebenen durch den Führer haben sie an seinem Charisma

---

22   Vgl. Weber, Wirtschaft und Gesellschaft, S. 665 f.
23   Adolf Hitler, Mein Kampf, 38. Auflage München 1935, S. 510.
24   Vgl. ebd., S. 661.

teil und erhalten hierdurch die Legitimation zu weiterem Handeln. In der Praxis wird dies von bestimmten rituell-magischen Praktiken begleitet.

Selbstverständlich unterliegt der bürokratische Apparat im Maße seiner Entwicklung einer Rationalisierung, und die Elemente der charismatischen Magie beginnen sich zu verwischen. Die militärische Struktur der Partei, ihre Annäherung an eine reguläre Armee, ist ein mächtiger Faktor, der zur Bürokratisierung des Apparats beiträgt. Im Übrigen bedient sich der Führer, der seine charismatischen Attribute bewahrt, selbst gerne des Instruments einer rationalisierten Bürokratie – selbstverständlich nur insofern, als diese nicht den Boden seiner charismatischen Eigenschaften betritt. Auf einem anderen Blatt steht, dass es in der Praxis zu Kollisionen kommt, die wohl am stärksten im Verhältnis Stalins zur kommunistischen Bürokratie auftraten. Wie wir sehen werden, ist diese Angelegenheit besonders kompliziert, denn das Stalin'-sche Charisma entwickelte sich gewissermaßen sekundär innerhalb einer bereits stark bürokratisierten Struktur.[25]

Wenn sich in einer demokratischen Partei deutlich erkennbar eine Parteielite herausbildet, dann tritt sie in nicht geringerem Maße in der militarisierten Partei auf, die von einem charismatischen Führer geleitet wird. Im letzten Fall aber hat sie ein besonderes Gesicht. Sie entspringt der speziellen Position des Führers und der spezifischen Beziehung der Elite zu ihm. Diese Elite ist nämlich seine Schöpfung; sie besteht aus Leuten, die von ihm berufen wurden, denen er ein besonderes Vertrauen entgegenbringt und die häufig seinem persönlichen Freundeskreis oder seinen alten Kampfgefährten entstammen. Am charakteristischsten ist das Verhältnis der Intimität, das zwischen dem Führer und ihr besteht. Es handelt sich bei ihr um den engsten Stab, seine engste Umgebung, sein Gefolge, seine Mannschaft. Da sie von ihm zur direkten Teilhabe an seinem Charisma berufen sind, nehmen sie eine Ausnahmestellung ein, die sie über die Mehrzahl der für den Rest der Parteimitglieder geltenden Regeln erhebt.[26]

---

25 Die Frage des Verhältnisses Stalins zum bürokratischen Apparat ist auf interessante Weise in zwei Arbeiten von D. Aleksandrov (A. S. Michel'son) besprochen: D. Aleksandrov (A. S. Michel'son), Kto pravit Rossiej?, Bol'ševickij partijno-pravitel'stvennyj apparat i stalinizm. Istoriko-dogmatičeskij analiz (Wer regiert Russland? Der bolschewistische Partei- und Regierungsaparat und der Stalinismus. Eine historisch-dogmatische Analyse), Berlin 1933 und ders., Diktator li Stalin? Istoriko-dogmatičeskij analiz (Ist Stalin ein Diktator? Eine historisch-dogmatische Analyse), Paris 1932.

26 Einer besonderen Betonung bedarf der Umstand, dass das Bewusstsein der Teilhabe am Führercharisma sich sowohl auf die einzelnen Mitglieder als auch auf die gesamte Gruppe bezieht, die insgesamt als Trägerin spezieller charismatischer Attribute betrachtet wird. Daher wird stillschweigend, bisweilen aber auch laut, das Recht der Gruppenmitglieder zu Handlungen anerkannt, die im Widerspruch zu den rechtlich-moralischen Regeln stehen und für alle Mitglieder gelten. Dies erklärt nicht nur die

Die Gefolgschaft des Führers braucht sich nicht zu decken und deckt sich in der Praxis nicht mit der Parteielite, wie sich dies im Falle der demokratischen Parteien darstellt oder sogar im Falle der Elite militarisierter Parteien, wenn wir unter ihr alle Elemente verstehen, die eine führende Rolle in der Hierarchie spielen und ein deutlich bemerkbares Bewusstsein ihrer Überlegenheit haben. Im kommunistischen Fall ist diese Unterscheidung sogar sehr deutlich, worüber wir weiter unten sprechen werden. Aber auch in der deutschen und der italienischen Partei stellt die Gefolgschaft des Führers eine engere Gruppe von Individuen dar als die Allgemeinheit derjenigen, die man zur Parteielite zählen kann. Auch wenn diese Gefolgschaft formal aufgrund der von ihr eingenommenen Positionen überwiegend, wenn nicht ausschließlich, zum bürokratischen Apparat und zur Parteielite gehört, so nimmt sie doch dank ihrer speziellen Beziehungen, die sie mit dem Führer verbinden, eine Ausnahmeposition ein. Die gewöhnliche Parteielite, der gesamte bürokratische Apparat, die Allgemeinheit der Honoratioren – auch wenn sie der charismatischen Berufung entstammen – stellen doch eine Struktur dar, die von deutlich rationalisierten Vorschriften und Normen bestimmt wird. Man kann sie als öffentlich-rechtliche Institutionen beschreiben. Der Charakter der Beziehung der Gefolgschaft zum Führer und des Führers zur Gefolgschaft ist hingegen eher privater Art und zugleich magischer. Mit diesem Führer verbindet sie eine besondere Übereinkunft über Treue, die der Anerkennung seiner außergewöhnlichen Fähigkeiten, der Liebe zu ihm und dem Gefühl der Verantwortung ihm gegenüber entspringt.[27] Wichtig ist, dass die Gefolgschaft aus Leuten besteht, die dem Führer ihren ungewöhnlichen Aufstieg verdanken und deren Karriere aufs Engste mit seiner Karriere verknüpft ist. Selbstverständlich kann es in der Gefolgschaft zum Abfall kommen, und die von ihren Angehörigen ausgefochtenen inneren Kämpfe können höchst dramatische Ausmaße annehmen. Die Zusammensetzung der Gefolgschaft ist nichts Dauerhaftes, es kommt in ihr öfter zu Wandlungen, und im Resultat des Kampfes um die Gnade des Führers werden Intrigen geschmiedet, entstehen Mafien und Antimafien.[28] In der Theorie ist der Führer die ausschließliche Entscheidungsinsti-

---

Straflosigkeit, sondern auch die Sanktionierung jener Handlungen, die vom Standpunkt des geltenden Rechts als Verbrechen gelten. Besonders die Periode des Kampfes um die Macht und des Kampfes um deren Verstetigung sind Schauplatz solch weitreichenden Missbrauchs. Erst der Prozess der Verbreitung des Charismas zieht Restriktionen zuerst im Hinblick auf gewöhnliche Handlungen gewöhnlicher Parteimitglieder und mit der Zeit auch im Hinblick auf die Gefolgschaft des Führers nach sich.

27 Vgl. Weber, Wirtschaft und Gesellschaft, S. 640.

28 Die wechselnde Zusammensetzung der Gefolgschaft drängt sich am stärksten im sowjetischen Fall auf. Wir können uns jedoch davon überzeugen, dass wir es hier mit einer sehr komplizierten Situation zu tun haben, die sich von den deutschen und den italie-

tution, der Stab hingegen ein Beratungsorgan. In der Praxis aber kann der Einfluss der Paladine oder Adjutanten bestimmend für das Verhalten des Führers sein, und in der Regel kann man in solchen Milieus eine besondere Kunst der Einflussnahme auf den Vorgesetzten antreffen.[29]

So haben wir es also mit einer speziellen Gruppe zu tun, die faktisch etwas anderes ist als die Gruppe der Honoratioren und der Parteibürokratie, obwohl sie, wie wir gesagt haben, aus Leuten besteht, die formal zum bürokratischen Apparat oder zu den Honoratioren gehören. Wesentlich für diese Gruppe ist die außergewöhnliche Nähe zum Führer, die besondere Art der Beziehungen, die sie mit ihm verbinden. Diese Gruppe kann sehr zahlreich sein und, was noch bedeutender ist, man kann in ihr die Existenz einer besonderen Hierarchie feststellen, die auf dem Grad der Nähe zwischen dem Führer und den einzelnen Elementen der Gruppe beruht. Selbstverständlich sind die höchsten Chargen der Hierarchie – die Menschen, die dem Führer am nächsten stehen, mit denen er oft oder ständig verkehrt und denen er besonderes Vertrauen entgegenbringt – nicht zahlreich. Die niederen Chargen, deren wichtige Aufgabe der Schutz des Führers und die Erfüllung bestimmter Aufträge von ihm ist, sind schon eine bedeutend zahlreichere Gruppe (z. B. in Deutschland bestimmte Formationen der SS). In jedem Fall haben wir es hier mit einer besonderen Gruppe zu tun, die im Bewusstsein der Allgemeinheit der Parteimitglieder und der Gruppen, die außerhalb von ihr stehen, als etwas anderes erscheint. Sie bildet die eigentliche Parteioligarchie, die sich durch ihren entschieden charismatischen Charakter von den Oligarchien demokratischer Parteien unterscheidet. Diese Oligarchie zeichnet sich durch viele eigentümliche Charakteristika aus, die wesentliche Bedeutung für die Struktur und den ideellen Charakter der militarisierten, von charismatischen Führern geleiteten Parteien haben.

nischen Verhältnissen unterscheidet. In Italien wiederum, wo die Problematik viel einfacher ist, kann man mit Leichtigkeit feststellen, welch großen personellen Veränderungen im Laufe von 15 Jahren die engste Umgebung Mussolinis unterlag. Aus dem ursprünglichen Umfeld des *Duce* sind bis heute nur wenige verblieben. Vgl. Giuseppe Prezzolini, Faszyzm, Warschau 1926, S. 70 ff. In Deutschland kam es am 30. Juni 1934 zur ersten großen „Säuberung", die einen erheblichen Teil der Gefolgschaft erfasste. Selbstverständlich sind solche Methoden der Liquidation nur bei Existenz eines stark entwickelten Führercharismas möglich. Siehe Rudolf Olden, Hitler, Amsterdam 1935, S. 293 ff. sowie Konrad Heiden, Adolf Hitler. Das Zeitalter der Verantwortungslosigkeit. Eine Biographie, Band 1, Zürich 1936, S. 409 ff.

29 Über die Arten der Einflussnahme auf Hitler siehe Heiden, Adolf Hitler, Band 2, S. 191 f.

II.

Wir wollen im Folgenden die Gefolgschaft genauer betrachten und dabei auf das Material zurückgreifen, das uns die großen zeitgenössischen militarisierten Parteien zur Verfügung stellen, die von charismatischen Führern geleitet werden. Welches ist die persönliche Herkunft der Mitglieder der Gefolgschaften? Selbstverständlich müsste man zunächst mit der Feststellung beginnen, welche konkreten Persönlichkeiten man zur Gefolgschaft zählen kann, und sich dann mit ihren Biographien befassen. Leider lässt sich diese Methode heute nicht anwenden.[30] Während es keine besonderen Schwierigkeiten macht, die höchsten Chargen der Gefolgschaft zu bestimmen,[31] ist die Grenze zwischen den niederen Ebenen der Gefolgschaft und dem Apparat zuweilen flüssig und lässt sich nicht immer genau ziehen. Schließlich gibt es ernsthafte Schwierigkeiten in Form eines Mangels an entsprechendem Material. Wir müssen uns deshalb unvollkommener Methoden bedienen und bestimmte Daten als aussagekräftiger betrachten und uns auf sie beschränken. Selbstverständlich tragen die hieraus gezogenen Schlüsse eher den Charakter von Hypothesen.

Beginnen wir mit einem Rundblick über die politische Geschichte der Mitglieder der Gefolgschaft, und zwar derer, die eine solche Vergangenheit besitzen. Hier weist jede der Gefolgschaften, die uns interessieren, Eigentümlichkeiten auf, die aus der Genese und Evolution der gesamten Partei resultieren. Eine große Bedeutung hat hier der Charakter des Führercharismas an sich, seine Entwicklung und die Umstände, unter denen es sich ausbildete. Daher müssen wir diese Momente besonders beachten und jeden der Fälle gesondert betrachten.

Ganz besonders gelagert ist der Fall der bolschewistischen Partei in der Sowjetunion.[32] Diese Partei hat eine lange Vorkriegstradition und trug als sozialdemokratische, wenn auch illegale Partei zu den ideologischen, organisatori-

---

30   Am besten bekannt sind die Lebensläufe der Führer selbst, obwohl es auch in ihnen viele Unbekannte gibt. Schlechter sieht es im Falle der Aktivisten der zweiten Reihe aus. Viele von ihnen haben ihre Erinnerungen veröffentlicht, und sie sind bisweilen recht interessant, aber von geringem autobiographischen Wert. Nur sehr wenige, etwa Ernst Röhm, Geschichte eines Hochverräters, München 1933, sind von größerem dokumentarischen Wert.

31   Aber auch hier gibt es zweifelhafte Fälle. So zum Beispiel kann man Zweifel haben, ob Göring zur nächsten Umgebung Hitlers gehört.

32   Für die Geschichte der bolschewistischen Partei von besonderer Bedeutung ist die Arbeit von Andrej Bubnov, WKP(b), die die offizielle Geschichte der Partei seit ihren Anfängen ist. Es handelt sich um einen Sammelband, in dem sich neben Bubnov auch Ryklin, El'vov, Minc, Ivanov, Rachmatov, Gieronimus, Bronin und Nižečko äußern. Sie wurde für den zweiten Band der Bol'šaja Sovetskaja Enciklopedija geschrieben. Ich

schen und taktischen Errungenschaften der internationalen sozialistischen
Bewegung bei. In der bolschewistischen Fraktion der Sozialdemokratischen
Arbeiterpartei Russlands vor dem Krieg war die Autorität Lenins enorm. Das
wird nicht nur von bolschewistischen Historikern festgestellt, die zwangsläufig
an der Schaffung einer Lenin-Legende arbeiteten, sondern auch von den Geg-
nern aus dem menschewistischen und dem sozialrevolutionären Lager. Diese
Autorität aber hatte keine auskristallisierten, deutlichen charismatischen
Züge. Lenin war einer jener Führer, die zwar außergewöhnliche Autorität und
Vertrauen genossen, aber weder bei ihm noch in seiner Umgebung finden wir
ein deutlicheres Bewusstsein seiner irrationalen Sendung. In vielen Fällen tra-
fen die Ansichten Lenins auf Widerstand und wurden bekämpft. Noch im
Jahre 1917, nach der Rückkehr nach Russland, traf Lenin auf die scharfe
Opposition anderer Führer. Das heißt nicht, man könne in der Vorkriegs-
tätigkeit Lenins keine Hinweise auf charismatische Tendenzen finden. Der
berühmte Streit über die Organisation der sozialdemokratischen Partei, der zur
Spaltung in Bolschewiki und Menschewiki führte, sowie die Bekämpfung des
Projekts von Martov zeigten Lenin als Zentralisten und Anhänger einer zen-
tralisierten Parteiorganisation mit militärischen Strukturmerkmalen.[33] Aber
von hier bis zu eigentlichem Charisma ist es noch weit, und die Führeraspirationen Lenins waren nicht stärker als analoge Aspirationen bei den Führern
vieler demokratischer Parteien.

Das Lenin'sche Charisma machte sich erst deutlicher bemerkbar, nachdem
er Erfolge erzielt hatte, insbesondere nach der Beendigung des Bürgerkriegs.[34]
Aber auch damals gingen charismatische Haltungen eher von der Parteielite
und nicht von Lenin selbst aus. In Aussagen und Aktivitäten Lenins finden
wir nie die charismatischen Akzente, die uns bei Mussolini oder Hitler über-
wältigen. Im Gegenteil, man könnte hier von einer großen Reserve von Seiten
des kommunistischen Führers sprechen. Die eigentliche Lenin-Legende entstand erst am Ende seines Lebens, vor allem nach seinem Tod, als ein Werk
der Parteielite. Dies fand Ausdruck bei seiner Beerdigung, dem Streben nach
Heroisierung (nach dem Tod), in Versuchen, einen Kult zu schaffen.[35] Hier

---

greife auf die Ausgabe von 1930 zurück. Andrej Sergeevič Bubnov, WKP: B, Moskau
1926.

33 Vgl. ebd., S. 283–290.

34 Noch während des Bürgerkriegs konnte Trotzki als ein Kandidat für die Rolle des
Charismatikers gelten. So kann man auch aus dessen Schriften ersehen, dass er ein
stark entwickeltes Sendungsbewusstsein hatte.

35 Das Buch von Emeljan Jaroslavskij, Žizn i rabota V. I. Lenina 23 aprelja 1870 g. – 21
janvarja 1924 g. (Leben und Arbeit V. I. Lenins 23. April 1870 – 21. Januar 1924),
4. Auflage Moskau 1925, das unmittelbar nach dem Tod Lenins geschrieben wurde,
war der erste Versuch, eine kanonisierte Form der Lenin-Legende zu finden. Charakte-

wirkten dieselben Faktoren, die in vielen analogen Fällen auftraten. Der Heros und sein Kult sollten ein Faktor werden, der die Gruppe zementierte, die Worte des Heros erhielten das Gewicht einer kanonischen Autorität, und die Angehörigen der Parteielite als anerkannte Interpreten dieser Worte nahmen einen besonderen Platz ein und wurden zugleich Teilhaber am Charisma des verstorbenen Heros.

Spricht man von dieser Elite, müssen wir unterstreichen, dass wir in ihr kein Element finden, das sich als deutlich erkennbare Führerentourage beschreiben ließe. Es ist klar, dass sich um Lenin eine Gruppe ihm besonders naher Personen befand, die ihm besonders ergeben und von ihm mit besonderem Vertrauen versehen waren; aber ähnliche Untergruppen entstehen in allen Gruppen, in denen sich Führerindividuen an die Spitze stellen. Ähnliche Verhältnisse herrschen in demokratischen Parteien. Natürlich können sich solche Gruppen unter entsprechenden Bedingungen zu Führergefolgschaften wandeln; dennoch besitzen sie nicht die charismatischen Eigenschaften, die wesentlich für Führergefolgschaften sind. Die Elite der bolschewistischen Partei war die Elite einer militarisierten Partei, doch war sie eine Parteielite, das heißt, sie umfasste eine Gruppe von führenden Individuen, die formal und auch faktisch vor den Mitgliedern verantwortlich waren und von ihnen kontrolliert wurden.

Charakteristischerweise war die Zusammensetzung der bolschewistischen Elite sehr statisch. Die Arbeit Bubnovs sagt uns, dass die Führungsgruppe der Partei kleinen Wandlungen unterlag und von Anfang an ein fester Kern existierte, der aus mehr oder weniger denselben Personen bestand. Natürlich gab es Abweichler, etwa Plechanov oder für eine gewisse Zeit Lunačarskij; dafür kamen Personen aus anderen Gruppen hinzu, etwa Trotzki. Es gab jedoch eine ständige Gruppe von Führern, die sich nach dem revolutionären Umsturz aus alten, erfahrenen Aktivisten zusammensetzte. Krasin, Rykov, Litvinov, Vorovskij, Kalinin, Sinov'ev, Ordžonikidze, Smirnov und Stalin sind nur einige beliebig ausgewählte Namen von Menschen, die neben Lenin von Anfang an oder beinahe vom Beginn der Entstehung der Partei an deren Führungsgruppe bildeten. Wiederholen wir noch einmal: Lenin verfügte hier über exzeptionelle Autorität, nichtsdestotrotz war er nur einer der Angehörigen der Führungsgruppe.

Erst nach dem Tod Lenins ließen sich wesentlichere Veränderungen wahrnehmen. Vor allem machte die Militarisierung der Partei an sich große Fort-

ristisch sind die Abschnitte des Buches (S. 290–357), welche die Reaktionen der Verehrer auf die Nachricht vom Tod Lenins wiedergeben. Viele zutreffende Bemerkungen über die Heroisierung Lenins macht Konstanty Srokowski, Elita bolszewicka (Die bolschewistische Elite), Krakau 1927.

schritte. Auch wenn der Bürgerkrieg beendet war, war die innere Situation des Landes doch weit entfernt von einer Befriedung. Im Gegenteil, das sowjetische Leben entwickelte sich im Zeichen von Kämpfen und ständiger Unruhe. Dominierender Faktor war das Gespenst einer Intervention von außen und das damit verbundene Gefühl der Unsicherheit über den neuen Stand der Dinge. Die Fünfjahrespläne mit ihren gesellschaftlichen Konsequenzen und der Kampf gegen das Kulakentum schufen eine entschieden kämpferische Atmosphäre und verstärkten die Militarisierungsprozesse, die in der Partei abliefen. Unter diesen Umständen entwickelte sich die militärische Ideologie intensiv, und man muss feststellen, dass sie sich stärker als in der Periode der Revolution und des Bürgerkrieges bemerkbar machte. Dies schuf günstige Bedingungen für das Führertum, und die Institution des Führers – zumindest als führende Autorität – drängte sich deutlich auf. Führerkandidaten, bei denen es sich um mehr handelte als um einen bloßen Nachfolger Lenins, gab es unter den Spitzenvertretern der Parteielite mehrere. Wir wollen uns hier nicht mit den Etappen dieser Diadochenkämpfe aufhalten. Aus ihnen ging Stalin siegreich hervor.

Aber mit Stalin begann eine neue Epoche. Sie beruht auf der schrittweisen, anfangs sehr vorsichtigen, aber bald intensiven Herausbildung charismatischer Inhalte, die die Stalin-Legende ausmachten. Die Zeit der Fünfjahrpläne, vor allem des zweiten, schufen eine spezielle Atmosphäre des Kampfes, die zugleich eine Militarisierung der Partei im Land bewirkte wie auch vorzügliche Voraussetzungen für eine Verstetigung der Legende selbst schuf. Das Verhältnis Stalins zu seiner Legende ist ein anderes als das Lenins. Man kann hier nicht von Reserve sprechen. Obwohl Stalin, im Unterschied beispielsweise zu Hitler, seine Sendung selbst nicht unterstreicht, sie aber deutlich billigt, sanktioniert er den gesamten Aufwand des Propagandaapparates, der die Legende und einen Kult schafft. Alles spricht dafür, dass dieser Apparat mit seinem Wissen und nach seinem Willen handelt und dass er Richtlinien und Inspiration liefert.[36] Heute steht Stalin im vollen Glanz seiner charismatischen Legende, in der Majestät eines kraft seiner Sendung handelnden Führers.

Beobachter der sowjetischen Verhältnisse stellen einmütig fest, dass der Lenin-Kult in der Sowjetunion immer stärker durch den Stalin-Kult verdrängt wird. Lenin ist heute eine kanonisierte, praktisch petrifizierte Tradition, die dem neuen, großartigen Kult des lebendigen Führers untergeordnet ist. Die frühere Generation, welche sich an die Zeit Lenins gut erinnert, tritt in den Hintergrund oder stirbt aus, und für die jüngere Generation, die im neuen Kult erzogen wurde, ist Lenin eine bloße Vorgängerfigur. Denn auch in der

---

36 Am meisten Material liefern hier André Gide, Retour de l'U.R.S.S., Paris 1936, und vor allem Sir Walter Citrine, I Search for Truth in Russia, London 1937.

Realität leitet sich die Rolle Stalins nur formal aus der Rolle Lenins ab. Stalin repräsentiert einen neuen Typ von Herrschaft mit Eigenschaften, die der Lenin'schen Herrschaft unbekannt waren. Zweifellos umfasste die letztere Möglichkeiten eines Wandels *in nuce*, wie sie dem Neuen zufielen, aber dies waren nur Möglichkeiten und keine konkreten Fakten.

Diese Wandlungen mussten starken Einfluss auf den Zustand der Partei-elite ausüben. Schon in der Zeit der Diadochenkämpfe konnte man feststellen, wie in der Parteielite engere Zirkel entstanden, die sich um einzelne Führer sammelten. Es handelte sich hierbei um Prozesse, die wir in stärkerer oder schwächerer Intensität in verschiedenen Typen von politischem Leben antreffen. Stalin aber brachte hier, nachdem er den Sieg davongetragen hatte, einen Faktor in Form seiner eigenen Gefolgschaft ein, die ihm rücksichtslos ergeben war und einen eigenen Nukleus in der Parteielite bildete.[37] Dieses Gefolge, das aus Menschen besteht, die herausragende Posten in der organisatorischen Struktur einnehmen, unterscheidet sich von der Parteielite, ja stellt sich sogar der Parteielite entgegen, zu der die Parteiführer aus Lenins Zeiten gehören. Es handelt sich hierbei um die Elite einer neuen Partei, in der die charismatische Macht Stalins der entscheidende Faktor ist. Selbstverständlich fanden sich in dieser neuen Elite Individuen aus der alten Elite wieder, obgleich mit verändertem sozialem Charakter. Hier überwiegen jedoch neue Leute, die in der revolutionären Periode keine oder nur eine kleine Rolle spielten, Menschen, die unter den neuen Bedingungen der Sowjetunion aufwuchsen. Diese neue Elite, eine Frucht des grundlegenden Wandels, der sich in der Partei abspielt, verhält sich antagonistisch zu der alten Elite, zu den alten Führern, die nicht nur persönliche Rivalen Stalins waren, sondern für andere strukturelle und ideologische Prinzipien stehen. Es verwundert auch nicht, dass Stalin die alten Bolschewiken mit solcher Verbissenheit bekämpfte und die früheren Führer ausrottete. Der charismatische Führer, der sich auf die eigene Gefolgschaft stützt, entfernt die Elemente, die seinem Charisma im Weg stehen.[38] Er geht vor allem gegen jene Elemente im bürokratischen Apparat vor, die aus früheren Zeiten Tendenzen bewahrt haben, die nicht im Einklang mit den neuen Strömungen stehen. Das heißt nicht, das Verhältnis Stalins zur Bürokratie wäre überhaupt negativ. Im Gegenteil, Stalin strebte konsequent nach dem Ausbau des mächtigen bürokratischen Apparates im gesamtstaatlichen Maßstab. Der sogenannte Kampf gegen den Bürokratismus hatte „die Schaffung eines mög-

---

37 Vgl. Aleksandrov, Diktator-li Stalin?, S. 5.

38 Die Frage des Kampfes gegen die alte Parteielite bespricht eingehend Rafał M. Blüth, Proces moskiewski (Der Moskauer Prozess). In: Przegląd Współczesny vom Februar 1937 und ders., Tajemnica plenum CK WKP(b) (Das Geheimnis des Plenums des ZK der WKP(b)). In: Przegląd Współczesny vom Juni 1937 sowie ders., Alea iacta est. In: Droga vom März 1937.

lichst gut organisierten und effizient funktionierenden Apparates" zum Ziel, „der in der Lage ist, eine entscheidende Rolle beim Ausbau der neuen wirtschaftlichen und sozialen Ordnung zu spielen".[39] Dieser Apparat aber soll ein Werkzeug in der Hand von ihm und seinem Gefolge sein und muss deswegen von den Elementen gereinigt werden, die sich charismatischen Handlungen dieses Führers entgegenstellen könnten. Der Führer bedient sich gerne der Bürokratie, weist sie jedoch in die Schranken und erlaubt nicht, dass sie auf irgendeine Weise seine Entscheidungs- und Handlungsfreiheit einschränkt.

Die Besonderheit des sowjetischen Bildes beruht darauf, dass im Rahmen einer Partei mit ursprünglich rational-demokratischer Struktur die Institution eines charismatischen Führertums entstanden ist. Daraus resultieren ein tiefgreifender Wandel und innere Erschütterungen, die ihren Ausdruck darin finden, dass sich der Führer auf die eigene Gefolgschaft stützt und mit ihrer Hilfe die alte Parteielite bekämpft. Im Augenblick handelt es sich um Prozesse *in statu nascendi*, und es ist schwer vorherzusagen, wie sie sich weiterentwickeln werden.

Völlig anders sieht es im Falle des italienischen Faschismus aus. Die Nationale Faschistische Partei gehört zu den „jungen" Parteien und kann sich im Gegensatz zur bolschewistischen Partei nicht auf die Kontinuität einer organisatorischen Vorkriegstradition berufen. Die Leute, die sie erschaffen haben, kamen vorwiegend aus anderen politischen Parteien und waren im Hinblick auf die neue Ideologie Konvertiten. Und auf die Rolle des Dissidententums ist bei der Besprechung der Genese und der Anfänge der faschistischen Bewegung besonderer Nachdruck zu legen. Die Thesen Paretos zur Rolle politischer Dissidenten in den Elitenkämpfen innerhalb derselben sozialen Klasse findet hier eine lebendige Illustration.[40] Mussolini selbst war vor dem Weltkrieg ein linkssozialistischer Aktivist und nahm innerhalb der Parteielite der italienischen Sozialdemokratie einen bedeutenden Platz ein. Während des Weltkriegs - zu Anfang „Neutralist", später „Interventionist" - trat er vor dem Hintergrund der Haltung zum Krieg aus der Partei aus, und nach der Rückkehr in die

---

39 Wiktor Sukiennicki, Ustrój radziecki a konstytucja stalinowska (Das Sowjetsystem und die Stalinverfassung). In: Ruch prawniczy, Ekonomiczny i socjologiczny, 2 (1937), S. 269 f. Die Arbeit Sukiennickis ist von enormer Bedeutung für das von uns besprochene Problem.

40 In der bolschewistischen Partei spielten die politischen Dissidenten nur eine geringe Rolle. Wenn es aber um das soziale Gesicht geht, dann waren nicht-proletarische Elemente zahlreich vertreten. Bei Bubnov, WKP(b), S. 615, finden wir Angaben, wonach 1905 33,6 % der Parteimitglieder nicht bäuerlicher oder proletarischer Herkunft waren. Unter den Führern gab es viele Individuen aus der Intelligenz, dem Bürgertum oder gar der Aristokratie. Lenin selbst stammte aus dem Milieu der Beamtenintelligenz.

Armee begann er eine eigene Partei zu organisieren. Recht schnell sammelte sich um ihn ein Kreis von Aktivisten, teils Sozialisten, teils Anarchisten oder Syndikalisten.[41] Wenn wir die Literaten beiseitelassen – etwa Marinetti und Personen ohne bis zu diesem Zeitpunkt deutliches politisches Profil –, dann sehen wir, dass in der damaligen Umgebung Mussolinis Dissidenten überwogen, die teilweise über eine bedeutende politische Vergangenheit verfügten. Sie brachten auch einen erheblichen Teil des ideologischen Gepäcks mit sich, in dem sich anarchistische und syndikalistische Momente stark bemerkbar machten. In dem Maße, wie die Bewegung Erfolge errang, vor allem, nachdem sie siegreich war, kam eine ganze Masse von Elementen aus anderen Parteien, mit den Nationalisten an der Spitze, in die Partei.[42] Ein großer Teil der früheren Liberalen und Sozialisten fand sich in den Reihen der neuen Partei und rückte in Führungspositionen auf. Dieser Einfluss der Mitläufer aus verschiedenen Parteien, Gruppen und Richtungen, diese Sammlung von Elementen mit unterschiedlicher politischer Vergangenheit ist für den italienischen Faschismus, und zwar vor allem für seine Elite, von besonderer Bedeutung. Der deutsche Nationalsozialismus, dem ebenfalls insbesondere nach dem Sieg eine ganze Masse von opportunistischen oder sogar ehrlich überzeugten Elementen aus allen Richtungen zuströmte, verfügt jedoch über einen festeren Kern, der aus „alten Kämpfern" besteht. Hier muss man daran erinnern, dass die Geschichte des italienischen Faschismus vor der Machtübernahme sehr kurz war und die 13 Jahre der Geschichte des Nationalsozialismus vor der Kanzlerschaft Hitlers den Abschluss bestimmter Selektionsprozesse ermöglicht haben.[43]

Dieser dissidentische Charakter der Parteielite hatte bedeutende Konsequenzen für die Entwicklung der Herrschaft Mussolinis. Diejenigen, die zum Faschismus kamen und etwas darstellten, brachten eine Menge von Erfahrungen aus der politischen Arbeit mit. Ihre Beziehung zu Mussolini beruhte nicht auf einer völligen Unterordnung. In gewissem Maße nahmen sie gleichrangige Stellungen an der Seite des Führers ein, waren etwas mehr als das Gefolge, nämlich seine Bündnispartner. Diese Anfangsphase des Faschismus erinnert in gewisser Weise an die Lenin'sche Phase des Bolschewismus. Die schwierige

---

41 Cesare Rossi war Syndikalist; ebenso dem Syndikalismus nahe stand Roberto Forges-Davanzati. Sozialisten waren Giovanni Marinetti und Roberto Farinacci. Alberto de Stefani war Liberaler. Siehe Prezzolini, Faszyzm, S. 71–84. Außerdem: Ignazio Silone, Der Fascismus, Zürich 1934.

42 Vom Liberalismus kommt Giovanni Gentile, ein früherer Mitarbeiter Croces. Vom Nationalismus kam Alfredo Rocco, einer der Haupttheoretiker des Faschismus und eine der Hauptfiguren der Partei. Siehe Silone, Der Fascismus, S. 267–272.

43 Der frühere Demokrat Schacht oder der Konservative Neurath spielen eine große Rolle, allerdings außerhalb der Partei.

Situation, in der sich Mussolini nach der Ermordung Matteottis befand, stärkte die Rolle dieser dissidentischen Honoratioren der Partei. Große Bedeutung hatte auch der Umstand, dass der Faschismus in den ersten Jahren seine Macht mit anderen Parteien teilen musste und im ersten Kabinett Mussolinis Vertreter der Populisten, der Demokraten, der Liberalen und der Nationalisten saßen.[44] Für eine gewisse Zeit hatte Mussolini einen Konkurrenten an Popularität in der Person von d'Annunzio. Somit hatte die Einmannherrschaft Mussolinis selbst in der Partei keine starke Grundlage. Es bestand eine Abhängigkeit von anderen Personen, von kapitalistischen Milieus, es gab die Machtbeteiligung anderer Parteien. All das fiel in eine Zeit, als sich die Partei organisierte, die zu rasch an die Macht gekommen war, zu kurz gekämpft und zu leicht den Sieg errungen hatte, um deutlich umrissene strukturelle und ideologische Merkmale auszubilden.[45]

Erst die Überwindung der Krise nach dem Tod Matteottis und die Erledigung der Aventinischen Affäre schuf neue Voraussetzungen für die Herrschaft Mussolinis und die Entwicklung charismatischer Einstellungen. Der Führer selbst betonte im Gegensatz zu Lenin stark den Missionscharakter seiner Tätigkeit. Das Charisma Mussolinis ist im gleichen Maße sein Werk wie das Werk der Legende, die von seiner Gruppe geschaffen wurde. Ab dem Jahr 1926 entwickelt sich der Kult Mussolinis schnell, und die Tätigkeit des Führers verliert die Züge der bisherigen Halbheit. Gleichzeitig bildet sich die Parteielite heraus, und es entsteht eine Führergefolgschaft. An die führende Stelle treten neue Menschen ohne politische Erfahrung aus anderen Parteien, Menschen, die ihre persönliche Karriere ganz dem Führer verdanken und sich mit ihm durch mächtige Gemeinsamkeiten des Gefühls und des Lebensinteresses verbunden fühlen. Die älteren Aktivisten gehen zum Teil von selbst, zum Teil werden sie auf hintere Plätze abgeschoben (in der Staatshierarchie hohe, aber nicht zur engen Parteielite gehörend), teils passen sie sich an die neue Situation an. Mussolini führt ihm nahestehende Leute ein, die ihm ohne Einschränkungen ergeben sind, und zwar sogar solche, die mit ihm verwandt sind (der Schwiegersohn, Graf Ciano). Es entsteht ein neuer Typ von Beziehungen zwischen dem Führer und seiner Umgebung, die jetzt zu seinem Gefolge oder der Gruppe seiner Paladine wird. Die großen Unternehmungen Mussolinis - öffentliche Arbeiten, die Trockenlegung der Pontischen Sümpfe, die Abessinien-Expedition - gehören schon völlig zum Kreis der durch das Charisma bedingten Maßnahmen. In diesem Geiste werden sie von der offiziellen Propaganda kom-

---

44 Vgl. Silone, Der Fascismus, S. 154.
45 Über die Krisen und inneren Spannungen in der ersten Entwicklungsphase des italienischen Faschismus schreibt Johann W. Mannhardt, Der Faschismus, München 1925, S. 194–197.

mentiert, welche die Führerlegende entwickelt und ihre Ritualisierung imple-
mentiert.

Noch anders entwickelte sich die Situation in Deutschland. Die nationalsozialistische Partei entstand gewissermaßen jenseits der großen Vorkriegsparteien, die über erfahrene Führer und reiche Traditionen verfügten. Entstanden als kleines Grüppchen von Menschen ohne politische Vergangenheit,
eher Außenseiter rechter Strömungen, verdankte sie ihre Existenz politischen
Plänen der Reichswehr. In den ersten paar Jahren wurde sie von ihr als Werkzeug betrachtet, und ihre Auftraggeber waren weit davon entfernt, ihr jemals
eine ernsthaftere und selbstständige politische Rolle zu gewähren.[46] Hitler
wurde von Anfang an die Rolle des Verbindungsmanns und Agitators zugewie-
sen, und er schob sich nicht sofort an die Spitze der Gruppe. Lässt man die
episodenhafte Rolle des eigentlichen Parteigründers Anton Drexler beiseite, so
muss man feststellen, dass sich einige faktische Führer an die Spitze der Bewegung stellten, insbesondere Ludendorff und Gregor Straßer.[47] Erst eine gewisse
Verselbstständigung gegenüber der Reichswehr, die Koordinierung der Aktivitäten verschiedener nationalistischer Gruppen und Grüppchen, erlaubte es
Hitler, sich an die Spitze zu stellen.[48] Die Ausreise Röhms ins Ausland und der
katastrophale Zustand der Bewegung nach dem Münchner Putsch im Jahre
1923 und in der Konsequenz der Abtritt einiger ernsthafter Führerkandidaten
– all dies schuf für Hitler sehr günstige Voraussetzungen. Als einzige Konkurrenten innerhalb der Partei blieben die Brüder Straßer übrig. Aber ihre Position war schwach. Hitler konnte hauptsächlich dank seiner rednerischen
Talente Popularität erlangen, und es gelang ihm, viele ihm rücksichtslos erge-
bene, ja fanatisch an ihn glaubende Personen um sich zu scharen. Schon
damals, und zwar im Jahre 1923, lässt sich die Existenz eines Führergefolges
von Hitler feststellen. Die Dissidenz von Straßer durchkreuzte faktisch seine
Möglichkeiten als Rivale Hitlers. Gregor Straßer, vereinsamt und ohne Einfluss, war nicht gefährlich. Der letzte Akt dieser Rivalität war der 30. Juni 1934,
der Gregor Straßer den Tod brachte und einen brutalen Nekrolog in Form des
berühmten Kommuniqués.

Mit anderen Worten: Hitler hatte innerhalb und außerhalb der Partei keine
ernsthaften Rivalen. Nach seinem Start, den er Röhm[49] zu verdanken hatte,

---

46 Vgl. Konrad Heiden, Die Geschichte des Nationalsozialismus, Berlin 1933, S. 18, 82–
     84, 123; ders., Geburt des Dritten Reiches, Zürich 1934, S. 9 f.
47 Vgl. Heiden, Die Geschichte des Nationalsozialismus, S. 123, 174; ders., Adolf Hitler,
     Band 1, S. 56–60.
48 Vgl. Heiden, Die Geschichte des Nationalsozialismus, S. 119, 185–190.
49 Der Tod Röhms hatte ganz besonderen Charakter. Er war sowohl ein Ergebnis eines
     Mangels an Einheitlichkeit bei den Zielen der Partei als auch der schwierigen Situation,

gelang es ihm in schnellem Tempo vom Trommler – dem gewöhnlichen Agitator – unwiderruflich zum einzigen Führer der Partei zu werden. Die Gruppe war von Anfang an als Kampfverband paramilitärischen Typs gedacht. In einer solchen Verbindung bestimmte schon die organisatorische Form den Platz des ambitionierten Führers mit rednerischen und organisatorischen Talenten. Dies war gewissermaßen die natürliche Basis des Bonapartismus.

Wir haben erwähnt, dass die Partei gewissermaßen am Rande der politischen Vorkriegsparteien entstand, die (teilweise unter geänderten Namen) in der Weimarer Republik ihre Tätigkeit fortsetzten. Im Gegensatz zum italienischen Faschismus versammelte der deutsche Nationalsozialismus keine Menschen mit politischen Erfahrungen aus anderen Parteien. Der Nationalsozialismus zog „neue" Menschen an, auch wenn diese zweifellos über entschieden rechte Ansichten verfügten. Hier liegt wieder ein Unterschied zwischen dem deutschen und dem italienischen Faschismus, in dem Dissidenten aus linken Gruppen eine so herausragende Rolle spielten. Um Hitler sammelten sich Leute mit rechten Ansichten, obwohl sich in seiner engsten Umgebung fast niemand fand, der eine ernsthaftere parteipolitische Vergangenheit hatte.

Das entstehende Gefolge Hitlers bestand somit aus Menschen, die sich nicht auf die Autorität einer vorangegangenen politischen Tätigkeit berufen konnten. Dies war unermesslich günstig für die Entwicklung des persönlichen Charismas des Führers. Hitler befand sich in der Umgebung von Menschen, die seine Führungsrolle anerkennen konnten, ohne in sich stärkere Widerstände überwinden zu müssen, die sich sofort zu Mitgliedern der Gefolgschaft erklärten und sich darum bemühten, die Legende ihres Führers zu entwickeln. Selbstverständlich befanden sich unter diesen Leuten Individuen, die Autorität besaßen. Vor allem militärische Autoritäten ragten heraus. Unter ihnen nahm Ludendorff gewissermaßen einen offiziellen Platz ein, und die Trennung von Hitler nahm dem General die Autorität innerhalb der Partei. Röhm erkannte die Führung Hitlers an und passte sich geschickt an die nachgeordnete Rolle an. Im Übrigen verbrachte Röhm lange Jahre außerhalb Deutschlands, und als er zurückkehrte, hatte sich das Charisma Hitlers als Parteiführer bereits definitiv gefestigt. Menschen, die intellektuelle Autoritäten darstellten, wie Eckart, Feder oder Rosenberg, kamen in keinem Fall als Prätendenten infrage. Sie erkannten die Führerschaft Hitlers ohne Zögern und Widerstand an.[50]

---

in der sich Hitler zwischen der SA und der Reichswehr befand. Die Quelle der Vorfälle lag somit in hohem Maße auf der außerparteilichen Ebene.

50 Besonders lehrreich für das Verständnis der Anfänge von Hitlers Charisma und dem Verhältnis der Intellektuellen Parteiautoritäten zu ihm ist das Buch von Dietrich Eckart, Der Bolschewismus von Moses bis Lenin. Zwiegespräch zwischen Adolf Hitler und mir, München 1924.

Auf diese Weise gelang es Hitler mit Leichtigkeit, eine eigene Gefolgschaftselite zu schaffen, die aus Leuten bestand, die (vorwiegend aus ehrlicher Überzeugung) damit einverstanden waren, die Position von Mitgliedern der Gefolgschaft eines charismatischen Führers einzunehmen. Zweifellos gingen auch in
der Zusammensetzung dieser Gefolgschaft bedeutende Veränderungen vor
sich. Aus dem Kreis der ersten Genossen Hitlers fielen zahlreiche weg; viele
der einst bekannten sind heute völlig vergessen. Die Gründe für diese Abgänge
waren unterschiedlich. Individuelle Ambitionen, innere Rivalitäten, Auseinandersetzungen vor dem Hintergrund von Meinungsverschiedenheiten über Ziele
und Charakter der Partei usw. nahmen Einfluss auf den Wandel der personellen Zusammensetzung. Wie gewöhnlich in solchen Fällen fielen die selbständigen Individuen weg, die ehrgeizigeren, die sich nicht in allen Situationen auf
die Rolle von Adjutanten beschränken konnten. Einige mussten aus taktischen
oder ideellen Gründen beiseitegeschoben werden. Ein Teil von ihnen fand sich
außerhalb der Partei wieder, einige ließen das Leben, andere wurden aus der
Gefolgschaft entfernt, obwohl man sie auf führenden Posten der bürokratischen Hierarchie beließ. Auf diese Weise gingen Feder, Röhm, die beiden
Straßer, Reventlow, Erich Koch, Heinrich Kaufmann, Herbert Blank und
andere.[51]

Wer waren diese „neuen" Menschen, welche die Gefolgschaft Hitlers bilde-
ten, der ebenfalls ein „neuer" Mensch war? Wir finden unter ihnen Berufs-
offiziere, die aus der alten Armee oder der Reichswehr stammten, wie zum
Beispiel Röhm, Himmler oder Göring, den Genossen Hitlers aus der Zeit des
Krieges, den Buchhalter Ammann, den ehemaligen Studenten Hess, den
Architekten Feder. Weiterhin finden wir den Journalisten Esser, den Literaten
Goebbels, die Beamten Frick oder Pöhner, den Arzt Dingfelder, den Lehrer
Streicher, einen Immigranten aus Friesland, der einst sehr eng mit rechtsextre-
men russischen Organisationen verbunden war, Rosenberg und viele andere.[52]
All dies waren Menschen verschiedenen Zuschnitts, verschiedener Berufe, ver-
schiedener Lebenswege. Sie waren ein gutes Material für eine Führergefolg-
schaft, die dem Führer gegenüber Dankbarkeit für den Aufstieg empfand.

Wir haben somit drei Fälle von Parteien betrachtet, die von charismatischen
Führern geleitet werden und die sich auf eine eigene Gefolgschaft stützen.
Obwohl Führerschaften überall im Laufe von Kämpfen entstanden, lief die
Entwicklung jeder einzelnen auf unterschiedliche Weise ab. Am komplizier-
testen verlief der Prozess in Parteien mit reichen organisatorischen-politischen
Traditionen, in denen die Autorität des neuen Führers ein Gegengewicht in
den mächtigen Traditionen der Vergangenheit und der kollegialen Leitungs-

---

51   Vgl. Heiden, Adolf Hitler, Band 2, S. 344 f.
52   Vgl. Heiden, Die Geschichte des Nationalsozialismus, S. 88 f.

struktur besaß. Am geringsten waren die Schwierigkeiten in einer Partei, die als militärische Vereinigung entstand, als Ergänzung einer rechtlich existierenden militärischen Organisation verstanden wurde und sofort eine große Verschwörungs- und Kampfaktivität entwickelte.

In allen diesen Fällen aber strebt der Führer danach, um sich herum eine Gefolgschaftselite zu schaffen, die seine charismatische Autorität uneingeschränkt anerkennt. Diese Gefolgschaft, deren Mitglieder formal der bürokratischen Organisation der Partei oder ihren Honoratioren angehören, nimmt einen besonderen Platz sowohl in der Partei wie auch außerhalb von ihr ein. Sie erlangt ihn dank der direkten Teilhabe am Charisma des Führers und der Erwerbung außergewöhnlicher charismatischer Eigenschaften. Die Gefolgschaft ihrerseits trägt wesentlich zur Entwicklung der Führerlegende bei und nimmt oft Einfluss auf die Ausbildung eines Führerbewusstseins.

Die Entstehung einer Führergefolgschaft erfolgt in der Partei nicht ohne innere Reibungen, die am stärksten sind, wenn der Führer oder der Führerkandidat gezwungen ist, sich an den Mitbewerbern zu reiben, die sich ebenfalls auf ihre eigenen Gefolgschaft stützen (zum Beispiel d'Annunzio). Um eine andere Art von Konflikt handelt es sich bei der Auseinandersetzung mit dem bürokratischen Apparat oder einem Teil von ihm, der sich ablehnend gegenüber neuen Formen und charismatischen Inhalten verhält, die er im Widerspruch zur bisherigen Tradition der Partei sieht.[53]

---

53 Eine besondere Art von Konflikt kann der Zusammenstoß von Führer und Gefolgschaft mit Honoratioren und Bürokratie sein, welche die gesamte Partei repräsentieren. Dies tritt am deutlichsten eine gewisse Zeit nach der Erringung der Macht auf, wenn der Führer an der Spitze des Staates steht und seine Gefolgschaft die höchsten Posten in der regierenden Elite einnimmt. Die Beziehung des Führers und seiner Gefolgschaft zur Partei unterliegt dann einer Lockerung. Die Partei hört auf, das wesentliche Terrain der Aktivitäten des Führers zu sein, und wird auf die Rolle eines der instrumentellen Faktoren zurückgeführt. Dies wird begleitet von der Degradierung der Parteibürokratie, deren großer Teil sich durch den Aufstieg der Gefolgschaft des Führers geschädigt fühlt. Gleichzeitig passen sich der Führer und seine Gefolgschaft schnell an die neuen Bedingungen an. Die alten Parolen fallen dem Vergessen anheim, und ein neuer Lebensstil hält Einzug. Dies weckt Unzufriedenheit in den Parteikreisen, welche das Verhalten des Führers und seiner Gefolgschaft als opportunistisch oder als abweichlerisch empfinden. Wo es zum Konflikt kam, trugen der Führer und seine Gefolgschaft einen leichten Sieg davon, wobei sie auf die Hilfe des staatlichen Apparats zurückgriffen sowie auf die Unterstützung solcher Faktoren wie der Armee oder der kapitalistischen Kreise. Dies lässt sich deutlich am italienischen und deutschen Beispiel feststellen, obwohl wir auch in der Sowjetunion ähnliche Phänomene beobachten können, die sich lediglich durch die unterschiedliche Herrschaftsentwicklung und die unterschiedliche Sozialstruktur auszeichnen. Über die deutschen Verhältnisse kann man viel in Band 2 von Heidens Hitler-Biografie finden, über die italienischen bei Silone, Der Fascismus, S. 167–171.

Wir haben weiterhin festgestellt, dass die Gefolgschaft im Hinblick auf ihre Zusammensetzung statisch ist. Obwohl sie überall – sogar, wenn sie innerlich zerstritten ist – exklusive Tendenzen hat, fallen doch bestimmte Elemente weg, und neue kommen hinzu. Hier wirken Selektionen, die allein aus der Tatsache resultieren, dass eine eigentümliche elitäre Gruppe entsteht. Vor allem in der früheren Phase, wenn die neuen Formen und Inhalte sich noch nicht auskristallisiert haben, sind Fälle des Dissidententums von Menschen nicht selten, die sich nicht an die vor sich gehenden Veränderungen anpassen können. Ein mächtiger Selektionsfaktor sind die Kämpfe innerhalb der Gefolgschaft, in denen die Bedingungen für mafiose Verhältnisse außergewöhnlich günstig sind. Die wesentlichste Bedeutung aber hat die Tatsache des Führercharismas an sich. Die Abhängigkeit der Schicksale der Gefolgschaftsmitglieder von Gnade und Ungnade des Führers ist enorm, und der Führer, der an keine rechtlichen Regeln gebunden ist, kann ein launischer und grausamer Herr sein. Der 30. Juni 1934 in Deutschland und die Moskauer Prozesse können hier als besonders krasse Beispiele dienen.

III.

Wenn wir uns die Zusammensetzung des Personals der einzelnen Führergefolgschaften betrachten, dann sticht uns ein Umstand ins Auge: Wir können einen großen Anteil von Menschen feststellen, die in instabilen sozialen und materiellen Verhältnissen leben – Menschen, die sich nicht als Angehörige klar definierter sozialer Gruppen mit in der gegebenen sozialen Ordnung festen und anerkannten Positionen bestimmen lassen. Es handelt sich vielmehr um Menschen, die erst im Rahmen der Gefolgschaft, ja in der Partei, durch die Zugehörigkeit zur Gefolgschaft einen anerkannten, festen Platz in der Struktur der Gesellschaft gefunden haben. Über die Rolle solcher Faktoren in den militarisierten Massenparteien – vor allem den faschistischen – ist schon viel geschrieben worden. Nicht selten werden Entstehung und Entwicklung des italienischen Faschismus und des deutschen Nationalsozialismus auf die Prozesse von Deklassierung und Pauperisierung der Mittelschichten in der Nachkriegszeit zurückgeführt. Dabei wurde die enorme Rolle betont, welche hier die demobilisierten und zugleich deklassierten Offizierselemente, die pauperisierte, insbesondere junge Intelligenz, verschiedene entwurzelte „kleine Leute" sowie schließlich Elemente aus dem Lumpenproletariat und dem Verbrechermilieu spielten.[54] Diese Frage ist an sich höchst interessant und für unsere Überlegungen sehr wesentlich.

54 Zu den interessantesten Besprechungen der Rolle der Deklassierung in den faschistischen Bewegungen gehören: Otto Bauer, Zwischen zwei Weltkriegen, Bratislava 1936,

Wir müssen jedoch mit Bemerkungen etwas allgemeinerer Natur beginnen. Es geht uns um den Versuch einer Definition derjenigen Elemente, von denen hier die Rede ist. Sicher ist, dass dieser Versuch auf außergewöhnlich große Schwierigkeiten stößt. In der von uns betrachteten Materie existieren Begriffe aus der Kriminologie, der Ökonomie, der Sozialpolitik und der Psychologie; diese aber sind nicht deckungsgleich und besitzen für die Soziologie keinen allzu großen Wert. Florian Znaniecki, der den Begriff des „Perverslings" eingeführt hat, sagt, die „Perverslinge" seien ein schwieriges Problem für die Wissenschaft – und das aufgrund ihrer „atypischen Natur".[55] Ähnliches ließe sich über die Menschen sagen, welche wir gewöhnlich als „auf die schiefe Bahn geraten" oder „deklassiert" bezeichnen.[56] Auch hier haben wir es mit Atypizität zu tun. In jedem Falle müssen wir feststellen, dass zwar eine bedeutende empirische Literatur existiert, es um die Frage soziologischer Definitionen und die Entwicklung von Typologien jedoch erheblich schlechter steht.

Wir stellen uns hier nicht die Aufgabe, solche Definitionen und Typologien zu erarbeiten. Unsere Bemerkungen werden den Charakter von Hilfskonstruktionen tragen und sich auf die uns interessierenden Probleme beschränken. Wir werden vor allem über die Frage nachdenken, welche Bedeutungen in der Regel den Begriffen „auf die schiefe Bahn geraten" und „deklassiert" gegeben werden. Wenn man von einem deklassierten Menschen spricht, dann denkt man in der Regel an jemanden, der aus seiner sozialen Klasse abgestiegen ist und aufgehört hat, ihr anzugehören, wobei er entweder in eine in der sozialen Struktur niedrigere soziale Klasse eingetreten ist oder sich überhaupt jenseits der Klassenstruktur wiedergefunden hat. Im zweiten Falle kann man jedoch sagen, welcher „anerkannten" sozialen Klasse er gegenwärtig angehört. Sicher hatte Max Weber das Letztere im Sinne, wenn er sagte, bei den römischen *proletarii* habe es sich um eine den heutigen „Deklassierten" analoge Gruppe gehandelt.[57] Zugleich verbindet sich mit dem Begriff der Deklassierung die

S. 113 f., 122 f.; Robert Michels, Sozialismus und Fascismus als politische Strömungen in Italien, München 1925, S. 254–257; Neumann, Die deutschen Parteien, S. 78 ff.; Heiden, Adolf Hitler, Band 2, S. 166; Fritz Sternberg, Der Faschismus an der Macht, Amsterdam 1935, S. 30; Silone, Der Fascismus, S. 75–84. Viel Licht auf die Frage wirft die Abhandlung von Robert Michels, Umschichtungen in den herrschenden Klassen nach dem Kriege, Stuttgart 1934. Interessante Bemerkungen zur Proletarisierung der Intelligenz nach dem Kriege finden sich bei Karl Mannheim, Mensch und Gesellschaft im Zeitalter des Umbaus, Leiden 1935.

55 Florian Znaniecki, Ludzie teraźniejsi a cywilizacja przyszłości (Die heutigen Menschen und die Zivilisation der Zukunft), Warschau/Lemberg 1934, S. 308 f.

56 Es liegt auf der Hand, dass man die „Perverslinge" Znanieckis nicht mit den deklassierten oder auf die schiefe Bahn geratenen Menschen gleichsetzen darf, denn es geht hier um völlig unterschiedliche Begriffskategorien.

57 Vgl. Weber, Wirtschaft und Gesellschaft, S. 178. Daneben die Bemerkungen ebd., S. 290 ff.

Veränderung der materiellen Lage, die einen Wandel der sozialen Stellung nach sich zieht.[58] In jedem Falle wird die Deklassierung allgemein als Form der sozialen Degradierung, jedoch niemals des sozialen Aufstiegs betrachtet.[59]

Meist wird der objektive Wandel in der materiellen Situation von bestimmten Empfindungen und Bewertungen sowohl des Individuums oder der Individuen, welche dem Wandel unterworfen sind, als auch all derer begleitet, die in einer Beziehung zu dem Individuum oder den Individuen stehen. Etwas als Degradierung oder Aufstieg anzuerkennen ist das Resultat der Geltung bestimmter Systeme von Wertungen, die von den sozialen Gruppen in einer sozialen Ordnung geteilt werden. Im großkapitalistischen Milieu galt das Betteln im Alter als extreme Form der sozialen Deklassierung und Degradierung, im ländlichen Milieu hingegen kann es als Form des sozialen Aufstiegs angesehen werden.[60] Degradierung, Deklassierung, Aufstieg – all das sind soziale Kategorien, deren Inhalt durch die Tatsache bestimmt wird, dass in bestimmten Zivilisationen eigene Normen, Wertungen und Empfindungen vorherrschen.

Doch unabhängig davon, was man als Deklassierung definiert, ist es wesentlich, dass die Überzeugung vorherrscht, eine Deklassierung sei eingetreten. Eine Veränderung der materiellen Situation, welche die Notwendigkeit nach sich zieht, das angestammte Milieu zu verlassen, dem man bislang angehört hatte, wird als Katastrophe empfunden, produziert bestimmte psychische Zustände, in denen das Gefühl der Inferiorität und verschiedenartige Kompensationsbestrebungen eine besondere Rolle spielen. Die Veränderung der materiellen Situation zieht nämlich eine Isolation gegenüber der sozialen Welt nach sich, in der man einen genau festgelegten Platz eingenommen hatte, und zerstört ein ganzes System von Werten, in dem man sich bislang bewegt hatte.[61]

---

58 Auf dieses Moment führt Michels, Die sozialen Umschichtungen, die Deklassierung zurück. Es ist interessant, dass die methodologisch wertvolle Arbeit von Theodor Geiger, Die soziale Schichtung des deutschen Volkes, Stuttgart 1932, wenig Material für die uns interessierende Frage liefert.

59 Lässt sich aber die „Deklassierung" nicht mit dem sozialen Aufstieg in Verbindung bringen? In einem Roman von Fannie Hurst wird der Held zum Milliardär, doch die Kreise der „alten" Milliardäre behandeln ihn als Außenseiter und gehen mit ihm und seiner Familie keine engeren Beziehungen ein. Der Held empfindet dies als sehr schmerzlich und hält sich für einen Menschen, der in einem sozialen Vakuum existiert. Zweifellos kommen solche Fälle häufig vor, wenn Menschen aus einem „niedrigeren" in ein exklusives „höheres" Milieu wechseln.

60 Vgl. Jan S. Bystroń, Kultura ludowa (Die Volkskultur), Warschau 1936, S. 103.

61 Ein vorzügliches Beispiel für das Verhalten deklassierter bzw. im Prozess der Deklassierung befindlicher Menschen aus der Romanliteratur ist die Familie Łęcki aus Bolesław Prus' „Lalka" (Die Puppe), Warschau 1890. Das Streben danach, sich auf dem angestammten Niveau zu halten, führt zum Leben über die Verhältnisse, zum Streben

Wer von „aus der Bahn geraten" spricht, betont nach unserem Eindruck andere Momente als jene, die den Begriff der Deklassierung verwenden. Mit Deklassierung verbindet man vor allem das Bild eines allgemeinen, kollektiven Prozesses, dessen wirtschaftlicher Hintergrund von einem allgemeinen Wandel der sozio-ökonomischen Struktur bestimmt wird. Das „aus der Bahn Geraten" trägt demgegenüber einen individuelleren, sporadischen Charakter, stellt ein Unglück dar, das sich nach der Überzeugung der Betroffenen nicht unbedingt vor einem allgemeineren Hintergrund ereignet. Jemanden hat der Hang zum Alkohol, zum Kartenspiel, der Leichtsinn, eine missratene Ehe oder die falsche Gesellschaft „auf die schiefe Bahn gebracht". Hier wirkt somit keine allgemein anerkannte und eine ganze Reihe von analogen Fällen auslösende Ursache (wie zum Beispiel im Falle der Deklassierung des polnischen grundbesitzenden Adels nach 1863 oder der Deklassierung als Folge lang andauernder Arbeitslosigkeit usw.).

Gleichwohl lassen sich beide Begriffe nicht genau voneinander abgrenzen. Vielmehr können wir feststellen, dass die Phänomene der Deklassierung und des „aus der Bahn Geratens" in einer sehr engen Beziehung miteinander stehen. Die Konsequenz eines unüberlegten Schritts, der das Individuum aus der Bahn wirft, besteht sehr häufig im Verlust der bisherigen materiellen und sozialen Stellung, also der Deklassierung. Ein nach seinem persönlichen Empfinden deklassierter Mensch ist aus der Bahn geraten, denn er ist überzeugt, dass ihn ein persönliches Unglück, ein Leid, eine Geißel Gottes getroffen hat.[62] In Wirklichkeit haben wir es ebenfalls mit einer ganzen Masse konkreter Lebenssituationen zu tun, von denen jede ihr individuelles Kennzeichen trägt, selbst wenn sie zugleich auch typische Eigenschaften aufweisen. Erst die Beschreibung jedes einzelnen Falles erlaubt seine Klassifizierung.

Indem wir uns auf diese allgemeinen Bemerkungen beschränken, wollen wir uns bei bestimmten Kategorien von deklassierten und aus der Bahn geratenen Menschen aufhalten, die uns besonders interessieren. Deklassierung

danach, sich vor dem Verlust der bisherigen Rolle zu bewahren. Zugleich findet sich hier das Gefühl der Inferiorität, welches durch den gesamten Lebensstil und die Beziehungen zu den „niederen" Schichten kompensiert wird. Das „vergoldete Elend" ist ein in der polnischen Belletristik sehr verbreitetes Motiv in der Zeit, als der polnische Adel der massenhaften Pauperisierung und anschließenden Deklassierung unterlag.

62 Es existiert eine Unmenge an wissenschaftlicher Literatur über den materiellen und psychischen Wandel, welcher die Phänomene des „aus der Bahn Geratens" und der Deklassierung begleitet. Zu den interessantesten Arbeiten gehören: Anna Oderfeldówna, Młodzież przedmieścia (Die Jugend der Vorstädte), Warschau 1937; Alfredo Niceforo, Les classes pauvres, Paris 1905, sowie: After the Shutdown, Band 1: Evan Clague/Walter J. Couper, The Readjustment of Industrial Workers displaced by two Plant Shutdowns, Band 2: E. Wight Bakke, Former L. Candee. Workers in the Depression, Yale 1934.

und „aus der Bahn geraten" wollen wir hier zusammen als eine Kategorie von
Phänomenen behandeln, die Menschen betrifft, die sich unter diesen oder
jenen Umständen jenseits des Bereichs stabiler Normen und Regeln ihres bisherigen Umfelds wiederfinden und die diesen Zustand als Degradierung,
Verfall oder gesellschaftliches Verderben usw. erleben. Dabei ist hinzuzufügen,
dass ihre psychischen Zustände den Einschätzungen und emotionalen
Reaktionen der Kreise und Gruppen entsprechen, mit denen sie in Kontakt
bleiben. Ein solchermaßen breiter Begriff, der natürlich von Präzision weit entfernt ist, gibt uns gleichwohl eine bequeme Grundlage zur Orientierung, die
für unseren Zweck ausreicht.

Eine eigene Gruppe bilden die Personen, deren „auf die schiefe Bahn
Geraten" und nachfolgende Deklassierung Folge der Unfähigkeit ist, in der
Gesellschaft zu leben. Hierzu gehören Vagabunden, Menschen mit krimineller
ler Veranlagung, verschiedene Arten von „übernormalen Perverslingen", von
denen Znaniecki spricht.[63] Man braucht nicht hinzuzufügen, dass bestimmte
psychische Neigungen hier lediglich eine der Voraussetzungen für das „aus der
Bahn Geraten" und die Deklassierung sind und dass sie am häufigsten mit
verschiedensten Lebenssituationen zusammenfallen, mit denen sie ein System
von Voraussetzungen bilden, welches ein „aus der Bahn Geraten" auslöst.[64]

Viel zahlreicher sind die Fälle, die vor dem Hintergrund umfassenderer
sozialer Prozesse auftreten. Wir können einige für uns sehr wesentliche Kategorien von Phänomenen anführen. Vor allem haben wir es mit den Folgen verschiedenartiger Selektionsprozesse zu tun, die im Leben der Gesellschaft auftreten.[65] Sie verlaufen in höchst unterschiedlichen Bahnen und weisen eine

---

63 Znaniecki, Ludzie teraźniejsi, S. 320 f.: „ein übernormaler Perversling empfindet für
    sich weder die Notwendigkeit noch die Pflicht, sich objektiven Ordnungen anzupassen;
    im Gegenteil, er versucht nach Kräften, aus ihnen auszubrechen, frei zu leben, ohne
    die Anstrengungen, welche ihr Verständnis und tatkräftige, im Einklang mit den
    Normen stehende Teilnahme erfordert".

64 Eine reiche Galerie von Fällen des „aus der Bahn Geratens" und der Deklassierung
    durch Vagabundieren findet sich bei Nels Anderson, The Hobo, Chicago 1923. Viel
    Material bringen auch Hanna Meuter, Die Heimatlosigkeit, Jena 1925, sowie Frederic
    M. Trasher, The Gang, Chicago 1927. Zum Vagabundieren unter Jugendlichen (neben
    dem Buch von Trasher) vgl. Jan Kuchta, Dziecko włóczęga (Das Vagabundierende
    Kind), Warschau 1933 und Stefan Baley, Psychologia wieku dojrzewania (Psychologie
    des Heranwachsendenalters), Lemberg 1931, S. 201 f. Zum Einfluss des Milieus auf
    das Vagabundieren von Kindern vgl. Kuchta, Dziecko włóczęga, S. 44–51. Zur Typolo-
    gie krimineller Persönlichkeiten Stanisław Batawia/Janina Budkiewicz/Maria Skrzy-
    wan-Żebrowska, Badania nad nieletnimi przestępcami (Forschungen über minderjäh-
    rige Kriminelle), Warschau 1929.

65 Vgl. zu diesen Prozessen Józef Chałasiński, Drogi awansu społecznego robotnika (Wege
    des sozialen Aufstiegs des Arbeiters), Posen 1931.

erstaunliche Skala von Möglichkeiten und Kombinationen auf. Ein Mittel der Deklassierung können zum Beispiel die Schule[66] oder die Wahl eines Berufs sein, der nach der Ansicht eines bestimmten Milieus „schlechter" ist,[67] und die Deklassierung kann ein Begleitphänomen des Zerfalls einer zivilisatorischen Ordnung aufgrund der Kollision mit einer zweiten sein.[68]

Am stärksten aber fallen ins Auge die Deklassierungsprozesse, die jeglichen Wandel der Sozialstruktur begleiten. Angesichts dessen, dass solche Prozesse in unserer Zivilisation ständig auftreten und diese Prozesse verschiedene Richtungen aufweisen, ist die Deklassierung ein allgemeines Phänomen, mit dem wir es ständig zu tun haben. Vor allem werden sie vom Absterben bestimmter gesellschaftlicher Formen begleitet. Der Zerfall einer bestimmten sozialen Gruppe bewirkt, dass ein Teil ihrer Angehörigen keinen Platz für sich in anderen sozialen Gruppen findet oder sich nicht an die veränderten Bedingungen anpassen kann. Es entsteht dann eine Kategorie von „bindungslosen" Menschen, die – bevor sie in der neuen Konfiguration der Sozialstruktur einen Platz für sich gefunden haben – ein besonderes Element mit besonderen psychosozialen und ökonomischen Eigenschaften bilden. So verhielt es sich zum Beispiel zu Anbeginn unserer industriellen Zivilisation, als die Bildung einer neuen Schicht – des Fabrikproletariats – durch die Entstehung einer Masse von „Bindungslosen" als Zerfallsprodukt der feudalen Ordnung eingeleitet wurde.[69] Vergleichbare Elemente lieferte der Adel in der Epoche des Zerfalls der feudalen Gesellschaft.[70] Auch heute sind wir Zeugen ähnlicher Prozesse.

66 Vgl. Bystroń, Szkoła i społeczeństwo, S. 247–263.

67 Als Beispiel kann man die Folgen des Ergreifens des Schauspielerberufs in bestimmten Epochen anführen. Hierfür charakteristische Bemerkungen finden sich in den Erinnerungen von Roman Żelazowski sowie im Buch von Józef Kotarbiński, Ze świata ułudy (Aus der Welt der Illusion), Krakau 1926, S. 64. Dieses Phänomen versucht breiter zu erfassen Julius Bab, Das Theater im Lichte der Soziologie, Leipzig 1931.

68 Viele interessante Beispiele liefern William I. Thomas/Florian Znaniecki, Chłop polski w Europie i Ameryce (Der polnische Bauer in Europa und Amerika), 5 Bände, Warschau 1976. Außerdem: Józef Chałasiński, Parafia i szkoła parafialna (Pfarrei und Pfarrschule), Posen 1935; Józef Obrębski, Dzisiejsi ludzie Polesia (Die heutigen Menschen Polesiens). In: Przegląd Socjologiczny, 4 (1936) 3–4, insbesondere S. 443 f., sowie Roger Bastide, Les Arméniens de Valence. In: Revue Internationale de Sociologie, 39 (1931) 1–2, S. 17–42.

69 Vgl. Nina Assorodobraj, Zagadnienie siły roboczej w zaraniu industrializmu (Das Arbeitskräfteproblem in der Frühzeit des Industrialismus). In: Przegląd Socjologiczny, 3 (1935) 1–2, S. 583–632.

70 Für eine Charakteristik der deklassierten Milieus vor der Französischen Revolution siehe Hippolyte Taine, Les Origines de la France contemporaine. L'Ancien Régime, Band 2, Paris 1879, S. 290–298. Eine Charakteristik des der Deklassierung unterliegenden Adels vor der Revolution bringt Albert Mathiez, La Révolution française, Band 1, Paris 1922, S. 31 ff.

Die Verdrängung des Kleinhandels durch die großen Kaufhäuser und die Genossenschaften und die Auflösung des landwirtschaftlichen Großgrundbesitzes sind nur zwei zufällig ausgewählte Beispiele aus einer großen Menge.

Eine spezielle Gruppe von Fällen wiederum bilden die, welche mit großen politischen oder sozialen Erschütterungen verbunden sind. Wir haben hier mit den Folgen von Kriegen, Revolutionen oder großen Wirtschaftskrisen zu tun. Zu dieser Kategorie kann man auch die sozialen und wirtschaftlichen Folgen einiger Naturkatastrophen zählen.

Der deklassierende Einfluss von Kriegen ist eine allgemein bekannte Tatsache. Deklassierungsprozesse nehmen hier sehr unterschiedliche Gestalt an. Faktor der Deklassierung sind Kriegshandlungen, die das Land verwüsten, der Bevölkerung ihre Existenzgrundlage sowie ihre Behausungen nehmen und sie dabei ihres sozialen Halts berauben und in die Position eines Parias drängen. Die Folgen dieser Handlungen können sehr nachhaltig sein, wie wir dies in der Zeit des Weltkriegs gesehen haben. Die Kriegsverwüstungen führen zum Verfall des familiären Lebens, machen Kinder zu Vagabunden und tragen zur Zunahme der Kriminalität bei. Infolgedessen kommt es zur Emigration der Menschen aus den vom Krieg betroffenen Gegenden, wobei diese Emigration – während des Weltkrieges wanderten die Menschen Tausende von Kilometern in die Weiten Russlands – vom völligen Zerfall fester Lebensformen begleitet wird, die ihrerseits Individuen, Gruppen aus der Bahn wirft und schließlich zur Deklassierung führt.[71]

Doch unabhängig von diesen katastrophalen Situationen ist der Krieg an sich ein Faktor des sozialen Wandels, dessen Symptom oder Begleiterscheinung das „aus der Bahn Geraten" und die Deklassierung sind. Inflation und Spekulation während des Krieges beförderten bestimmte Kategorien von Menschen an die Oberfläche, während sie sich zerstörerisch auf das Schicksal anderer, viel zahlreicherer Gruppen auswirkten. Die Kriegsanleihen verschlangen nicht nur in den besiegten Ländern, sondern auch in den Siegerstaaten die Guthaben der kleinen Sparer und brachten diesen ein niedrigeres Lebensniveau. Der Krieg zwang unzählige Frauen in die Produktion, was den Zerfall der Institution der Familie beschleunigte (die Abwesenheit der Männer und die spezifische sexuelle Atmosphäre in Kriegszeiten sind hier ebenfalls zu nennen). Der Krieg schuf eine Konjunktur für die Prostitution und brachte damit viele Frauen auf die schiefe Bahn. Besondere Verhältnisse entstanden in den

71 Eine Fülle von Beispielen liefern uns die Pamiętniki chłopów (Memoiren von Bauern) und die Pamiętniki bezrobotnych (Memoiren von Arbeitslosen), welche vom Instytut Gospodarstwa Społecznego (Institut für Sozialwirtschaft) herausgegeben wurden. Siehe beispielsweise die Bemerkungen von Władysław Grabski in: Przegląd Socjologiczny, 4 (1936) 3–4, S. 334. Zur deklassierenden Wirkung von Kriegen siehe Michels, Umschichtungen, sowie ders., Sozialismus und Fascismus in Italien, S. 253–257.

Etappen, wo ein Klima von Missbrauch und Brutalität herrschte, wo es eine regelrechte Pépinière von Individuen gab, die nach dem Krieg nicht mehr ins Leben zurückfanden.[72] Schon die Tatsache der Mobilisierung, der Isolation von der produktiven Arbeit auf viele Jahre, hatte katastrophale psychische Folgen und führte dazu, dass zahllose Menschen aus der Bahn geworfen wurden.[73]

Die Demobilisierung war ihrerseits ein Faktor der Deklassierung. Menschen, die aus dem Krieg zurückkehrten, fanden ihre Plätze an der Werkbank besetzt, während ein Teil der hier im Krieg Beschäftigten und an neue Lebensformen Herangeführten (zum Beispiel Frauen) sich später auf der Straße wiederfanden – von der massenhaften Deklassierung der Berufssoldaten in den besiegten Ländern ganz zu schweigen. Der Krieg wirft Millionen von Menschen aus ihren festen Lebensbahnen und wirkt destruktiv auf das gesamte soziale Leben. Es steht auf einem anderen Blatt, dass er – wie wir später sehen werden – auch ein Faktor entgegengesetzter Prozesse sein kann.

Nicht weniger weitreichend sind die Konsequenzen von Revolutionen, vor allem großer Revolutionen, welche von der forcierten Verschiebung ganzer gesellschaftlicher Schichten begleitet werden. Die Revolution befördert Menschen an die Spitze, andere stößt sie nach unten. Wie jeder Krieg wird sie stets von fieberhafter Spekulation begleitet, vor allem bei den Artikeln des Grundbedarfs. Es entsteht die Kategorie wirtschaftlicher Nutznießer der Revolution und ihrer bedeutend zahlreicheren wirtschaftlichen Opfer.[74] Eine Folge der Revolutionen ist die politische Emigration, welche riesige Gruppen von Menschen aus den bisher stabilen Bahnen ihres Lebens wirft. Die französische und die russische Revolution, die Umstürze in Italien und Deutschland wurden zum Auslöser mächtiger Migrationsbewegungen und führten gleichzeitig zu

72   Über den zerstörerischen Einfluss der Etappen interessante Dinge sagt Georg Bernhard, Meister und Dilettanten am Kapitalismus. Im Reiche der Hohenzollern, Amsterdam 1936, S. 381–386. Man muss ergänzen, dass für die Charakteristik der sozialen Prozesse innerhalb der deutschen Bevölkerung in der Zeit des großen Krieges der zweite Teil des Bernhardschen Buches „Deutschland im Kriege" besonders instruktiv ist.

73   Ein sich hinziehender Krieg löst in der militärischen Organisation selbst Prozesse aus, welche gleichbedeutend mit der Deklassierung sind. Es geht hierbei um solche Phänomene wie Desertion und „grüne Armeen". Zugleich etabliert sich im Umkreis der militärischen Organisation das Banditentum dauerhaft. Geheimdienste, welche sich während des Krieges gerne krimineller Elemente oder „übernormaler Perverslinge" bedienen, trugen maßgeblich zur Zunahme krimineller, aus der Bahn geratener, deklassierter Elemente bei. Als interessantes Material kann dienen: Sergiusz Piasecki, Kochanek Wielkiej Niedźwiedzicy (Der Geliebte der Großen Bärin), Warschau 1937. Ein anderes Beispiel sind die Memoiren des berühmten deutschen Betrügers Harry Domela. Vgl. Harry Domela, Der falsche Prinz. Leben und Abenteuer von Harry Domela. Im Gefängnis zu Köln von ihm selbst geschrieben. Januar bis Juni 1927, Berlin 1927.

74   Interessante Anmerkungen finden sich bei Albert Mathiez, La Vie chère et le mouvement social sous la Terreur, 2. Auflage Paris 1973.

großen Veränderungen im Leben ganzer sozialer Gruppen. Bei den *Lišency* in Russland und den *Nichtariern* in Deutschland handelt es sich um große soziale Gruppen von zwangsweise Deklassierten.

Um den dritten Typus von Katastrophen, welche die massenhafte Deklassierung nach sich ziehen, handelt es sich schließlich bei den großen Wirtschaftskrisen mit ihrer unvermeidlichen Begleiterscheinung: der Langzeitarbeitslosigkeit. Von grundlegender Bedeutung sind hier natürlich solche Faktoren wie das Ausmaß der Krise, ihre Dauer, der Grad des allgemeinen Wohlstands, der Zustand der Sozialfürsorge und insbesondere der Sozialversicherungen usw. Neben diesen Momenten spielen die Eigenschaften des von der Krise betroffenen Milieus eine große Rolle, seine Vorbereitung auf das Leben, der Grad seiner beruflichen Qualifikationen usw.[75] Der deklassierende Einfluss der Langzeitarbeitslosigkeit ist Gegenstand eines umfangreichen Schrifttums, weshalb wir uns bei dieser Frage nicht aufzuhalten brauchen.[76]

Wie wir bereits erwähnt haben, verlaufen die Prozesse der Deklassierung in sehr unterschiedlichen Bahnen, wobei es in bestimmten Fällen zu einem Zusammenspiel unterschiedlicher Faktoren kommt. Neben den erwähnten Bahnen und Faktoren existieren noch andere, welche auf diese oder jene Weise mit ihnen in Verbindung stehen und sich in mancher Hinsicht als eigenständige Faktoren klassifizieren lassen. Eine dieser Bahnen ist die Teilnahme am politischen Leben. Es geht uns hier vor allem um bestimmte Folgen der Mitgliedschaft in politischen Parteien.

Die politische Partei, vor allem die zeitgenössische Massenpartei, steht im Zentrum tiefgreifender sozialer Wandlungsprozesse. Vor allem auf dem Boden der Parteien zeigen sich Phänomene des sozialen Aufstiegs, dessen Konsequenzen auf das Leben außerhalb der Partei ausgreifen. So wird in demokratischen Ländern von den Arbeitern allein die Zugehörigkeit zu einer sozialistischen Partei im Allgemeinen als eine Auszeichnung betrachtet, und ein Parteigenosse nimmt in seinem Milieu eine höhere Position ein als ein nicht organisierter Arbeiter.[77] Der Aufstieg in der Organisation, der Eintritt in die Reihen der

---

75 Siehe E. Wight Bakke, The Unemployed Man: A Social Study, London 1933.

76 Für das Problem des deklassierenden Einflusses der Arbeitslosigkeit ist die Arbeit von Paul F. Lazarsfeld/Hans Zeisel, Die Arbeitslosen von Marienthal, Leipzig 1933, sehr wichtig. Wichtigere Arbeiten in polnischer Sprache sind: Oderfeldówna, Młodzież przedmieścia; Jerzy Michałowski, Wieś nie ma pracy (Das Dorf hat keine Arbeit), Warschau 1935; Anna Minkowska, Rodzina bezrobotna na podstawie ankiety 1932 r. (Die arbeitslose Familie auf der Grundlage einer Umfrage aus dem Jahre 1932), Warschau 1935; Halina Krahelska/Stefan Pruss, Życie bezrobotnych. Badania ankietowe (Das Leben der Arbeitslosen. Umfragebasierte Forschungen), Warschau 1933.

77 Dies war besonders im früheren Kongresspolen zu beobachten. Die Parteimitglieder genossen Anerkennung als Helfer in vielen Lebensfragen. Selbstverständlich spielte auch der Reiz der konspirativen und revolutionären Partei eine Rolle.

Bürokratie oder der Honoratioren öffnet Möglichkeiten für eine umfassendere Tätigkeit und wird vor allem für Arbeiter ein Faktor der Stabilisierung im Leben. Die sozialdemokratischen Parteien in den demokratischen Ländern tragen zur Hebung des kulturellen Niveaus der Arbeiter bei, wecken in ihnen neue Bestrebungen, und sie sind eine der wichtigsten Kanäle für die Verbreitung kleinbürgerlicher Lebensmuster in der Arbeiterklasse, und zwar jenes Stils, der, wie schon Hendrik De Man feststellte, im Arbeitermilieu besonders geschätzt wird.[78] Ganz zu schweigen vom politischen oder zum Teil auch dem materiellen und gesellschaftlichen Aufstieg der Parteiführer! Es verwundert daher auch nicht, dass alle aktiveren politischen Parteien massenhaft konjunkturelle Elemente anziehen, die in Zeiten des Erfolgs versuchen, in Führungspositionen zu gelangen und auf diesem Weg Karriere zu machen.[79]

Neben Prozessen des Aufstiegs kam und kommt es aber auch zu Prozessen der Degradierung, welche oft einen deutlichen Zug von Deklassierung haben. Dies lässt sich häufig bei Berufspolitikern feststellen. Das Engagement im politischen Leben entreißt den Menschen seinem früheren Beruf und versetzt ihn in eine ganz andere Sphäre der sozialen Beziehungen. Für die Mehrzahl der Politiker ist es unmöglich, die politische Tätigkeit mit dem bis dahin ausgeübten Beruf zu verbinden. Lediglich einige Kategorien der beruflichen Arbeit, beispielsweise der Anwaltsberuf, der Journalismus oder bestimmte Bereiche des wirtschaftlichen Lebens, lassen sich mit der Aktivität als Politiker in Einklang bringen. Man darf allerdings nicht vergessen, dass für viele Aktivisten dieses Typs die Politik lediglich ein Mittel des wirtschaftlichen Aufstiegs ist.[80] Selbstverständlich muss die Aufgabe des alten Berufs nicht per se eine Deklassierung sein; sie kann einfach der Übergang in eine neue soziale Kategorie darstellen. Sie wird jedoch zur Quelle der Deklassierung, wenn der politische Aktivist gezwungen ist, die Arena des politischen Lebens zu verlassen. Eine Wahlniederlage, eine Spaltung in der Partei, der Parteiaustritt oder der Verlust an Popularität sind in diesem Falle gleichbedeutend mit einer Lebenskatastrophe, der Unmöglichkeit, in den alten Beruf zurückzukehren, den man aufgegeben hat. Und dies führt dazu, dass Menschen aus der Bahn geworfen und deklassiert werden.

Wenden wir unsere Aufmerksamkeit nun einigen speziellen Fällen zu. Wir wissen, welche Rolle Führer in den Arbeiterparteien spielten und spielen, die

---

78 Vgl. Hendrik De Man, Zur Psychologie des Sozialismus, Jena 1927, S. 181 ff.; ebenso Michels, Zur Soziologie des Parteiwesens, S. 364.
79 Vgl. Michels, Zur Soziologie des Parteiwesens, S. 120.
80 Daher stammen die oft begründeten Vorwürfe an die Adresse vieler Anwälte und Wirtschaftskapitäne, das Abgeordnetenmandat diene ihnen bloß als Werkzeug zur Durchführung finanzieller Operationen.

aus bürgerlichen oder gar aristokratischen Milieus stammen. Für einen erheblichen Teil dieser Menschen bedeutete der Beitritt zu einer sozialistischen Partei einen Bruch mit dem gesamten sozialen Milieu, dem sie angehört hatten, was für ihr Leben weitreichende Konsequenzen hatte. Für ihr bisheriges Umfeld wurden sie zu Entgleisten, und dieses Bild lastete schwer auf nicht wenigen von ihnen. Man muss ergänzen, dass die Motive eines solchen Dissidententums vorwiegend edler Natur waren. Vor allem Parteien, welche gerade erst um ihr Existenzrecht kämpften, verfügten nicht über das Potential, um ehrgeizige Karrieristen zu ködern. In vielen Ländern verschlossen sozialistische Überzeugungen den Weg zur Karriere in Wissenschaft oder Verwaltung. Der Beitritt zu einer sozialistischen Partei war für solche Dissidenten eine Konversion, welche mit bedeutenden Entsagungen verbunden war. Ergänzen wir noch, dass in den sozialistischen Parteien, insbesondere in der Frühzeit ihrer Geschichte, ein großer moralischer Rigorismus herrschte und man von bürgerlichen Konvertiten einen radikalen Wandel des gesamten Lebensstils erwartete.[81] Der Beitritt zu einer sozialistischen Partei war somit etwas mehr als die bloße Registrierung. Michels stellt richtig fest, dass Individuen, welche aus der Bourgeoisie in das Proletariat wechselten, im Allgemeinen über ihrer Klasse standen.[82] Unter diesen Bedingungen war die Rückkehr in die vorangegangene Gruppe schwierig und nicht immer erreichbar.[83] Auch hier zogen insbesondere persönliche Misserfolge oder solche der Partei besonders unangenehme Konsequenzen im Leben nach sich.

Getrennt ist die Frage nach den Konsequenzen der Zugehörigkeit zu illegalen revolutionären Parteien, zum Beispiel der polnischen und der russischen, zu behandeln. Hier hatte eine offene Tätigkeit selbstverständlich wesentlich tiefere Einschnitte ins Leben zur Folge. Auch wenn die Konspiration nach außen hin die Beibehaltung „legaler" Aktionsformen erforderte, und zwar sogar das Nichtabbrechen der Beziehungen zum bisherigen Milieu, so gab es doch häufig Lebenssituationen, in denen man gezwungen war, in die „Illegalität" abzutauchen. Dann musste man den Namen wechseln, den Beruf aufgeben, das Leben eines Rechtlosen führen. Ein solcher „Illegaler" musste sich für die Notwendigkeit einer lang andauernden Isolation entscheiden, für die Reduktion seiner Kontakte mit anderen Genossen auf ein Minimum. Besonders Führungspersönlichkeiten waren solchen Situationen häufig ausgesetzt. Die Führer geheimer Organisationen hielten auf sehr indirekte Weise Kontakt mit der Allgemeinheit der Mitglieder, und ihre Identität blieb häufig für die

81   Vgl. Vilfredo Pareto, Les Systèmes socialistes, Band 2, Paris 1926, S. 426.
82   Vgl. Michels, Zur Soziologie des Parteiwesens, S. 296.
83   Vgl. ebd., S. 262 f.

Mehrheit ein Geheimnis. Ihr Lebensstil zeichnete sich durch strenge Askese aus und beruhte auf ständiger Entsagung.[84]

Der „Illegale" war eine Autorität in seiner Gruppe, manchmal sogar auch außerhalb von ihr. Gleichwohl war er aus der Perspektive der vorherrschenden Meinungen, aus der Perspektive der von der Allgemeinheit anerkannten Rechts- und Gesellschaftsordnung, ein aus der Bahn geratenes Wesen, welches die normalen Wege des Lebens verlassen hatte. Indem es sich bemühte, Einfluss auf sein Leben zu nehmen, geriet es faktisch an seinen Rand, und daher findet sich das Moment der Vereinsamung in Verbindung mit dem Kompensationsstreben in Form des Kampfes um neue politische und soziale Inhalte und Formen ausgesprochen häufig in den Memoiren von bekannten „Illegalen". Die illegale Lebensweise hatte für viele Menschen den Reiz von Abenteuer und Gefahr. Aber es handelte sich um das Leben eines Menschen, der heute hier, morgen dort übernachtete, dem ständig das Gefängnis drohte und der oft lange Jahre in der Emigration verbringen musste. Vor allem die Jahre der Heimatlosigkeit in der Emigration, die Isolation von den Milieus, in denen er sich nun bewegte sowie die Unmöglichkeit, dauerhafte Beziehungen mit den Kreisen aufrecht zu erhalten, welche man im Lande zurückgelassen hatte – all das war in hohem Maße mitverantwortlich für die Ausbildung eines Gefühls der Vorläufigkeit, der Unsicherheit und mündete in psychische und lebenspraktische Destabilisierung.[85] Und dabei ging es doch um lange Perioden. Ihre psychischen Konsequenzen waren oft tiefgreifend, und die Illegalen schienen einen besonderen Typ von Persönlichkeit zu repräsentieren.[86]

Wir haben bislang von den verschiedenen Bahnen gesprochen, in denen Prozesse der Deklassierung ablaufen, und über die Faktoren, welche sie beeinflussen. Wir behandeln im Anschluss die Problematik bestimmter Folgen dieser Prozesse in Form der Ausbildung neuer sozialer Gebilde. Wir denken dabei an die Tatsache der Bildung ganzer sozialer Gruppen, welche deklassierte oder

---

84 Ungemein lehrreich ist die Lebensgeschichte von Józef Piłsudski. Vor allem die Zeit, als er den „Robotnik" (Der Arbeiter) redigierte, war eine Periode ausgesprochener Askese und Isolation. Siehe Wladyslaw Pobog-Malinowski, Jozef Piłsudski, 1901–1908, Warschau 1935, Band 1, S. 207–217. Viel zu diesem Thema erzählt Piłsudski selbst in seiner „Bibuła" (Illegale Schriften): ders., Pisma - mowy - rozkazy (Briefe - Reden - Befehle), Band 2, Warschau 1930. Über die Zeit der Isolierung Lenins siehe Nadežda Krupskaja, Vospominanija o Lenine (Erinnerungen an Lenin), Moskau 1930, S. 115 f. Dort auch ein interessanter Abschnitt über die Vereinsamung der „Illegalen". Ebd., S. 42.

85 Darüber, wie fremd politische Emigranten dem neuen Milieu sein können, in dem sie sich wiederfanden, schreibt Krupskaja, Vospominanija, S. 42, 52, 56.

86 In Lenins Konzeption der Schaffung von Berufsrevolutionären war, so hat es den Anschein, das Moment einer Abschwächung des Einflusses des deklassierenden Faktors auf die „Illegalen" berücksichtigt.

aus der Bahn geworfene Menschen umfassen. Sehr oft wird diese Gruppe selbst zum Faktor der Deklassierung, und dies insbesondere dann, wenn sie so attraktiv ist, dass sie bestimmte menschliche Naturen anzieht. So verhält es sich beispielsweise mit „Bohèmes" jeder Art.

Die Entstehung sozialer Gruppen, welche aus deklassierten Menschen bestehen, ist ein außergewöhnlich interessantes Phänomen. Im Grunde zeugt schon die Entstehung einer solchen Gruppe vom Streben ihrer Mitglieder nach Einnahme einer stabileren Position im Leben. Man kann sie also für einen Versuch halten, die Deklassierung zu überwinden. Allein die Tatsache des sich Organisierens zeugt von einer Aktivität oder Vitalität, vom Streben danach, seine Bedeutung unter Beweis zu stellen.[87] Der Zustand extremer Erschöpfung, den wir beispielsweise bei Dauerarbeitslosen finden, die dort herrschende Apathie, der Mangel an Initiative und der Rückgang der Aktivitäten verhindern die spontane Entstehung organisatorischer Bindungen. Wenn jedoch die Entstehung einer Gruppe von deklassierten Menschen davon zeugt, dass in ihren Angehörigen ein Gefühl für die eigene soziale Bedeutung existiert und ein Bestreben zur Überwindung der Deklassierung aufkommt, dann hören diese Gruppe als Gesamtheit und ihre Angehörigen hingegen individuell nicht auf, eine irgendwie marginale Position in der gegebenen sozialen Struktur einzunehmen. Die Einschätzungen der Gruppenangehörigen können in dieser Hinsicht im Einklang mit den Bewertungen der Gesellschaft stehen, in welcher sie entstand. Und auch wenn die gegebene Gruppe im System der gesellschaftlichen Beziehungen eine ernste Rolle spielen kann, ist die Tatsache der Zugehörigkeit zu ihr gleichbedeutend mit dem Urteil einer Deklassierung. Ein markantes Beispiel für solche Gruppen sind die „Bohèmes".

Was wird gewöhnlich unter einer „Bohème" verstanden? Dieser Ausdruck, der seine Karriere wohl einem Roman von Murger verdankt, bezieht sich begrifflich auf einen bestimmten Lebensstil, welcher typisch ist für bestimmte künstlerische und literarische Kreise. Grundelemente dieses Lebensstils sind: das Fehlen fester Einkommensquellen, die Nichtexistenz und die programmatische Ablehnung von Rentierstugenden, die Nichtunterordnung unter Regeln, welche in Kreisen gelten, die über feste materielle Grundlagen verfügen. Eine „Bohème" besteht aus Menschen, welche ihre Unabhängigkeit von den Lebensgrundsätzen der „Philister" betonen, sich im Namen dieser Unabhängigkeit ablehnend gegenüber „Bürgern", „ehrenwerten Leuten" oder „Philistern" usw. verhalten. Instabilität im Leben wird hier positiv bewertet, und das nicht nur aus Notwendigkeit, sondern als ein bestimmtes Ideal des Lebensstils. In der „Bohème" sammeln sich Menschen, deren Typ von Beschäftigung keine

---

87 Beispiele für solche Bestrebungen finden wir in Kinderbanden, welche von Trasher, The Gang, beschrieben werden.

regelmäßigen, sicheren Einkünfte bietet, wie zum Beispiel im Falle einiger Kategorien von Literaten, Journalisten, Schauspielern, Musikern, Malern usw.[88] Eine „Bohème" umfasst außerdem Adepten oder Konvertiten aus anderen gesellschaftlichen Milieus, welche ihren Lebensstil annehmen.

Nennen wir die Bohème, von der wir oben gesprochen haben, eine künstlerische Bohème. Dieser Name bezieht sich sowohl auf die berufliche Zusammensetzung der Gruppe als auch auf die in ihr herrschenden Bestrebungen. Aber neben dieser Bohème existieren noch andere. Führen wir zwei als besonders charakteristisch auf: die politische Bohème und die Bohème der Lernenden.

Die politische Bohème[89] tritt besonders unter bestimmten politischen Bedingungen hervor. Sie versammelt Politiker, die zur Opposition gehören und in einem staatlichen System handeln, welches der Opposition keine Chance gibt (zumindest in der näheren Zukunft), größeren Einfluss auf die Regierungstätigkeit zu gewinnen. Die Anfänge der sozialistischen Bewegung in Westeuropa (in den USA dauert dies auch heute noch an) gehen auf die Aktivitäten einer solchen politischen Bohème zurück. In besonderem Maße aber machte sich die politische Bohème als Begleiterscheinung illegaler politischer Bewegungen bemerkbar. Die polnische und russische sozialistische Parteielite vor dem Kriege lassen sich in hohem Maße als politische Bohème begreifen. Vor allem die politische Emigration schuf ausgesprochen günstige Bedingungen für ihre Entwicklung. Wichtige Zentren der politischen Bohème in Polen in den Jahren 1906 bis 1914 waren Krakau und Lemberg, und aus ihnen stammen die Helden späterer Ereignisse aus der jüngsten Geschichte Polens.[90]

Die Bedingungen der Emigration trugen ebenfalls zur Entstehung einer Bohème der Lernenden bei. Die galizischen Universitäten verfügten nach 1905 über eine charakteristische studentische Bohème, welche vorwiegend aus jungen Menschen aus Kongresspolen bestand. Solche Kreise existierten auch in

---

88 Eine Umfrage der Gewerkschaft der polnischen Literaten spricht von den bloß sporadischen Einkünften der Literaten und dem daraus entspringenden Mangel an Stabilisierung im Leben. Sie beleuchtet die Bohèmisierung der literarischen Welt Polens. Man muss hinzufügen: Der Umstand, dass viele Literaten ihr Schreiben aus Notwendigkeit auf die Rolle eines Nebenberufs beschränken und sich aus anderen Quellen ernähren, ist ein Faktor, welcher die Bohèmisierung aufhält. Siehe Związek Literatów Polskich, Życie i praca pisarza polskiego, Warschau 1932, S. 48–60.

89 Gut charakterisiert wird sie von Krupskaja, Vospominanija, S. 41 ff.

90 Die Memoirenliteratur der jüngeren Zeit liefert uns umfangreiche und plastische Beschreibungen der politischen Bohème der Vorkriegszeit. So lassen sich die interessanten Erinnerungen von Stanisław Wasylewski, Niezapisany stan służby (Nicht notierter Dienst), Warschau 1937, anführen. Ein vergleichbarer Steinbruch für Details zur künstlerischen und in Teilen zur politischen Bohème Galiziens vor dem Kriege sind die verschiedenen Memoirenbände von Tadeusz Boy-Żeleński.

anderen Ländern, in denen sich eine größere Anzahl von jungen Menschen aus dem Ausland aufhielt.[91]

Alle diese Bohèmes besaßen Schnittmengen, und häufig kann man dieselbe Persönlichkeit in unterschiedlichen Bohèmes antreffen. In der Bohème der Lernenden gab es eine große Anzahl von politischen Aktivisten, welche gleichzeitig zur politischen Bohème gehörten. Ebenso zahlreiche und starke Verbindungen bestanden zwischen der künstlerischen und den beiden übrigen Bohèmes. Wenn man die Lebensläufe vieler polnischer Politikaktivisten der jüngeren Zeit untersucht, kann man feststellen, dass sie in ihrer Jugend zumeist mindestens zwei Bohèmes angehörten.[92]

Es ist bekannt, welche Rolle im Leben der Bohème das Kaffeehaus spielt. Manchmal wird es einfach als Symbol für das Leben der Bohème verstanden. Zweifellos hat das Kaffeehaus im Leben der Bohème eine bestimmte soziale Funktion. Es ist das Terrain, auf dem es zu Kontakten innerhalb der Bohème kommt, und indem es das Heim ersetzt, wird es gewissermaßen zum Zentrum der familiären und nachbarschaftlichen Beziehungen. Am Kaffeehaustisch bilden sich geschlossenere Gruppen innerhalb der Bohème. So entsteht ein regelrechter Kaffeehauspatriotismus, und das Kaffeehaus ist ein Faktor der Selektion. Jede Bohème und jeder ihrer Zweige hat sein Kaffeehaus, und die Aufgabe des einen zu Gunsten eines anderen Kaffeehauses kann den Wechsel von der einen zur anderen Untergruppe einer Bohème bedeuten.

Es ist nicht unsere Aufgabe, die Geschichte der Bohèmes zu betrachten und ihre allgemeineren sozialen Funktionen zu analysieren. Den Ursprung der Bohème müssen wir tief in der entfernten Vergangenheit suchen. Die heutigen Bohèmes entstanden im Kontext von Prozessen, welche für die sozialen Strukturen unserer Zeit sehr wesentlich sind. Uns genügt es aber, zunächst ihre bloße Existenz zur Kenntnis zu nehmen sowie insbesondere das Moment der

---

91 Gutes Material liefern die Erinnerungen im Buch von Helena Mata, Życie jakich wiele (Ein Leben wie viele), Warschau 1936.

92 Ich möchte eine meiner persönlichen Erinnerungen als charakteristisches Detail vorstellen. Im Juni oder Juli 1914 führte ich in Krakau ein Gespräch mit einem Studenten, der aus dem russischen Teilungsgebiet stammte. Dieser Student gehörte zu den exponierten Aktivisten der akademischen Jugend, und gleichzeitig spielte er eine bedeutende Rolle in den Unabhängigkeitsorganisationen. Mein Gesprächspartner klagte über seine Lebenssituation. Er habe in verschiedenen Städten an verschiedenen Fakultäten studiert, habe aber nirgendwo länger studieren können als zwei Semester. Er sei verheiratet und habe ein Kind (bei seiner Frau handelte es sich um eine Kommilitonin), und er sei sich dessen bewusst, dass er von nichts eine Ahnung habe, denn seine politische Tätigkeit stehe dem Studium im Wege. Materiell unterstützten ihn die Eltern, aber er verstehe, dass es so nicht weitergehen könne. Er halte sich für einen völlig aus der Bahn geratenen Menschen ohne Zukunft. Dieser Student spielte später eine hervorragende Rolle in Militär und Politik.

Deklassierung, das sie mit einschließt. Die Bohème und die Zugehörigkeit zu ihr sind stets Gegenstand unterschiedlicher Bewertungen, die von anderen sozialen Gruppen geäußert werden und welche die Haltung dieser Gruppe zur Bohème bestimmen. Wenn wir diese Bewertungen näher betrachten, können wir feststellen, dass in bestimmten Perioden das Verhältnis von Gruppen mit stabilen Lebensbedingungen zur Bohème ambivalenten Charakter besitzt. So verbanden sich zum Beispiel in bürgerlichen Kreisen an der Wende des 19. und 20. Jahrhundert negative Urteile über Angehörige der Bohème mit positiven Meinungen und der Anerkennung ihrer Rechte und Ansichten. Einerseits wurde die Zugehörigkeit zu einer Bohème als Erscheinungsform eines „aus der Bahn Geratens" betrachtet, und der Eintritt eines jungen Familienmitglieds in die Bohème galt als eine Art Familientragödie. Andererseits übte die Bohème einen Reiz aus; sie imponierte mit ihrem revolutionären Charakter und ihrer Verachtung für die anerkannten Grundsätze des bürgerlichen Lebens. In der Praxis waren die Beziehungen zwischen der (vorwiegend künstlerischen) Bohème und den bürgerlichen Kreisen häufig und zahlreich, und Vertreter des Bürgertums übernahmen bisweilen eine Art Mäzenatentum. Hier kam der Faktor des Snobismus zum Tragen, der manchmal so stark war, dass für viele junge Menschen der Kontakt mit der Welt der Künstler eine Art Aufstieg bedeutete. Im Übrigen führte der Weg aus der Bohème häufig geradewegs in stabile Lebensverhältnisse und zum Zugriff auf die Wohltaten der kapitalistischen Zivilisation.

Eine gewisse Ausnahme war die politische Bohème, vor allem die revolutionäre und die aus den Anfängen der sozialistischen Bewegung. Der Beitritt zu ihr erforderte in den allermeisten Fällen einen radikalen Bruch mit den Kreisen, zu denen man bislang gehört hatte. Aber auch hier gab es Wege der Umkehr, und so mancher der früheren Angehörigen der revolutionären Bohème erlebte später einen beträchtlichen Aufstieg in dem System, welches er einst bekämpft hatte.

Mit anderen Worten: Die Deklassierung durch die Zugehörigkeit zur Bohème war nicht absolut. In einer großen Zahl der Fälle handelte es sich um eine Übergangzeit, obwohl ein großer Teil der Angehörigen der Bohème ihr für immer verbunden blieb. Es handelte sich bei ihnen um Menschen eines besonderen Persönlichkeitstyps, Menschen in besonderen Lebenssituationen oder auch entschiedene Revolutionäre, deren einziger Ausweg aus der Bohème in einem Umsturz der politischen Verhältnisse bestand. Doch änderten die Wandelbarkeit der Zusammensetzung der Bohème, die Möglichkeit, sie zu verlassen, sowie das ambivalente Verhältnis anderer Gruppen zu ihr nichts daran, dass es sich bei ihr um eine Gruppe von deklassierten Menschen handelte. Der Mangel an stabilen Einkommensquellen, das eigentümliche Wesen der Binnenbeziehungen, der Charakter der Verhältnisse zwischen den Angehörigen der Bohème und anderen Gruppen drückten ihr einen spezifischen Stempel auf und stellten sie außerhalb der Normen, welche von den stabilisierten gesellschaftlichen Gruppen geteilt werden. Die Angehörigen der Bohème stehen gewissermaßen am Rande des Lebens der Gruppen, welche eine stabile Position in einer gegebenen Sozialstruktur einnehmen; sie nehmen nicht oder nur in geringem Maße an den Bestrebungen dieser Gruppen teil und teilen ein hohes Maß der von diesen akzeptierten Ansichten nicht. Somit besteht eine gewisse „Ungebundenheit" der Angehörigen der Bohème gegenüber anderen sozialen Gruppen, eine „Ungebundenheit", die so charakteristisch für die deklassierten Milieus ist. Sie zieht ernsthafte Konsequenzen nach sich. Die Distanz, welche die Bohème gewissermaßen von den stabilisierten Gruppen trennt, die Tatsache, dass man sich nicht in größerem Maße den Ansichten dieser Gruppen unterwirft, verleiht den Angehörigen der Bohème einen realistischeren Blick auf die soziale Wirklichkeit. Es ist dies ein häufiges Phänomen, welches wir in allen Gruppen feststellen können, welche einen marginalen Platz im gegebenen gesellschaftlichen System einnehmen. Es verwundert daher nicht, dass aus solchen Gruppen wie auch aus der Bohème herausragende Reformer hervorgehen, Menschen, welche einen scharfen Blick auf die Wirklichkeit besitzen und fähig sind, diese kritisch zu bewerten. Dies ändert jedoch nichts daran, dass gerade die Bohème ein Sammelbecken von Fantasten und realitätsfernen Menschen sein kann. Wir werden uns davon überzeugen können, dass den Bohèmes vor allem solche Naturen angehören.[93]

IV.

Stark, ja entscheidend zum „aus der Bahn Geraten" beitragen kann das Vorliegen bestimmter psychischer Prädispositionen im Individuum. Vor allem in der Bohème treffen wir sehr häufig unausgeglichene, widerspenstige Naturen an, die unfähig sind, sich den allgemein akzeptierten Regeln eines stabilen Lebens zu unterwerfen. Daneben aber haben Entgleisung und Deklassierung ihre psychischen Folgen. Wir haben schon von der Entstehung von Minderwertigkeitskomplexen gesprochen und dem sie begleitenden Bestreben nach Kompensation. In der Bohème lässt sich ohne Schwierigkeiten die Entstehung von

---

93 Florian Znaniecki unterstreicht bei der Charakterisierung der „Perverslinge", dass ihr gemeinsames Charakteristikum die „Rebellion gegen Normen, welche ihre sozialen Rollen regulieren, insbesondere gegen die ihnen vom normalen Milieu aufgezwungenen sozialen Funktionen". Vgl. Znaniecki, Ludzie teraźniejsi, S. 316. Somit fügen sich sowohl „Perverslinge" als auch „Übernormale" aufgrund ihrer Rebellion in die „ungebundenen" Milieus ein, also auch in die Bohèmes.

Minderwertigkeitskomplexen feststellen, obwohl diese häufig von starken Kompensationsbestrebungen überdeckt werden.[94]

Neben diesen psychischen Momenten aber existiert noch eine weitere Problematik. Es geht uns um die Frage nach biografischen Typen, so wie sie Znaniecki versteht, nämlich darum, wie sie in der Welt der entgleisten und deklassierten Menschen vertreten sind, und zwar vor allem in der Bohème. Natürlich kann man unter den Deklassierten, die zum Opfer allgemeiner sozioökonomischer Prozesse, von Kriegen, Revolutionen, Naturkatastrophen wurden, alle Arten von Persönlichkeiten antreffen, von denen Znaniecki spricht. Unter den autorisierten Elementen der Aristokratie, des Bürgertums, der Intelligenz findet sich häufig der Typus des „wohlerzogenen" Menschen, während unter den Arbeitslosen der Typus des „Menschen der Arbeit" weit verbreitet ist und man in allen Kategorien „Menschen der Vergnügung" sowie „Perverslinge" antreffen kann. Wir sind jedoch der Ansicht, dass in den Fällen von Entgleisung, bei der psychische Dispositionen eine herausragende Rolle spielen, die biografischen Typen des „wohlerzogenen Menschen" und des „Menschen der Arbeit" seltener auftreten; und wenn sie vorkommen, dann sind die Momente einer „guten Erziehung" und der „Arbeit" gewissermaßen eine Beimischung bei einem gleichzeitigen Übergewicht der Eigenschaften der übrigen Personentypen. Am stärksten sind hier die Menschen der Vergnügung vertreten, und neben ihnen kann man häufig Perverslinge antreffen, wobei gerade Vergnügung und Devianz wesentlich für die psychischen Umstände sein können, die für das „aus der Bahn Geraten" verantwortlich sind.

Diese Ansicht haben wir auf der Grundlage der Analyse vieler Figuren entwickelt, die für die beschriebenen Milieus typisch sind. Besonders die Beobachtungen zur Welt der Bohème haben uns in der Überzeugung bestätigt, dass der Vergnügungstypus, bisweilen mit einer Beimischung von Devianz, hier sehr häufig auftritt. Dies besagt nicht, dass man in der Bohème nicht auch andere biografische Typen antreffen kann, jedoch kommen sie nicht so häufig vor und sind nicht maßgeblich für den Charakter des gesamten Milieus. Der Lebensstil der Bohème, vor allem derjenigen der Künstler und der Studenten, hat schon auf den ersten Blick anscheinend etwas von einem Kinderspiel. Die Vorliebe für einen Spaß, für eigentümliche Abenteuer, die Lust, wohlerzogene Menschen zu schockieren, sind sehr bezeichnend für dieses Milieu. „Ein Spiel ist

---

94 Unter den Angehörigen der künstlerischen Bohème kann man nicht selten die Neigung feststellen, die eigenen Beziehungen, etwa mit der aristokratischen Welt, zu betonen. Frappierend ist dies vor allem bei Schauspielern, also bei Leuten aus einem Milieu, das gewöhnlich als Randgruppe betrachtet wird. In den Memoiren von Lucyna Kotarbińska (Wokoło teatru, Warschau 1930) werden eifrig und sehr detailliert die Erfolge und Beziehungen ihres Mannes in der Welt der Krakauer „Gesellschaft", vor allem der aristokratischen, behandelt.

ein Spiel und wird nicht ernst genommen; stattdessen ist die soziale Einstellung derjenigen, die am Spiel teilnehmen, eine sehr ernste Angelegenheit".[95] Verhaltensweisen, die über die Tatsache der Zugehörigkeit zur künstlerischen Bohème entscheiden, können oberflächlich behandelt werden, aber die Bohème an sich und die in ihr gespielten Rollen werden in der Regel sehr ernst genommen. Mehr noch, all dies wird zur Grundlage ganzer Ideologien oder philosophischer Systeme, in denen auf diese oder jene Weise die ernsthafte Behandlung der sozialen Stellung der Teilnehmer ihren Ausdruck findet.

Znaniecki unterscheidet drei biografische Varianten des Vergnügungsmenschen und verbindet sie mit den Arten der Vergnügungen, an denen sie in jungen Jahren am häufigsten oder mit dem größten Interesse teilnahmen. Es handelt sich bei ihnen um Menschen der geselligen Vergnügung, des politischen Spiels und um Kämpfer.[96] Hier müssen wir hinzufügen, dass die Leute des politischen Spiels und die Kämpfer, soweit wir dies beobachten konnten, besonders viel gemeinsam haben und sich häufig Elemente beider Spiele in denselben Persönlichkeiten verbinden.[97] Dies wirft ein bezeichnendes Licht auf den biografischen Charakter der Mitglieder der politischen Bohème. Erneut müssen wir betonen: Auch in dieser Bohème fehlt es nicht an anderen biografischen Typen, aber das zahlreiche Auftreten des Vergnügungstypus und sein großer Einfluss auf den Charakter der Beziehungen innerhalb der Bohème überraschen uns besonders.[98]

Ein passionierter Teilnehmer des politischen Spiels interessiert sich überhaupt nicht für Ideologien und politische Programme. Dies tritt besonders deutlich in den amerikanischen Verhältnissen zutage, wo sich die Parteiprogramme so wenig unterscheiden. Aber auch in den europäischen Verhältnissen ist der Politikertypus allgemein verbreitet, für den die sogenannte politische Kombination Bedeutung hat, in deren Tätigkeit die taktisch-personellen Momente über die ideell-programmatischen endgültig obsiegt haben. „Hier wirkt die Einstellung der jugendlichen Gruppen fort; die Ausübung von Macht an sich ist die bei weitem wichtigste Sache verglichen mit anderen spezifischen Aufgaben, welche die Gruppe unter Führung des Herrschers erfüllen kann".[99] Die Bemerkungen Znanieckis lassen sich in ihrer Gesamtheit zum Beispiel auf die galizische politische und studentische Vorkriegsbohème beziehen.

95   Znaniecki, Ludzie teraźniejsi, S. 263.
96   Vgl. ebd., S. 269.
97   Siehe Hertz, Die Militarisierung der politischen Partei, in diesem Band.
98   Die Memoirenliteratur über die galizische Periode in der polnischen Unabhängigkeitsbewegung können wir an dieser Stelle nicht analysieren. Sie liefert ungewöhnlich reiches Material, das als Hauptbasis unserer Schlüsse diente. Daneben haben wir zur russischen Memoirenliteratur gegriffen.
99   Znaniecki, Ludzie teraźniejsi, S. 282.

Der Rolle des Vergnügungsfaktors in der Bohème und insbesondere in der politischen Bohème müssen wir große Aufmerksamkeit widmen. Er spielte nämlich dann eine bedeutende Rolle, wenn es den Angehörigen dieser Bohème zufiel, sich an der Schaffung von Führergefolgschaften zu beteiligen. Damit kehren wir zum Grundsatzthema unserer Überlegungen zurück. Wir haben die Bedeutung der deklassierten und auf die schiefe Bahn geratenen Elemente für die Entstehung der modernen, großen und militarisierten Führerparteien angesprochen, die von charismatischen Führern geleitet werden. Hier lässt sich eine Beteiligung zweierlei Art feststellen. Vor allem kann von einem Parteibeitritt derjenigen gesprochen werden, deren Deklassierung vor dem Hintergrund des Krieges und seiner Nachwirkungen erfolgte. Es geht hier um Menschen, die ohne die Kriegskatastrophe mit Sicherheit nicht der Deklassierung anheim gefallen wären, die aber infolge des Krieges und der auf ihn folgenden Arbeitslosigkeit der sozialen Dissoziation unterlagen und sich am Rande des Pariastatus wiederfanden. Gesondert lassen sich Elemente anführen, deren Deklassierung auf dem Boden sozialstruktureller Wandlungen erfolgte, die unabhängig vom Krieg waren, aber in den Kriegsfolgen die Erklärung für ihr Unglück suchten. Objektiv betrachtet war die Kriegssituation ein Faktor, der in vielen Fällen das Tempo dieser Wandlungen beschleunigte.

Unter diesen deklassierten oder der Deklassierung unterliegenden Elementen machten sich deutlich radikale Stimmungen bemerkbar. Wir haben schon mehrfach darauf hingewiesen, dass das Lumpenproletariat und die unqualifizierten Arbeiter – also die bereits deklassierten Elemente, die Elemente, die der Deklassierung unterlagen oder die Elemente, die für die Deklassierung prädestiniert waren – besonders anfällig dafür sind, radikalen Stimmungen anheimzufallen.[100] Dieser Radikalismus ist obskur, naiv, voller logischer Widersprüche, aber er ist dennoch sehr starr und kann ein mächtiger Auslöser von Handlungen sein.[101] Daneben aber darf man den dissoziativen Einfluss des modernen Lebens nicht vergessen, vor allem des großstädtischen, einen Einfluss, der durch die Erschütterungen des Krieges und der Nachkriegszeit verstärkt wurde. Der Zerfall von Gruppen, denen ein Individuum bislang angehört hatte, der Einsturz traditionell anerkannter Wertesysteme und die zunehmende soziale Atomisierung bewirken, dass politische Gruppen mit geschlossener organisatorischer Struktur, starker Disziplin und autoritären Führungspersonen Anziehung auszuüben beginnen.[102] In der Nachkriegszeit

---

100 Vgl. Günther Dehn, Großstadtjugend, Berlin 1922, S. 40 und ders., Proletarische Jugend, Lebensgestaltung und Gedankenwelt der großstädtischen Proletarierjugend, Berlin 1929, S. 51 f.
101 Vgl. Oderfeldówna, Młodzież przedmieścia, S. 124.
102 Eindringliche Bemerkungen zu dieser Problematik machte Znaniecki 1937 in einer Vorlesung im Radio.

trat die lebendige Erinnerung an die militärischen Muster, der Reiz der militärischen Organisation hinzu, der vereinsamten Individuen eine starke ideologische Basis und Lebensgrundlage verlieh. Wenn sich diese Umstände mit radikalen Losungen verbinden, dann entsteht ein starker Köder für aus der Bahn geratene und deklassierte Elemente, die in militarisierten Gruppen nach einer Stabilisierung im Leben und nach einem Weg suchen, sozial aufzusteigen.

Wir haben bislang über jene Elemente gesprochen, welche die Massenbasis der militarisierten Parteien bildeten. Aber deklassierte und aus der Bahn geratene Menschen, die häufig verschiedenen Bohèmes entstammen, machten bedeutenden Einfluss in den Führungsorganen der Parteien, in ihren Eliten und Führergefolgschaften geltend. Der soziale Hintergrund dieser Menschen aber wird ein anderer sein als derjenige der Massenbasis (zum Beispiel werden Arbeitslose und Opfer des allgemeinen Wandels in der sozialen Hierarchie nicht zahlreich vertreten sein). Zwar finden wir zahlreiche Vertreter der „abtretenden" Gruppen, die der Pauperisierung unterliegenden Milieus entstammen – Aristokratie, Intelligenz, Bürgertum –, doch wird ihre soziale Zugehörigkeit meist durch die Tatsache der Zugehörigkeit zu einer Bohème bestimmt, durch welche sie erst in die Parteielite eingetreten waren. Lediglich die Armee wird hier unmittelbar ihre Vertreter in der Person demobilisierter Offiziere zur Verfügung stellen.

Hier tritt uns vor allem eine zahlreiche Vertretung der uns interessierenden psychischen und biografischen Typen entgegen. Es handelt sich um Naturen, die auf Abenteuer aus sind und sich nicht an die Regeln des normalen Lebens anpassen, gewöhnlich „Menschen der Vergnügung" und manchmal „Perverslinge". Dies sind Naturen, die sich unter jeglichen Bedingungen durch eine spezifische Aktivität auszeichnen. Die deklassierten Abenteurer, Menschen, welche der Durst nach Abenteuern aus den Grenzen eines stabilisierten gesellschaftlichen Lebens herausgeführt hat oder in denen der Drang nach Abenteuern eben durch die Tatsache des Herausfallens aus einer Gruppe geweckt wurde, stellten das Hauptreservoir kühner Entdecker, Konquistadoren, Teilnehmer von Feldzügen, kolonialen sowie Forschungs- und Handelsexpeditionen. Unter ihnen waren die Entdecker neuer Wege, kühne Wanderer, die Schöpfer kolonialer Mächte. Solche aus der Bahn geratene Abenteurer spielten eine enorme Rolle in der Geschichte der Entstehung und Entwicklung der Vereinigten Staaten.[103] Manchmal traten sie neuen sozialen Gruppen bei,

---

103 Über die Rolle aus der Bahn geratener Menschen und Abenteurer in der Geschichte der Entstehung der Vereinigten Staaten kann man viele Angaben finden bei: Charles M. Andrews, The Colonial Period of American History, 2. Auflage New Haven 1943–1947, sowie bei Charles W. Beard/Mary Beard, The Rise of American Civilisation, New York 1930.

drängten sich an ihre Spitze und entwickelten in ihnen bedeutende Aktivitäten. Hier fanden sie für sich eine Stütze und die Möglichkeit, eine Rolle zu spielen. Viele dieser Konquistadoren bewahrten lange Züge des Abenteurertums und der vergangenen Deklassierung, was der Beziehung zur Gruppe, der sie angehörten, ihren Stempel aufdrückte.

Der Zustand des Bürgerkriegs, das verletzte Gleichgewicht des sozialen Lebens, die Bildung starker militarisierter Gruppen – all dies sind Bedingungen, welche besonders günstig für Menschen dieses Typus sind. Sie fehlten nie in revolutionären Armeen, in den Armeen des Parlaments oder Cromwells, sie stellten das Grundelement der *Condottieri* oder der Landsknechte. Sie spielten eine enorme Rolle in der Geschichte des Kosakentums, und aus ihnen rekrutierte sich die Moskauer *Opritschnina*. Das heißt nicht, dass den Handlungen dieser Menschen keine ideell-moralischen Motive zu Grunde gelegen hätten. Zweifellos konnten sie auftreten und zwar bisweilen sehr stark. Aber diese Motive fanden in den Persönlichkeiten dieser Menschen einen eigentümlichen psychischen und sozialpsychologischen Boden, und dieser Boden war besonders wesentlich für ihre Einstellungen.

Es fehlte auch in den politischen Vorkriegsparteien nicht an solchen Individuen, vor allem in Gruppen, die über den Charakter verschwörerischer Vereinigungen verfügten. Selbstverständlich war eine Massenpartei mit bürokratisierter Struktur, die in demokratischen Systemen aktiv war, für sie kein besonders günstiges Terrain. Sie bildeten in solchen Parteien zumeist die extremen Flügel, die sich ungern der Parteidisziplin und den Beschlüssen der Mehrheit unterordneten.[104] Aber in anarchistischen Gruppen, in Gruppen vom Typ der *Narodnaja Volja*, in polnischen, russischen, balkanischen, irischen oder südeuropäischen revolutionären Vereinigungen gab es sehr viele dieser Menschen. Sie fehlten ebenfalls nicht in den Vereinigungen der extremen Rechten nach der Art der *Action française*, in russischen monarchistischen und nationalistischen Organisationen, usw.

Wenden wir uns nun den Verhältnissen nach dem Weltkrieg zu und betrachten wir die Rolle dieser Typen in den Führergefolgschaften der militarisierten Parteien. Wir haben betont, dass unterschiedliche Bohèmes sehr großen Einfluss auf die personelle Zusammensetzung dieser Eliten hatten und viele biografische Typen und zugleich Abenteurernaturen durch ihre Zugehörigkeit

---

104 Nach Eduard Bernstein stammten in sozialistischen Parteien die Vertreter des radikalen Flügels aus bürgerlichen Familien und die des gemäßigten Flügels aus Arbeiterfamilien (ders., Zu Geschichte und Theorie des Sozialismus, Berlin 1901, Teil 2, S. 18). In dieser Beobachtung steckt viel Wahres, und zweifellos gab es unter den Führern des radikalen Flügels nicht wenige Menschen, welche ihr Temperament (es verbindet sich im Übrigen mit dem Gefühl sozialen Unrechts) aus dem bürgerlichen Milieu heraustrieb.

zur Bohème auf bestimmte Weise aus der Bahn geraten und deklassiert waren. Doch nicht nur die Bohème war Lieferant solcher Elemente; in bestimmten Fällen trat die Beteiligung der Bohème sogar in den Hintergrund. Von der allgemeinen Situation, in der sich eine Elite oder Gefolgschaft formierte, lassen sich hier sehr wesentliche Varianten feststellen. Und deshalb müssen wir auch jeden der uns interessierenden Fälle getrennt betrachten.

Vor allem nehmen hier solche Fälle einen speziellen Platz ein, in denen ein bestimmtes Bohème-Milieu zum Zentrum der Bewegung oder zum Zentrum seiner ursprünglichen oder ständig verfügbaren Kräfte wurde. Am deutlichsten lässt sich dies bei den politischen Richtungen mit einer reichen revolutionären Tradition aufzeigen, bei konspirativen Organisationen, die gegen autokratische Systeme kämpften. Illegale revolutionäre Organisationen waren aufgrund ihres konspirativen Charakters und ihrer Tätigkeit ein dankbares Terrain für die Ausbildung einer politischen Bohème, die im Übrigen, wie wir wissen, mit der Bohème der Lernenden sowie in gewissem Maße auch mit der künstlerischen Bohème in Beziehung stand. Die besten Beispiele liefern uns die polnischen und russischen Verhältnisse. Unabhängig von den biografischen Typen, welche hier auftreten, finden wir in ihnen Menschen, die mit ihrem ursprünglichen Milieu gebrochen haben und die wegen ihres gesamten Lebensstils und ihrer Beteiligung an der revolutionären Aktion von ihrem Milieu als aus der Bahn geraten oder deklassiert angesehen wurden.

Ein bedeutender Teil der Führer entstammte dem adligen Milieu, auch dem wohlhabenden, bisweilen dem aristokratischen (Bakunin, Kropotkin). Einige von ihnen fanden sich in der politischen Bewegung wieder, nachdem ihre Familie von einer finanziellen Katastrophe heimgesucht worden war, wobei die Quelle der Katastrophe ebenso politischer (zum Beispiel in Polen nach dem Januaraufstand) wie auch allgemein wirtschaftlicher Natur sein konnte.[105] In bestimmten Fällen war die revolutionäre Tätigkeit unserer Helden Ursache für die finanzielle Katastrophe der Familie.[106] Weniger zahlreich waren die Repräsentanten der bürgerlichen Welt und der Arbeiter. Aber auch hier mussten natürlich in größerem oder geringerem Maße der Bruch mit dem alten Milieu und das Verlassen des Berufs noch radikaler verlaufen als bei den Führern, die aus privilegierten Schichten stammten.

105　Sehr interessant sind die Memoiren Bolesław Limanowskis, die ein Licht auf den Zerfall der polnischen Gutsbesitzerschicht in den *Kresy* um 1863 und auf die Auswirkungen dieses Zerfalls auf die politische Tätigkeit Limanowskis selbst werfen. Bolesław Limanowski/ Janusz Durko, Pamietniki, Warschau 1958.

106　Dies lässt sich von Lenin sagen. Das Schicksal Aleksander Uljanovs hatte großen Einfluss auf das Los Vladimirs und die materielle Situation der Familie. Siehe Jaroslavskij, Zizn' i rabota V. I. Lenina, S. 24–30.

Unter den Führern revolutionärer Gruppen finden wir somit eine Masse von Figuren, die zum Teil aus Milieus stammten, die von einer Katastrophe betroffen waren, während die Allgemeinheit wiederum dem spezifischen sozialen Phänomen der Bohème beitrat. Diese Elemente der Bohème stechen besonders ins Auge, wenn wir die polnischen und die russischen revolutionären Gruppen nach dem Jahre 1905 betrachten. Wie jede gescheiterte Revolution wurde auch die Revolution des Jahres 1905 zur Quelle von Deklassierungsprozessen. Die revolutionären Vorfälle dekonspirierten viele Aktivisten, die Niederlage zwang sie zur Emigration und trug zur Vermehrung der Bohèmes in der Emigration bei. Der Boykott der Hochschulen in Kongresspolen und die Emigration der akademischen Jugend, die vorwiegend aktiv an der politischen Aktion teilnahm, trugen der Bohème der Studierenden zahlreiche Mitglieder zu.

Es genügt, die Zusammensetzung der Aktivisten des *Związek Strzelecki* und der *Drużyny Strzeleckie* oder verwandter Unabhängigkeitsorganisationen zu betrachten. Es handelt sich um nicht allzu entfernte Zeiten, und die Biografien der Teilnehmer, die vorwiegend noch am Leben sind, lassen sich grob aus schriftlichen Erinnerungen oder der mündlichen Überlieferung rekonstruieren. Somit lässt sich feststellen, dass die Zahl jener, die eine bestimmte und unter den gegebenen Umständen stabile soziale Position einnahmen, sehr gering war. Es handelte sich meist um Vertreter der freien Berufe (junge Lehrer, Ärzte, Ingenieure, Journalisten mit festem Einkommen) und um die studierende Jugend, die sich materiell auf ihre Familien stützte. Aber auch diese Menschen mit stabilerem Lebensstil passten sich der in den Milieus der Bohème herrschenden Atmosphäre an, und nur sehr wenige von ihnen fügten sich in das Bild eines stabilen Lebens.[107] In der Gesamtheit aber dominierten in den politischen Gruppen, von denen wir sprachen, die Typen der Bohème.

Bei ihnen handelte es sich um Studenten, die von Fakultät zu Fakultät und von Hochschule zu Hochschule wechselten.[108] Selten legten sie Prüfungen ab oder beschäftigten sie sich ernsthafter mit der wissenschaftlichen Arbeit. Es war allgemein üblich, dass man ausschließlich mit dem Zweck an eine Hochschule oder eine ihrer Fakultäten ging, um im jeweiligen studentischen Milieu eine politische Tätigkeit aufzunehmen. In anderen Fällen ging die Tatsache der Immatrikulation auf die Existenz bestimmter Kompensationsbestrebungen zurück. Der Eintritt in eine Hochschule verlieh gewissermaßen eine soziale

---

107 Eine hervorragende Charakteristik liefert das bereits angeführte Buch von Wasylewski, Niezapisany styl służby.

108 Ein typisches Beispiel ist der Student, dessen Interview zuvor erwähnt wurde. Ein anderer Bekannter des Verfassers sagte, er bemühe sich, täglich 15 Minuten ein wissenschaftliches Buch zu lesen, habe aber leider nicht immer Zeit dazu.

Position und rechtfertigte in den Augen der stabilisierten Menschen eine breitere politische Tätigkeit in der Bohème und außerhalb von ihr. Ein großer Teil dieser jungen Leute lebte unter fatalen materiellen Bedingungen und hielt sich mit Gelegenheitsarbeiten oder Krediten über Wasser.

Des Weiteren verfügen wir über eine ganze Galerie von (zum Teil erstklassigen) Journalisten, Literaten, Malern, Musikern – ein Kaleidoskop verschiedener Typen aus der künstlerischen Bohème. Ein im Verhältnis stärker stabilisiertes Element stellten die Funktionäre der Organisation dar, die unter den damaligen Bedingungen nicht zahlreich und sehr schlecht bezahlt waren.

Dieses Bild gilt mit kleinen Abweichungen auch für die polnische und russische Parteielite, vielleicht mit dem Unterschied, dass in den polnischen Unabhängigkeitsorganisationen die artistische Bohème stark vertreten und in den russischen und in der SDKPiL ihr Anteil schwächer war. Dieser Unterschied, der sich im Übrigen schwerlich genau bestimmen lässt, hatte keinen wesentlichen Einfluss auf die Struktur der Gruppe.

Den Charakter einer politischen Bohème hatte die Parteielite des bolschewistischen Flügels der SD, wobei zu dieser ebenfalls Vertreter der studierenden und in bestimmtem Maße auch der künstlerischen Bohème gehörten.[109] Daher bestand auch die Parteielite der kommunistischen Partei aus der Zeit Lenins, die eine Kontinuität zur alten bolschewistischen Vorkriegselite aufwies, aus Menschen, die als Angehörige der Bohème in ihrem Leben für eine gewisse Zeit auf die schiefe Bahn geraten oder deklassiert waren. Erst der Umsturz gab ihrem Leben eine Stabilisierung in der neuen sozialen Struktur. Dennoch hatte ihnen der zurückliegende Lebensabschnitt in der Vorkriegszeit seinen charakteristischen Stempel aufgedrückt.[110] Wie wir aber wissen, spielte diese Parteielite nur eine geringe Rolle bei der Ausbildung der Führergefolgschaft, die sich um ein Mitglied dieser Elite und ein früheres Mitglied der politischen Bohème scharte: Josef Stalin. Die Gefolgschaft Stalins entsteht (dieser Prozess ist derzeit noch nicht abgeschlossen) gegen die alte Parteielite und im Kampf mit ihr. Für die Zusammensetzung dieser Gefolgschaft wesentlich ist, dass in ihr jüngere Leute überwiegen, Menschen ohne revolutionäre Vergangenheit vor dem Krieg, und die wenigen älteren sind mit Stalin über das Gefühl der Hingabe und das Bewusstsein verbunden, dass sie ihm ihren Aufstieg verdanken.[111] Am wichtigsten sind jedoch die Jungen. In ihrer Vergangen-

---

109 Die künstlerische Bohème war zahlreich vertreten in der Gruppe der so genannten *otzyvisti*, in welcher Lunatscharskij die Hauptrolle spielte.

110 Es gibt die Anekdote, Radek habe als Leiter der Propaganda nicht verstanden, dass sie eines so großen Budgets bedürfe. Lenin soll über ihn gelacht und gesagt haben, dass für Radek 100 Rubel immer eine fantastische Summe gewesen seien.

111 Ich verweise hier auf die Arbeiten Aleksandrovs, vor allem auf seine Broschüre Diktator-li Stalin?

heit fehlt es an den grundlegenden Charakteristika von Deklassierung und Bohème, welche für die alte Parteielite so wesentlich waren. Diese Angehörigen der Gefolgschaft Stalins sind Menschen, die vor ihrer Berufung bereits eine geachtete Position eingenommen hatten, hauptsächlich im bürokratischen Apparat von Staat und Partei. Alles spricht dafür, dass Stalin sich gezielt darum bemüht, sich auf Menschen zu stützen, die stetigere soziale Elemente repräsentieren.

Anders sieht die Sache in Italien und in Deutschland aus. Hier spielte die politische Bohème eine relativ unbedeutende Rolle bei der Ausbildung der Parteieliten und der Führergefolgschaften. Vor allem in Deutschland war ihr Einfluss sehr schwach. Die unterschiedliche politische Vergangenheit dieser Länder trug nicht zur Ausbildung einer politischen Bohème des polnischen oder russischen Typs bei. Stattdessen machte sich die Beteiligung der künstlerischen und der studierenden Bohème bemerkbar. Dabei waren sie keine Lieferanten der politischen Bohème, sondern handelten unmittelbar als eigenständiger Faktor. Neben diesen Bohèmes macht sich sehr stark die Beteiligung solcher Elemente bemerkbar, die man zwar nicht der Bohème zurechnen konnte, aber in ihrem Leben doch eine Periode des auf die schiefe Bahn Geratens oder der Deklassierung durchgemacht haben. Darüber hinaus ist der Einfluss dieser Elemente auf Charakter und Gefolgschaft sogar deutlicher und umfassender als der Einfluss der Menschen aus der Bohème. Die andere Art der Situation, in welcher der italienische Faschismus und der deutsche Nationalsozialismus auf der einen Seite und der russische Bolschewismus auf der anderen entstanden, fand in diesen Unterschieden ein deutliches Echo.

Betrachten wir die italienischen Verhältnisse und beginnen wir bei Mussolini. Die Einzelheiten seines Lebens liegen ziemlich im Dunkeln, dort aber, wo wir etwas darüber wissen, treten die uns interessierenden Momente recht plastisch hervor. Er war Sohn eines Schmieds und stammte aus dem proletarischen oder halbproletarischen Milieu mit sozialistischen Traditionen.[112] Er selbst berief sich gerne auf seine Herkunft aus dem Volke.[113] Nach dem Abschluss der Schule ergriff er den Beruf des Dorflehrers mit einem Gehalt von 56 Lire monatlich.[114] Dies dauerte jedoch nur kurze Zeit. Als die Ferien anfingen, reiste er in die Schweiz, um – wie er sagt – dort das Glück zu suchen. Von seiner Mutter erhielt er 45 Lire. Auf dem Weg erfuhr er von der Verhaftung des Vaters, der an Wahlunruhen beteiligt war, die sich gegen einen kleri-

---

112 Vgl. Prezzolini, Faszyzm, S. 42.
113 Vgl. Mussolini, Rede vom 5. Dezember 1922 vor Arbeitern des lombardischen Stahlwerks in Mailand; ders., Ai Metallurgici Lombardi. In: ders., Opera Omnia, a cura di Edoardo e Duilio Susmel, Band XIX, Florenz 1956, S. 57–59, hier 57.
114 Vgl. Prezzolini, Faszyzm, S. 45 f.

kalen Kandidaten richteten. Mussolini zögerte, ob er zurückkehren oder wei-
terreisen solle. Er entschied sich jedoch weiterzureisen und kam mit zwei Lire
und zehn Cent in der Tasche in die Schweiz. So sehen in der Erzählung Mussolinis die Anfänge seiner Karriere aus. In der Schweiz erwartete ihn als Mensch
und als Deklassierter eine harte Zeit. Es ist bekannt, dass er als Tagelöhner
arbeitete, nur gelegentlich verdiente, häufig unter Brücken schlief und oft
unter Hunger litt. Schließlich gelang es ihm, eine Beschäftigung in der Redaktion einer sozialistischen Zeitschrift zu erlangen. Aber im Jahre 1908 ver-
scherzte er es sich mit den schweizerischen Behörden, die ihn aufforderten, das
Gebiet der Republik zu verlassen. Also kehrte er nach Italien zurück. Hier
geriet er in das Milieu der künstlerischen Bohème, genauer: der journalistischen, mit einer deutlich politischen Färbung. Weiterhin lebte er in Armut,
hatte nur gelegentliche Einkünfte und schrieb Gedichte und politische Artikel.
Es trat dennoch eine gewisse Stabilisierung ein, ja sogar ein sozialer Aufstieg:
Er wurde Sekretär der Arbeitskammer in Trient und später Redakteur des
„Avvenire". In dieser Zeit veröffentlichte er ein Büchlein unter dem Titel
„Il Trentino veduto da un socialista". In ihm schlug er patriotische Töne an
und beschuldigte das italienische Bürgertum der Nachgiebigkeit gegenüber
Deutschland und eines Mangels an irredentistischen Bestrebungen.[115]

In gewissem Maße war das Jahr 1910 ein Moment des Umbruchs im Leben
des künftigen Diktators. Mussolini zog damals nach Forli um, wo er eine lebhafte Propagandaaktivität gegen den Tripoliskrieg entwickelte. Dies brachte
ihm ein Jahr Gefängnis ein, aus dem er als extremer Revolutionär wieder-
kehrte. Gleichzeitig aber erwarb er sich Popularität und wurde Führer des
sozialistischen Forli. Die erlangte Popularität bereitete ihm den Weg in die weitere Arena des politischen Lebens.

Bis dahin hatte die Aktivität Mussolinis lokalen, provinziellen Charakter. Er
war ein Aktivist, nahm in der Parteihierarchie den bescheidenen Posten des

---

115 Eine Charakteristik dieser Zeit im Hinblick auf die geistige Entwicklung liefert Mannhardt, Der Faschismus, S. 147–152. Bemerkenswert sind die patriotischen Akzente,
die in den Schriften und der Tätigkeit Mussolinis auftraten. Robert Michels spricht
von patriotischen Motiven, welche die Intelligenz (vor allem die italienische) beim
Übertritt zum Sozialismus leiteten. Der Sozialismus war somit Mittel und nicht Ziel
(ders., Zur Soziologie des Parteiwesens, S. 323 f.). Im Übrigen hatte dieser patriotische
Radikalismus eine starke soziale Färbung. Auf einem ganz anderen Blatt steht, dass
der Faktor des sozialen Radikalismus nicht besonders dauerhaft oder tief verwurzelt
war und Menschen dieses Typs in aller Regel vom Sozialismus fortgingen. Analoge
Symptome finden wir in der polnischen Unabhängigkeitsbewegung, wo bisweilen diskutiert wurde, ob der Sozialismus ein Mittel zur Erlangung der Unabhängigkeit sei oder
ein Ziel an sich. Es verwundert daher nicht, dass viele Angehörige sozialistischer Gruppen nach der Erlangung der Unabhängigkeit bald ihren sozialen Radikalismus aufgaben.

Redakteurs unbedeutender Zeitschriften und eines Agitators ein, war aber nur einer von den vielen, über die eine große Partei verfügte. Er war somit ein ziemlich bescheidener Parteifunktionär mit bedeutendem Einfluss, der allerdings auf ein nicht besonders großes Gebiet beschränkt war. Erst im Jahre 1912 zog er allgemeineres Interesse auf sich, als er auf einem Kongress in Bologna als Vertreter des extrem radikalen Flügels auftrat. Er verteidigte damals den Grundsatz der strengen Parteidisziplin und zeigte in dieser Sache eindeutig militärische Tendenzen. Diese Konzeption, in der man eine Verbindung zwischen Blanquismus und revolutionärem Anarchismus entdecken kann, die voll von scharfen Attacken gegen den Parlamentarismus war, beruhte auf dem Postulat einer revolutionären Diktatur. Mussolini trat als Anhänger bewaffneter Aufstände, von Anschlägen und Terror auf.[116]

Der Kongress von Bologna führte Mussolini in die Parteielite und beförderte ihn in deren Führungsgruppe. Er wurde jetzt Redakteur des „Avanti" und erzielte 1914 auf dem Kongress in Ancona einen großen Erfolg: Aufgrund seiner Einflussnahme verließ der rechte, reformistische Flügel (Bonomi, Bisolatti) die Partei, und es wurde eine Resolution verabschiedet, die feststellte, dass Sozialismus und Freimaurertum nicht zu vereinbaren seien.[117]

Man könnte über den sozialen Hintergrund dieses Radikalismus diskutieren und darüber nachdenken, wie viel vom Radikalismus der intelligenten Bohème in ihm enthalten war. Wir werden jedoch diese Fragestellung nicht behandeln und auf diese Weise Verallgemeinerungen von zweifelhaftem Wert vermeiden; wir begnügen uns stattdessen mit der Feststellung, dass Mussolini in dieser Zeit eine Periode der Deklassierung hinter sich hatte und über zahlreiche Bindungen zu den Milieus der Bohème verfügte. Der Erfolg in der Partei gab ihm eine ernstzunehmende soziale Basis, aber die persönlichen Beziehungen zu der futuristischen Bohème in Mailand, welche literarischem Interesse entsprangen, wurden selbstverständlich weiterhin aufrechterhalten.

Nach dem Ausbruch des Krieges verliehen der Wechsel ins Lager der Interventionisten und die Redaktion des „Popolo d'Italia" Mussolini weiteres Echo und stärkten seine soziale Position. Die politische Vergangenheit lastete noch auf ihm, als er sich in der Armee wiederfand. Die Militärbehörden beäugten den früheren Revolutionär misstrauisch und erlaubten ihm nicht, an Vorbereitungskursen für Offiziere teilzunehmen. Obwohl ihm die Zugehörigkeit zur Armee keinen Aufstieg brachte, war sie doch keine Degradierung im sozialen Sinne. Im von ihm veröffentlichten *Diario di guerra* schrieb er seine Kriegserinnerungen auf, wobei erkennbar wird, dass er seine Abenteuer in der Armee journalistisch auszuschlachten verstand. Nach einer Verletzung zu Beginn des

---

116 Vgl. Prezzolini, Faszyzm, S. 48 f.
117 Vgl. Mannhardt, Der Faschismus, S. 153–156.

Jahres 1917 verließ er die Armee und kehrte zur journalistischen Tätigkeit zurück.

Dies waren die Hauptetappen von Mussolinis Lebensweg. Jetzt wollen wir uns mit der sozialen Vergangenheit einiger Mitglieder seines Gefolges bekannt machen. Über die politische Vergangenheit einiger von ihnen haben wir zuvor bereits gesprochen. Es handelte sich um Menschen mit einer bedeutenderen politischen Erfahrung, die, auch wenn sie mit einer Bohème in Beziehung standen oder in ihrem Leben Perioden der Deklassierung durchgemacht hatten, in jedem Falle, ähnlich wie Mussolini, noch vor der Gründung der faschistischen Partei eine Stabilisierung in ihrem Leben erlangt hatten. Den eigentlichen Rumpf der Gruppe bildeten andere, bedeutend zahlreichere Männer mit einem anderen sozialen Hintergrund.

Wir finden hier zahlreiche Vertreter der künstlerischen und der eng mit ihr verbundenen journalistischen Bohème. Als Beispiel kann Fernando Agnoletti dienen, Preisträger der Universität von Florenz, Emigrant in England, landwirtschaftlicher Pächter, Molkereibesitzer, Buchhändler, Kabarettimpressario, Weltkriegsteilnehmer, späterer Chef der Balilli.[118] Die literarische Bohème, die sich um Marinetti bildete, war in gewissem Maße ebenfalls eine Bohème, die unter dem Einfluss d'Annunzios stand, und trug wie andere Gruppen der literarischen, künstlerischen und journalistischen Bohème zur Entstehung erster Elitegruppen der faschistischen Partei bei.

Weiterhin fällt die zahlreiche Beteiligung der studierenden Jugend auf. Noch vor dem großen Krieg war Italien ein „studentisches" Land, in dem die Zahl der Studierenden in keinem Verhältnis zu den wirtschaftlichen Möglichkeiten stand. Hier entstand ein eigentümliches studentisches Proletariat, dessen Charakter dem einer Bohème nahestand. Diese Jugend zeichnete sich durch Radikalismus aus. Bis zum Ende des 19. Jahrhunderts war sie sozialistisch, später war sie vorwiegend antiklerikal, demokratisch und republikanisch. In der Zeit des Libyenkrieges unterlag sie dem Einfluss d'Annunzios und wandte sich einem extremen Nationalismus zu. Zu Beginn des Weltkrieges herrschte unter der Jugend eine kämpferische Stimmung, und ein sehr großer Teil von ihnen war voller Eifer der Sache des Interventionismus ergeben.[119]

In der Zeit des Weltkrieges erlitt sie große Opfer.[120] Dennoch brachte die Teilnahme am Krieg einem bedeutenden Teil von ihr, vor allem den am stärksten pauperisierten Elementen, eine bestimmte soziale Position und das Gefühl, eine Rolle gespielt zu haben. Die Demobilisierung beraubte sie nicht

---

118 Vgl. Prezzolini, Faszyzm, S. 71.
119 Vgl. Silone, Der Fascismus, S. 84.
120 Robert Michels sagt, dass über die Hälfte der Teilnehmer des Turiner Seminars im Krieg gefallen sei und das unter überwiegend heroischen Bedingungen (ders., Sozialismus und Fascismus, S. 253).

nur des in der Armee eingenommenen Postens, sondern stellte sie vor riesige Schwierigkeiten im Leben. Diese jungen, demobilisierten Offiziere, Besitzer hoher Kampfauszeichnungen, standen nun vor der Pflicht, ausstehende Examen, die sich angesammelt hatten, abzulegen, die nach einer solchen Pause nicht einfach zu bestehen waren. Ihre materielle Situation war, verschärft durch die wirtschaftliche Krise nach dem Krieg, überaus unangenehm. In vielen Ämtern waren die Posten von Frauen besetzt, die sie nicht aufgeben wollten. Die Nachfrage nach der Arbeitsleistung dieser Intellektuellen war begrenzt, die Wohnbedingungen waren sehr schwierig. Die Notwendigkeit, immer wieder nach Verdiensten zu suchen, machte ein systematisches Lernen unmöglich. Die Situation war so ernst, dass der Staat im Jahre 1920 eine Maßnahme ergriff, die darauf zielte, die Emigration italienischer Akademiker ins Ausland zu organisieren.[121]

Vor dem Hintergrund der materiellen Situation der demobilisierten akademischen Jugend manifestiert sich besonders deutlich ihre Beziehung zum Fabrikproletariat, das in der Zeit des Krieges seine materielle und soziale Position enorm verbessert hatte. Ohne Zweifel war die Verbesserung der materiellen Situation der Arbeiter, die in eine Zeit der Inflation fiel, relativ, sie wurde jedoch durch die Angehörigen der Intelligenz, die einer gewaltsamen Pauperisierung unterlagen und ihre Deklassierung zu spüren begannen, ohne Rücksicht bewertet. Michels, der diese Zeit eindringlich beschrieben hat, sagt, dass der Zustand eines Klassenkampfes *à rebours* entstand, in dem die Angehörigen der Intelligenz, und vor allem der Studenten, gegen die Arbeiter vorgingen.[122] Die infolge des Krieges deklassierte Studentenschaft, die sich durch große Aktivität auszeichnete, stellte, eingedenk der sozialen Position, die sie in der Zeit des Krieges erworben hatte, die Hauptkader der italienischen faschistischen Bewegung. Die entstehende Partei fand in ihr die Grundlagen ihres Offizierskorps, und die Elite der Partei und das Gefolge des Führers rekrutierten aus ihr viele repräsentative Individuen.

Mit der studentischen Frage ist die Frage nach all jenen verbunden, die ähnlich wie die Studenten-Offiziere in der Zeit des Krieges eine geschätzte soziale Position eingenommen hatten und sie nach dem Kriege verloren. Hier kommen vor allem Offiziere ins Spiel, insbesondere die der Reserve. Die demobilisierten Offiziere spielten schon in früheren revolutionären Bewegungen eine bedeutende Rolle – erinnert sei nur an die Beteiligung napoleonischer Offiziere an den Revolutionen der ersten Hälfte des 19. Jahrhunderts.[123] Nach dem

---

121 Vgl. ebd., S. 254 f.
122 Vgl. ebd., S. 257.
123 Treffende Bemerkungen zu diesem Thema macht Carlo Sforza, Dictateurs et dictatures, 2. Auflage Rom 1941, S. 83.

Kriege verließen 160 000 demobilisierte Offiziere die italienische Armee. Während des Krieges hatten sie sich an die Rolle des Vorgesetzten gewöhnt, geachtete soziale Positionen eingenommen und über gesicherte Mittel für sich und ihre Familien verfügt. Nach dem Krieg fand sich ein bedeutender Teil von ihnen ohne dauerhafte Beschäftigung wieder, und das in einer Atmosphäre, die ungünstig für Krieg und Militarismus war. Nicht selten kam es zu Überfällen sozialistischer und kommunistischer Arbeiter auf Offiziere.[124] Im Endeffekt erschien der Frieden einer großen Zahl dieser Menschen als unerträglich und degradierend. Es verwundert daher nicht, dass sie von einer Partei angezogen wurden, die starke militärische Tendenzen in ihrer organisatorischen Struktur aufwies, einer Partei, welche die beschädigte soziale Hierarchie wiederherstellen wollte. Viele dieser Offiziere befanden sich in der Führungsgruppe der faschistischen Partei wieder.[125]

Studenten und demobilisierte Offiziere erschöpfen nicht die Liste der Menschen, die von Deklassierung betroffen waren und zur Basis des Faschismus wurden. Hinzu kommen noch verschiedenartige soziale Elemente, die von den Kriegsfolgen betroffen waren. Die Rolle dieser Elemente in der Elite der Gruppe, vor allem der bürgerlichen und kleinbürgerlichen, war um vieles geringer als die der Elemente, von denen wir zuvor gesprochen haben.

Schließlich darf man einen Faktor nicht vergessen, der große Bedeutung dafür hatte, dass die Partei ihren kämpferischen Charakter annahm, und der einen bestimmten Einfluss auf die Führungsgruppe besaß. Wir denken hier an das Lumpenproletariat und die kriminellen Elemente. Besondere Aufmerksamkeit verdienen hier die sogenannten *arditi*. Im Jahre 1917 wurden elitäre Sturmabteilungen geschaffen, die aus Freiwilligen verschiedener Abteilungen der Infanterie bestanden. Unter diesen *arditi* befand sich eine große Zahl unterschiedlichster Menschen, die aus der Bahn geraten waren, insbesondere Verbrecher, die im Jahre 1915 amnestiert und in die Armee geschickt worden waren. Nach dem Kriege organisierten die *arditi* unter Beibehaltung ihres alten Namens eine spezielle Vereinigung, die offen gegen Arbeiter- und linke Vereinigungen vorging. Am Ende des Jahres 1919 trat diese Vereinigung der faschistischen Partei bei, in der sie eine Kampfmiliz mit spezieller Uniform (schwarze Hemden, schwarze Standarten, Stiletts) bildete.[126] Neben den *arditi* fanden sich in der Partei zahlreiche Elemente mit besonders abenteuerlicher Vergangenheit wieder, unter denen es nicht an Individuen mangelte, die eindeutig zur kriminellen Unterwelt gehörten. Hier müssen wir ergänzen, dass die

---

124 Vgl. Silone, Der Fascismus, S. 83.
125 Als Beispiel kann Alessandro Melchiori dienen, der von Mussolini in das Direktorium der Partei berufen wurde. Siehe Prezzolini, Faszyzm, S. 74.
126 Vgl. Silone, Der Fascismus, S. 77 f.

Welt des Verbrechens sich wohlwollend gegenüber der neuen politischen Richtung verhielt. Man muss daran erinnern, dass ein Berufsverbrecher kein Feind der Institution des Privateigentums ist; im Gegenteil, seine Ideale sind entschieden bürgerlich, und deshalb unterstützt er zumeist rechte Strömungen und unterstreicht seine patriotischen Gefühle.[127] Alle diese Elemente brachten der Partei viele Individuen und Gruppen, die besonders kämpferisch veranlagt waren. Vor allem in der frühen Periode der Geschichte der faschistischen Partei treffen wir unter den Angehörigen der Parteielite viele Figuren mit höchst zweifelhafter Vergangenheit an.[128] In dem Maße, wie sich die Bewegung stabilisierte, unterlagen diese Elemente einer schrittweisen Liquidierung.

Selbstverständlich mangelte es in der faschistischen Elite wie auch in der gesamten Partei nicht an Elementen, die stabilisierte gesellschaftliche Gruppen repräsentierten. An die Spitze schoben sich jedoch andere Elemente, solche, die vom Stigma des „aus der Bahn geraten Seins" oder der Deklassierung gezeichnet waren. Die Angehörigen der Bohème trugen bestimmte ideelle Parolen vor sich her, und die durch den Krieg deklassierten Menschen, vor allem Studenten und Offiziere, leisteten einen entscheidenden Beitrag zur Hebung der Kampfbereitschaft der Partei. Es mangelte hier nicht an Abenteurernaturen, die nach außergewöhnlichen Erlebnissen gierten, Menschen, die sich eben aufgrund dieser persönlichen Merkmale in einer Phase ihres Lebens außerhalb der für normal gehaltenen sozialen Verhältnisse befanden. Und ohne Zweifel war auch der biografische Typus des „Vergnügungsmenschen" hier sehr zahlreich repräsentiert, ja, vielleicht dominierte er sogar. Ein bedeu-

---

127 In dieser Hinsicht lohnt es sich, die Memoiren von Domeli oder die Bücher von Piasecki und Nachalnik kennenzulernen. Hier sticht uns die Einstellung der Berufsverbrecher im Sinne von Kapitalismus und Eigentum ins Auge. Zugleich kann man hier bei aller Abneigung gegenüber den staatlichen Organen, die gegen das Verbrechen kämpfen, keine anarchistischen Tendenzen finden. Der Staat als solcher wird anerkannt, und darüber hinaus werden seine polizeiliche und penitentiäre Tätigkeit anerkannt, obwohl man gegen sie kämpft. In der Zeit des großen Krieges stellte die Welt des Verbrechens den kämpfenden Armeen hervorragende Soldaten. Charakteristisch ist der wechselseitige Hass, der zwischen Arbeitern und Lumpenproletariat sowie Berufsverbrechern existiert. In der Zeit der Revolution von 1905 waren Wola und Baluty Schauplatz heftiger Kämpfe von Arbeitern und Lumpenproletariat. Über diese Abneigung der Arbeiter siehe Michels, Zur Soziologie des Parteiwesens, S. 373–375.

128 Giuseppe Prezzolini, der dem Faschismus eher zugeneigt war, bringt viele charakteristische Beispiele. Leute wie Cesare Rossi oder der berühmte Amerigo Dumini hatten eine kriminelle Vergangenheit. Hier einige Daten aus dem Lebenslauf des Florentiner Führers, Tullio Tamburini: 1914 – kleiner Betrug; 1915 – Fälschung von Banknoten; 1919 – Schmuggel und Verkauf von Utensilien aus den befreiten Provinzen; 1921 – Verschwendung öffentlicher Gelder, Ermordung eines gewissen Cicetti usw. Tamburini war während des Krieges Offizier und wurde im Range eines Oberleutnants demobilisiert.

tender Teil dieser verschiedenartigen und zugleich einheitlichen Gruppe von Menschen ließ sich von einer Veranstaltung d'Annunzios anziehen und kam nach Fiume.[129] Dennoch war dieses Abenteuer, das so reich an theatralischen Effekten war, nicht von langer Dauer. Als die Veranstaltung in Fiume scheiterte, fanden sie in der sich entwickelnden faschistischen Partei ein günstiges Terrain für ihre Aktivitäten, auf dem sie sich ausleben konnten. Dabei handelte es sich um die Fortsetzung jenes großen Abenteuers, das im Mai des Jahres 1915 begann und in dem Fiume lediglich die theatralischste Episode war.

Machen wir uns nun mit dem sozialen Antlitz der Führungsgruppe der nationalsozialistischen Partei in Deutschland bekannt. Wir beginnen beim Führer selbst.

Die Deklassierung Hitlers unterscheidet sich grundlegend von jenen Fällen, von denen wir bislang geredet haben. Vor allem handelte es sich nicht um eine Deklassierung infolge politischer Aktivität, also um jenen Typus, der so charakteristisch für die polnischen und russischen revolutionären Aktivisten war. Sie ähnelt auch nicht der Deklassierung Mussolinis, die von sehr kurzer Dauer war, eine politische Färbung hatte und eher den Charakter von Abenteuern eines temperamentvollen jungen Mannes trug als den eines ernsteren Kataklysmus im Leben. Im Falle Hitlers aber haben wir es mit dem Teilnehmer eines Massenprozesses zu tun, der auf dem Boden des allgemeinen Wandels der sozialen Struktur erfolgt.

Hitler spricht sehr unklar und allgemein über die Peripetien seines Lebens vor allem in den früheren Perioden. Den Biografen Hitlers, Heiden und Olden, gelang es später, bestimmte Details zu rekonstruieren, über vielem aber liegt bislang der Schleier des Geheimnisses. Dennoch liefert „Mein Kampf" uns ein deutliches Bild des Autors als eines Menschen, der eine lang andauernde Phase der Deklassierung durchgemacht hat. Aus der Erzählung Hitlers erschließt sich, dass er aus familiären Gründen auf die schiefe Bahn geriet. Sein Vater wollte ihn zum Beamten machen, er aber träumte von einer Karriere als Künstler.[130] Hier aber dürfte der Konflikt nicht besonders ernst gewesen,

---

129 „Da sah man zum ersten Mal das Aufgebot kleinbürgerlicher Jugend, das hernach den Kern der ersten faschistischen Gruppen bilden sollte: Handlungsgehilfen, kleine Angestellte und Studenten, die fürchteten, dass ihre während der Fieberjahre des Krieges nur dürftig fortgeführten Universitätsstudien sie doch nur zu Hungerleidern machen würden; junge Offiziere, die, als Zivilisten eingetreten, im Schützengraben sich ihre Tressen verdient hatten und nun gar keine Lust verspürten, in ihre kümmerlichen und schlechtbezahlten bürgerlichen Berufe zurückzukehren. Wie konnte man ihnen zumuten, wieder Postassistenten oder Schullehrer, Bankgehilfen oder Ladenverkäufer zu werden?". Carlo Sforza, Europäische Diktaturen, deutsch von Hans Reisiger, Berlin 1932, S. 32.

130 Vgl. Hitler, Mein Kampf, S. 5–8.

denn Hitler verlor den Vater im Alter von 13 Jahren,[131] und im kleinbürgerlichen Beamtenmilieu wurden die Pläne des dreizehnjährigen Jungen nicht ernst genommen. Die Atmosphäre im Haus dürfte aber nicht angenehm gewesen sein, denn der Vater war vom Typus des strengen, kleinen österreichischen Beamten, und der Sohn hatte keine Lust zu lernen. In der Schule lief es schlecht für ihn, und sie wurde vom Tod des Vaters unterbrochen. Schließlich bemühte sich Hitler, seine künstlerischen Pläne zu verwirklichen. Er fuhr nach Wien, um sich dort der Malerei zu widmen. Dieser Ausflug aber endete mit einem Misserfolg. Er wurde nicht in die Akademie aufgenommen, wobei ihm, wie er feststellte, als Grund genannt wurde, er habe Fähigkeiten in der Architektur, aber nicht in der Malerei. Man riet ihm außerdem, in eine Architekturschule einzutreten. Dem stand jedoch entgegen, dass Hitler kein Abiturzeugnis besaß.[132] Hitler kehrt nach Hause zurück. Als jedoch Ende 1908 auch seine Mutter starb, ging er noch einmal nach Wien, diesmal für einen längeren Aufenthalt.

Es begann die Wiener Periode, der er in seinem Buch ein Kapitel unter dem bezeichnenden Titel „Wiener Lehr- und Leidensjahre" widmete. Diesen fünfjährigen Lebensabschnitt bezeichnete er selbst als Zeit des Unglücks und des Elends, in welcher der Hunger sein ständiger Begleiter gewesen sei.[133] Seine Situation war tatsächlich tragisch. Wien zog, wie jede Großstadt, zahllose Menschen aus der Provinz an, die nach einem Auskommen und einem Aufstieg suchten. Hitler, ein Ankömmling aus einer kleinen böhmischen Stadt, ohne Schulzeugnisse (die im damaligen Österreich so wichtig waren), ohne Beziehungen, ohne Geld, ging den Weg, den in allen Großstädten tausende Existenzen wie er gingen. Drei Jahre nächtigte er in einem Heim für Obdachlose in Brigittenau, in einem Kloster in der Gumpendorferstraße, aß die Suppe der Armen, räumte Schnee und ging mit Sicherheit betteln.[134]

Aus den fragmentarischen und allgemeinen Aussagen in „Mein Kampf" kann man sich ein Bild von Hitlers damaligem moralischen Zustand machen. Und an einer Stelle lobt er sein Schicksal, das es ihm ermöglicht habe, das Los

---

131 Vgl. ebd., S. 15 f.
132 Vgl. ebd., S. 17–19. Rudolf Olden stellt die Korrektheit von Hitlers Bericht in Frage. Die Akademie für Malerei verlangte ebenfalls Schulzeugnisse und ließ nur in Ausnahmefällen eine Aufnahmeprüfung zu. Unterdessen findet sich in den Protokollen der Akademie keine Erwähnung Hitlers. Vgl. ebd., S. 22.
133 „Fünf Jahre Elend und Jammer sind im Namen dieser Phäakenstadt für mich enthalten. Fünf Jahre, in denen ich erst als Hilfsarbeiter, dann als kleiner Maler mir mein Brot verdienen mußte; mein wahrhaft kärglich Brot, das doch nie langte, um auch nur den gewöhnlichen Hunger zu stillen. Er war damals mein getreuer Wächter, der mich als einziger fast nie verließ, der in allem redlich mit mir teilte". Ebd., S. 20 f.
134 Vgl. Heiden, Adolf Hitler, Band 1, S. 18 f.

der „kleinen Leute" kennen und verstehen zu lernen.[135] Aber zugleich versteckt
er nicht seine Verachtung und seine Abneigung für diese Menschen, und er
spart nicht mit tristen Farben, wenn er den moralischen Zustand des Wiener
Proletariats beschreibt.[136]

Hitler betont sehr, dass die Welt dieses Proletariats nicht seine Welt sei, dass
er nur aus Not mit dem Arbeitermilieu in Kontakt tritt und dass es sich hierbei nur um ein Übergangsphänomen handelt. Er betont, dass er persönlich
etwas Besseres sei und in jedem Fall nach etwas Besserem strebe. Nie finden
wir bei Hitler die Spur eines Versuchs, eine Gruppe mit denen zu bilden, unter
denen er sich wiederfand, und nirgendwo sehen wir, dass er sich mit ihren
Bestrebungen solidarisiert hätte. Auf einen Vorschlag, einer Gewerkschaft beizutreten, antwortete er mit einer entschiedenen Absage, was wiederum ablehn-
nende Reaktionen seiner Arbeitskollegen hervorrief.[137] Er unterstrich pronon-
ciert seine Zugehörigkeit zur „besseren" Gruppe der Gesellschaft und berief
sich auf seine familiären Traditionen. Und wenn man die Abschnitte liest, in
denen er das Leben des Wiener Proletariats charakterisiert, kann man sich nur
schwer des Eindrucks erwehren, dass er hier mit den ihm gut bekannten
Idealen des kleinbürgerlichen Milieus misst.[138]

Hitler blieb somit der Gruppe entfremdet, der ihn die Lebensumstände
zugeführt hatten. Er war dem Milieu des qualifizierten Fabrikproletariats
fremd, zu dem er nicht gehören konnte, und er war den proletarisierten Milieus
fremd, zu denen er faktisch gehörte. Und besonders hier drängt sich die zutreffende Bemerkung De Mans auf, wonach nicht die objektive Lebenssituation
über die soziale Haltung und über die Entwicklung bewusster gesellschaftlicher Bestrebungen entscheidet, sondern wie eine Lebenssituation empfunden
wird, also nicht ein objektives Unrecht, sondern das Empfinden eines
Unrechts.[139] Wenn die objektiven Umstände Hitler dem proletarischen Milieu
zuführten, folgte hieraus jedoch keine Gemeinsamkeit in den Bestrebungen
von ihm und der proletarischen Welt. Nachdem er aus seiner Klasse abgestiegen war, bewahrte er sich jedoch das Gefühl der Verbundenheit mit ihr und
eine ablehnende Einstellung gegenüber dem neuen Milieu. Hierbei handelt es
sich um eine Haltung, die für deklassierte und aus der Bahn geratene Elemente
von enormer Bedeutung ist und die man in der Welt des Lumpenproletariats
besonders häufig antrifft. Charakteristisch für sie ist der Zustand einer starken
sozialen Vereinsamung. Der Mensch ist hier ein gesellschaftliches Molekül,

---

135 Vgl. Hitler, Mein Kampf, S. 22. Dieser Abschnitt könnte auch später entstanden sein,
     um die charismatischen Eigenschaften Hitlers als Führer hervorzuheben.
136 Vgl. ebd., S. 25–28, 32–34.
137 Vgl. ebd., S. 48.
138 Vgl. Olden, Hitler, S. 26 f.
139 Vgl. de Man, Zur Psychologie des Sozialismus, S. 40 ff.

das nach dem Verlust seiner faktischen Bindungen mit der Gruppe, zu der es zuvor gehört hatte, nicht in der Lage ist, sich mit einer anderen Gruppe zu verbinden, die in ihrem Bewusstsein und im Einklang mit der Ansicht ihres früheren Milieus einen niedrigeren Rang in der sozialen Hierarchie einnimmt.

Bekanntermaßen bemühte sich Hitler in dieser Zeit, seine Leidenschaft zur Malerei zu nutzen. Seine Einnahmen aus dieser Tätigkeit waren ziemlich armselig und zufällig. Im Übrigen handelte es sich um Malerei auf niedrigstem Niveau, die keine Tür in die Welt der Bohème der Maler öffnete.[140] Auch finden wir keine Hinweise darauf, dass er über irgendwelche Kontakte mit dieser Bohème verfügt hätte. Er malte Ansichtskarten für den Straßenverkauf, zweifelhafte Aquarelle, die für ein paar Kronen verkauft wurden. All dies ergab das beinahe klassische Bild eines deklassierten Menschen, der an den Rand des gesellschaftlichen Lebens gedrängt worden war.

Im Frühjahr des Jahres 1912 zog er nach München um. Den zweijährigen Aufenthalt in dieser Stadt beschreibt er als glücklichste und ruhigste Zeit in seinem bisherigen Leben.[141] Ansonsten berichtet er über diese Zeit fast keine Einzelheiten. Bekanntermaßen unterhielt er sich durch Zeichnungen, das Malen von Aquarellen und Postkarten usw. Es handelte sich somit ebenfalls um zufällige Einkünfte, in jedem Falle aber müssen sie besser gewesen sein als in der Wiener Periode.[142] Auch hier erfahren wir nichts über Kontakte mit der Münchener Bohème der Maler, und alles spricht dafür, dass er nicht ihr Niveau erreicht hatte. In jedem Fall aber erweiterte sich die Sphäre seiner Kontakte. Er war häufiger Gast in schlechten Kneipen, in denen sich die kleinen Leute versammelten und wo viel über politische Themen geredet wurde. Er führte somit ein unstetes Leben, weit entfernt von jeder Stabilisierung.

Erst der Ausbruch des großen Krieges brachte einen grundlegenden Wandel der Situation. Hitler erhielt, ähnlich wie tausende anderer aus der Bahn Geratener, eine feste Lebensgrundlage in einer geschlossenen, mächtigen sozialen Gruppe.

Kommen wir nun zur Umgebung Hitlers, seiner Gefolgschaft und zur Elite seiner Partei. In beträchtlichem Maße erinnern die Verhältnisse, welche wir hier antreffen, an die in Italien. Allerdings ist hier der Anteil der Bohème und der pauperisierten Studentenschaft geringer. Über ein Jahrzehnt der Vorbereitung auf die Übernahme der Macht drückte dem ideellen und sozialen Profil der Führungsgruppe in der Partei seinen Stempel auf. Bestimmte Prozesse, die im italienischen Faschismus erst nach der Erlangung der Macht beginnen konnten, liefen in der deutschen Partei vorher ab, und damit unter anderen

---

140 Vgl. Olden, Hitler, S. 34–36.
141 Vgl. Hitler, Mein Kampf, S. 138.
142 Vgl. Heiden, Adolf Hitler, Band 1, S. 30.

Bedingungen. In dem Maße, wie die Bewegung mächtiger wurde, traten ihr opportunistische Elemente bei, Konjunkturritter, schließlich jüngere Leute, die nicht am Weltkrieg teilgenommen hatten. Sie alle unterschieden sich bedeutend vom organisatorischen Kern der Partei, der aus den ältesten Mitgliedern der Bewegung bestand. Allerdings begünstigte die lange Vorbereitungszeit mit ihren Jahren von Misserfolgen Selektionsprozesse innerhalb dieses Kerns. Diese Selektionsprozesse waren im Bolschewismus bis zu den Zeiten des Stalinismus sehr schwach und traten erst mit der Ausbildung eines neuen Typs von Machtausübung deutlich zutage. Im italienischen Faschismus konnten sie sich notwendigerweise erst nach der Erlangung der Macht entwickeln.

Wir haben davon gesprochen, dass die Bohème im Nationalsozialismus eine geringere Rolle bei der Ausbildung der Elite und der Gefolgschaft spielte. Dennoch spielte sie eine bestimmte und sogar recht bedeutende Rolle. Man könnte sogar die Siebenergruppe, aus der mit der Zeit die nationalsozialistische Partei entstand, für eine politische Bohème halten. Bei ihr handelte es sich aber um keine politische Bohème im engeren Sinne des Wortes, denn sie bestand aus Leuten, deren Mehrheit anerkannte gesellschaftliche Positionen einnahmen und für welche die Politik nur eine Nebenbeschäftigung war. Selbst Hitler handelte in dieser Zeit vor allem als Funktionär der Reichswehr.[143] Andere Grüppchen, aus denen der Nationalsozialismus später Menschen und ideelle Grundlagen schöpfte, hatten ähnlichen Charakter. Eine Eigenschaft der Bohèmes war der Umstand, dass sie am Rande der großen politischen Bewegungen dieser Zeit entstanden und Menschen versammelten, die niemand ernst nahm. Es handelte sich gewissermaßen um Abfallprodukte der großen politischen Rechtsparteien.

Deutlich ist hingegen die Beteiligung von Menschen aus der literarischen und journalistischen Bohème. Hier haben wir es mit einer Vertretung jener drittklassigen Menschen der Feder zu tun, die in den Cafés der Großstädte massenhaft auftreten. Es handelt sich um Literaten mit zufälligen Einkommen, vorwiegend Individuen, die ungeachtet ihrer Wünsche und Anstrengungen nie einen bedeutenden Rang in der Welt der Schriftsteller erlangt haben. Es mangelt hier nicht an Größen von Kaffeehausniveau, an verbitterten Menschen, die an Minderwertigkeitskomplexen leiden und die sich mit unterschiedlichen Kompensationsbestrebungen verbinden. In den Anfängen der Hitlerbewegung war Dietrich Eckart der Hauptvertreter dieser Welt, ein Mensch, der starken Einfluss auf die Gedankenwelt Hitlers ausübte.[144] Zu dieser Kategorie gehören die Parteiaktivisten, die aus den Zirkeln Gundolfs und Stefan Georges

143 Vgl. Olden, Hitler, S. 70; Heiden, Adolf Hitler, Band 1, S. 56.
144 Vgl. Heiden, Die Geschichte, S. 13.

stammen. Hier wiederum ist Dr. Joseph Goebbels die Hauptfigur.[145] Bestimmte Charakteristika mit der Bohème teilen Leute wie Feder, die beiden Straßers oder Streicher. Es handelt sich um Menschen mit Hochschulbildung, mit einem Beruf, welche jedoch die von ihnen eingenommene gesellschaftliche Position für die Politik aufgegeben haben. In ihrem Leben war die politische Aktivität für eine gewisse Zeit ein Faktor der Deklassierung, und Otto Straßer trieb sie gar in die Emigration (bereits nach der Trennung von Hitler). Ein interessanter Typ ist Feder, von Beruf Architekt, eine Zeitlang selbstständiger Unternehmer, der sogar im Ausland arbeitete. Im Alter von 35 Jahren verfasst er ein Memorandum zur Aufhebung des Rentenjochs und legt es der Münchner Regierung vor. Die Ideen Feders werden jedoch nicht ernst genommen und ihm wird das Memorandum wieder zurückgeschickt. Dies hatte ernsthafte Konsequenzen. Der verstimmte Feder wird zum geradezu manischen Vertreter seiner Idee, gibt den Beruf auf und widmet sich völlig der Politik. Er findet Unterstützer in der monarchistischen Reichswehr, die ihn mit Vorträgen bei einem propagandistisch-politischen Kurs für ihre Funktionäre beauftragt. Hier trifft Feder Hitler und wird schließlich zum herausragenden Ideologen des Nationalsozialismus.[146] Motor seines Handelns war sicherlich der Misserfolg im Leben, der auf einem psychopathologischen Boden entstand und eine Veränderung des gesamten Lebensstils nach sich zog.[147]

Weiterhin macht sich die Zugehörigkeit der pauperisierten und deklassierten Studentenschaft bemerkbar. Die älteren erlebten den Weltkrieg und konnten das Schicksal nicht vermeiden, welches ihre italienischen Kollegen traf. Sowohl sie als auch die jüngeren, die nicht im Krieg gewesen waren, wurden in der Inflationsperiode zu Opfern der Umstände und erlebten die Folgen der Verwerfungen in der sozio-ökonomischen Struktur der Nachkriegszeit schmerzhaft. In der Gesamtheit haben wir es mit einem Bild zu tun, das ähnlich dem italienischen ist, jedoch mit dem Unterschied, dass in Deutschland die Traditionen der Studierendenbohème bedeutend schwächer waren,[148] sich

---

145 Vgl. ebd., S. 226–233.
146 Vgl. Heiden, Adolf Hitler, Band 1, S. 62 f.
147 Die Zeitschriftenredaktionen (vor allem von Periodika) kennen diverse Ärzte, Ingenieure, Kaufleute usw. gut, die mit Projekten für großartige politische oder erzieherische Reformen zu ihnen kommen. In bestimmten Perioden kommt es zu einer regelrechten Inflation solcher Projekte, und die Redakteure müssen Takt und Intelligenz beweisen, um Autoren loszuwerden, die sich nicht leicht abschrecken lassen. Der diese Worte schreibt, kennt einen Arzt, der Autor eines Projekts für einen wirtschaftlichen Umbau Polens ist. Dieser Arzt hat seine berufliche Tätigkeit aufgegeben und sich faktisch deklassiert.
148 Man muss keine Analogien zu studentischen Korporationen suchen, die etwas völlig anderes sind als die Bohème. Man könnte am ehesten in der Wandervogelbewegung bestimmte Eigenschaften der Studierendenbohème finden.

hier vor dem Krieg das Problem einer Überproduktion der Intelligenz nicht ernsthaft abzeichnete und schließlich die deutsche studierende Jugend eine unvergleichlich stärkere materielle Basis hatte als die italienische. Aber diese Unterschiede bewirkten auch, dass die deutsche Jugend umso stärker die Folgen der Nachkriegszeit zu spüren bekam und umso schmerzhafter die Tatsache ihrer Deklassierung erlebte. Diese Jugend führte dem Nationalsozialismus zahlreiche Kämpfer zu, von denen einige noch in die höchsten organisatorischen Ebenen aufrückten. Eine repräsentative Persönlichkeit war hier Rudolf Hess, einer der Hitler am nächsten stehenden Menschen.[149]

Eine spezielle Position nimmt Alfred Rosenberg ein. Dieser Balte, ein ehemaliger russischer Staatsbürger und einst rechtsextremen russischen monarchistischen Organisationen nahestehend,[150] ein Flüchtling aus dem revolutionären Russland, fand in der nationalsozialistischen Partei eine herausragende Stellung als einer, der dem Führer am nächsten stand. Es handelte sich somit um einen Menschen, den Krieg und Revolution aus der Heimat vertrieben hatten und der, nach dem zu urteilen, was wir über ihn wissen, verschiedenste Peripetien durchmachte, bevor er einen enormen Aufstieg unter neuen Bedingungen erlebte.

Besonders zahlreich aber ist ein Element vertreten, das aus der Armee kam und die Armee durchlaufen hatte. Hier sind die Analogien zu den italienischen Verhältnissen besonders deutlich, jedoch wiederum mit dem Unterschied, dass die Armee und vor allem die Zugehörigkeit zum Offizierskorps in Deutschland viel mehr bedeuten als in Italien. Die Kriegskatastrophe war für die Masse der deutschen Berufsoffiziere ein mächtiger Stoß, der nicht nur ihre Lebenssituation betraf und ihre beruflich-korporative Autorität zerstörte, sondern ihr einen unermesslich starken moralischen Schlag versetzte. Die „Dolchstoßlegende" entstand in diesen Milieus und war der Versuch einer Kompensation angesichts eines Zustands der Depression und eines Gefühls der Degradierung. Diese Leute, welche die Ideale der militärischen Gruppe hochhielten, die in der Struktur dieser Gruppe ein Muster für das soziale Leben sahen, traten gern einer Partei bei, welche so starke militärische Bestrebungen aufwies.

Aus den Reihen dieser nach dem Krieg demobilisierten und aus der Bahn geratenen Offiziere gingen viele der Aktivisten der nationalsozialistischen Partei hervor. Die interessantesten von ihnen sind Röhm und Göring. Röhm trat nach dem Krieg in die Reichswehr ein. Nach dem misslungenen Münchner Putsch aber musste er außer Landes fliehen, irrte durch verschiedene Länder, ging nach Bolivien, wo er eine große Rolle bei der Reorganisation der

---

149 Vgl. Heiden, Adolf Hitler, Band 2, S. 192–194.
150 Über Rosenberg als Mittelsmann bei der Übertragung russischer Muster in den Hitlerismus schreibt Heiden, Die Geschichte, S. 46 f.

politischen Armee spielte. Aus den Memoiren, die er hinterließ,[151] spricht eine Abenteurernatur, die sich mit Schwierigkeiten an die Ruhe und das Gleichgewicht des stabilisierten Lebens anpasst. Göring war im Krieg ein berühmter Flieger, später Pilot und Chef von Fluggesellschaften, Emigrant in Dänemark und Schweden sowie ein missratener Dramenautor. Und er ist eine Abenteurernatur, die für sich keinen Platz im Leben der deutschen Nachkriegsgesellschaft finden konnte. In materieller Hinsicht ging es Göring im Übrigen immer gut.[152]

Selbstverständlich mangelte es in Hitlers Elite auch in den früheren Perioden der Existenz der Partei Hitlers nicht an stabilisierten Menschen, soliden Beamten, wie Frick oder Pöhner, Individuen, die wie Amann, hervorragend in jede stabile Ordnung passen. Die nationalsozialistische Partei entstand als Expositur der Reichswehr und war von Anfang an mit den Milieus der extremen Rechten verbunden. Es verwundert daher nicht, dass es in der Partei nicht an Vertretern eines soliden Bürgertums mangelte. In der Partei bildeten sie ein ausgeglichenes Beamtenelement, das stark zu ihrer Bürokratisierung beitrug. Obwohl viele von ihnen eine herausragende Rolle spielten und spielen und, wie Amann, zu den engsten Freunden des Führers gehörten, war ihr Einfluss auf das Profil der Partei und die Struktur der Herrschaft des Führers und seiner Gefolgschaft schwächer als der Einfluss der „ungebundenen" Leute, in deren Handeln das Moment der Deklassierung eine herausragende Rolle spielte.

Wir kommen jetzt zu den Schlussbemerkungen. Wir haben das soziale Profil der Mitglieder der Eliten und der Gefolgschaften der wichtigsten Parteien betrachtet, die von charismatischen Führern geleitet werden. Wir konnten feststellen, dass in allen diesen Gruppen ein frappierender Anteil von Menschen vorkommt, die wir als Deklassierte bezeichnet haben. Diesen Menschen gemeinsam ist, dass sie in einer bestimmten Periode ihres Lebens außerhalb des festen, anerkannten gesellschaftlichen Rahmens mit seiner Hierarchie der Gruppen und der Sozialbeziehungen standen. Diese Menschen waren aus der Perspektive dieser Ordnung, aus der Perspektive der in ihr herrschenden moralischen und sittlichen und zum Teil auch der rechtlichen Regeln ein anormales Element, das nicht unter die Regeln und Muster des normalen Lebens fiel. Diese Anormalität nahm ebenso einen grundlegenden Einfluss auf ihre politische Tätigkeit. Schließlich waren sie sich meist selbst ihrer Anormalität bewusst, was seinen Ausdruck in Minderwertigkeitskomplexen und sie begleitenden Kompensationsbestrebungen fand.

151 Diese Erinnerungen (Röhm, Geschichte eines Hochverräters) enthalten eine vorzügliche Selbstcharakteristik Ernst Röhms. Es handelt sich um eines der besten Dokumente, um die Psyche von Abenteurern dieses Typs kennenzulernen.
152 Vgl. Heiden, Die Geschichte, S. 125.

V.

In den Erinnerungen Hitlers finden wir einen sehr interessanten Passus. Der Autor erzählt, wie er auf die Nachricht vom Ausbruch des Weltkrieges reagierte: „Ich schäme mich auch heute nicht, es zu sagen, dass ich, überwältigt von stürmischer Begeisterung, in die Knie gesunken war und dem Himmel aus übervollem Herzen dankte, dass er mir das Glück geschenkt, in dieser Zeit zu leben."[153] Handelte es sich dabei lediglich um einen Ausbruch patriotischer Gefühle? Zweifellos war dies ein Ausdruck sehr starker patriotischer Empfindungen, aber neben ihnen lässt sich auch noch etwas anderes hierin entdecken.

Betrachten wir, wie das Verhältnis des zukünftigen Führers und der zukünftigen Gefolgschaftsmitglieder zum Kriege ausschaute. Von Deutschland wissen wir, dass sich niemandes Reaktionen auf die Nachricht vom Kriege stark von der Reaktion Hitlers unterschieden hätten. Auch in Italien verhielt es sich nicht anders. Genetisch betrachtet, war der Interventionismus ein Vorbote des italienischen Faschismus, und Mussolini wurde nach einer Zeit des Zögerns eine der führenden Gestalten der Kriegspropaganda.[154] Im Übrigen bereiteten der Tripoliskrieg, die Tätigkeit d'Annunzios und das Aufkommen des kämpfenden Nationalismus dem Faschismus den Boden. Schließlich nahmen einige der Führer der neuen Partei bereits im Jahre 1911 ihre Nachkriegsaktivitäten auf. Ein wenig anders sah die Sache in Russland aus, wo der Bolschewismus ein besonderes Verhältnis zum Staat und eine andere soziale Komposition hatte. Die Haltung Lenins aber war weit entfernt vom Pazifismus. Indem er die Parole „Krieg dem Kriege" ausgab, begab er sich faktisch auf den Boden des Krieges und strebte alleine nach der revolutionären Ausnutzung des Krieges für den Sozialismus.[155] Es handelte sich natürlich um eine Haltung, die sich von der Hitlers und Mussolinis unterschied, die aber nichtsdestoweniger den Krieg rechtfertigte – selbstverständlich nicht als etwas Gutes an sich, sondern als das unter den gegebenen Umständen erfolgreichste Mittel zur Realisierung der revolutionären Ziele.[156]

Es unterliegt keinem Zweifel, dass für diese Haltungen ideologische Momente und Überzeugungen von grundsätzlicher Bedeutung waren. Man

---

153 Hitler, Mein Kampf, S. 177.
154 Vgl. Mannhardt, Der Faschismus, S. 134–144.
155 Vgl. Bubnov, WKP(b), S. 466–470; Jaroslavskij, Žizn' i rabota V. I. Lenina, S. 83–91.
156 In den linken Zirkeln der italienischen Interventionisten war eine Parole populär, wonach die Beteiligung Italiens am Weltkrieg ihm einen sozialen Umbau in syndikalistischem Sinne bringen werde. Ebenso häufig wurde der revolutionäre Charakter des Krieges betont. Diese Parolen verbreitete Mussolini selbst. Hier drängt sich eine Analogie mit den russischen *oboroncy* auf, vor allem den Sozialrevolutionären.

darf jedoch nicht die Rolle anderer Momente außer Acht lassen, die man ebenfalls feststellen kann und die in enger Verbindung mit der psychischen sowie der Lebenssituation der uns interessierenden Menschen stand. Insbesondere wenn wir uns von den Führern in den Kreis jener Leute begeben, unter denen sie aktiv waren, überraschen uns diese Momente besonders.

Wir haben bislang über Prozesse der Deklassierung gesprochen, die den Krieg begleiten und seine Folgen sind. Neben der Deklassierung aber treten im Zusammenhang mit dem Krieg umgekehrte Phänomene auf – sozialer Aufstieg, Stabilisierung und der Eintritt des Individuums in eine geschlossene soziale Ordnung. Der Lebenslauf Hitlers liefert auch hier Belege, welche ein Licht auf seine dankbare Reaktion im Augenblick des Kriegsausbruchs werfen.

Die militärische Laufbahn Hitlers bleibt rätselhaft. Die offizielle Legende verwickelt sich in Widersprüche, die politischen Gegner machen boshafte Unterstellungen. Gesichert ist, dass er den Krieg in einem bayerischen Bataillon verbrachte und in der Armee – und das ist am bedeutendsten – eine stabile Ordnung fand, welche er im Leben nie kennengelernt hatte. Ohne dass wir tiefer auf die Frage eingehen wollen, in welchem Maße der Krieg für ihn eine bestimmte Form war, sich auszuleben, so unterliegt doch keinem Zweifel, dass er nach langen Jahren des Lebens eines aus der Bahn Geratenen in der Armee einen festen, klar bestimmten Platz im Rahmen einer geschlossenen, mächtigen Gruppe fand, die in der gegebenen sozialen Hierarchie unter den damaligen Bedingungen einen führenden Rang einnahm. Die Bedeutung, welche die Gruppe besaß, übertrug sich auf ihre Mitglieder. Ein Mensch, der gestern am Rande des sozialen Lebens gestanden hatte, fühlte sich jetzt, nachdem er eine Uniform angelegt hatte, als Vertreter einer unermesslich wichtigen Gruppe, der Bewunderung und Respekt entgegengebracht wurde. Aus den Aussagen Hitlers, die sich auf sein Verhältnis zur Armee beziehen, ist deutlich zu sehen, was für ihn persönlich jene Uniform des bescheidenen Obergefreiten und die bescheidene Funktion des Meldereiters bedeuten.[157]

In allen Zeiten war die Armee eine Fluchtmöglichkeit für aus der Bahn geratene und deklassierte Menschen. Bestimmte militärische Formationen stützten sich vorwiegend auf sie.[158] Als typisches Beispiel kann die Fremdenlegion dienen, die eine Ansammlung jeder Art von Elementen ist, welche aus der Bahn des normalen Lebens geworfen wurden.[159] In Zeiten, in denen der

---

157 Vgl. Hitler, Mein Kampf, S. 79–182.

158 Vgl. Weber, Wirtschaft und Gesellschaft, S. 687 ff.

159 Die Memoiren des Legionärs Józef Białoskórski, 10 lat piekła w Legii Cudzoziemskiej (10 Jahre Hölle in der Fremdenlegion), Warschau 1935, sind wertvolles Material, welches die Frage nach der Beteiligung von aus der Bahn Geratenen in der französischen Fremdenlegion beleuchtet. Hierzu existiert im Übrigen enormes Material in Form von Erinnerungen und Beschreibungen.

Typus der stabilisierten Lebensbeziehungen vorherrscht, verringert sich die Zahl der Kandidaten für die Legion. Jede Revolution, jede ernsthaftere soziale Erschütterung, jede lang andauernde Wirtschaftskrise vermehren ihre Zahl erheblich.[160] Armeen, die nach dem System der Anwerbung von Freiwilligen entstanden, rekrutieren sich in sehr hohem Maße aus verschiedenartigsten Menschen, die aus der Bahn geraten sind. Diesen Charakter hat ein bedeutender Teil des menschlichen Materials, über das zum Beispiel die englische Armee verfügt.

Die Zugehörigkeit zur Armee schafft eine feste Lebensgrundlage und macht den „ungebundenen" Menschen zum Mitglied einer sozialen Gruppe, die straff organisiert ist, die materielle Existenz garantiert und sich sehr hoher Autorität in anderen Gruppen erfreut. Die militärische Uniform erhöht das persönliche Prestige, verleiht das Gefühl persönlicher Bedeutung, das aus einem Gefühl der Stärke der Gruppe entspringt, zu der man gehört. Und so trifft man unter den aus der Bahn Geratenen häufig Militaristen, die der Armee größten Respekt entgegenbringen, da sie in ihr das Muster einer richtigen sozialen Ordnung und die Quelle des persönlichen Aufstiegs erblicken.

Natürlich kann man diese Beobachtung nicht verallgemeinern. Ein Arbeitsloser, der seine Deklassierung als einen Übergangszustand betrachtet und das Gefühl hat, dass nicht alle Brücken hinter ihm abgebrochen sind, gibt sich schwerlich dem Charme des militärischen Lebens hin.[161] Erst eine lang andauernde Deklassierung, der Verlust der Hoffnung auf eine Rückkehr in normale Lebensbedingungen bei gleichzeitigem Erhalt einer beträchtlichen Dosis an Initiative und Lebensaktivität schaffen eine angemessene Grundlage für die Entwicklung promilitärischer Tendenzen.[162] Sie treten am stärksten dort auf, wo sich die Deklassierung mit bestimmten Persönlichkeitstypen verbindet.

Allerdings besteht eine der sozialen Aufgaben der Armee in der Bewahrung bestimmter sozialer Elemente vor der Deklassierung. Am deutlichsten tritt dies

---

160 Nach der bolschewistischen Revolution traten massenhaft ehemalige Militärs der weißen Formationen in die Legion ein. Sie bildeten ebenfalls die Grundlage der spanischen Fremdenlegion. Wir möchten hinzufügen, dass bei der Entstehung der französischen Legion das Problem emigrierter Offiziere, insbesondere von Polen, eine große Rolle spielte.

161 Daher finden wir in den Memoiren von Arbeitslosen des *Instytut Gospodarstwa Społecznego* keine Fälle, in denen die Ideologie des Militärs und des Militarismus stärker akzentuiert wären. Hier bestehen eher entgegengesetzte Tendenzen.

162 In der Erwartung, der Krieg werde die Situation verbessern, sind viele Elemente enthalten. Es gibt also den Glauben, dass sich überhaupt etwas verändern wird, es gibt die Erwartung einer Verbesserung der Situation insgesamt, es gibt ein rein persönliches Moment, dass der Militärdienst selbst in Kriegszeiten dem Individuum eine unvergleichlich bessere Situation verschaffe als die aktuelle usw. Siehe Oderfeldówna, Młodzież przedmieścia, S. 189; ebenso: Obrębski, Dzisiejsi ludzie Polesia, S. 144.

in Ländern auf, wo die Institution der Armee viele Eigenschaften des Feudalsystems bewahrt hat und wo die adligen Milieus Träger militärischer Traditionen sind. Der Adlige trat in die Armee ein, denn dies war der traditionelle Karriereweg. Das Offizierskorps stand ihm offen, und es war selbstverständlich, dass er dort leichter eine soziale Position und eine materielle Sicherung finden konnte als in anderen Bereichen des Lebens. In Preußen war der arme Adel die Hauptgrundlage für die Rekrutierung des Offizierskorps. Im Frankreich der Dritten Republik war das Offizierskorps bis zur Dreyfus-Affäre eine Domäne aristokratisch-adliger Einflüsse, und noch heute ist das adlige Element in ihm äußerst stark repräsentiert. Am deutlichsten ist dies wohl in Spanien, wo bis in die heutige Zeit die wichtigste soziale Funktion der Armee in der materiellen und sozialen Stützung der zerfallenden und verarmenden Adelsschicht bestand.[163] In allen diesen Fällen ist die Armee eine Sicherungsinstitution vor der Deklassierung einer bestimmten sozialen Schicht.

Somit suchen also aus der Bahn geratene Menschen gerne den Hafen ihres Lebens in der Armee, und die Armee ihrerseits bemüht sich gleichzeitig darum, bestimmte soziale Elemente vor Entgleisung und Deklassierung zu bewahren. Besonders in Ländern, wo die Autorität der Armee sehr stark und mit feudalen Traditionen verknüpft ist, tritt die soziale Funktion der Armee als Werkzeug gegen die Deklassierung besonders deutlich auf.

Selbstverständlich finden wir unter den Menschen, die eine militärische Karriere wählen, sehr verschiedene Persönlichkeitstypen. Vor allem in Milieus, wo die herrschenden Traditionen über die Wahl der militärischen Karriere entscheiden, kann man Vertreter aller biografischen Typen finden. Dennoch bewirkt die Tatsache, dass es sich hier um Leute handelt, die oft von Kindheit an auf eine militärische Karriere vorbereitet wurden, dass hier der Typ des „Kämpfers" häufig auftreten muss. Aber diese Kämpfertypen sind ebenfalls unter den deklassierten Individuen vertreten, die in der Armee einen neuen Platz für sich suchen.

Znaniecki sagt, dass „in früheren Zeiten die Menschen, die unter dem Einfluss von Kampfgruppen der Jugend aufgewachsen waren, unmittelbar in

---

163 Interessante Angaben über Spanien macht: Arthur Koestler, Menschenopfer unerhört: ein Schwarzbuch über Spanien, Paris 1937, S. 64 f. Die Armee ist nicht die einzige Institution, die im Blick auf die Grenzen sozialer Gruppen die Funktion der Sicherung vor der Deklassierung erfüllt. Die Kirche spielte in größerem Rahmen stets eine ähnliche Rolle. Unter bestimmten Umständen nicht anders ist auch die Rolle des staatlichen bürokratischen Apparates, der in der heutigen Zeit am stärksten in jenen Ländern ausgebaut ist, wo die sogenannten Mittelschichten Pauperisierungsprozessen unterliegen. Ähnliche Tendenzen kann man heute in monopolistischen Organisationen des Großkapitals feststellen, wo viele Sinekuren ebenfalls zu einer Quelle der Absicherung vor der Deklassierung bestimmter sozialer Elemente werden.

Kampfgruppen der Erwachsenen eingetreten sind und dort Menschen desselben Typus vorfanden, welcher durch das spätere Leben im Kampfe gefestigt worden ist, sowie Traditionen, die völlig im Einklang mit ihren jugendlichen Bestrebungen standen. Das Kampfspiel war gefährlicher, aber es hörte nicht auf, ein Spiel zu sein".[164] In der heutigen Zeit aber ist die Sache viel komplizierter. Die Zugehörigkeit zur Armee erfordert längere Vorbereitung und spezielle Studien. Daher kombiniert man im Offizierskorps die „Kämpfer" mit Menschen des „wohlerzogenen" Typus, und unter den Nicht-Berufssoldaten dominiert der Typus der „Menschen der Arbeit". Zugleich sind viele Menschen mit kämpferischen Neigungen in anderen Bereichen des sozialen Lebens aktiv.

Sie handeln jedoch nur dann, wenn sie für sich ein Tätigkeitsfeld finden. Und sie finden es nicht immer. Dann entstehen Voraussetzungen für die Ausbildung jenes Typus, den Znaniecki als „nicht normal"[165] bezeichnet. Diese „Anormalität" kann weit reichen, und zwar bis zum Typus des „Perverslings",[166] und in jedem Fall umfasst er Menschen, die nicht in der Lage sind, sich in ihrer Rolle zu halten, die in diesem oder jenem Maße überhaupt nicht die ihm anvertrauten Funktionen ausüben können oder sie schlecht ausüben.

Wir können hieraus wesentliche Schlüsse für unsere Überlegungen ableiten. Jene Anormalität kann zur Quelle ernster Konsequenzen für das Leben werden. Das Verhalten des „Anormalen" trifft, da es nicht im Einklang mit den Mustern steht, die in einem gegebenen Milieu akzeptiert werden, auf Kritik oder antagonistische Reaktionen. Dann kann es leicht zu einem Konflikt zwischen dem Individuum und der Gruppe kommen, und ein solcher Konflikt hat für das Individuum oft Konsequenzen in Form der Deklassierung. Daher kann man unter den aus der Bahn geratenen und deklassierten Menschen, und vor allem in bestimmten Kategorien dieser Menschen, so häufig „Anormale" und „Perverslinge" antreffen. Selbstverständlich können alle biografischen Kategorien sie liefern, die „Menschen der Vergnügung" ebenso wie die „Menschen der Arbeit" oder die „Wohlerzogenen". Uns interessiert jedoch der Vergnügungstypus, und zwar vor allem die Kämpfer und die Menschen des politischen Spiels, wobei erstere und letztere eng miteinander in Beziehung stehen.

Wesentlich für jegliche Bohème ist, dass sie als Gruppe eine Abweichung von der Norm ist oder eine Ansammlung von Menschen, von denen jeder auf seine Weise von der Norm abweicht. Und die Bohème ist ein besonders charakteristisches Beispiel für eine Gruppe, in der sich „Anormale" oder „Perverslinge" sammeln. Selbstverständlich kann man unter diesen „Anormalen" Abweichungen von allen biografischen Typen antreffen, am häufigsten aber

---

164 Znaniecki, Ludzie terazniejsi, S. 288 f.
165 Ebd., S. 305.
166 Ebd., S. 308.

trifft man den Vergnügungstyp an; er ist es auch, der den Ton angibt. Über das Charakteristikum der Vergnügung in der Bohème, vor allem in der Bohème der Künstler und der Studierenden, haben wir bereits zuvor gesprochen. Im Bewusstsein der Teilnehmer des „normalen" Lebens verbindet sich mit dem Bild dieser Bohème die Unbekümmertheit der Handlungen, in welcher der Scherz, der Witz, eine grundlegende Rolle spielt. Die Angehörigen der Bohème nehmen das Leben nicht besonders ernst und betrachten es als Möglichkeit, ihrer Neigung zur Vergnügung nachzugehen.

In der politischen Bohème kann man immer zahlreiche Vertreter der Menschen des politischen Spiels finden. Natürlich mangelt es auch hier nicht an Vertretern anderer biografischer Typen, einschließlich der „Übernormalen", aber der Typus des politischen Gauners, des Spielers, des Kämpfers, der lediglich für den Kampf handelte, kommt außergewöhnlich oft vor. Selbstverständlich treten diese Typen in allen Kreisen von Berufspolitikern auf. Die „Anormalität" der Bohème beruht jedoch darauf, dass diese Neigungen, welche nicht in größerem Maßstab ausgelebt werden, zur Entstehung bestimmter psychischer Typen führen.

Das heißt nicht, dass alleine die politische Bohème eine Ansammlung von Kämpfern und Leuten der politischen Auseinandersetzung ist. Wir haben betont, dass zum Beispiel in Polen alle drei Bohèmes große Schnittmengen miteinander aufwiesen. In der künstlerischen Bohème und besonders in der Bohème der Studierenden traten Momente des Kampfes und der Auseinandersetzung sehr deutlich in Erscheinung. Es lohnt sich, die Aufmerksamkeit auf den Charakter der Kämpfe zu richten, die zwischen den einzelnen Gruppen der künstlerischen Bohèmes ausgetragen werden. Die Auftritte dieser Gruppen tragen häufig den Charakter des Kampfes, und ihre Manifeste, Programme und Losungen haben viel gemeinsam mit den Zusammenstößen und Auseinandersetzungen der politischen Gruppen. Es fällt auch nicht besonders schwer, in diesen Kämpfen Elemente der Vergnügung zu entdecken, die sogar bisweilen ernste Angelegenheiten in den Hintergrund drängen. Mit welcher Masse von vergnüglich-kämpferischen Elementen war zum Beispiel die doch im Grunde ernsthafte publizistisch-reformatorische Tätigkeit Schumanns versehen, mit seinem „Davidsbund", der gegen die „Philister" kämpfte!

Wir beginnen zu verstehen, warum die Einstellung der Bohèmes zum Weltkrieg in der überwiegenden Mehrzahl der Fälle positiv, ja enthusiastisch war. Den Bohèmes entstammten ebenso viele ideelle Wortführer des Krieges wie hervorragende Soldaten. Die italienische Kriegsideologie war in bedeutendem Maße die Schöpfung der Bohème. Die der Bohème entstammenden politischen Gruppen, wie zum Beispiel Anarchisten, wurden zum überwiegenden Teil militaristisch, und Angehörige der Bohème bildeten die Grundlage der Ersten Brigade der polnischen Legionen.

In dieser Einstellung gegenüber dem Krieg schlugen sich Bestrebungen nieder, welche den Bohèmes und den aus der Bahn geratenen Elementen mit gesellig-kämpferischen Neigungen gemein waren. Es handelte sich hierbei um das Streben nach gesellschaftlichem Aufstieg, den man sehr breit verstehen muss. Es ging hier nicht alleine darum, sich in eine geschlossene, mächtige Gruppe zu begeben, welche Bedeutung und Stabilität im Leben verleiht, so wie dies vielen deklassierten Elementen widerfuhr. Diese mächtige Gruppe gab vor allem die Möglichkeit, sich so auszuleben, wie dies für den Persönlichkeitstyp dieser Individuen angemessen war. Für sie waren das Militär und der Krieg ein Übergang zu normalen Verhältnissen und bedeuteten die Einnahme einer Position, die ihnen psychisch am ehesten entsprach. Die bisherigen Kämpfe und Auseinandersetzungen zwischen den politischen, künstlerischen und studentischen Gruppen, die eng begrenzt waren, konnten sie nicht vollauf befriedigen. Auch wenn sie in der Überzeugung der Teilnehmer außergewöhnlich wichtig waren, waren sie doch in den Augen „normaler" Leute, in den Augen von Vertretern der stabilisierten Sozialordnung, wenn nicht belanglos, so doch in jedem Falle etwas, was nicht übertrieben ernst genommen wurde. Der Krieg verlieh den Kämpfen und Auseinandersetzungen ein ganz anderes Ausmaß, stellte sie ins Zentrum des gemeinschaftlichen Lebens, und ihre Teilnehmer fanden sich plötzlich an der Spitze der sozialen Ordnung wieder. Man nahm jetzt an außerordentlich ernsten Dingen teil, hatte das Gefühl, dass die nun gespielte Rolle von enormer, unermesslicher Bedeutung war.[167] Vergessen waren die Sorgen darüber, wie man den Alltag bewältigen solle, und die Zeit der Deklassierung gehörte der Vergangenheit an.

Die Zugehörigkeit zur Armee aber hatte viele Folgen, deren Bedeutung sich erst nach dem Krieg angemessen bewerten ließ. Es entstand ein neuer Typ von Sozialbeziehungen, und die Menschen der Vergnügung spielten dort eine enorme Rolle. Auch hier wirft die von Znaniecki vorgenommene Charakteristik Licht auf unser Problem. „Allen Kreisen der Vergnügung ist es gemein, dass der Nachdruck weniger auf das körperliche und psychische Ich gelegt wird, wie in den Kreisen der Pädagogen, und auch weniger auf den sozialen Stand, wie in den Kreisen der Menschen der Arbeit, sondern auf die soziale Funktion der Persönlichkeit."[168] Der Teilnehmer einer Vergnügung wird als solcher beurteilt, das heißt im Hinblick darauf, wie er ihr gegenüber eingestellt ist, wie er die Rolle spielt, welche ihm aufgrund der Beteiligung an der Vergnügung zugefallen ist. Seine Aktivität bei Vergnügungen wird zur Messlatte seines Wertes. Entscheidend ist das, was er in die Vergnügung eingebracht hat und wie er in ihr glänzte.

167 Vgl. ebd., S. 263–266.
168 Ebd., S. 262.

Eine solche Einstellung finden wir in allen Gruppen mit einem Übergewicht des Vergnügungselements, und man kann sie leicht in den Bohèmes finden. Aber die Zugehörigkeit zu einer militärischen Gruppe in der Zeit von Kriegshandlungen begünstigt ihre Entwicklung in besonderer Weise. Gleichzeitig entstehen hier günstige Bedingungen für weitreichende Sublimierungen. Dies findet seinen Ausdruck in einer eigentümlichen Ideologie, deren Grundelemente sind: eine spezielle Bewertung des Soldaten, vor allem des Frontsoldaten, sowie die Idealisierung der militärischen Kameradschaft. Diese Ideologie kristalisierte sich nach dem Weltkrieg sogar in gewisser Weise in Form der Kombattantenideologie aus.

Implizit ist hier eine eigentümliche Konzeption der Ordnung der sozialen und ökonomischen Beziehungen enthalten. Ihren Inhalt bezieht sie aus der spezifischen Struktur der Verhältnisse, die für Armee und Krieg typisch sind, wobei diese Beziehungen in ihrer sublimierten Form zum Beispiel für alle Formen und Inhalte des menschlichen Zusammenlebens erhoben wurden. Sie entsprachen den Einstellungen der Kampfgruppe und waren für die Menschen der Vergnügung ein optimaler Komplex von Voraussetzungen, die es ihnen ermöglichten, sich auszuleben und eine normale persönliche und soziale Position einzunehmen. Hier tritt vor allem eine besondere Anerkennung für Disziplin und organisatorische Hierarchie als Voraussetzung für den Erfolg auf. Sowohl das eine als auch das andere steht in enger Beziehung mit der Ansicht von der sozialen Funktion, die von einer Person in der Gruppe ausgeübt wird. „Für den Erfolg des gemeinsamen Handelns im Kampf ist es notwendig, dass die einzelnen Funktionen, vor allem die Führungsfunktionen, von Personen ausgeübt werden, die sich als am besten für sie befähigt erwiesen haben. Daher vertieft sich in der Gruppe die hierarchische Unterscheidung der Funktionen auf der Grundlage empirisch belegter (nicht auf der Grundlage von vorbereitenden Erziehungsmaßnahmen postulierter) Fähigkeiten, und individuelle Ansichten im Hinblick auf die Erfüllung wichtiger Funktionen werden grundsätzlich für ungleich gehalten, so wie die Fähigkeiten ungleich verteilt sind."[169] Somit berechtigen nicht die theoretische Ausbildung, nicht das erworbene Wissen, sondern die bei der Ausübung einer bestimmten Funktion unter Beweis gestellten Fähigkeiten zur Einnahme eines bestimmten Platzes in der sozialen Hierarchie. Ihr entspringt eine abschätzige Einstellung gegenüber „Ideologen", „Theoretikern" und die hohe Wertschätzung für „Menschen der Tat". Auf diese Weise wird die hierarchisch geordnete Gruppe, die vom Prinzip strenger Disziplin beherrscht wird, zum ideologischen Muster, nach dem man das menschliche Zusammenleben regulieren möchte.

---

169 Ebd., S. 285.

Damit einher geht der Glaube an die Bedeutung des Faktors Organisation. Die Gruppe der Vergnügung schätzt die Organisation, die für sie gewissermaßen von selbst ein Faktor der Vergnügung wird.[170] Daher wird in den Milieus der Vergnügung die organisatorische Struktur ein Ziel an sich. Das Militär gehört zu den sozialen Strukturen, in denen es in außergewöhnlichem Maße zu Auswüchsen der Organisation kommt, die als Ziel an sich behandelt wird. Folge eines solchen Verständnisses des Faktors der Organisation ist eine Tendenz zur Isolation von der Gesamtheit des sozialen Lebens und zum Begreifen seiner Organisationsstruktur als übergeordnetes und autonomes Ganzes.[171] Das Schema der militärischen Organisation wird zu einem Modell für andere Bereiche des Lebens, die ihm untergeordnet sein sollten.

Die neuen Sozialbeziehungen, die in der Kampfgruppe und vor allem in der kämpfenden Armee entstehen, erstrecken sich ebenso auf den Bereich des wirtschaftlichen Lebens. Es entsteht eine besondere Sichtweise der Rolle wirtschaftlicher Prozesse, die dann anerkannt werden, wenn sie die Existenz der Kampfgruppe und ihre Angehörigen sichern. „Die Grundlage der materiellen Existenz der Kämpfer", schreibt Znaniecki, „ist nicht die Ausplünderung der Gegner, sondern individuell oder kollektiv von der Habe der arbeitenden Menschen zu profitieren [...]. Die Beute ist gewissermaßen eine Dreingabe, welche es dem Individuum erleichtert, seine wirtschaftliche Position im Kreise der Kämpfer zu erobern, zu erhalten und zu heben".[172] Der moderne Krieg, welcher den gesamten wirtschaftlichen Apparat den militärischen Zielen unterordnet, entspricht den Ansichten der Kämpfer von den Zielen des wirtschaftlichen Prozesses vollauf. Er wird ausschließlich aus dem Blickwinkel der Bedürfnisse der Kampfgruppe betrachtet, und man bemüht sich, ihn den organisatorischen Regeln unterzuordnen, welche in der Überzeugung dieser Gruppe die Voraussetzung für ihren Erfolg sind. Es überrascht daher nicht, dass sich nach dem Ersten Weltkrieg in den Frontkämpfermilieus die etatistische Ideologie so stark entfaltete. Obwohl sie äußerlich den Anschein einer Ähnlichkeit erweckt, unterscheidet sie sich doch völlig von der sozialistischen Konzeption: Sie beruht auf dem Wunsch nach der Unterordnung der Gesamtheit der Produktionsprozesse unter den organisatorischen Apparat des Staates, dessen Ziel seinerseits darin besteht, dem Militär eine starke Grundlage zu geben.

Zugleich ist die Kampfgruppe, und zwar vor allem die Armee in Kriegszeiten, ein Terrain, auf dem sich ein regelrechter kollegialer Kommunismus ausbildet.[173] Der Konsum ist in der Kampfeinheit ein kollektiver Akt, und die

---

170 Die strenge Ordnung der Kampfgruppe selbst ist eine Vergnügung, die wie jedes Vergnügen interessant ist. Vgl. ebd., S. 286.
171 Treffliche Bemerkungen zu diesem Thema macht Heiden, Adolf Hitler, Band 1, S. 158.
172 Znaniecki, Ludzie teraźniejsi, S. 299.
173 Vgl. Weber, Wirtschaft und Gesellschaft, S. 88, 642 ff., 761.

Verteilung der Güter erfolgt entsprechend den Bedürfnissen, ohne dass man sich – mit Ausnahme von Sozialfällen – um die Erlangung dieser Güter kümmern müsste. Um die Versorgung kümmert sich der Verwaltungsapparat der Armee, welcher dafür Sorge trägt, dass der Soldat das erhält, was er benötigt. Diese Situation wird von den Kampfeinheiten positiv bewertet, denn sie befreit das Individuum von der Sorge um das materielle Auskommen. Wenn der Distributionsapparat der Armee reibungslos funktioniert, ist die Situation des Soldaten gut. Auf diesem Wege vertieft sich die Überzeugung von der engen Abhängigkeit zwischen dem Konsum und der reibungslosen Funktion des organisatorischen Apparats. Ein Mangel an Verbrauchsgütern oder auch nur die unverhältnismäßige Zufuhr derselben wird auf Fehlfunktionen des Wirtschaftsapparats und der Kommunikation zurückgeführt. Dies wird zur Grundlage einer eigentümlichen wirtschaftlichen Weltanschauung, in der nicht nur die Produktionsprozesse, sondern auch der Konsum organisatorisch-bürokratischen Momenten untergeordnet sind. Von diesem Apparat wird verlangt, dass er reibungslos funktioniert, wobei man sich nicht in die Details dessen begibt, wovon diese Reibungslosigkeit wirtschaftlich abhängt. Dank ihrer können in der Abteilung ein Kommunismus des Konsums und ein kollegialer Kommunismus existieren, welche die charakteristische moralische Atmosphäre in das Soldatenleben hineintragen. Und zweifellos gibt es in der Atmosphäre der „Clique" viele Merkmale eines Urkommunismus. Selbstverständlich wirken hier neben den rein wirtschaftlichen Momenten auch andere, die aus dem Charakter der Binnenbeziehungen in der Kampfgruppe resultieren. Aber sie stehen vorzüglich mit der Ideologie des kollegialen Kommunismus im Einklang, der aus der eigentümlichen Haltung gegenüber den wirtschaftlichen Prozessen resultiert. Diese Ideologie der „Clique" ist von hoher Dauerhaftigkeit und findet auch noch lange Zeit nach dem Verlassen des Militärdienstes ihren Ausdruck in der Verpflichtung zur gegenseitigen Unterstützung von Kollegen aus dem Militär, mit denen man einst gemeinsam aus einem Kessel gegessen hat.

Separat ist schließlich jene Sphäre der Beziehungen abzuhandeln, welche im Umfeld des Anführers bzw. des Führers entstehen. Auch hier müssen wir feststellen, dass Elemente aus der Bohème, welche in die Armee eintreten, Elemente mitbringen, welche sich unter den Bedingungen einer organisierten Kampfgruppe vorzüglich an die für diese Gruppe typische Führerideologie anpassen lassen. In den Milieus der Bohème spielen Anführer immer eine herausragende Rolle, wobei der Sinn dieser Rolle in engem Zusammenhang mit ihrer organisatorischen Tätigkeit (im weitesten Sinne) steht. Die großstädtischen Kaffeehäuser, in denen sich die künstlerische Bohème versammelt, kennen Begründer von Literaten- oder Malerclans, Meister, die von ihren Schülern umgeben sind, Magier, die um sich ihre Adepten versammeln, Organisatoren ganzer menschlicher Verbände, die deren „Seele" oder Inspiration sind.

Das Verhältnis des Umfelds zu einem solchen Führer trägt Elemente von Bewunderung und Verehrung in sich. Dieselben Eigenschaften entdecken wir im rein persönlichen Verhältnis der politischen Bohème zu ihren Anführern. Und in allen Ansammlungen der Bohème fällt es nicht schwer, charismatische Elemente im Verhältnis der Angehörigen zu ihren Anführern oder Meistern zu entdecken.

Das Milieu der Bohème stellt einen geeigneten Boden für die Entstehung charismatischer Überzeugungen dar. Schließlich besteht hier die Grundannahme im Regelbruch, und die Nichtalltäglichkeit wird zum Lebensideal. Außerdem ist diese Nichtalltäglichkeit für die „Menschen des Vergnügens" ein dankbares Thema für Spielereien oder ein wichtiges Element eines Vergnügens. In sublimierter Form schlägt sich dies in verschiedenen Ideologien des Irrationalismus und des mystischen Revolutionismus nieder. Gewöhnlich steht auch ein Meister mit einer Sendung im Zentrum dieser Überzeugungen.[174]

Jede Bohèmegruppe ist im Übrigen überzeugt von ihrer Ausnahmerolle, die sie im sozialen Leben spielen solle, und glaubt an ihre Mission. Hier liegen unter anderem Kompensationsbestrebungen vor. Die Nichtalltäglichkeit der Sendung erklärt, warum sich die Gruppe gegen Urteile von Seiten der Welt der Philister wandte und warum ihr Führer auf Unverständnis und Widerstand stieß. Die Welt der stabilen Ordnung wäre nicht fähig, die Sendung des Meisters und seiner Bohèmegruppe zu beurteilen. Jedoch handelt es sich bei den Bohèmes zumeist um diejenigen, welche charismatische Überzeugungen und Erwartungen in breitere Kreise hineintragen. Unter normalen Bedingungen spielt hier der Faktor des Snobismus, der in den wohlhabenden Schichten von Belang ist, eine bedeutende Rolle; in Zeiten starker sozialer Erschütterungen sind die Bohèmes in der Lage, Überzeugungen und Erwartungen Ausdruck zu verleihen, welche unabhängig von ihnen in breiteren gesellschaftlichen Gruppen entstehen.

Wir müssen ergänzen, dass deklassierte und aus der Bahn geratene Menschen sich im Allgemeinen gerne charismatischen Überzeugungen hingeben. Das Bedürfnis nach einer individuellen Ausnahmeautorität ist bei „ungebundenen" Menschen, die aus den normalen Bahnen des Lebens herausgeworfen wurden, größer als bei Menschen, die im Leben dauerhafte Positionen einnehmen, ihr Leben rational ordnen und vorhersehen können, was ihnen der nächste Tag bringt. In der Welt der Deklassierten nehmen der Zufall, Glücksfälle, Wunder und unerwartete Ereignisse großen Raum ein. Man trifft hier die Neigung zum Hasard an, die ein Kennzeichen des Glaubens ist, ein glücklicher Zufall könne die gesamte Lebenssituation ändern. Nicht selten trifft

---

174 Als bestes Beispiel können die Aktivitäten von Szukalski und seinem Grüppchen dienen.

man auch die Überzeugung an, auf einen Menschen zu stoßen, der kraft seiner außergewöhnlichen Fähigkeiten alles im Leben eines vom Schicksal gezeichneten Individuums ändern kann.

Ein bedeutender Teil der Deklassierten und insbesondere die Angehörigen der Bohème können sich vorzüglich an die Bedingungen von Armee und Krieg anpassen. Sie finden hier eine günstige Atmosphäre für die Entfaltung der charismatischen Ideologie. Die Armee an sich braucht nicht Träger von charismatischen Bestrebungen und Überzeugungen zu sein. In Friedenszeiten ist sie in der Regel eine höchst bürokratisierte Gruppe. Anders verhält es sich im Kriege. Der Kampf trägt einen Führer an die Spitze und schafft vorzügliche Voraussetzungen für die Entstehung seiner Legende. Während des Weltkriegs schälte sich die Rolle der Angehörigen der Bohèmes, vor allem der künstlerischen, heraus. Viele von ihnen hat der Propagandaapparat der Armee absorbiert und zu literarischen Sprachrohren der Kriegsideologie gemacht. In dieser Ideologie stehen charismatische Elemente zwangsläufig an erster Stelle. Der Krieg wurde für etwas geführt, was die Alltäglichkeit der bisherigen moralischen Ordnung übertraf. Jede der Armeen hatte eine Sendung zu realisieren. Hinzu trat der Personenkult um die Führer, und die Legenden von Hindenburg oder Ludendorff wurden schon damals systematisch ausgearbeitet.

Auf diese Weise erlebten die Bestrebungen, welche für bestimmte soziale Kreise typisch sind, durch den Krieg eine mächtige Entfaltung und wurden darüber hinaus zum anerkannten Bestandteil der offiziellen Ideologie. Die durch den Krieg geschaffenen sozialen Beziehungen, welche für die Kampfgruppe typisch sind, sowie die auf ihrem Boden entstandenen Ideologien waren nichts Neues oder Fremdes für die Gruppen der Bohème, in denen der Anteil des Kampf- und Vergnügungstypus so bedeutend war. Die Menschen der Bohème begrüßten dieses Wertesystem der Kriegszeit uneingeschränkt, weil es ihren Bestrebungen vorzüglich entsprach. Der Krieg war für sie nichts Revolutionierendes – im Gegenteil: Er brachte eine Normalisierung, verschaffte einen sozialen Aufstieg und die Möglichkeit, sich seiner Persönlichkeit entsprechend auszuleben. Bei aller seiner Bedrohlichkeit, bei allen seinen Grausamkeiten handelte es sich beim Krieg für sie doch um einen netten Urlaub, welcher es ihnen endlich erlaubte, sich auszuleben. Und dabei geht es hier nicht um das Moment der Grausamkeit, das bestimmten psychopathologischen Typen die Gelegenheit gab, sich auszuleben. Unter den Menschen, die uns interessieren, gab es mit Sicherheit nicht allzu viele solcher Typen. Für die Mehrzahl von ihnen war die Grausamkeit des Krieges eher etwas Nebensächliches, was durch ideelle, praktisch-moralische oder lebensbezogene Werte überdeckt war.

Ungemein lehrreich ist die Auseinandersetzung mit den Erinnerungen von Kriegsteilnehmern, und zwar insbesondere dem Niederschlag dieser Erinnerungen in der Belletristik. In der reichen Romanliteratur, die sich mit dem Weltkrieg beschäftigt, kann man zwei unterschiedliche Haltungen der Autoren erkennen. Für die einen war der Krieg sinnlos, eine kosmische Katastrophe. Man kann sagen, dass Hašeks Švejk den Blick der normalen Menschen auf den Krieg repräsentiert. Der Krieg ist hier etwas Sinnloses, das metaphysische Ausmaße annimmt. Die zweite Haltung kann man beispielsweise ohne Schwierigkeiten in den Romanen Kaden-Bandrowskis wiederfinden. Der Krieg ist hier ein wunderbares Abenteuer, von dem der Reiz der „Clique", der guten Kameradschaft, lustige Erlebnisse und des jovialen Soldatenhumors ausstrahlt. Der Charakter des Krieges als ein Vergnügen tritt hier zweifellos in sublimierter Form auf. Nichtsdestotrotz ist er doppeldeutig.

Die kämpfende Armee zog Menschen des Kampfvergnügens an und schuf für sie einen angemessenen Rahmen. Jedoch trug diese Armee in hohem Maße zur Vermehrung der Kämpfer in der Welt bei. Insbesondere Jugendliche mit noch nicht klar konturierter Biografie, die früh zum Militär eingezogen wurden, unterwarfen sich leicht dem erzieherischen Einfluss der Armee und verwandelten sich zu Kämpfern.[175] Dieser Umstand hatte weitreichende Konsequenzen für die Nachkriegszeit. Während die Zahl der Individuen, die für ihre kämpferischen Bestrebungen kein geeignetes Feld fanden, vor dem Krieg recht begrenzt war und nur ein geringer Teil von ihnen aus diesem Grunde aus der Bahn geworfen wurde und der Deklassierung unterlag, wurde der Eintritt des Friedens nach dem durchlebten Krieg zur Katastrophe nicht nur für die alten Kämpfer, sondern auch für die jungen Zöglinge der Kriegszeit. Bei der Charakterisierung der Nachkriegsverhältnisse in Italien und Deutschland haben wir auf die Situation hingewiesen, in der sich ein bedeutender Teil der studierenden Jugend und der jungen Intelligenz befand. Wenn wir berücksichtigen, dass die Neigung zu Vergnügung und Kampf sich hier am stärksten entwickeln musste, dann können wir leicht verstehen, dass der Frieden nicht nur deshalb eine Enttäuschung brachte, weil er das Finden einer angemessenen sozialen und materiellen Position unmöglich machte, sondern auch, weil er sie mit der Tatsache konfrontierte, dass der Gebrauch dieser Neigungen, die sich im Laufe des Krieges weiterentwickelt hatten, unmöglich sein würde. Auf diese Weise nimmt die Zahl der unnormalen Menschen zu und steigt die Zahl derer, welche drohen, aus der Bahn geworfen und deklassiert zu werden.

Die Demobilisierung nach dem großen Krieg hatte enorme soziale und psychosoziale Folgen. Unabhängig von den allgemeinen Prozessen der Deklassierung, die unterschiedliche soziale Elemente erfasste, von Prozessen, denen vor

---

175 „Der große Krieg trug enorm zur Zunahme der Kämpfer bei, und zwar unmittelbar durch die frühe Einziehung von Jugendlichen von noch unklarem biografischen Typ zum Militär und mittelbar, indem er Kampfspiele der Jüngeren anstachelte." Znaniecki, Ludzie teraźniejsi, S. 289.

allem „wohlerzogene" Menschen und „Menschen der Arbeit" zum Opfer fielen, nehmen speziellere Prozesse ihren Anfang, die all jene erfassen, für die der Krieg ein normaler Zustand war. Getrennt zu behandeln ist hier das Problem der Berufsmilitärs der besiegten Armeen. Unter ihnen gab es unterschiedliche biografische Typen,[176] und das Schicksal eines bedeutenden Teils der Berufssoldaten lässt sich mit dem Schicksal all der Menschen vergleichen, welche dem allgemeinen Prozess der Deklassierung zum Opfer gefallen sind. Zweifellos konnte ein pensionierter deutscher oder österreichischer Offizier die soziale Degradierung seiner Person und seiner Gruppe als besonders schmerzhaft empfinden, aber die Position, in der er sich wiederfand, unterschied sich nicht besonders von der Position, in die eine Unmenge von Zivilbeamten geriet, welche die Katastrophe des Krieges ihrer Funktionen und Posten beraubte. Unter diesen Berufsmilitärs aber gab es eine große Anzahl von Kämpfertypen, für die das Ende des Krieges und das Verlassen der Armee nicht nur eine moralische und soziale Katastrophe waren, sondern auch einen Verlust der für sie normalen Rahmenbedingungen ihres Handelns und ihres sich Auslebens darstellten. Diese Kategorie der Berufsmilitärs konnte ohne Schwierigkeiten eine gemeinsame Sprache mit den aus der Bahn geratenen Kämpfern unter den Reservisten finden. Die Kämpfer der Reserve und die Berufsmilitärs bilden somit eine ziemlich zahlreiche gesellschaftliche Kategorie, welche Leute umfasst, die psychisch nicht in der Lage sind, sich an die neuen Bedingungen der Friedenszeit anzupassen.

Alle diese Kämpfernaturen haben ihre soziale und persönliche Deklassierung nach der Demobilisierung besonders schmerzhaft erlebt. Ihr Prestige ist tief gesunken, und die Offiziersuniform wurde in vielen Ländern für eine bestimmte Zeit zum Faktor weniger der Auszeichnung als der Diskriminierung. In der Zeit der Inflation waren die Bezüge, welche im Übrigen ausschließlich an frühere Berufssoldaten flossen, oft nicht ausreichend, um sich auf einem „anständigen" Lebensniveau zu halten. Schließlich fanden auch ihre Kampfneigungen kein Betätigungsfeld. Selbstverständlich gelang es einigen von ihnen, sowohl Berufssoldaten als auch Reservisten, auch in der Friedens-

---

176 Die Armee bietet kämpferischen Naturen in Friedenszeiten nur recht begrenzte Möglichkeiten, sich auszuleben. Sie benötigt Fachleute mit langen vorbereitenden Studien, vorwiegend gute Verwalter, ja Beamte. Auch aus diesem Grunde fällt es schwer, der Charakteristik des Berufsmilitärs von Pierre Bovet, Instynkt walki (Der Kampfinstinkt), Warschau 1928, zuzustimmen. Der „Kampfinstinkt" kann nur im Falle einer bestimmten Kategorie von Offizieren als wesentliche Triebkraft des Handelns angesehen werden. Es ist charakteristisch, dass in Ländern, welche über Kolonien verfügen, Kämpfertypen gerne in den Kolonialeinheiten Dienst tun. Es kommt nicht selten vor, dass Kämpfer die Armee verlassen und sich in andere Tätigkeitsbereiche begeben, in denen sie ihre Bestrebungen besser entfalten können. Um solche Bereiche handelt es sich bei Politik, Sport, Reisen, ja auch bestimmten Arten wirtschaftlicher Tätigkeit.

zeit ein Betätigungsfeld zu finden und ihren sozialen Aufstieg zu verstetigen. Dies gilt vor allem für diejenigen, denen es der Krieg erlaubt hatte, spezielle Qualifikationen zu erwerben. So verhielt es sich zum Beispiel im Falle der Flieger, die eine großartige Konjunktur erlebten, welche durch die vorzügliche Entwicklung des zivilen Luftverkehrs nach dem Kriege ausgelöst wurde. In geringerem Maße lässt sich das von Propagandisten und Geheimdienstfunktionären behaupten.[177] Es handelte sich jedoch um besondere Fälle, die keine größere Bedeutung für die Allgemeinheit besaßen.

Die Mehrheit fand sich in einer ausgesprochen ungünstigen Situation wieder. Hier ist vor allem auf die Reservisten hinzuweisen, denen Militär und Krieg Stabilisierung und sozialen Aufstieg brachten und die noch vor dem Krieg für unterschiedliche Formen der Deklassierung gestanden hatten, darunter auch die der Bohème. Das Kriegsende war für einen bedeutenden Teil von ihnen gleichbedeutend mit der Rückkehr zur Deklassierung der Vorkriegszeit. Und eine solche Rückkehr ist extrem schwierig. Ins Spiel kommen hier nicht nur materielle Momente, sondern auch psychische: Das Gefühl der Bedeutung, die man erworben hatte, das Gefühl einer während des Krieges realisierten Sendung, die Idealisierung der Verhältnisse, die in der kämpfenden Armee herrschten usw.

Mit anderen Worten: Nach dem Krieg gab es eine große Zahl von Menschen, für die der Frieden eine Katastrophe in ihrem Leben war, die diesen Frieden nicht wollten und sich nicht an die neuen Existenzbedingungen anpassen konnten. In diesen Menschen verankerte der Krieg eine eigentümliche Ideologie, deren Kern in der Erhebung der für die Kampfgruppe typischen Beziehungen zu einem Muster für eine vollkommene Gesellschaftsordnung bestand. Und diese Gruppe von Menschen wird eine große Rolle in den massiven Veränderungen der Nachkriegszeit spielen.

---

177 Über die Beteiligung von Menschen aus der Bohème an der Kriegspropaganda haben wir bereits weiter oben gesprochen. Die militärischen Geheimdienste wurden zu regelrechten Sammelbecken von aus der Bahn geratenen, deklassierten Menschen, Angehörigen der Bohème und Abenteurernaturen jeglicher Art. Nicht wenige von ihnen haben hier eine politische Sozialisation erfahren, die sie mit der Zeit in die Arena des politischen Lebens führte. Als Beispiel können die Anfänge der Karriere Hitlers dienen. Vgl. Olden, Hitler, S. 63–71; Heiden, Adolf Hitler, Band 1, S. 80 f.

VI.

Die Menschen, mit denen wir uns beschäftigen, trugen eine Atmosphäre und eine Ideologie des Krieges in die friedlichen Verhältnisse hinein. Die sozial-psychologischen Grundlagen für die Entstehung einer solchen Ideologie waren in ihnen bereits vor dem Krieg ausgeprägt und fanden in gewissem Maße noch vor dessen Ausbruch ihren Ausdruck.[178] Erst der Krieg aber und die mit ihm verbundenen Erlebnisse ermöglichten die Auskristallisierung einer Ideologie der Kämpfer. Normale Friedensbedingungen sollten einer solchen Ideologie den Erfolg verweigern und Leuten, die sie repräsentierten, kein Handlungsfeld geben.

Zum Glück war für diese Menschen die Nachkriegszeit weit von einer Pazifizierung entfernt. Ein bedeutender Teil von ihr war Schauplatz blutiger Revolutionen und erbitterter Bürgerkriege. Hier und dort glommen die Brand-herde des großen Krieges weiter, wie zum Beispiel Fiume; Polen führte Krieg gegen Sowjetrussland, und außereuropäische Länder wie China, Nordafrika und Südamerika waren Schauplätze unaufhörlicher Kämpfe. Vor diesem Hintergrund entstehen eigentümliche Prozesse der Migration, wird der Typ des internationalen Condottiere aus der Taufe gehoben, der überall hingeht, wo Kämpfe ausgetragen werden. Selbstverständlich verfügt dieses Condottieretum über eine sublimierte Form und wird zumeist mit verschiedenen ideologischen Begriffen beschrieben. Zum Allgemeingut wird der Kämpfer, der als Anführer, Instrukteur, Stabsangehöriger oder gewöhnlicher Soldat überall hineilt, wo die Geschütze donnern und Blut vergossen wird.

Selbstverständlich lassen sich die Erschütterungen der Nachkriegszeit nicht kausal aus der Zahl der Kämpfer und ihren Handlungen erklären. Aber diese Erschütterungen schufen ein optimales Bündel von Voraussetzungen für die Aktivitäten dieser Kämpfer, die zu einem der Faktoren der Vertiefung einer Atmosphäre der Unruhe wurden.

Außerhalb Sowjetrusslands, in dem ein blutiger Bürgerkrieg tobte, wurden Deutschland und Italien zum Schauplatz dramatischer innerer Auseinander-setzungen. Diese standen mit Kämpfen in Verbindung, die gewissermaßen am Rande der innenpolitischen Konflikte stattfanden. In Deutschland waren dies die Kämpfe gegen Polen in Oberschlesien und das Auftreten eines deutschen Korps in den baltischen Ländern, in Italien die Expedition d'Annunzios nach Fiume. All dies zusammengenommen schuf vorzügliche Bedingungen für die

---

178 Man darf ebenso nicht die Rolle von Prophezeiungen eines großen Krieges nach der Art der Balkankrise beiseite schieben. Wir wissen, wie sehr der Libyenfeldzug Einfluss auf die Entwicklung der Ideologie des italienischen Nationalismus und Imperialismus nahm.

Entstehung organisierter militärischer Gruppen, in denen sich Kämpfer sammelten. In ihnen scharten sich jegliche Abenteurerelemente mit besonders starkem Kampfgeist, Leute, denen die Formen des irregulären Partisanenkampfes besonders entsprachen. Hier entstanden ebenfalls neue Methoden des Kampfes und prägten sich Organisationsmuster aus, die ihrerseits in die weitere Arena der politischen Verhältnisse übertragen wurden. Vor allem aber fanden hier die entstehenden militarisierten Parteien, geleitet von charismatischen Führern, ihre menschliche und organisatorische Basis. Kampfgruppen nach Art der *Orgesch* oder der *Arditi* stellen ihnen die kämpferischsten Elemente und verstärken in hohem Maße die Parteielite.

Ein verständliches Bestreben all dieser Kämpfer war die möglichst lange Aufrechterhaltung einer Situation, die ihnen eine gewisse Stabilisierung oder Normalisierung brachte. Die Konjunktur war für sie immer günstiger. Viele Länder gingen in das Stadium eines permanenten Bürgerkrieges über, in dem es zwar Perioden der Ruhe gab, die jedoch eine Atmosphäre schuf, die weit von den Vorkriegsverhältnissen entfernt war. Die Menschen, die uns interessieren, wurden zu einem der Faktoren dieser Atmosphäre, und zwar zu einem sehr wichtigen Faktor.[179] Die eigentliche Domäne ihres Handelns wurden die militarisierten Massenparteien, die im Zuge der Verschärfung der Klassenkämpfe erstarkten. Die Tendenzen zur Militarisierung, die im Übrigen in strukturellen Prozessen angelegt waren, die in den meisten Parteien bereits viele Jahre vor dem großen Krieg eingesetzt hatten, fanden in den Kämpfern der Nachkriegszeit ihre konsequenten Sprachrohre, und die militärischen Muster wurden vor allem durch sie übertragen und realisiert. Es waren dies Menschen der militärischen Ideologie, die in militärischen Mustern die vollkommensten Formen und Inhalte des sozialen Lebens erblickten.[180]

Znaniecki hat sehr treffend und eindringlich charakterisiert, in welcher Verbindung die Zunahme der Zahl der Kämpfer nach dem Kriege mit der Entstehung von Systemen wie dem Faschismus oder dem Hitlerismus stand:

179 Nebenbei möchten wir bemerken, dass die Menschen des Friedens, die sich hauptsächlich aus den biografischen Typen der „Wohlerzogenen" und der „Leute der Arbeit" rekrutierten, die Bedeutung der nach dem Weltkrieg demobilisierten Kämpfer nicht richtig einschätzten. Sie erkannten nicht, dass hier ein riesiges gesellschaftliches Problem ins Spiel kommt, das, wenn es ignoriert oder auf die leichte Schulter genommen wird, sich gerade den friedlichen Elementen schmerzhaft bemerkbar macht.

180 Wir lassen hier die Rolle der Armee als eigenständiger Faktor der Übertragung militärischer Muster außer Betracht. Frappierend ist dies vor allem in Ländern, wo die Armee nach der Unterordnung anderer sozialer Gruppen strebt. Wenn Florian Znaniecki von vier Gruppen spricht, die Anspruch darauf erheben, „Gesellschaften" zu sein (Staat, Nationen, Kirche, soziale Klasse), dann muss man ergänzen, dass in vielen Fällen die Armee eine fünfte Gruppe darstellt.

„Die Idee, die persönliche Freiheit für die Disziplin aufzugeben, weniger als schmerzliche Notwendigkeit, sondern als einen Wert an sich; die Akzeptanz menschlicher Hierarchien, die sich auf faktisch erwiesene Fähigkeiten für bestimmte Funktionen stützt, und nicht auf die Anerkennung seitens der Gruppe (was sich in der Praxis in der Ablehnung des Wahlsystems zugunsten des hierarchischen Systems der Diktatur ausdrückt); der völlige Verzicht auf Vertragsbeziehungen in der inneren Struktur der Gruppe zugunsten des organischen faschistischen Staates, Krieg oder der Gemeinschaft des Nationalsozialismus; eine moralische Funktion des Individuums im Hinblick auf andere Individuen, die typischerweise nach dem Muster der ‚Waffenbrüderschaft‘ aufgefasst wird; die Gruppenfunktionen des Individuums, die auf der absoluten Loyalität gegenüber dem Staat oder der Nation beruht, die es dem Individuum nicht erlaubt, zwischenstaatlichen oder internationalen Gruppen anzugehören, deren Forderungen der Bereitschaft zum Dienst am Staate entgegenstehen könnten; all dies ist eine Idealisierung, die vollständig den Bestrebungen der Menschen des Kriegsvergnügens entspricht".

Hinzu tritt im Hinblick auf andere Gruppen eine „sportliche Einstellung", die „Bereitschaft zu Verträgen und zum Einhalten von Verträgen, aber stets auf dem Boden der stetigen Bereitschaft zum Krieg und ohne Bestrebungen zur Ausbildung positiver Bindungen, welche die Unterschiede zwischen den Gruppen vermindern".[181] Die neuen Parteien wurden zum verlängerten Arm der kämpfenden Armeen, ihre Ideologien, organisatorischen Formen und gruppeninternen Beziehungen entsprachen zur Gänze den Haltungen der Weltkriegskämpfer. Zugleich erfüllten sie in erheblichem Maße die soziale Funktion der Armee – sie bewahrten vor Deklassierung. Die Partei verlieh eine soziale Position, sie formte die bindungslosen Menschen zu einer geschlossenen Gruppe und in gewissem Maße sicherte sie ihre materielle Existenz. Die Kampfmilizen der italienischen und der deutschen Partei waren bereits vor der Erlangung der Macht materiell gut abgesichert.

Vor dem Hintergrund aller vorangegangenen Überlegungen gewinnt die Frage der Führergefolgschaft und ihres Verhältnisses zum charismatischen Führer plastisch Kontur. Wir müssen dazu auf unsere früheren Argumente zurückgreifen und aus ihnen die wesentlichsten Momente extrahieren. Zweifellos kann man unter den Aktivisten jeglicher politischen Partei viele Menschen finden, die in der Vergangenheit oder der Gegenwart eine Deklassierung erlebt haben, sowie eine bedeutende Zahl von Menschen des biografischen Vergnügungstypus. Sehr verständlich gibt es hier eine enorme Zahl anderer Kunden, einschließlich der „übernormalen Perverslinge". Im bürokratischen Apparat der Partei überwiegen stabilisierte Elemente, unter ihnen „Menschen der Arbeit" und „Wohlerzogene". Unter den aktivsten Elementen ist jedoch der Mensch des politischen Spiels in engster Kombination mit dem Typus des

---

181 Znaniecki, Ludzie teraźniejsi, S. 290 f.

Kämpfers am weitesten verbreitet. Dort, wo der militärische Faktor dominiert, wo die Partei Partner im Bürgerkrieg ist, wird das Übergewicht des Kampftypus in der Nachkriegszeit besonders deutlich.

Dieses Kampfelement tritt sowohl in Kämpfen der Gruppe mit anderen Gruppen als auch in inneren Auseinandersetzungen offen zutage, deren häufigstes Ergebnis die Errichtung einer Einpersonenführerschaft ist. In allen drei großen militarisierten Parteien war die Entstehung dieser Führerschaft von inneren Kämpfen begleitet, die in der sowjetischen Partei am dramatischsten und in der deutschen relativ am schwächsten waren. Der Führerkandidat musste andere Führer liquidieren, die ihm Widerstand entgegensetzende alte Parteielite bändigen und aus dem bürokratischen Apparat ein Instrument seiner Macht machen. In der Praxis trug auch der Apparat hierzu bei, der nach vielen Säuberungen zu einem mächtigen Organ geworden war, das gleichwohl nicht mit den Aktivitäten des Führers kollidierte. Um dies zu erreichen, musste der Führer sich auf eine Gruppe von ihm rücksichtslos ergebenen Menschen stützen, die Kampfbereitschaft mit der Kunst des politischen Spiels und der kühnen Intrige verbanden.

Diese Menschen müssen dem Führer bedingungslos ergeben sein. Diese Hingabe beruht auf der sozialen Herkunft eines bedeutenden Teils der Mitglieder der Führergefolgschaft. Wir haben es hier mit Menschen zu tun, die dank dem Führer einen ungeahnten sozialen Aufstieg erlebt haben. Jemand, der einst am Rande des sozialen Lebens existiert hatte, der von normalen Menschen als ein aus der Bahn Geratener betrachtet wurde, als ein Mitglied einer Bohème, erhielt an der Seite des Führers und dank dem Führer Teilhabe an der Macht, die Möglichkeit, auf die Gesamtheit des sozialen Lebens Einfluss zu nehmen sowie eine vorzügliche materielle Sicherung. Dem Führer zu folgen bewahrte nicht nur vor der Rückkehr in die frühere Deklassierung (welche in der Zeit des Weltkrieges unterbrochen war), sondern garantierte den höchsten Platz in der staatlichen und sozialen Hierarchie. Dem Führer die Gefolgschaft aufzukündigen hätte eine Degradierung mit sehr tragischen Konsequenzen bedeutet. Die charismatischen Eigenschaften, mit denen der Führer versehen ist, binden die Mitglieder seiner Gefolgschaft auf vielerlei Weise. Eine Konsequenz dieser Bindung ist unter anderem auch, dass ein Verlassen des Führers Zweifel an seiner Sendung und damit die Verletzung einer bestimmten magischen Ordnung bedeuten. Der Abtrünnige muss daher mit ganzer Härte und Rücksichtslosigkeit behandelt werden. Aber nicht nur die sakralmagischen Elemente im engeren Sinne stehen dem Abfall entgegen. Unter den Angehörigen der Gefolgschaft kann man insbesondere Individuen antreffen, deren einzige sachliche Qualifikation zur Ausübung einer bestimmten Funktion die Tatsache ihrer Berufung durch den Führer ist. Meist kann der Angehörige einer Gefolgschaft nur Mitglied der Gefolgschaft sein und keinen Beruf ausüben, für den rationale Qualifikationen erforderlich sind. Aber die Qualifikationen eines Mitglieds der Gefolgschaft sind hier rein charismatischer Natur und entspringen der Teilhabe am Charisma des Führers und der Weitergabe eines Teils seiner Eigenschaften durch denselben an das Mitglied der Gefolgschaft. Der Austritt aus dem Kreis der Führergefolgschaft stellt das Mitglied der Gefolgschaft vor das tragische Dilemma rationaler Qualifikationen.

Es nimmt auch nicht Wunder, dass sich das Mitglied der Gefolgschaft stärker mit seinem Führer verbunden fühlt, ein tiefes Gefühl der Dankbarkeit für ihn empfindet und fürchtet, seine Gnade zu verlieren – es weiß, dass es mit ihm steht und fällt. Auch aus diesem Grunde nimmt die Gefolgschaft des Führers so aktiv Anteil an der Schaffung einer charismatischen Führerlegende. Die Legende des Führers ist zugleich die Legende der Gefolgschaft, und das Charisma des Führers geht auf jene über, die als erste seine Sendung erkannten und seine engsten Kampfgenossen waren. Oft zwingt die Gefolgschaft dem Führer eine Legende auf, ja, bisweilen muss sie sogar seinen Widerstand brechen. Bei diesen Bestrebungen kann es sich um Elemente eines politischen Spiels handeln, doch ist es mit ehrlichen Überzeugungen verbunden, mit dem tiefen Glauben an die Mission des Führers.[182]

Vor dem Sieg ist die Führerlegende ein wichtiger Faktor, der die Erfolgschancen erhöht; nach dem Sieg ist sie einer der Hauptfaktoren der Dauerhaftigkeit des Erfolgs. Dank ihrer partizipieren die Gefolgsleute am Charisma des Führers, ihr verdanken sie ihre besondere Position. Sie wird zum Band, welches die Gefolgschaft mit dem Führer und den Angehörigen der Gefolgschaft verbindet. Das heißt natürlich nicht, dass die Gruppensolidarität der Führergefolgschaft etwas Absolutes wäre. Im Gegenteil: Die Gefolgschaft ist bisweilen Spielfeld geradezu dramatischer Rivalitäten, erbitterter Kriege von Cliquen, in denen es darum geht, die Gnade des Führers für sich und die

---

182 Die offizielle Legende, welche aus den Kreisen der Führergefolgschaft stammt, betont die Elemente des Führercharismas viel stärker als dieser in seinen Äußerungen. Es genügt, den von Krupskaja verfassten Lebenslauf Lenins mit dem aus der Feder von Jaroslavskij zu vergleichen, bei welchem es sich gewissermaßen um die posthume Kodifikation der Leninlegende handelt. In den Erinnerungen seiner Frau, die selbst zur Elite der früheren Partei gehörte, hat Lenin menschliche Züge und ist frei von übernatürlichen Eigenschaften. Der Lenin Jaroslavskijs ist ein Heros, der mit außergewöhnlichen Begabungen versehen ist. Dasselbe lässt sich von Mussolini und Hitler sagen, allerdings mit dem Unterschied, dass beide Material für ihre Legende liefern. Die nationalsozialistische Propagandatätigkeit überschritt bei der Konstruktion der Figur Hitler das Maß beträchtlich, welches der Verfasser von „Mein Kampf" selbst vorgab. Viel interessantes Material über die Erschaffung eines Führerkults durch die Gefolgschaft kann man in den Erinnerungen von Sir Walter Citrine, I Search for Truth in Russia, über die Sowjetunion finden.

Ungnade für die gegnerische Clique zu erkämpfen.[183] Nach außen hingegen herrschte eine eigenartige Solidarität. Wie jede elitäre Gruppe weist auch die Gefolgschaft Abschließungstendenzen auf und lässt neue Elemente nur ungern ein.[184] Diese Solidarität tritt am deutlichsten zu Tage, wenn es zu einem Konflikt zwischen der Gefolgschaft als Gesamtheit mit dem bürokratischen Apparat oder anderen charismatischen, unqualifizierten oder wenig qualifizierten Gruppen kommt. Die Gefolgschaft betont gerne auch die Existenz von Cliquen in ihrer Mitte und beruft sich vor allem in den inneren Auseinandersetzungen auf die Tradition des kollegialen Kommunismus.

Feindlich verhält sich die Gefolgschaft auch in Fällen von Renegatentum in ihren Kreisen. Schließlich kommt Dissidenz gegenüber dem Führer erheblich seltener vor als Ungnade von seiner Seite, und diese tritt häufiger auf als in den frühen Phasen, in denen sich das Charisma erst auszuprägen beginnt oder wenn der Führer anfängt, schwächer zu werden und andere Machtprätendenten auf den Plan treten. Dann können selbst diese Prätendenten der Gefolgschaft entstammen. Die Kämpfe innerhalb der Gefolgschaft tragen somit eher kameradschaftlichen oder mafiosen Charakter, und erst der Tod des Führers – wenn die Gefolgschaft über seinen Nachfolger entscheiden muss –, verändert den Charakter dieser Kämpfe und verleiht ihnen ein wesentlich größeres Ausmaß.[185]

Wir können nicht sagen, wie das Problem der Nachfolge der gegenwärtigen Führer gelöst werden wird. Wenn wir jedoch auf Beispiele von Führern aus anderen Zeiten zurückgreifen, können wir feststellen, dass die Bindung der Gefolgschaft an den Führer auch dessen Niedergang und Tod überdauern kann.[186] Darüber hinaus verfestigt sich die Tradition des Führercharismas, welches auf die Gefolgschaft übertragen worden ist, in den Familien der Gefolgschaftsangehörigen und wird zum Familiencharisma.[187] Dann lässt sich eine Koinzidenz des verfestigten Familiencharismas des Führers mit den Familiencharismen der Angehörigen seiner Gefolgschaft feststellen. Hier entstehen spezifische Beziehungen, die sehr charakteristisch für feudale Strukturen sind.[188]

183 Legenden ranken sich um die Kämpfe innerhalb der Gefolgschaft Hitlers. Viel über dieses Thema schreibt John Gunther, Inside Europe, London 1937, S. 59 ff.

184 Pareto, Les Systèmes socialistes, Band 1, Paris 1903, S. 34; ders., Trattato di sociologia generale, Florenz 1916, § 2055.

185 Vgl. Weber, Wirtschaft und Gesellschaft, S. 146.

186 Ein typisches Beispiel ist die Verehrung der Angehörigen der bonapartistischen Gefolgschaft für die Ideen Napoleons. Sie gingen auf die Nachkommenschaft über und wurden in den Familien der napoleonischen Aristokratie ein Gut der Familie, welches traditionell bewahrt und weitergegeben wurde. Vgl. Siegfried, Tableau politique, S. 423.

187 Vgl. Weber, Wirtschaft und Gesellschaft, S. 772.

188 Hier liefert uns erneut der Bonapartismus das deutlichste Beispiel. Um die Familie Bonaparte entstand ein regelrechtes Netzwerk von Familien der bonapartistischen

Alleine durch die Partizipation am Führercharisma steht die Gefolgschaft über der rationalisierten Ordnung. Die Mitglieder der Gefolgschaft unterwerfen sich nicht oder nicht gerne den Normen, welche für andere Gruppen gelten. Daher nimmt die Gefolgschaft eine besonders privilegierte Position ein. Die organisatorische Hierarchie ist hier gleichbedeutend mit einer Hierarchie charismatischer Privilegien. Schon die Zugehörigkeit zur Partei nimmt sie in gewissem Maße von den allgemeinen Regeln aus, welchen die Nichtmitglieder unterliegen. Die Spitzen der Organisation, und zwar vor allem die Gefolgschaft, genießen in dieser Hinsicht eine wesentlich größere Freiheit, die verschiedene Bereiche des Lebens erfasst. Klagen über die Willkür der Parteioligarchie sind ein weit verbreitetes Phänomen, obwohl sie zwangsläufig nicht laut ausgesprochen werden können. Es ist klar, dass sie dann zunehmen, wenn nach Überzeugung der Allgemeinheit die charismatische Position der Gefolgschaft (und meist auch des gesamten Systems) nachzulassen beginnt und das Recht der charismatischen Gruppe auf eine privilegierte Position beginnt, durch die Allgemeinheit in Frage gestellt zu werden.

Diese Ausnahmestellung der Angehörigen der Gefolgschaft schlägt sich in ihrer gesamten Lebensweise nieder. Ihr Lebensstandard, ihre Neigung zur Verschwendung, der Bau von Palästen, repräsentative Jagden, ja sogar finanzielle Vergehen – das ist die Liste der oft gut begründeten Klagen, welche an die Adresse der charismatischen Würdenträger gerichtet werden. Die Legitimation für ihren Lebensstil finden sie in der Tatsache ihres Kontakts zum Führer, und zwar vor allem in den Opfern, die sie für ihn auf sich genommen haben. Enorme Bedeutung besitzt in diesem Zusammenhang der Umstand, dass in der Gefolgschaft einst deklassierte frühere Angehörige der Bohème so zahlreich vertreten sind. Ein Mensch, der über Jahre kein Geld für eine warme Mahlzeit hatte und keine Chance sah, sich diese warme Mahlzeit zu verdienen, wird, nachdem er reüssiert hat, danach streben, sich umso elementarer auszuleben – unbefriedigte Begierden, lang unterdrückte Wünsche entladen sich. Die Neigung zu Vergnügungen, welche so bedeutend für die Angehörigen der Gefolgschaft sind, wird schließlich einer Befriedigung rein hedonistischer Natur zugeführt. Man könnte von einer amoralischen Haltung sprechen, die sich den Regeln der Alltagsmoral entzieht und in der großen geselligen und politischen Vergnügung eine wesentliche gesellschaftliche Funktion erblickt, welche der Gruppe und ihren Angehörigen zusteht.

Im Übrigen stellt der Führer selbst diesen Bestrebungen keine Hindernisse in den Weg. Wenn er gegen Vergehen der Gefolgschaftsmitglieder vorgeht,

Aristokratie, wobei so manche dieser Familien zum Zentrum eines neuen Netzwerks wurde. Die heutigen Fördersysteme sind zu jung, als dass sich in ihnen bereits ähnliche Prozesse hätten vollziehen können, dennoch lassen sich bestimmte Tendenzen erkennen.

kommen Kalkulationen ins Spiel, aber selten die Reaktion auf die Tatsache
des Vergehens als solches. Versuche, der Elite den Charakter eines Ordens zu
geben,[189] treten eher in den früheren Stadien auf; nach der Festigung der
Macht verschwinden sie entweder oder haben bloß dekorativen Charakter.
Kann sich die Gefolgschaft ausleben, stärkt dies ihre Dankbarkeit gegenüber
dem Führer, und der Glanz des Stabes verstärkt seine Pracht. Sie kann aber
auch zur Illustration seiner Bescheidenheit dienen. Daher beschenkt der
Führer die Angehörigen seiner Gefolgschaft gerne mit Ehren oder materiellen
Zuwendungen.[190] Es ist auch günstig für sie, wenn sie materielle Güter durch
die Teilnahme am wirtschaftlichen Leben erwerben kann. In den kapitalistischen Ländern werden Angehörige der Gefolgschaft oder ihnen nahestehende
Menschen gerne in Vorstände und Aufsichtsräte der großen Aktiengesellschaften aufgenommen. Es ist bekannt, dass der wirtschaftliche Etatismus, der in
der Regel aus dem militärischen Charakter der staatlichen Strukturen resultiert, in den Gefolgschaften viele begeisterte Anhänger besitzt. Neben rein ideologischen Momenten muss auch der Umstand berücksichtigt werden, dass
ihnen die staatlichen Unternehmen eine vorzügliche materielle Position garantieren und sie eine der Möglichkeiten sind, welche dem Führer die Belohnung
von Verdiensten ihm gegenüber gestatten.

Die Verbindung mit dem Wirtschaftsleben hat in kapitalistischen Systemen
weitere Konsequenzen. Die Angehörigen der Gefolgschaft treten in den kapitalistischen Apparat ein. Selbstverständlich hat ihre Rolle selten einen schöpferischen Charakter, und zumeist sind sie nur Profiteure aufgrund ihrer
Teilhabe am Charisma des Führers. Aber es entstehen zahlreiche gesellschaftliche Beziehungen, praktisch-hedonistische Interessen, was zusammengenommen einen Wandel der gesamten Haltung zur Folge hat. Hier ist die Hauptquelle der Evolution der Überzeugungen, des Entsagens gegenüber dem
Radikalismus aus der Zeit der Bohème und des sich Abfindens mit dem einst
bekämpften System. Die Vergangenheit in der Bohème spielt in diesen Wandlungen eine spezielle Rolle. Die Bohèmes versammelten Menschen, deren Verbindung mit den Bestrebungen breiter Klassen in Wirklichkeit recht schwach
war. Vor allem in der künstlerischen und der studierenden Bohème haben
Sympathien gegenüber diesen Bestrebungen häufig eine literarische Form, die
nicht frei ist von snobistischen Elementen. Die Randstellung der Bohème, ihre
spezielle Position in der gegebenen Sozialstruktur machen ihre Angehörigen
besonders anfällig für Meinungsänderungen.

Das wirtschaftliche Moment spielt also ebenfalls eine große Rolle in den
Bestrebungen der Gefolgschaft nach der Entwicklung einer Führerlegende und

---

189 Die Tendenzen der Entstehung eines Ordens, welche in der Zeit Lenins stark waren,
   sind in der Stalinära bloß unbedeutende Überreste.
190 Die deutschen Verhältnisse liefern hierfür die besten Beispiele.

damit der Entwicklung einer eigenen Legende. Die mythenbildnerische Tätigkeit der Wirtschaft aber hat einen nicht rein kodifikatorischen Charakter. Die Gefolgschaft strebt nach der Aktivierung einer Legende und bemüht sich, ihr neues Material zu liefern. Daher kommen aus dem Schoß der Gefolgschaft viele Initiativen, deren Gegenstand der Führer und seine Tätigkeit sind. Die Gefolgschaft achtet darauf, dass der Führer sein Charisma bestätigt, sie ermuntert ihn zu Handlungen, die Erfolge bringen können, und sie schafft bisweilen gezielt Situationen, welche den Führer dazu zwingen, bestimmte Entscheidungen zu treffen. Sie ist im gleichen Maße wie er daran interessiert, dass er nach wie vor für den Träger der Gnade gehalten wird.

Diese herausragende Beteiligung der Gefolgschaft an der Entwicklung des Führercharismas und ihr Einfluss auf seine Aktivitäten haben die Entstehung eines Abhängigkeitsverhältnisses des Führers von seiner Gefolgschaft zur Folge. Der Führer ist der Gefolgschaft dankbar, der er seinen Erfolg im Wesentlichen verdankt und die ihrerseits Trägerin und Mitbegründer seiner Legende ist. Er fühlt sich am besten im Kreise der Menschen, die ihm nahestehen und mit denen er eng verbunden ist. Dabei strebt die Gefolgschaft in aller Regel danach, den Führer vom Kontakt mit Menschen von außerhalb ihres Kreises abzuschneiden. Im Zuge der Verfestigung der gesamten Struktur entsteht ein geschlossener Zirkel, eine begrenzte Gruppe – der Führer und seine Gefolgschaft.

Diese Abhängigkeit des Führers von seiner Gefolgschaft ist nicht absolut. Es ist ein häufiges Phänomen, dass ihre Angehörigen in Ungnade fallen, obwohl auch hier vorwiegend der Einfluss einer Gruppe innerhalb der Gefolgschaft auf den Führer entscheidet. Schließlich muss das In-Ungnade-Fallen des einen den Aufstieg des anderen zur Folge haben. Es gibt jedoch eine besondere Situation, wenn die Differenzen zwischen dem Führer und seiner Gefolgschaft oder ihrem Teil stärker zutage tritt. Gewöhnlich sieht die breitere Allgemeinheit die Privilegien der Gefolgschaft ungern, und das auch dann, wenn sie die Ausnahmestellung des Führers an sich anerkennt. Selbstverständlich wird, wenn die Überzeugung von seinem Charisma sehr stark ist, akzeptiert, dass der Führer am besten weiß, wen er mit seiner Gnade auszustatten hat und die Richtigkeit seiner Entscheidungen blind anerkennt. Wenn man aber feststellen kann, dass die Autorität der Gefolgschaft im Bewusstsein der breiten Allgemeinheit nachlässt, dann ist das ein Zeichen dafür, dass auch die Autorität des Führers in Frage gestellt wird. Im ersten Stadium, das im Allgemeinen lang andauert, kehrt sich die Ablehnung gegen die Gefolgschaft, die sich vom Führer ablöst und sich ihm sogar entgegenstellt. Die kritischen Worte an die Gefolgschaft, die entstehende Ablehnung und die wachsende Zurückweisung sind die ersten Anzeichen für den Zerfall der ganzen Gruppe. In solchen Situationen opfert der Führer, der auf seine persönliche Autorität achten muss, bisweilen wenn nicht die gesamte Gefolgschaft, so doch einen bestimmten Teil von ihr.[191]

*

Heute können wir lediglich allgemeine Tendenzen und charakteristische Symptome beschreiben. Wir haben es mit Phänomenen zu tun, die im Entstehen begriffen, nicht abgeschlossen sind, und die sich in den unterschiedlichen Fällen beträchtlich voneinander unterscheiden. Einige Momente scheinen jedoch deutlich hervorzutreten. Eines von ihnen ist die Evolution in der Organisationsstruktur der militarisierten Partei, welche die Entstehung einer Führergefolgschaft bewirkt, die eine spezielle Gruppe mit spezifischen charismatischen Attributen bildet. Das zweite Moment ist die Existenz eines Zusammenhangs zwischen Charakter, Ideologie und Struktur dieser Gefolgschaft und der sozialen Vergangenheit der sie bildenden Menschen. Schließlich muss man die Rolle des Faktors von Kampf und Vergnügung unter den Angehörigen der Gefolgschaft erwähnen. All dies zusammengenommen bestimmt das Gesicht der neuen Aristokratie, die eine charakteristische Schöpfung der heutigen Zeit ist. Ähnlich wie ihre Vorgängerinnen in der Geschichte erschafft auch sie ihre eigene Ideologie, welche ihr Auserwähltsein legitimiert. Eine solche Ideologie ist der Elitarismus. Er ist nichts anderes als der Versuch einer rationalen Begründung dafür, dass die Angehörigen der Gefolgschaft ein soziales Element von höchster Qualität und besonderer Qualifikation sind. In dieser Ideologie werden verschiedene Begründungen gebraucht: biologische, psychologische, soziologische. Jenseits von ihnen aber verbirgt sich das Wichtigste: Die Überzeugung, über erworbene charismatische Qualifikationen zu verfügen. Ihre wichtigsten Voraussetzungen sind: die Berufung auf den gemeinsamen Kampf mit dem Führer, die Treue ihm gegenüber, die Opfer im Kampf, die Erfolge, die er erzielt, schließlich die Berufung auf seinen Willen. Diese charismatische Legitimation muss die Gefolgschaft verteidigen, solange sie über Kräfte hierfür verfügt. Denn ihr Verlust bedeutet eine Degradierung, die Rückkehr in das „normale" Leben, zum Minderwertigkeitskomplex, welcher sich nach der Katastrophe noch bedeutend vertieft.

---

191 Hiermit ist eine bestimmte Fluktuation in der Zusammensetzung der Gefolgschaft verbunden, die Tatsache, dass der Führer in ihr bestimmte personelle Veränderungen vornehmen muss, und das in zum Teil dramatischer Form. Die Zusammensetzung der italienischen Gefolgschaft hat sich bedeutend verändert, und auch in der deutschen Gefolgschaft sind bedeutende Veränderungen eingetreten; auch Stalin war gezwungen, einige der ihm Ergebenen zu liquidieren. Selbstverständlich ist es weniger wichtig, unter welchem Vorwand und mit welcher Motivation die Liquidierung motiviert wird.

Über die Macht Stalins (Marginalien zu Büchern von André Gide und Sir Walter Citrine)

I.

Das Buch von André Gide „Retour de l'U.R.S.S."[1] war eine Zeit lang die Sensation des Tages. Das später veröffentlichte „Retouches"[2] – eine Antwort auf die Vorwürfe der Kommunisten gegen das erste Buch – steigerte die Sensation nicht mehr, schwächte sie aber auch nicht ab. Heute wird weniger über das Buch Gides geredet, aber der Eindruck, den es hinterlassen hat, ist nachhaltig und stark.

Man fühlt sich an ein Buch von Panait Istrati erinnert, das vor einigen Jahren ebenfalls keine geringe Sensation war. Dennoch sollte man mit Analogien vorsichtig sein. Lässt man den schriftstellerischen Rang beider Autoren sowie den Umfang und den unterschiedlichen Grundton außer Acht, der in ihnen vorherrscht, dann muss man einen anderen, den grundlegendsten Unterschied herausstreichen. Panait Istrati kehrte völlig enttäuscht und gebrochen aus der Sowjetunion zurück. In seinem Buch sprach ein Mann des Glaubens, den die Katastrophe des Glaubensverlustes überkommen hatte. Anders ist es bei Gide. Seine Haltung gegenüber den großen sozio-ökonomischen Wandlungen, welche die bolschewistische Revolution mit sich brachte, ist nach wie vor positiv. Gide nimmt entschieden die sowjetische Realität an und sieht in ihr die Grundlegung einer neuen Zivilisation. Und deshalb hält er sich auch für berechtigt, Einwände gegenüber den Phänomenen im sowjetischen Leben vorzubringen, die er für negativ hält und in denen er eine Gefahr für die Entwicklung der neuen sozialistischen Zivilisation erblickt. Die Form, die Gide wählte, um seine Einwände vorzubringen, zeichnet sich durch Takt und Mäßigung aus. Und nichts begründet die Richtigkeit seiner Befürchtungen besser als der Ton einer ungeheuren Aggressivität, mit der Kommunisten in der Sowjetunion und außerhalb von ihr auf sein Buch reagierten. Die Worte der Kritik, die im Grunde weit entfernt von Boshaftigkeit und Ablehnung waren, wurden zu Gotteslästerung, Abfall und Verrat erklärt.

Zu ungefähr derselben Zeit, als Gide sein erstes Buch veröffentlichte, brachte Sir Walter Citrine seinen Bericht über eine Forschungsreise durch die UdSSR unter dem bemerkenswerten Titel „I Search for Truth in Russia"[3]

---

1   Vgl. André Gide, Retour de l'U.R.S.S., Paris 1936.
2   Vgl. André Gide, Retouches à mon retour de l'U.R.S.S., Paris 1937.
3   Vgl. Sir Walter Citrine, I Search for Truth in Russia, London 1936.

heraus. Zunächst ein paar Worte über den Mann, der sich auf der Suche nach
der Wahrheit nach Russland begab. Es handelt sich um keinen Literaten, sondern einen herausragenden sozialen Aktivisten, den Führer der englischen
Gewerkschaften und Führer der Internationalen der Gewerkschaften. Es handelt sich um einen sehr nüchternen Geist, einen grundlegend auf seine Führungsrolle in der englischen und der internationalen Gewerkschaftsbewegung
vorbereiteten Menschen. Sir Walter Citrine gehört zu den wenigen Menschen,
die Fakten erkennen und aus ihnen die richtigen Schlüsse ziehen können.
Zum ersten Mal besuchte er die Sowjetunion im Jahre 1925. Elf Jahre später
unternahm er eine zweite Reise. Er bereitete sich gewissenhaft auf sie vor und
unternahm die Reise durch die Sowjetunion mit dem Notizbuch in der Hand,
in dem er Tag für Tag aufschrieb, was er gesehen hatte, wobei er in extenso die
geführten Gespräche zitiert. Auf diese Weise entstand ein dickes Buch – so
etwas wie ein genaues Protokoll seiner Reise durch die Sowjetunion.

In keinem Fall kann man behaupten, Citrine sei ein Feind der Sowjetunion.
Selbstverständlich ist er kein Kommunist und unterstreicht, dass der Weg zu
einer sozialistischen Gesellschaft in den großkapitalistischen Ländern West-
europas anders sein müsse als der russische Weg. Auch sucht er in der Sowjetunion keine Muster, sondern berücksichtigt die sowjetischen Erfahrungen und
versucht aus ihnen Schlüsse zu ziehen, die auch für das westeuropäische Proletariat nützlich sein können. Seine Haltung gegenüber der russischen Revolution ist uneingeschränkt positiv, und im Sowjetstaat versucht er die Realisierung der sozialistischen Gesellschaft zu erkennen.

Selbstverständlich bewirkt die Tatsache, dass Citrine Sozialist ist und somit
nie ideologisch oder organisatorisch mit der kommunistischen Bewegung verbunden war, dass sich seine Haltung von der Gides unterscheidet. Dennoch
haben diese beiden doch so verschiedenen Männer vieles gemeinsam. Sie stehen für bestimmte kulturelle Ideale, die für Frankreich und England und die
Arbeitermassen dieser Länder so wesentlich sind. Aus dem Blickwinkel dieser
Ideale betrachten sie die sowjetische Realität. Sie erblicken in ihr das, was mit
diesen Idealen übereinstimmt, und sie bringen ihr nicht bloß Anerkennung
entgegen, sondern herzliche Gefühle. Aber sie entdecken auch Dinge, die nicht
übereinstimmen, und ebendiese wecken in ihnen eine tiefe Unruhe. Diese
Dinge sind nämlich nichts Zweitrangiges. Es geht bei ihnen um Werte von
grundlegendem Gewicht, von entscheidender Bedeutung für den Inhalt der
sozialistischen Gesellschaft und die Möglichkeit ihrer Entstehung. Kurz
gesagt, geht es hier um die Ideale, die den Kern der Demokratie und des
Demokratismus ausmachen. Es geht um die Frage der Verantwortung der
Menschen, die Macht ausüben, um die Frage der Einmanndiktatur, um die
Methoden, derer sie sich bedient, um die Frage des Begriffes von Macht an
sich. Über allem steht aber die Frage des menschlichen Individuums, seiner

menschlichen Würde, Persönlichkeit, die Frage des Menschen als Wert. Und hier entsteht eine deutliche Trennlinie zwischen der sowjetischen Realität und der Ideologie des demokratischen Radikalismus.

Betrachtet man die geistigen Strömungen der heutigen Zeit, dann können wir eine Regeneration der demokratischen Ideale feststellen. Das Versagen der autoritär-totalitären Systeme, die Enttäuschung über die Parolen des Elitarismus und der Hierarchie führten zu einer Wiedergeburt des demokratischen Denkens. Dieses Denken hat seine bisherigen Errungenschaften erweitert und legt eine große Jugendlichkeit und Fruchtbarkeit an den Tag. Die Unterschiede zwischen ihr und vom Faschismus beeinflussten Konzeptionen sind offensichtlich. Die Bedeutung der Bücher von Gide und Citrine beruht darauf, dass sie den wesentlichsten Punkt ausmachen, in dem die sowjetische Realität sich radikal von den wiedergeborenen demokratischen Ideologien unterscheidet. Bei diesem Punkt handelt es sich natürlich nicht um das Streben nach sozialer Gerechtigkeit, nach der Errichtung einer klassenlosen Gesellschaft, frei von Ausbeutung – hier besteht eine grundlegende Übereinstimmung beider Konzeptionen. Der wesentliche Gegensatz liegt im Verständnis der Beziehung des Individuums zur Gemeinschaft, in der Bewertung des Individuums und dem Verständnis der Rolle der Herrschenden. Die demokratische Ideologie leitet sich aus dem Freiheitsstreben ab, ihr Kern sind die großen Parolen der Französischen Revolution.

Die Bücher, von denen wir sprechen, tragen außerordentlich zur Vertiefung der demokratischen Ideologie bei, denn sie zeigen deutlich, was in ihr immer jung und von schöpferischer Kraft ist.[4]

II.

Bei unseren Überlegungen über die Bücher von Gide und Citrine beschränken wir uns auf eine Frage, die in ihnen sehr plastisch zutage tritt. Es geht um einen der grundsätzlichen Punkte der Abgrenzung – die diktatorische Struktur der Macht, die Macht Stalins. Die Moskauer Prozesse illustrieren vorzüglich die Beobachtungen, welche die beiden Autoren gemacht haben. Gide und Citrine liefern uns viele Beobachtungen. Bemühen wir uns darum, aus ihnen allgemeinere Schlüsse zu ziehen. Beginnen müssen wir in der Vergangenheit.

---

4 Ein unterhaltsames Missverständnis, das von einer großen Verwirrung im Denken zeugt, ist die Tatsache, dass Gides Buch von Emil Skiwski ins Polnische übertragen wurde. Wahrscheinlich nahm er an, dass er mit der Übersetzung nicht nur der Sache des Kampfes gegen den Kommunismus dienen werde, sondern auch dem Kampf gegen freiheitliche Ideale.

Stalin ist der Erbe Lenins, und die Macht Stalins wird im Hinblick auf ihren Charakter als Fortsetzung der Macht Lenins betrachtet. Zweifellos gibt es unter Lenin Anzeichen, welche die Entwicklungsrichtung der Herrschaft Stalins vorausbestimmen, aber dennoch unterscheidet sich dessen Macht von der, die in den Händen Lenins lag.

Um die Position zu verstehen, die Lenin im jungen Sowjetstaat einnahm, muss man auf bestimmte strukturelle Charakteristika der damaligen kommunistischen Partei rekurrieren. Es handelte sich bei ihr um eine Kampfpartei mit rigoroser Disziplin. Dennoch bewahrte sie trotz ihrer beträchtlichen Militarisierung grundlegende demokratische Werte, die für sozialistische Parteien charakteristisch sind. Die Parteielite bestand aus Menschen, die gegenüber den Beschlussorganen der Partei verantwortlich waren – den Kongressen und Konferenzen. In dieser Elite nahm Lenin, der sich größter Autorität erfreute, die führende Rolle ein. Doch besaß diese Autorität keine spezifisch mystischen Eigenschaften, etwa nach der Art der Autorität Hitlers. In der Zeit vor der Revolution und unmittelbar nach ihr können wir ein stärker verbreitetes Bewusstsein einer besonderen Mission Lenins feststellen. Zweifellos trug der Enthusiasmus bestimmte Elemente des Kultes in sich, diese aber standen auf schwachen Füßen. Lenin selbst zeigte keine Tendenz zur mystisch-sendungshaften Betrachtung seines Handelns. Er war eine große Autorität, aber eine rationalisierte Autorität, so könnte man sagen. Es ist bemerkenswert, dass in vielen Fällen innerhalb der Partei über seinen Standpunkt diskutiert oder dieser von anderen Führern bekämpft wurde. Der autokratische Charakter Lenins trug eher moralische Züge, es war der Autokratismus eines Individuums von großer Autorität, das auch von anderen Führern der kommunistischen Partei anerkannt wurde. Aber auch unter ihnen gab es Individuen mit sehr großer Autorität, die oft mit der Lenins konkurrierte.

Erst die relative Stabilisierung der Verhältnisse nach der Beendigung des Bürgerkriegs brachte eine Zunahme der mystischen Tendenzen. Ihre Hauptquelle war das Umfeld Lenins – die Parteielite, die eine Legende von der Sendung des Führers schuf. Der Führer selbst verhielt sich mit großer Reserve. Erst sein Tod und seine Beerdigung gaben Anlass zur Heroisierung, die sich mit einem Kult verband, der rituelle Eigenschaften hatte. Hier kamen dieselben Faktoren zur Geltung, die sich in einer ganzen Masse von ähnlich gelagerten Fällen feststellen lassen. Der Heros und sein Kult wurden zu Faktoren, welche die Gruppe zementieren, und die Aussagen des Heros erlangen ein Gewicht von kanonischer Autorität. Die Elite als qualifizierter Kommentator dieser Aussagen eroberte sich besondere Autorität. Schließlich wurde sie selbst zur Teilhaberin an der Sendung des Heros, der auf diese Weise einen Teil seiner mystischen Eigenschaften auf sie übertrug.

Hierbei handelte es sich jedoch um sekundäre Prozesse, Prozesse, die graduell abliefen. Die Parteielite war schließlich die Führungsschicht der Partei und nicht die Entourage des Führers, des Trägers der Sendung. In dieser Elite gab es selbständige Individuen mit großer Autorität. Hier finden wir im Allgemeinen einen einheitlichen Führungskern, der sich aus Personen zusammensetzt, die praktisch seit dem Beginn der Parteiexistenz zum Führungsstab gehörten. Selbstverständlich kam es zu Abgängen, etwa dem Plechanows oder für eine bestimmte Zeit Lunatscharskijs, es kamen Führer anderer Richtungen, etwa Trotzki, aber die Kerngruppe war von Dauer und bestand aus alten, erfahrenen bolschewistischen Aktivisten. Krasin, Rykow, Litwinow, Worowskij, Kalinin, Sinowjew, Ordschonikidse, Smirnow, Stalin – das sind einige Namen von Männern, die seit den Anfängen der Partei neben Lenin zu deren Führungsgruppe gehörten.

Nach dem Tod Lenins aber wurde die Frage der Nachfolge aktuell. Theoretisch betrachtet musste dieser Standpunkt nicht unbedingt gleichbedeutend mit der Begründung der autoritären Macht sein. Denkbar war zum Beispiel eine kollegiale Leitung der Partei. Es traten jedoch Umstände ein, die einer solchen Evolution der Parteistrukturen im Wege standen. Für den Wechsel zu einem kollegialen System wäre die Befriedung der Verhältnisse, die Schaffung einer regelrecht friedlichen Atmosphäre unerlässlich gewesen. Zu einer solchen Pazifizierung kam es aber nicht. Im Gegenteil: Nach wie vor bestanden und verstärkten sich die Umstände, die zu einer weiteren Militarisierung der Partei führten. Sie führten ebenfalls zur Entstehung einer Führerinstitution, die graduell Eigenschaften annimmt, die in der Lenin'schen Periode nicht auftraten. Es entstand eine neue Herrschaft, welche sich von der Lenins unterschied: die Herrschaft Stalins.

III.

Wie bekannt, ist die Frage der Übernahme der Parteifunktionen durch Stalin in der Nachfolge Lenins unklar. Sicherlich werden zukünftige Historiker etwas darüber sagen können, vorausgesetzt natürlich, dass sie entsprechende Materialien finden. In jedem Falle ist es bekannt, dass keine Rede davon sein kann, dass der sterbende Lenin Stalin die Macht übertragen hätte. Stalin errang diese Macht, indem er geschickt die Parteiführer gegeneinander ausspielte und äußere Umstände ausnutzte. Dies sind die Umstände, die in außerordentlichem Maße zur Entstehung der Führerinstitution beitrugen.

Seit dem Oktoberumsturz schwebt über der Sowjetunion ständig das Gespenst einer Intervention von außen. Die Furcht vor ihr wurde im politischen Klima der Sowjetunion dominant, und sie wirkte und wirkt grundlegend nicht nur auf ihre Außen-, sondern auch auf ihre Innenpolitik ein. Ohne Zweifel hatten diese Befürchtungen eine reale Grundlage. Vor allem nach dem Hitlerputsch, als in Deutschland eine Richtung an die Macht kam, deren Führer die Parole eines antibolschewistischen Kreuzzuges im Munde führte, wurde die Drohung einer Aggression von außen deutlicher. Aber auch in Perioden, als die Gefahr einer Intervention durch die objektiven Umstände weniger begründet war, herrschte in der Sowjetunion das Bewusstsein von einem bevorstehenden Überfall der kapitalistischen Welt vor.

Mit einem Wort, es herrschte eine Atmosphäre der Furcht vor einem Feind, der einen Überfall vorbereitet und sich mit verschiedenen Mitteln bemüht, die Sowjetunion von innen zu zerstören. Diese Atmosphäre trug zur fortschreitenden Militarisierung innerhalb der Partei und des gesamten Staates bei und schuf vorzügliche Bedingungen dafür, dass sich ein Individuum mit Führeraspirationen an die Spitze setzen konnte. Dieses Individuum konnte – im Falle Stalins – diese Atmosphäre nutzen, indem es häufig mit Hilfe von Propaganda die Emotionen der Gesamtheit anfachte.

Es entwickelte sich eine Ideologie, deren zentrales Element das Bewusstsein war, dass es einer ausgewählten Führerperson bedurfte und es sich bei dieser Person um Stalin handelte. Die Perspektive der Kriegsgefahr hatte, wie wir bereits sagten, einen enormen Einfluss auch auf die Innenpolitik. Verteidigungsaspekte dominierten bei den Arbeiten am sozio-ökonomischen Umbau Russlands und gaben ihm oft eine bestimmte Richtung. Diese Arbeiten, die einen enormen Umfang hatten, wurden in einem Klima des Kampfes durchgeführt und trugen alle Eigenschaften einer militärischen Aktion. Der Kampf gegen das Kulakentum, der Umbau der Agrarstruktur, die Industrialisierung des Landes – all dies waren Unternehmungen, die, so könnte man sagen, mit militärischen Mitteln geführt wurden. Die Fünfjahrespläne waren eher Programme strategischer Kampagnen, in der Ökonom und Techniker sich gedanklicher Methoden bedienten, die denen von Militaristen ähnlich waren. Den Parolen, derer man sich in der Propaganda bediente, gab man einen militärischen Klang. Die Militarisierung schlägt sich nicht nur in rein äußerlichen Momenten nieder und beruht nicht auf der bloßen Unterordnung aller Bereiche des gesellschaftlichen Lebens unter das Militär und seine Ziele. Die Militarisierung beruht vor allem auf der Anwendung militärischer Muster, auf dem Gebrauch militärischer Methoden des Denkens und Handelns, auf der Schaffung eigener Grundsätze von gesellschaftlicher Disziplin und Hierarchie. Parallel zu den militärischen Zielen kamen in den sowjetischen Reformen militärische Methoden und militärische Interpretationsmuster zum Tragen.

Und eben dank dieser Umstände konnte sich schon nach der Beendigung des Bürgerkrieges in der Sowjetunion eine Führerinstitution herausbilden, die in wesentlich höherem Maße mystifiziert war als die revolutionäre Macht

Lenins. Ein vorzüglicher Kenner des sowjetischen Systems, Aleksandrov, sagt, dass die Stärke Stalins und sein Erfolg auf der Schaffung eines Gefühls seiner Unverzichtbarkeit beruhten. Das Gefühl der Unverzichtbarkeit, seiner Unersetzbarkeit führt geradewegs zum mystischen Glauben an seine außergewöhnlichen Eigenschaften, seine Auserwähltheit. Stalin besaß die Fähigkeit, dieses Gefühl auszunutzen, es zu nähren und hierauf seine außergewöhnliche Macht aufzubauen. Und hier beginnen wir zu verstehen, wie sehr sich die Macht Stalins von der Lenins unterscheidet, wie schwer man hier von einer Kontinuität der Tradition sprechen kann. Es ist kein Zufall, dass der Stalinkult den Leninkult verdrängt und Lenin schrittweise in das Pantheon der Erinnerung eingeht.

Die Ausbildung der Stalin'schen Macht erfolgt nicht auf dem Weg einer friedlichen Evolution. Sie wird von hochdramatischen Momenten begleitet. Vor allem war Stalin, wie wir wissen, eines der Mitglieder der Parteielite. Seine Ausnahmestellung musste er deshalb durch die Unterordnung der übrigen Teilnehmer und die Entfernung möglicher Konkurrenten erlangen. Das ist einer der Aspekte der Abrechnung mit anderen Parteiführern, einer der Aspekte des Weges, der von der Vertreibung Trotzkis zu den blutigen Moskauer Prozessen der jüngsten Zeit führt. Aber hier kommt ein zweiter Aspekt ins Spiel. Die bolschewistische Elite war eine Parteielite, die selbst unter Lenin solche Eigenschaften bewahrte, die Parteieliten auszeichnen. Unterdessen muss sich ein Herrscher wie Stalin auf eine eigene Elite stützen, die seine Gefolgschaft darstellt, die sich aus Leuten zusammensetzt, die ihm völlig ergeben sind, seine Sendung akzeptieren und ihm ihre gesamte politische Position und Lebenssituation verdanken. Stalin erschafft eine solche Elite, die ihre Angehörigen aus dem Staats- und Parteiapparat rekrutiert. Hier dominieren Menschen ohne ernsthaftere Erfahrung, die andere Parteimilieus repräsentieren als die alte Elite. Notwendigerweise kommt es zu einem Zusammenstoß zwischen der alten Parteielite und dem Führer mit seiner neuen Elite. Hier werden die Emotionen der Parteimassen gewonnen, und es kommen Propagandamethoden sowie verschiedenartige personaltaktische Manöver zur Anwendung. Die alte Elite offenbarte geringe Widerstandsfähigkeit, und es gelang Stalin ohne größere Mühe, ihr zahlreiche tödliche Schläge zu versetzen. Über diese blutigen Peripetien können wir nur sehr allgemein sprechen. Im Grunde wissen wir über die wesentlichen Details der Moskauer Prozesse nichts. Eines aber ist sicher – dass wir die formellen Anklagepunkte nicht ernst nehmen können. Ebenso verfrüht wäre es, Horoskope hinsichtlich der weiteren Evolution dieser Ereignisse aufzustellen.

Eines scheint jedoch sicher: Wir sind Zeugen der Entstehung einer persönlichen autokratischen Herrschaft, die von einem Führer ausgeübt wird, der über eine Legende von seiner Sendung verfügt. Dieser Typ von Herrschaft muss entscheidende Bedeutung für die gesamte Struktur des Staates haben. Die neue sowjetische Verfassung, die plebiszitäre Formen einführt, deren eines Ziel der Ausbau eines mächtigen, effizient handelnden, aber völlig abhängigen bürokratischen Apparates ist, ist besonders charakteristisch für diesen Typ von Herrschaft.

IV.

Kerenskij schrieb ein Buch über die „Faschisierung des Bolschewismus".[5] Dieser Begriff wird heute oft wiederholt. Zweifellos unterscheidet sich der sowjetische Kommunismus stark vom italienischen Faschismus und dem deutschen Hitlerismus, und das Sowjetsystem lässt sich nicht leicht mit dem italienischen oder dem deutschen System vergleichen. In Italien und in Deutschland wurde die Institution des Privateigentums nicht verletzt (so dass wir ihre praktische Einschränkung hier nicht behandeln), während in der Sowjetunion die bolschewistische Revolution sowohl das System der zwischenmenschlichen Beziehungen als auch vor allem die wirtschaftlichen Grundlagen dieses Systems veränderte. Dennoch geht die Evolution der Stalin'schen Macht deutlich in die Richtung, in welche die Macht Mussolinis und Hitlers gegangen ist. Konnte man zuvor sagen, dass der sowjetische Staatstotalitarismus in den Intentionen der Bolschewisten eine Übergangs- und keine Dauerform ist, wie im Faschismus, so macht die Entwicklung der Stalin'schen Macht solche Annahmen heute obsolet. Der autokratische Führer mit mystischen Eigenschaften, der sich auf eine mächtige militärisch-bürokratische Maschine stützt, der Führer, der im Zentrum eines ritualisierten Kultes steht – das verbindet bei allen Unterschieden Stalin mit Mussolini und Hitler.

Die Veränderungen, die in der Sowjetunion vor sich gehen, stechen besonders den ausländischen Beobachtern ins Auge. Gide und Citrine bringen eine ganze Masse von Details, die das Wesen des vor sich gehenden Wandels illustrieren. Treffend bemerken sie, dass eine Herrschaft dieser Art sich nicht mit freiheitlichen Idealen in Einklang bringen lässt und für diese eine große Gefahr darstellt. Vielmehr sehen sie, dass eine solche Evolution der Herrschaftsstrukturen große Gefahren auch für die zukünftige Entwicklung des Landes bedeutet, das dieser Herrschaft unterliegt.

Wir haben es hier mit einer Herrschaft zu tun, die trotz scheinbarer Stärke nicht von Dauer sein wird und die für die Bewahrung ihrer Existenz gezwungen ist, jeglichen Versuchen der Entstehung einer selbständigen gesellschaft-

---

5   Vgl. Aleksandr F. Kerenskij, Die Kerenski-Memoiren – Russland und der Wendepunkt der Geschichte, Wien 1966.

lichen Initiative entgegenzuwirken. Znaniecki hat zu Recht darauf hingewiesen, dass totale Systeme faktisch nach der gesellschaftlichen Dissoziation streben müssen und dass sie es nicht zulassen können, dass unabhängigere gesellschaftliche Kräfte entstehen. Die Parole von der gesellschaftlichen Integration führt in der Praxis zu umgekehrten Entwicklungen.

Ohne Zweifel existierten schon in der bolschewistischen Revolution Voraussetzungen für die Entwicklung einer Herrschaft Stalin'schen Typs. Schließlich ist sie nicht unerwartet entstanden. Und wenn wir gesagt haben, dass es keine Kontinuitätslinie zwischen der Herrschaft Stalins und Lenins gibt, dann darf man das nicht dahingehend verstehen, dass es in der Lenin'schen Periode keine Grundlage für die Ausbildung der heutigen Formen des Sowjetsystems gab. Wenn sich diese Formen dennoch ausgebildet haben, dann ist das dank dieser speziellen Umstände geschehen, die mit der Entwicklung des nachlenin'schen Sowjetstaates verbunden waren. Zweifellos spielten auch der Umsturz in Deutschland und seine Konsequenzen in der internationalen Politik hier eine sehr wichtige Rolle. Es besteht eine wechselseitige Abhängigkeit zwischen der Systemevolution in der Sowjetunion und der Systemevolution in den faschistischen Staaten.

Von diesem Hintergrund heben sich die Selbständigkeit und die Besonderheit der demokratischen Ideologie ab. Wenn wir heute Anzeichen einer Renaissance dieser Ideologie erkennen, ein Streben nach ihrer Vertiefung, dann spielte die Evolution der Stalin'schen Macht hierbei eine bedeutende Rolle. Sie liefert eine beträchtliche Anzahl von Erfahrungen, die bestimmte Geheimnisse der Mechanismen des politischen Lebens enthüllen. Führersysteme, totale Staaten sind zu so etwas wie Laboratorien geworden, eigenartigen Versuchsstationen, welche es erlauben, angemessene Schlüsse zu ziehen. Die Zukunft der Demokratie hängt davon ab, ob es ihr gelingt, aus ihnen praktische Konsequenzen zu ziehen.

Anhang

Nachweis der Erstdrucke

Aleksander Hertz: Militaryzacja stronnictwa politycznego (Die Militarisierung der politischen Partei). In: Przegląd Socjologiczny, 4 (1936) 1–2, S. 60–109.

–: Posłannictwo wodza (Die Sendung des Führers). In: Przegląd Socjologiczny, 4 (1936) 3–4, S. 341–413.

–: Drużyna wodza (Die Gefolgschaft des Führers). In: Przegląd Socjologiczny, 5 (1937) 3–4, S. 599–692.

–: O władzy Stalina, Na marginesie książek Andre Gide'a i sir Waltera Citrine'a (Über die Macht Stalins. Randbemerkungen zu Büchern von André Gide und Sir Walter Citrine). In: Wiedza i Życie, (1937) 8–9, S. 569–574.

Verzeichnis der Veröffentlichungen von Aleksander Hertz (Auswahl)

Aleksander Hertz: Ludzie i idee (Menschen und Ideen), Warschau 1931 (Biblioteka „Drogi", Band 6).

–: Klasycy socjologii (Klassiker der Soziologie), Warschau 1933.

–: Główne kierunki społeczno-polityczne a ruch oświatowy (Die sozial-politischen Hauptströmungen und die Bildungsbewegung), Warschau 1935.

–: Kurs dla pracowników oświatowych (Ein Kurs für Bildungsarbeiter), Warschau 1935.

–: Socjologia a polityka (Soziologie und Politik), Warschau 1937.

–: Die Sendung des Führers, Übersetzung von Harald Cosack, Berlin 1937.

–: Socjologia współczesna (Die zeitgenössische Soziologie), Warschau 1938.

–: Radio a oświata dorosłych (Das Radio und die Erwachsenenbildung), Warschau 1939.

–: Zagadnienia socjologii teatru (Probleme der Theatersoziologie), Lwów 1939.

–: Zagadnienie socjologii wojska i wojny. Próba problematyki (Das Problem einer Soziologie der Armee und des Krieges. Versuch einer Problematisierung). In: Przegląd Socjologiczny, 8 (1946) 1–4, S. 119–140 (verfasst 1939).

–: Amerykańskie stronnictwa polityczne. Mechanizm demokracji (Die amerikanischen politischen Parteien. Der Mechanismus der Demokratie), Paris 1957 (Biblioteka „Kultury", Band 24).

–: Refleksje amerykańskie (Amerikanische Reflexionen), Paris 1966 (Biblioteka „Kultury", Band 129).

–: Szkice o ideologiach (Skizzen über die Ideologien), Paris 1967 (Biblioteka „Kultury", Band 146).

–: The Jews in Polish culture, Evanston 1988.

–: Wyznania starego człowieka (Bekenntnisse eines alten Mannes), London 1979; Neuausgabe: Warschau 1991.

–: Socjologia nieprzedawniona. Wybór publicystyki (Soziologie ohne Verfallsdatum. Eine Auswahl von Publizistik), Warschau 1992.

–: Jewish Caste Status in Poland. In: Herbert A. Strauss (Hg.): Hostages of Modernization, Band 2, Berlin 1993, S. 1153–1164.

–: Szkice o totalitaryzmie. Wyboru dokonał Jan Garewicz. Wstępem opatrzył Wojtek Lamentowicz (Skizzen über den Totalitarismus, Auswahl Jan Garewicz. Mit einem Vorwort von Wojtek Lamentowicz), Warschau 1994.

–: Żydzi w kulturze polskiej (Die Juden in der polnischen Kultur), Paris 1961 (Biblioteka „Kultury", Band 61); Neuausgabe: Warschau 2003.

–: Późne listy z Ameryki. Listy do Hanny Buczyńskiej-Garewicz i Jana Garewicza z lat 1976–1982 (Späte Briefe aus Amerika. Briefe an Hanna Buczyńska-Garewicz und Jan Garewicz aus den Jahren 1976–1982. Zum Druck vorbereitet und mit einem Vorwort versehen von Hanna Buczyńska-Garewicz), Warschau 2004.

–: Über Stalins Herrschaft. Zu Büchern von André Gide und Sir Walter Citrine. (Übersetzung von Nina Kozlowski). In: Andrzej Chwalba (Hg.): Polen und der Osten. Texte zu einem spannungsreichen Verhältnis, Frankfurt a. M. 2005, S. 178–190.

–/Łucja Kipowa: W poszukiwaniu nowych metod pracy oświatowej. Wychowanie obywatelskie przez korespondencję (Auf der Suche nach neuen Methoden der Bildungsarbeit. Staatsbürgerliche Erziehung per Korrespondenz), Warschau 1931.

Veröffentlichungen über Aleksander Hertz (Auswahl)

Hanna Buczyńska-Garewicz: Passing a powrót do korzeni. Na pięćdziesięciolecie książki Hertza Żydzi w kulturze polskiej (Passing und eine Rückkehr zu den Wurzeln. Zum fünfzigsten Jahrestag des Buches von Hertz „Die Juden in der polnischen Kultur"). In: Teksty drugie, (2012) 6, S. 382–392.

Stanisław Kosiński/Marcin Panek: Aleksander Hertz twórcą socjologii polityki w Polsce (Aleksander Hertz als Schöpfer der politischen Soziologie in Polen). In: Annales Universitatis Mariae Curie-Skłodowska, Sectio I, 14 (1999), S. 51–68.

Henryk Markiewicz: Against Hatred and Contempt/Przeciw nienawiści i pogardzie. The 2005 Aleksander and Alicja Hertz Annual Memorial Lecture, Krakau 2006.

Czesław Miłosz: Aleksander Hertz. The 1999 Aleksander and Alicja Hertz Annual Memorial Lecture, Krakau 2000.

Michael C. Steinlauf: Whose Poland? Returning to Aleksander Hertz. In: Gal-Ed: On the History of the Jews of Poland, 12 (1991), S. 131–142.

Jan Woleński: Because He Admitted to Being a Jew. The 2006 Aleksander and Alicja Hertz Annual Memorial Lecture, Krakau 2007.